人的故事始于瑰丽的梦想

在梦想中自由地舒展
（德加《舞女》）

不甘忍受压迫与欺骗
（刘继卣《大闹天宫》）

男孩的意愿是山的意愿，
顶天而立地
（米开朗琪罗《大卫》）

女孩的神往是水的神往，温柔又明媚
（鲍格雷奥《童年的田园生活》）

雄心勃勃的时候我想在地球上
盖上我的手印

人 的 故 事

世界的影像

群星哑默的时候又只想活在
另一个人的心里

然而恐惧和自私，
让人脆弱和愚蠢

有时候无所适从

没有人能够明白，我不惧怕做一个孤独的人
笑语后的寂寞

岁月艰辛，要靠倾心的吹奏才能幻化
成抒情的笛声

工作着是幸福的

一个健康的身体本身就是美
（古希腊《掷铁饼者》）

辛劳之后，是收获的喜悦
（鲍格雷奥《收割归来》）

人的故事

世界的影像

有书相伴的日子
是兴味盎然的生活

最快慰的是，诗向会人吟
（戴敦邦《新绘红楼梦》
三十八回）

有一天，爱情和我相遇在街的转角
（《但丁遇见贝娅特丽齐》）

冰冷的身体融化成绕指温柔
（《皮格马利翁》）

有一种力量可以燃烧，
可以飞升，可以难舍难分
（克里姆特《吻》）

我们互相扶持走过风雨
（皮耶·考特《暴风雨》）

大自然有最明媚的春天
（米雷《春——苹果树开花了》）

艺术和美让人沉醉
（鲍格雷奥《艺术和
文学女神》）

并不是所有的道路，
我们都能选择

人 的 故 事

但是脚下这一条，是我日夜兼程
的方向

做一个人，是履行光荣的职责
（雷顿《授爵典礼》）

坚定守护心中的理想（堂吉诃德）

世界的影像

同时对世界的荒诞表示高度的理解
（《好兵帅克》插图）

对所有的不合理发出异端的声音
（《铁皮鼓》剧照）

不惜让自己成为这冷酷世界的伤兵（凡·高《割去耳朵的自画像》）

最强大的力量是智慧

最勇敢的心是仁慈
（托尔斯泰像）

当人和事模糊在时间的长途
（张辛《雪伴铃声》）

是谁在阴霾下祈盼宁静（雷顿画）

谁还在麦田里无怨无悔地守望

世界辽阔，生命浩瀚，我只能走好自己的一小步

只愿沧桑历尽后，
仍然有你，仍然有梦想

人的故事

世界的影像

敬 启

严凌君先生主编的"青春读书课"系列丛书，立意高远，贴近青少年阅读心理，选文题材广泛，内容丰富。在编辑过程中，我们按照现代出版规范对选文进行了统一处理，力求提供一套符合现代文字规范的青少年读物，以帮助读者建立对纯洁汉语的认知与体悟。敬请作者、译者见谅。

另外，我们已经联系到部分选文的作者和译者，他们同意将作品列入"青春读书课"系列丛书出版，但由于作者面广，仍有部分作者和译者无法取得联系。请作者和译者看到本系列丛书后尽快与我们联系，以便奉寄样书和稿酬。

诚致谢意!

联系人: 蒋鸿雁

电话: 0755-83460371

Email: jhyl688@hotmail.com

海天出版社

WORLD
IMAGE
A PRIMER
ON
LITERARY
IDEALS

青春读书课·修订本 第三卷
成长教育系列读本

严凌君 主编／导读
梁 讯 漆羽舟 副主编／导读

世界的影像

文学理想启蒙读本 第一册

海天出版社（中国·深圳）

图书在版编目(CIP)数据

青春读书课. 世界的影像. 第一册 ／ 严凌君主编、导读. ——
深圳 ：海天出版社，2012.1 (2016.1重印)
ISBN 978-7-5507-0183-0

Ⅰ. ①青… Ⅱ. ①严… Ⅲ. ①阅读课-中学-课外读
物 Ⅳ. ①G634.333

中国版本图书馆CIP数据核字(2011)第114110号

青春读书课．世界的影像．第一册
QINGCHUNDUSHUKE，SHIJIE DE YINGXIANG，DI YI CE

出 品 人　聂雄前
责任编辑　蒋鸿雁　谢 芳
责任技编　梁立新
责任校对　陈 军　李小梅
设计制作　龙瀚文化
插页设计　李晓光
封面设计

李松璋书籍设计工作室
Tel:86231958 Email:hkdadao@126.com
平面执行：李青华

出版发行　海天出版社
地　　址　深圳市彩田南路海天综合大厦（518033）
网　　址　www.htph.com.cn
订购电话　0755-83460293（批发）　　83460397（邮购）
印　　刷　深圳市华信图文印务有限公司
开　　本　787mm×1092mm　1/16
印　　张　19.25
字　　数　350千
版　　次　2012年1月第1版
印　　次　2016年1月第4次
定　　价　28.00元

序

在阅读好书中构建自己的精神家园

（一）

简直不敢相信，这厚厚的七大卷书竟出自一位普通的中学老师一人之手——我编过类似的中学生课外读物：《新语文读本》。我们是动员了十多位朋友，先后折腾了两年，才编出来的，其中的艰苦，我是深有体会的。因此，我懂得这数百万字的分量。

对于一直在关注、思考中学语文教育的我，这套书更有一种特殊的意义。当我发现在许多重要的教育理念、编辑思想上，我，以及我们《新语文读本》的朋友与这套书的编者严凌君确有相通之处，自有一种志同道合的欣慰感，在某种程度上，这是反映了一种共同或类似的教育思潮的；而当我进一步发现，严老师的思考有许多属于他自己的独立创造与开拓，更是感到由衷的喜悦。这正是我要感激严凌君先生以及他的学生的：他们的试验激发与深化了我的思考。

因此，我十分乐意为这套书写序，也借此向严老师，以及所有处在教育第一线的语文老师们，表示我最大的敬意。因为只有他们，才是中国语文教育改革的主力，如果不能保证中学语文老师自由言说的权利，不能充分发挥他们的积极性与创造性，并且落实到他们的具体教学实践中，中国的教育改革，就会如有些老师所担心的那样，仅仅成为一阵喧嚣。有什么样的教师，就有什么样的教育；中学语文教育改革的成败，全系于语文老师的文化、精神素质和主动精神。严凌君老师编写的课外阅读教材和他主持的深圳育才中学"青春读书课"的成功，之所以如此令人振奋，就是因为这是期待已久的第一线老师的个性化的言说，是他们对中国语文教育的思考与追求的独立表达；而且我知道，像严凌君这样已经或准备发出自己的声音，并在努力实践的老师，其绝对量并不小，而且将会越来越多。这正是中国语文教育改革的希望所在，也是这套读本的独特价值所在。

（二）

严老师说，他的读书课和他编的教材，都是他送给学生的"礼物"。听听学生的反应，是不能不为之感动的——"读书课给予我们一个和伟人交流的机会和氛围，再不是和网友胡侃，不是包围在数理化的题海里，不是每天重复过着日子，平庸地思考。它让我知道世界上还有这么一群人，在思考着这么一些问题，发现原来世界并不像自己想象的那么简单，知道原来我们祖先是这样一步一步地走向文明……老师的一句解说让我们恍然大悟，豁然开朗，引起太多太多的思考——我们到底为什么活着？自由的意义是什么？……原来活在这个世界上，不仅需要知识，还需要那么一点精神支柱；我终于懂得，不仅需要知识武装自我，还需要有精神来升华自我。"

这里，涉及一个非常重要的问题：中学教育究竟意味着什么？我们知道，中学阶段，正是人生的起始，是人的个体生命的"童年"。而中学生活与人际关系的相对单纯、无邪、明亮、充满理想，就使得中学更是人生中的梦之乡，它不可重复，留下的却是永恒的神圣记忆：一个人有还是没有这样的神圣记忆，是大不一样的。中学阶段当然需要学习知识，但更需要的是通过知识的学习，构筑一片属于自己的精神家园，即使带有梦幻色彩，却会为终生精神发展垫底，成为照耀人生旅程的精神之光；而且可以时时反顾，是能够返归的生命之根。

严老师正是从构建学生精神家园这一大视野，去思考与设置他的中学阅读教育的作用与方式的。他提出了两个非常有意思的概念："平面的生活"与"立体的生活"即"第二种生活"。所谓"平面的生活"是受具体时空限制的，是偏于肉体的、物质的；而"立体的生活"则是精神的、心灵的生活，是超越时空的。中学生就其平面生活而言，显然是狭窄有限的；但却可以通过书籍这个秘密通道，打破时空的限制，穿梭古今，漫游于人类所创造的精神空间，这不仅极大地扩展了学生的精神生活面，而且也极大地提高了学生精神生活的质量：在和创造人类与民族精神财富的大师、巨人的对话中，重新经历他们在书中所描述的生活，自会达到一种前所未有的精神境界。

由此而形成了一个基本理念："在阅读好书中构建自己的精神家园"。这一理念是贯穿全书的。

严老师的这套读本共分七卷，按我的理解，似乎可以分为三大板块。一至三卷，即《成长的岁月——我的学生时代读本》《心灵的日出——青春心智生活读本》与《世界的影像——文学理想启蒙读本》，某种程度上可以视为"生命读本"，是和学生一起讨论他们从童年到少年、青年的生命成长过程中所遇到的各种精神命题，帮助他们认识自己和自己赖以生存的世界。其中又贯穿着两个教育理念："成长的权利"与"敬畏青年"。严老师满怀激情地这样写道："从出生到大学毕业，一个人要用二十几年来求学，在此期间，他无须对社会有所贡献，他的任务就是学习、成长"，于是就有了"成长之美"与"成长的感觉"，更重要的是，还有"成长的权利"："儿童的权利，就是探索、发现和成长的权利。"而"青春时代不只是为了成年生活做准备，它本身就是一种生活，最多的梦想，最纯的情感，最强的求知欲，最真的人生态度……让我们一边欣赏自己青春的美，一边为自己的未来播种"。应试教育的最大问题正是在于对孩子仰望天空的幻想的权利的剥夺，对好奇、探索、发现、创造的欲望的压抑，用残酷的生存竞争，打磨年轻人生存的锐气，消解他们的理想与青春激情，最终把学生变成一个"成熟"的庸人。严老师的读本所要做的工作，不过是要把"属于孩子的还给孩子"，放手让他们自由而健康地成长。

第四卷《古典的中国——日常生活人性读本》，第五卷《白话的中国——20世纪人文读本》，第六卷《人类的声音——世界文化随笔读本》，则可以视为"文化读本"。严老师也自有独特的理解与处理：讲中国古代文化，他强调要引导学生"看中国人如何诗意地栖居在大地上"，"知道中国民族文化的好处，才能高高兴兴地做一个中国人"。他认为，引导青年学生"阅读20世纪白话文本"，"就是认识20世纪的中国，从文字上为百年中国把脉"。这是刚刚过去的历史，与"现在的中国"的现实生活有着血肉联系，与今天的学子是更为休戚相关，也更重要："书籍一定要与人痛痒相关才值得去读。"而讲到外国文化，他这样开宗明义："人所具有的，我都具有。世界，是我们共有的世界；一切的文化都有我的一份；一切的声音，都有我的音量。"他要引导学生建立一种"人类的家园"意识：一切非本民族的文化都不是"他者"，而是"我"的一个部分；"我"也应该对人类文化的创造做出自己的贡献。

第七卷《人间的诗意——人生抒情诗读本》，是以"诗歌"为"青春读书课"系列读本作"结"，这里包含着对"诗"与"年轻的生命"的内在联系的深刻理解："几乎在每一个人的人生中，都有一段诗意盎然的岁月，仿佛只有诗歌才能述说满腹的心思、书写对生活最初的感应。每个年轻人天生的就是诗人。"严老师所要做的，正是要恢复诗歌本身，以及中学诗歌教学所应具有的神圣地位。从整套书系的结构上看，这显然是一个提升：将所有的阅读、思考、讨论，都升华为纯净而丰厚的心灵的诗。

这不仅是对生活的诗意的把握，更是对语言的诗意的感悟。"汉语家园"是"精神家园"题中应有之义：母语，是一个人存在的永远的皈依。引导中学生感悟汉语之美，感受正确而自如地用汉语表达自己的快乐，建立与母语的血肉联系，将母语所蕴含的民族文化、民族精神的根扎在心灵的深处，并在此基础上构造起自己的精神家园。这是中学语文教育的根本，也是严老师这套读本的归结点：这里充满着思想之美、文学之美与语言之美，相信孩子们会喜欢它，成年人，我们这些教育工作者，也能从中受到许多启示。

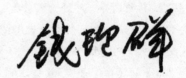

前　言

大地上的朵朵鲜花，和我们有什么关系呢？诗人说，那是我们内心的火种，被神秘的播种人播在冻土荒地上，为了见证我们对生活的热爱，才开出了万紫千红的花朵。诗人相信，我们内心的每一个良好的愿望，都会化作大地上明晰可见的美丽。虽然我们无法参与上帝的"创世记"，但是我们每天都在创造现实生活。美丽的文字，就是有心人撒播在人间的花朵。

那些在暗夜中搬运文字捕捉生活幻影的人，在幼年的萨特心中是一群圣徒，正是他们拯救人类不致堕落为野兽。每当一觉醒来，看到大街上人们在安然无恙地行走，他便立即想到，那是因为有一位圣徒在书房里写了整整一个通宵，因而人类获得了一天的"缓刑"。那些玩文字魔术的人，他们的自我期许是人类的精神导师。波德莱尔把诗人的作用与太阳相提并论："它像个诗人一样降临城内，让微贱者的命运变得高贵。"把自己作为一名英雄从人群中分离出来，他伪装成芸芸众生的模样，却是令人群高贵的诗人（即便他手里只有一管鹅毛笔）；米修认为诗歌有"驱魔"效果，用文字的力量熔炼现实之恶，吐出人心中的浊气。贺拉斯自信："我建成一座纪念碑，比青铜耐久，比帝王的金字塔更崇高巍峨。"作家，就是那个从尘土中寻找金屑的人，把庸常生活中每一个闪光的刹那，捕捉下来，奉献给读者。穷其一生的探求，就是为给人世间留存一点美的种子，让世人有一些机会去触摸幸福。

文学源于对世界的惊讶。如同人的一生由一连串的疑问构成，文学就是人类对世界的持续的好奇。假如世界上没有书籍，人类不会这样生活，人类依赖代代相传的文化而成为今天的样子。假如世界上没有文学，我们不会这样快乐，我们的心灵将会枯竭而无法感受自己的生命，我们会在无知无觉中成为生活的奴隶。无数人杰，用他们的创造构筑了一个文学的世界，这是一个想象的世界，也是一个现实的世界，这是一个比现实更美好的世界，珍藏着人类的理想和梦想。文学的世界与庸俗、低级的世界相对立，以清亮的警钟惊动麻木的心灵，让人们从陈词滥调的世俗生活中探出头来，呼吸酣畅。文学，就是反抗生活的庸俗。

文学是心灵对生活的美言，保存着最美好、最丰富、最惊心动魄的人类经验。日常生活、新闻媒体，提供了纷纭繁复的生活表象，而文学穿越表象，袒露社会的真相与人性的内蕴。桑塔耶纳说："艺术的主题是生活，真实的生活；而艺术的功能则是使生活更美满。"加缪却以为："文学不会使人生活得更好，却能使人生活得更多。"米兰·昆德拉高调宣告："小说是公民社会的基石。"它使你穿越个人经验的藩篱，丰富你的心灵脚本，体会别样的人生戏剧。布罗茨基低调坦言："艺术与其说是更好的，不如说是一种可供选择的存在，艺术不是一种逃避现实的尝试，相反，它是一种赋予生活以生气的尝试。"文学世界成为人类心灵的庇护所和加油站，接触文学，就是分享与创造人类的精神世界。

　　我们每个人阅读和写作，都是为了获取自由，由读书与书写的自由获得心灵的自由，由心灵的自由引发生存的自由。因而，文学是每个人自己的事情，文学也只能是个人的声音。许多人甘愿将一生的梦想付诸笔墨和书籍，做一个生命的舞蹈者。写作，是人们超越生活、提升自我之路。罗曼·罗兰说："除了创造外，别无快乐。只有那些从事创造的人才活着，其余的一切不过是徘徊在大地上的阴影，是生活的陌生人。"东山魁夷看见："风景是心灵的镜子。"每个人心中的风景都不一样，有怎样的心灵，就有怎样的风景，而"一个国家的风景就象征着这个国家国民的心灵"。在诗人眼中，自然是一片象征的森林；散文家眼里，人间万物都是写作的材料；小说家心中，另有一个想象的世界，而且比你经历的世界更精彩。普鲁斯特认为写作就是提炼与保存经验："在我们的记忆中寻找失去的乐园，那唯一真实的乐园。"所有用文字表达的人，都追求真善美，诗人济慈说："美即是真，美即是善。"长于探究灵魂的痛苦的小说家陀思妥耶夫斯基给人类预设最后一个希望："美将拯救世界。"

　　如果一个人从小喜欢阅读和书写，他就为自己开辟了一个无限新奇的世界。我们读名著，就意味着与一些杰出的灵魂约会。文学是世界的影像，更是人类的影像。我们从这里窥探文学魔镜的魅力，认识小说世界与现实世界的差异和联系，理解文学所表达的人类思想、理想和梦想，体念人性的深邃和活力，理解社会的复杂多元，了望人类追求理想生活的心路历程。文学的理想，正是揭示人间的真善美，表现人类丰富的痛苦、喜悦与希望。

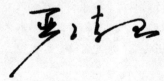

目 录

世界的影像
［第一册］

WORD IMAGE
A PRIMER
ON LITERARY
IDEALS

上编
我的故事

WORLD IMAGE

世界的影像

第一册
上编
我的故事

昨夜的一场梦境

我梦到所有存在过的生命都不会消逝

传说中高贵的灵魂会变成闪亮的星星

明天的晨风里我要启程

我要长途跋涉历尽艰险 我要在

最高远的地方仰望璀璨的星群

我要从书本 卷轴 从未被遗忘的影像里

找寻他们的道路

【日本】安房直子

安伟邦 译

狐狸的窗户①

这一切有多美多好，只要四指相接，组成菱形的窗户，所有孤单的小孩，就可以看见亲爱的家园。

"这样的秋天日子，风刷刷地吹着，桔梗花齐声说：染你的手指头吧，再组成窗户吧。"

再看一回，只看一小会儿……

雾雨里的庭院，我的小长靴，妈妈的菜园，青色的紫苏，两个孩子的笑声……可是多么悲哀，家园被火烧掉了，小妹妹她也已经死去；就连这扇了不起的窗户，连同那样宽广的原野，一望无际的蓝色花田，也一样消失不见了……留也留不住，找也找不回。

安房直子（1943～1993），日本童话作家。文字隽永，想象新美，"将现实沉入幻想世界的底层，很难划分一条明晰的现实与幻想的分界线"。作品有《手绢上的花田》《风和树的歌》《遥远原野的村子》等。

忘了是哪一天，是我在山上迷路的故事。我正要回自己的山中小屋去，在熟悉的山路上，我扛着枪，呆呆地走。对了，那时我完全是迷迷糊糊的，漫无边际地想着以前我最喜欢的那个女孩子。

拐了一个弯，突然，我觉得天空特别耀眼，就像是擦亮了的蓝玻璃……这时，地面也有点淡蓝。

"咦？"

我悚立了，眨了两下眼睛。啊，那儿不是往常见惯了的杉树林，而是宽广的原野、一片蓝色桔梗花的花田。

我屏住气息。自己究竟在什么地方，怎样走错了路，才猛然来到这样的地方了呢？首先，这座山上，曾经有过这样的花田吗？

（马上返回去！）

---

① 选自《谁也看不见的阳台》，辽宁少儿出版社，1986年版。

我命令自己。那景色过于美丽，使我有些害怕了。

但是，那儿吹着很好的风，桔梗花田一望无际，就这样返回去，未免太可惜了。

"只休息一小会儿吧。"

我在那里坐下来，擦着汗。

忽然，眼前一闪，有白色的东西在跑。我呼地站了起来。一排桔梗花刷刷摇动，那白色的动物，像皮球滚动一样地跑。

确实是白狐狸，还像是小孩子。我端起枪在后面追。

没想到，它跑得可真快，我拼命跑也追不上。"叭"给它一枪，那当然好，可我想尽量发现狐狸的窝，而且把在那儿的大狐狸杀掉。但小狐狸跑到稍高的地方，猛一下钻进花丛，消逝了身影。

我目瞪口呆地站住身，像是看丢了白天的月亮。我被它巧妙地甩开了。

这时候，身后传来奇怪的声音：

"您来了。"

我吃一惊，回头看去，那儿有个小小的商店，门口有块蓝色招牌，写着："印染·桔梗店"。招牌下面，规规矩矩地站着一个腰围藏青色围裙的小店员。我马上明白了。

"哦，是刚才那小狐狸变的。"

一股好笑，从我心胸深处一个劲往外涌。我想：哼，我装着上当，把狐狸捉住吧。于是，我竭力赔着笑脸说：

"能不能让我休息一会儿？"

变成店员的小狐狸眯然一笑：

"请，请。"把我领进店内。

店里是泥土地房间，整齐地放着5把白桦木做的椅子，还有漂亮的桌子。

"这不是很好的商店吗？"

我坐在椅子上，摘下帽子。

"是，托您的福。"

狐狸恭恭敬敬地端来茶。

"这印染店，到底是染什么的？"

我半开玩笑地问。狐狸猛然从桌子上拿起我的帽子：

"是，什么都能染。这样的帽子，也能染成漂亮的蓝色。"

"不像话！"

我慌忙拿回帽子。

"我不想戴蓝色的帽子。"

"是吗？那么，"狐狸不住地打量我的穿戴，说，"这围巾怎么样？还有，袜子怎么样? 裤子、上衣、毛衣,都能染成漂亮的蓝色。"

不过,我又想,大概人和狐狸都一样吧,狐狸一定也希望得到报酬,总之,想把我当成顾客来接待吧。

我独自点了点头。连茶都给端来了,我却什么货也不定,觉得不太合适。我想,让它染染手绢怎么样,就把手插进兜里。这时,狐狸发出异常的尖声:

"对了,对了,给你染手指头吧!"

"手指头?"我发火了,"染手指头,受得了吗?"

没想到,狐狸眯然一笑:

"嗟,客人,染手指头,是特别了不起的事呀!"

说罢,把自己的双手,伸展在我的眼前。

两只小小的白手,只有大拇指和食指,染得蓝蓝的。狐狸把两手靠在一起,用染蓝的4根手指头,组成菱形的窗户,然后,把窗户架在我眼上,快乐地说:

"嗟,请您看一看吧!"

"嗯嗯?"

我发出不感兴趣的声音。

"哎,请您只看一小会儿吧。"

于是,我不情愿地往窗户里瞧,接着,大吃一惊。

用手指头组成的小窗户里,能看到白色狐狸的身姿。那是一只美丽的狐狸妈妈,轻轻地竖着尾巴,一动不动地坐着。那使人感觉到,在窗户里,紧紧嵌上了一幅狐狸的画。

"这、这究竟是……"

我过于吃惊,连声音也出不来了。狐狸凄然地说:

"这是我的妈妈。"

"……"

"很早以前,'嗒——'地挨了一下。"

"'嗒——'地? 是枪?"

"是,是枪。"

狐狸无力地垂下双手,低下了头。它根本没注意到暴露了自己的正身,接着说:

"尽管那样,我还是想再一次见到妈妈。我想再一次看到死去的妈妈的身影。这就叫做人情吧?"

我一边想着事情有点可哀了,一边"嗯嗯"地点头。

"后来,也是这样的秋天日子,风刷刷地吹着,桔梗花齐声说:'染你的手指头吧,再组成窗户吧!'我就把好多桔梗花堆在一起,用花汁染了我的手指头。这么一来,瞧,嗟。"

狐狸的窗户

006

狐狸伸出双手，又组成窗户。

"我不再寂寞了，因为，从这窗户里，我什么时候都能看见妈妈。"

我十分感动，点了好几次头。实际上，我也是独自一人。

"我也想要这样的窗户啊！"

我发出孩子般的声音。狐狸露出高兴得受不了的样子：

"那么，马上给您染吧！请把手伸在那儿。"

我把双手放在桌子上。狐狸拿来盛着花汁的盘子和笔。接着，它用笔蘸满蓝色的水，慢慢地、仔细地给我染手指头。一会儿，我的大拇指和食指变成了桔梗色。

"哎，染好了，请赶紧组成窗户看吧！"

我的心扑通扑通直跳，组成了菱形的窗户，然后，战战兢兢地架在眼睛上。

突然，我这小小的窗户里，映出一个少女的身影。穿着带花纹的连衣裙，戴着有飘带的帽子。那是我熟悉的面孔。她眼睛底下，有个黑痣。

"呀，这不是那孩子吗？"

我跳了起来。那是我从前特别喜欢，而现在绝不可能见面的少女。

"喏，染手指头，是好事吧？"

狐狸极其天真地笑了。

"啊，真是了不起！"

我想付点报酬，就去摸衣兜，但，一分钱也没有。我对狐狸说：

"不巧，我一点钱也没有。不过，要是东西，我什么都可以给，帽子，上衣，毛衣，围巾，都行。"

狐狸说：

"那，请把枪给我吧。"

"枪？那可有点……麻烦啦。"

我想。可是，一想起刚刚得到的了不起的窗户，我对枪丝毫也不觉得可惜了。

"好，给你吧！"

我慷慨地把枪给了小狐狸。

"承您照顾，多谢。"

狐狸连忙一鞠躬，接过枪，然后送给我一些蘑菇，作为礼物。

"请今天晚上做汤用吧！"

蘑菇早已装在塑料袋里。

我向狐狸打听回家的路。狐狸告诉我，这商店后面就是杉树林，在林中走三百米，就到了我的小屋。我向它道过谢，照它所说，转到商店后面。一看，那儿有熟悉的杉树林。林中漏撒着闪闪的秋日的阳光，又暖又静。

"嗯。"

我佩服极了。我一向以为特别熟悉的山，却居然会有这样的秘密道路，而且，还有那样美丽的花田和亲切的狐狸商店……我的心情变得十分舒畅，"呜呜"地哼着歌，一面走，一面又用手组成窗户。

这一回，窗户里面下着雨。细细的雾雨，一点声音也没有。

那深处，朦胧地看见了我怀恋的庭院，面对庭院，有个套廊。那下边，扔着被雨淋湿了的小孩子的长靴。

（那是我的！）

我猛然想了起来，接着，心儿扑通扑通地跳开了。我觉得，我的妈妈就要马上回来收拾长靴。她穿着罩衣，头蒙着白毛巾：

"呀，多不好，随便乱扔！"

我甚至仿佛听见了那声音。院子里，有妈妈种的小菜园，一团青色的紫苏，也淋着雨。啊，莫不是妈妈想摘菜叶，要到院子里来吗？……

家里有一点亮。点着电灯，混着无线电的音乐，断断续续地传来两个孩子的笑声。那是我的声音，另一个，是死了的妹妹的声音……

"呼——"我大叹一口气，放下双手，不知为什么，我特别悲哀了。孩子时期，我的家被火烧掉，那院子，现在已经没有了。

尽管那样，我却有了极其出色的手指头。要永远珍惜这手指头，我想着，在林中道路上走。

不料想，回到小屋，我首先干的事是什么呢？

啊，我完全无意识地洗了自己的手，这是长期养成的习惯。

"不好！"当我刚想起来的时候，已经太晚了。蓝色立即褪掉了。洗干净了的手指头，不管怎样组成菱形的窗户，里面只能看到小屋的天花板。

那天晚上，我忘记了吃狐狸送的蘑菇，失望地垂着头。

第二天，我想再到狐狸家去，请它给染染手指头。于是，作为谢礼，我做了好多夹肉面包，到杉树林里去了。

但是，不论在杉树林里怎么走，仍然是杉树林。桔梗花田什么的，哪儿也没有。

后来，有好几天，我都在山中徘徊。只要有一点似乎是狐狸的叫声，只要森林里可能有白影子闪动，我就直起耳朵，一动不动地向那个方向搜索。可是从那以后，我一次也没有遇到狐狸。

我不时地用手指头组成窗户看。我想，没准儿会看到什么。人们常笑我：你可真有个怪习气呀！

狐狸的窗户

008

【德国】米切尔·恩德

何珊 译

奥菲丽娅的影子剧院①

生命如朝露一般明亮而短暂，因为苍茫的世事，因为命运的拨弄，常常也能感受到不由自主的软弱和渺小。可是因为你在人世中施与的一点点爱、一点点创造，就是这样短暂脆弱的生命也终于在时光中不朽。

流浪、孤独、空虚、长夜、永不实现的希望，最后是冰冷的没有人能抗拒的死亡。这些游荡在世间的影子像是生命里痛苦的痕迹，因为太沉重太凄凉所以被不堪承受的人抛弃了。留待另一些人来，另一些人始终不愿意离弃和遗忘，他们悲悯人世，尊重孤苦，用优美的语言收留那些人间的弃儿，让他们演绎伟大的人间戏剧。

奥菲丽娅小姐是一个小剧院的提词者。当舞台的灯火璀璨，她以最谦卑的方式献身艺术；当幕布落下，最后的演出结束，她就安静地离开。无论生活以什么样的面貌出现，奥菲丽娅都善意地温和地对待它。她的声音细小，即使在为了影子们而流离失所的时候，也只是安然承受从不叫嚷，她以最谦卑的身姿负载着人世间最沉重的爱，这种爱的力量引领她走向光明的天国。

米切尔·恩德（1929～1995），德国当代最优秀的幻想文学作家，评论界称赞他"在冷冰冰的、没有灵魂的世界里，为孩子也为成人找回失去的幻想与梦境"。他的一些著作，如《毛毛》和《永远讲不完的故事》等为中国读者所熟知。

在一个古老的小城里，生活着一位名叫奥菲丽娅的老小姐。很久以前，当她刚刚出生的时候，她的父母便说：我们的孩子将来会成为著名的大演员。因此，他们给她取了这个名字——这是莎士比亚戏剧《哈姆雷特》中那个著名女主角的名字。

除了对诗人伟大语言艺术的赞赏，奥菲丽娅小姐的父母什么也没有给她留

① 选自《米切尔·恩德作品集》，21世纪出版社，2000年版。

下。她没能成为一位著名的演员。而且，她的声音太小了。但是，不管怎样，她还是希望自己能献身艺术——哪怕是以一种最卑微的方式。

在这个古老的小城里，有一座非常漂亮的剧院。在最前面靠近舞台背对观众的地方，有个隐蔽的箱型小房子。奥菲丽娅每天晚上都坐在里面，当台上的演员忘了台词时，她便小声提示他们。奥菲丽娅的声音很小，干这个工作再合适不过了。因为她的提示是不能让观众听见的。

她漫长的一生都献给了这一职业，并为此感到很幸福。渐渐地，她能背诵世界上所有伟大的悲剧和喜剧，提台词时再也用不着看书了。

就这样，奥菲丽娅小姐渐渐老了，时代也在发生着变化。来剧院看戏的人越来越少，因为除了戏剧，现在还有电影、电视和别的娱乐活动。大部分人有了汽车，如果什么时候想看戏，他们更愿意开车去邻近的大城市，因为在那里，能看到许多著名的演员，也能借机炫耀一下自己。

于是，小城的剧院不得不关闭了。演员们纷纷离开，老小姐奥菲丽娅也失业了。

当最后一场演出的幕布落下来时，奥菲丽娅一个人独自在剧场呆了一会儿。她坐在自己工作的箱型房子里，回想着自己的一生。突然，她看见一个影子在幕布上飘来飘去，有时大，有时小。可是，剧场里一个人也没有，所以，这不可能是谁投下的身影。

"喂！"奥菲丽娅小姐用她那细小的声音喊道，"那是谁呀？"

影子显然大吃一惊，立即缩成一团——反正影子也没有什么固定的形状。但是，他又马上停了下来，而且越变越大。

"对不起！"他说，"我不知道这里还有人。我没想吓唬您。我只是想在这里藏身，因为我不知道，自己该呆在哪儿？请您别赶我走！"

"你是个影子吗？"奥菲丽娅急切地问。影子点了点头。

"可是，每个影子都该有自己的主人呀？"她接着问。

"不，"影子说，"并不是所有的影子都有自己的主人。世上有一些影子是多余的，他们不属于任何人，谁也不要他们。我就是这样的一个影子，我叫影子流浪汉。"

"是这样。"奥菲丽娅小姐说，"谁也不要你，难道你不难过吗？"

"是的。"影子肯定道，他轻轻叹了一口气，"可那又能怎么办呢？"

"你愿意去我那儿吗？"老小姐问，"我也不属于任何人，谁也不要我。"

"非常愿意，"影子回答说，"太好了！但是，我必须长在您身上，而您却已经有自己的影子了。"

"你们会处得不错的。"奥菲丽娅小姐说。

她自己的影子也点头同意了。

狐狸的窗户

从此，奥菲丽娅便有了两个影子。只有少数人发现了这点。他们感到奇怪，觉得有些特别。奥菲丽娅小姐不想招人议论。所以，白天的时候，她就请其中的一个影子变小，钻进自己的手提包里。反正影子在哪儿都能找到地方。

一天，奥菲丽娅坐在教堂，与亲爱的上帝交谈。尽管自己的声音很小，但是，她仍希望上帝能听见自己说的话（因为她真的不能肯定，上帝是否听得见她那细小的声音）。就在这时，她突然在教堂的白墙上发现了一个影子，样子非常消瘦，看上去不像什么确定的东西，他伸出一只手，好像在恳求什么。

"你也是一个谁也不要的影子吗？"奥菲丽娅小姐问。

"是的，"影子说，"但是，我们那里都传开了，听说，有人愿意收留我们这些没人要的影子。这人是你吗？"

"我已经有两个影子了。"奥菲丽娅小姐回答说。

"那再多一个也没什么关系呀，"影子恳求说，"你不能把我也收下吗？没人要真是太难过、太孤独了。"

"那你叫什么？"老小姐问。

"我叫怕黑。"影子小声说。

"好吧，你跟我走吧。"奥菲丽娅小姐说。

这样，她就有了三个影子了。

从此，几乎每天都有没人要的影子来找她，因为，世界上这样的影子有很多很多。

第四个影子叫孤独。

第五个影子叫长夜。

第六个影子叫永不。

第七个影子叫空虚。

而且，这种现象一直持续下去。奥菲丽娅小姐很穷，但是，幸亏这些影子既不要吃的，也不穿衣服保暖。

只是她的小房间有时候很暗，挤满了许许多多的影子。他们都呆在奥菲丽娅小姐这里，因为没有别人收留他们。奥菲丽娅小姐也不忍心把他们送走。就这样，她这里的影子越来越多。

更糟糕的是，这些影子有时会吵架。他们常常争位子。有时候，还会出现真正的影子大战。在这样的夜晚，奥菲丽娅小姐常常无法入睡。她只好睁着眼睛，躺在床上，用她那细小的声音劝说他们。但是，这没有太大的用处。

奥菲丽娅小姐不喜欢听别人吵架，但是如果这种争吵是用诗人那伟大的语言在舞台上说出来，则是另外一回事儿。

有一天，她终于想出了一个绝妙的主意。

"大家听着，"她对影子们说，"如果你们还想继续呆在我这里，就必须学点儿东西。"

影子停止了争吵，从房间的各个角落用充满期待的眼光看着她。

于是，她开始给影子们念诗人的杰作，所有这些内容她都能倒背如流。她慢慢重复着有些段落，然后，要求影子们跟着她念。影子们虽然费了很大的劲，但是他们也非常好学。

渐渐地，他们从老小姐奥菲丽娅那里学会了世界上所有伟大的悲剧和喜剧。

当然，现在的情形与以前完全不同。因为影子能够扮演剧中的一切。他们可以根据剧情的需要，扮演侏儒或巨人、人或鸟、一棵树或一张桌子。

他们经常通宵达旦地在奥菲丽娅小姐面前演出最精彩的剧目，而她仍然在一旁给他们提示台词。

白天，除了她自己的那个影子，别的影子都呆在奥菲丽娅的手提包里。是的，影子有时可以小得不可思议。

别人从来没有见到过奥菲丽娅的这些影子，但是，他们还是隐隐约约觉得发生了某种不寻常的事情。而不寻常的事情人们往往不太喜欢。

"这位老小姐有些古怪，"人们在背后议论说，"最好把她送到有人照料的老人院去。"

还有人说："也许她已经疯了。谁知道她哪天会干出什么事情来。"

所有人都离她远远的。

终于，有一天奥菲丽娅小姐的房东来了，他说："对不起，从现在开始，您必须比以前多付一倍的房租。"

奥菲丽娅小姐付不起。

"那么，"房东说，"只好对不起了，您最好还是搬出去吧！"

于是，奥菲丽娅小姐只好收拾起所有的东西，把它们装进一口箱子，反正她的东西也不多。她离开了原来住的屋子。买了一张车票，坐上火车，上路了，她自己并不知道该去哪里。

坐了很远以后，她下了车，开始步行。她一手提着行李箱子，一手提着装满影子的手提包。

这是一条很长很长的路。

最后，奥菲丽娅来到了海边，她无法再往前走了。于是，她想坐下来歇一会儿，不久，便睡着了。

影子们纷纷从手提包里出来，围在她身边。他们在一起讨论到底该怎么办。

"本来，"他们说，"正是因为我们，奥菲丽娅小姐才会陷入这种糟糕的处境的。她帮助过我们，现在轮到我们想办法帮帮她了。我们大家都从她那里学到了一些东西，也许，我们可以用这些学到的东西来帮助她。"

等奥菲丽娅小姐醒后，他们把计划告诉了她。

"啊，"奥菲丽娅小姐说，"你们真是太好了！"

后来，她来到了一个小村庄。她从箱子里拿出一块白色的床单，把它挂在一根棍子上。影子们马上开始演出，这些剧目都是奥菲丽娅小姐教给他们的。她坐在幕布的后面，一旦影子们在演出中卡壳，她便在后面给他们提示台词。

开始只有一些孩子过来，他们非常惊讶地在一旁观看。到傍晚的时候，又来了几个大人。看完这些精彩有趣的演出，每个人都付了一点儿钱。

就这样，奥菲丽娅小姐从一个村庄走到另一个村庄，从一个地方演到另一个地方。根据剧情的要求，她的影子们一会儿扮演国王，一会儿扮演丑角；一会儿扮演高贵纯洁的少女，一会儿扮演热情活泼的少年；一会儿是魔术师，一会儿又变成鲜花。

人们纷纷过来观看，并忍不住随着剧情一起欢笑和哭泣。不久，奥菲丽娅小姐便出名了。无论走到哪里，人们都在热切地等待着。因为他们以前从来没有看到过这种演出。他们对她的演出报以热烈的掌声，而且每个观众都会或多或少付点钱给她。

过了一段时间，奥菲丽娅小姐攒够了一些钱，买了一辆旧的小汽车。她让一位艺术家给她写了一块漂亮的彩色牌子，两面都用大写字母写着：

奥菲丽娅的影子剧院

从此奥菲丽娅小姐便开始周游世界，她的影子们一直跟着。

说到这里，这个故事本该结束了，但是它还没有完。

有一天，由于风雪太大，奥菲丽娅小姐的汽车被陷在路上。突然，有一个巨大的影子站在她面前，这个影子比其他所有的影子都黑。

"你也是一个没有人要的影子吗？"她问。

"是的，"那个大黑影子慢慢地说，"我想可以这么说吧！"

"你也想上我这儿来吗？"奥菲丽娅小姐问。

"你能收留我吗？"影子问道，并走得更近。

"我的影子虽然已经非常多了，可是，你总得有地方呆吧！"老小姐说。

"你不想先问问我的名字吗？"影子问。

"那你到底叫什么？"

"别人叫我死神。"

听到这，奥菲丽娅小姐好一会儿没有说话。

"尽管这样，你还是会收留我，对吗？"最后，影子温和地问道。

"是的，"奥菲丽娅小姐说，"你来吧！"

于是，这个巨大冰冷的黑影便将她团团包住，她周围的世界变得漆黑一片。但是，突然，她又仿佛重新睁开了双眼，这双眼睛变得年轻而又明亮，不再像以前那样老眼昏花。现在她不用再戴眼镜，便能看清自己是在什么地方：

她正站在天堂的大门前，周围站着许多美丽无比的身影，他们身穿漂亮的服装，正微笑地看着她。

"你们到底是谁呀？"奥菲丽娅小姐问。

"你不认识我们了吗？"他们说，"我们就是你收留的那些多余的影子呀。现在我们得救了，不用再四处漂泊了。"

天堂的大门打开了，那些明亮的身影簇拥着老小姐奥菲丽娅一道走了进去。他们把她带到一座奇妙的宫殿前，这是一个最漂亮、最豪华的剧院。剧院的门口写着一行烫金的字：

奥菲丽娅的影子剧院

从此，他们便在这里用诗人的伟大语言，给天使们讲述人类的命运。天使们能够理解这些故事，并从中了解到，生活在地上的人是多么痛苦、多么伟大、多么悲伤，同时又那么可笑。

奥菲丽娅小姐仍然在给演员们提示台词。另外，听说有时亲爱的上帝也会来看他们的演出。但是可以肯定的是，谁也没有发现过他。

狐狸的窗户

014

【德国】本雅明

徐小青 译

驼背小人①（4则）

所有美丽的儿童故事都是成年人创造的。儿童有感觉却无法表达，成年人能够表达却失去了鲜活的感觉。只有在成年后依然对童年怀有深情回忆并且具有敏锐的文字表现力的作家，才能够表现童年，如高尔基、普鲁斯特、本雅明。

迟到的小学童，心怀忐忑，别人却毫不在意，我像被静寂无声的教室悄悄吞噬了；我从儿童读物中听见了父亲讲故事的音调，文字如新鲜雪片般缓缓飘落心头，眼前是一个崭新的变化多端的世界；大冬天赖在温暖的被窝里多么惬意，即便是在清晨6点半烤苹果的香味里醒来，我千百次地许下要好好睡个够的愿望，这愿望后来终于实现，在我几乎遗忘了的时候，所以竟不能带来欢愉；每个孩子都有一个神秘的伴侣，躲在永远找不到的地方，我的同伴是个喜欢恶作剧的驼背小人，他常在角落里盯着我看。哎，他把所有的坏事都替我干了，我的笨拙和厄运无处可逃，我只能在新世纪的门槛前，为他祈祷……

回忆中模糊的温暖，一经描摹，反而带着让人心头微凉的感觉。在本雅明平稳柔美的语言里，那些不可确知的记忆"像一个好朋友长途旅行之后回到身边"，凝成一幅色泽暧昧的图画，对不能再现的1900年的柏林作长久的纪念和告别。

瓦尔特·本雅明（1892~1940），德国思想家、文学评论家。他罕见地将才华和渊博结合起来，根据好奇心和追根溯源来提炼学术兴趣。作品《发达资本主义时代的抒情诗人》《单向街》等为中国读者所熟悉。《驼背小人》是他的回忆录。

---

① 选自《驼背小人——一九〇〇年前后柏林的童年》，上海文艺出版社，2003年版。

迟 到

　　校园里的那只钟好像由于我的过失而损坏了。它的指针指着："太晚"。我沿着走廊从一间又一间教室的门边溜过，里面传来密谋般的窃窃私语。门背后的老师和同学都是同谋。也有的教室寂静无声，像是在等候某个人的到来。我悄无声息地摸着门把，太阳沐浴着我站立的那块地方。就这样，我委曲求全地放弃了本来可以是绿色的一天，走进教室。教室里好像没有人认识我，甚至没有人看见我。就像魔鬼吞噬了彼得·施勒米尔①的影子，老师在这堂课开始的时候就把我的名字没收了。整整一堂课都没有轮到我回答问题。我默默地坚持到课间休息的钟声响起。然而，钟声里没有福祉。

儿童读物

　　从学校的图书馆，我得到了最心爱的儿童读物。它们被分发到低年级的班上，班主任喊到我的名字以后，这本书就踏上了越过一张张课桌的旅程。一个同学把它传给另一个同学，或者它越过同学们的头顶被交到我这个申请人的手中。书页上沾着读者的手印，连接书页的装订线上下突出的两端也脏乎乎的。特别是书脊受到了很大损耗，所以封面和封底也自行移动了，书的切面歪斜着，就像小阶梯和小平台一样。而书页上挂有细细的网线，仿佛夏末树枝间的细丝。在初学阅读的时候，我曾经把自己编织其中。

　　书放在那张实在太高的桌子上。阅读时我把双耳堵住，这种无声的叙述我何尝没有亲耳聆听过？当然不是听父亲说话。然而在冬天，有时候我站在暖室的窗边，外面的暴风雪会这样向我无声地叙述。虽然因为新雪片迅速而密集地盖住了旧雪片，我从未完全听懂过这种叙述的内容。我还没来得及和一团雪片好好亲近，就发现另一团雪片已经倏然压下，取代了前一团的位置。但是现在时机到了，我通过阅读密密麻麻的文字得以探寻当初我在窗边听不懂的故事。我在故事中遇到的这些遥远的国度，就像那些雪片一样亲昵地互相交织嬉戏。而且因为当雪花飞舞时，远方的国度不再引向遥远，而是引入内心，所以巴比伦和巴格达，阿卡和阿拉斯加，特罗姆瑟和德兰士瓦都坐落在我的心中。书本中温和而悠闲的空气缭绕在这些城池中，其中的流血和冒险故事是那样的让我心驰神往，以至于我对于这些破旧的书本永远忠心耿耿。

　　或许我还是更忠心于那些比这更早的，已经寻之不得的书本？就是我仅有一

---

　　① 《出卖影子的人》中的主要人物。作者阿德贝尔德·冯·沙米索（Adelbert Von Chamisso）（1781～1838）。

次在梦中得以重见，美妙无比的那几本？这几本书叫什么名字？我除了它们失踪已久和我再也未能找到它们以外，便一无所知。梦中，它们躺在一个柜子里，醒来以后，我肯定自己从未见过这个柜子。然而在梦中我们仿佛是老相识。这些书不是竖立着，而是平躺在柜子里一个风雨不定的角落。书本里仿佛雷雨交加。如果打开一本，我一定会被其文字带入一个变化多端、阴霾昏暗、云朵飘飘和孕育着纷繁色彩的宽大怀抱之中。这些色彩翻腾着并且变幻不定。它们最后总是变成一种紫色，就像被屠宰后的动物内脏的颜色。和这种遭人唾弃的紫色一样无可名状和意味深长的是这些书的名字。我觉得它们一本比一本离奇，一本比一本亲切。但是，就在得以抓住其中的一本之前，我醒了，在梦中还没来得及摸一摸那几本昔日的儿童读本。

冬日的早晨

　　每个人都有一个可以许愿的仙女，但是只有很少的人还记得自己许过的那个愿，所以也很少有人会察觉到，在他们的生活里，仙女已经成全了他们的愿望。我记得自己那个被成全了的愿望，我不想说，它比童话里的孩子所许的愿更聪明。冬天，清晨6点半，当手电筒的灯光向我的床头移来，女佣的影子被投射到天花板上时，这个愿望便浮上我的心头。壁炉里点起了火，很快这团火焰就朝我张望了。它好像被挤在一个过小的匣子里，在那儿煤块压得它动弹不得。这个挨得很近的小匣子开始工作起来时竟如此蔚为大观，虽然它比我还要矮小，女佣对于它必须比朝向我时更低地弯下腰。当这一切就绪时，女佣就把一个苹果放进炉膛里烤。很快炉门的栅栏就被跳动的红色火焰映在地板上。困倦的我感到有这样的画面对于这一天就足够了。每天的此刻都是如此，只有女佣的声音打搅了冬天早晨我与屋内物件亲近的过程。当百叶窗尚未被拉起，我已经第一次把炉门的插销拉开，朝那个炉膛里的苹果张望了。有时候苹果的气味还没起变化，于是我耐心地等待着，直到嗅到了那飘溢而出的泡沫般酥松的香气。这种香气似乎来自于比圣诞树的芳香更深更隐匿的冬天的角落。那个苹果，那个暗暗的、暖暖的果实就躺在那里，它既熟悉又变了样，就像一个好朋友长途旅行之后回到了我的身边。那是在漆黑炙热的炉火之中的旅行，那香气好像是从这一天期待我的所有事物中赢得的。因此，每当我双手捧着那个暖烘烘、两颊发亮的苹果时总是迟疑地不愿咬下去，也就不足为奇。我感到，在苹果的香气中隐含着稍纵即逝的信息，它太容易从我的舌尖逃之夭夭。这个信息有时久久地鼓励着我，甚至在去学校的路上还安慰着我。到了学校，本来好像已经消失的疲倦在我的身体碰到书桌的时刻加倍向我袭来，随着这疲倦而来的是那个愿望：好好睡个够。后来我千百次地许过这个愿，并且这个愿望后来真的实现了。但是经过了很长时间，在对能有个固定工作、能丰衣足食的希望每每落空以后，我才明白这一点。

驼背小人

小时候，我总喜欢一边散步一边透过铺在地面上的栅栏向下窥视。这种栅栏让人可以向橱窗里观望，橱窗前的栅栏下有一个洞。这种洞穴是给地下室天窗透气和透光用的。这些天窗与其说是开向露天的，还不如说是开向地的深处的。我的好奇心由此而生，我透过脚下栅栏的铁条向下张望，为了在这种一半露在地面的地下室里看到一只金丝雀，一盏灯或者一位住户。如果我白天的期待一无所获，当天夜里事情就会反过来，在梦里会有目光从地下室向我注视，让我动弹不得。这种目光是地下那个戴着尖帽的精灵向我射来的。它刚使我毛骨悚然，便随即骤然消失。因此当我有一天在《德语儿歌集》中读到下面的诗句时，我知道自己的处境："我想走下地窖，开桶去把酒倒；那儿站着一个驼背小人，它把我的酒罐抢跑。"我认识这群喜欢恶作剧，喜欢落井下石的家伙，而且他们以为以地窖为家也是不言而喻的。这是"一群无赖"。坚果山上偷小公鸡和小母鸡的夜贼——大叫"天要黑啦"的缝衣针和大头针——都是同样货色。他们可能对驼背小人更知底细。而我却难以接近他，直至今日我才知道他叫什么名字。妈妈早就向我透露过他的存在。"笨蛋向你问候。"当我打碎了什么或什么东西掉在地上，妈妈总是这样说。现在我终于明白她指的是什么了。她说的就是那个盯着我看的驼背小人。小矮人如果盯着谁看，谁就会心不在焉。他既不留心自己，也不注意那个小矮人，他神志恍惚地站在一堆碎片前："我想走进厨房，给自己做一小碗汤；那儿站着一个驼背小人，它把我的小锅打碎。"他出现在哪里，我在哪里就会变得两手空空。我望洋兴叹，眼看着一切渐渐变小。直到几年后大花园变成了小花园，大房间变成了小房间，大长椅变成了小长椅。它们缩小了，仿佛和小矮人一样长出了驼背。那个小矮人到处抢在我前面，堵住我的道路。他并没有伤害我什么，只是这个灰灰的倒霉鬼不时让我重新忆起那些几乎被我遗忘，然而曾经属于我的东西："我走进小屋，想吃麦片糊糊；那里站着一个驼背小人，已经吃了我的半碗糊糊。"小矮人经常这样地站在那儿。只是我从来没有见到过他，而他却总是盯着我：在我躲藏的地方，在我伫立的水獭笼子前，在冬天的早晨，在走廊里的电话机前，在蝴蝶翩飞的布劳赫斯山，在铜管乐声中，在我的冰道上。他虽然隐退已久，但是他的声音如同煤气灯的咝咝响声，在世纪的门槛上对我轻声叮咛："可爱的小宝宝，唉，我求求你，请为驼背小人一起祈祷！"

【法国】加缪

袁莉 周小珊 译 许钧 校

第一个人①

是不是所有的人都会像雅克一样，或者说像加缪一样，在沧桑的40年后，试图去找回自己的精神父亲。在春日午后苍白的日头照耀下，他从最初开始追溯，完全还是个孩子的年代，会有这样一个人，他被命运置于我们的人生道路上，在我们还是敏感又脆弱的孩子的时候，在我们还不是这个由荣耀金钱身份堆积起来的面貌的时候，指引我们，帮我们打开通往这世上所有钟爱事物的大门，爱护我们，像父亲一样无私而且周全地爱护我们。

在这部自传性质的小说里，主人公雅克在战争中失去了父亲，他说："我需要有人为我指路，惩罚我，称赞我，不是凭着特权，而是凭威信，我需要我的父亲。"也许每个孩子在内心深处都有过这样无声的呼唤。我们需要他，没有偏见地教授我们知识，公正地对待我们，告诉我们好与不好，而且无私又慈爱地指引我们到更好的地方去。

在我们学生时代的乐园，当书本平滑细腻的纸张散发喷香的油墨味，当雨天的教室飘来潮湿的羊毛上衣的味道，当孩子们"穿着木鞋，带着羊毛帽子，穿过雪野，向温暖的家跑去"的时候，我们需要这样一个人，他慈爱地微笑，目送我们。有一天，当我们不得不独自成长为男子汉的时候，他还站在那儿，渐渐远离我们，也许完全分开，再没有消息，可是我们永远无法将他忘怀，从来不能忘怀。我的老师，我的父亲，我生命的第一个人。

加缪（1913~1960），法国作家。青少年时期生活在法属殖民地阿尔及利亚，父亲在1914年大战时阵亡，他随母亲居住在贫民区。作品有《局外人》《鼠疫》等。加缪于1957年获诺贝尔文学奖，首先想到的是告诉母亲和小学教师热尔曼先生，致先生的信中说："假如没有您，没有您向我这个穷孩子伸出热情之手，没有您的谆谆教诲，没有您的优秀榜样，这一切都不会到来。……我向您保证，您的努力，您的劳动，您的慷慨之心，

---

① 选自《加缪文集》，译林出版社，1999年版。

将永远留在我，您的一个小学生心中。我尽管年岁已经不小，但我从来都是您的学生，对您感激不尽。紧紧地拥抱您。"老师回信："我亲爱的孩子：你亲手寄出的《加缪》一书，我收到了，作者布里斯维尔先生有意将该书题献给我。我不知如何表达你的优雅之举给我带来的欢乐，亦不知如何向你致谢。如果可能的话，我要紧紧拥抱你这个伟大的男孩，对我来说，你永远是'我的小加缪'。"加缪1960年死于车祸，人们在他的随身手提包里发现了这部《第一个人》的未完成手稿，本文节选自第六章。

贝尔纳先生并不认识雅克的父亲，但他却常跟雅克谈起他父亲来，颇有点讲神话的味道。不管怎么说，每到关键时刻，他总善于把自己摆在雅克父亲的位置上，这就是雅克永远无法将他忘怀的原因。虽然从未见过父亲的面，但雅克似乎从来没有父亲不在人世的感觉。在孩提时代，乃至后来这一生，他都在下意识中承认，这是在他的童年生活中出现的唯一周全而果断的父爱。在那段时间里，小学毕业班教师贝尔纳先生，倾尽全力来改变他所负责的这个孩子的命运，最终他真的做到了。

占据着俯临城市与大海的加斯巴地区的，是种族各异、信仰有别的小商人。他们的房子散发出贫穷的气息与辛香作料的味道。在加斯巴街区的下方，罗维科街的拐弯处，有一间小小的屋子，此刻，贝尔纳先生就在这间屋子里面对着雅克。贝尔纳先生已经老了，头发更是少得可怜，脸和手的皮肤硬邦邦的，上面布满了老人斑，他的动作比以前更迟缓了。显然，他很高兴又能坐在靠窗的藤条椅上。窗外是一条商业街，一只金丝雀在吱吱喳喳地叫着。他年岁已大，心肠变得柔弱起来，内心的感情表露无遗，以前他可不是这样的。不过，他的腰板还是笔直，声音也坚定洪亮，一如当年他站在学生面前发令的模样："两个两个排好，两个！我不是说5个！"一阵拥挤推搡之后，他们终于安定下来，在二楼的走廊上，沿着教室外墙排成了队。孩子们对贝尔纳先生又敬又畏，一时间鸦雀无声。"进来，小家伙们。"一声令下，孩子们终于解放了，这是活动、打闹的信号，但一个个必须小心才是。身板硬朗的贝尔纳先生衣着齐整，刚毅端正的脸庞上方贴着一圈稀疏光滑的头发，浑身散发着古龙香水的味儿。他愉快而严肃地监视着小家伙们的一举一动。

上课的时间到了。贝尔纳先生的课总是妙趣横生，原因很简单，他钟爱他的职业。屋外，在太阳照着的浅黄褐色的墙壁上，有时会发出嗡嗡的响声，屋内，尽管教室里挂着黄白粗条纹的帘子，晒不到太阳，还是能听见滚滚的热浪声。这儿的雨和阿尔及尔的一样。一下起来，就像绵延不断的瀑布，倾盆而下，顷刻间把街道变成潮湿黑暗的水井。学生们并没有因此而心不在焉，只是暴雨天的苍蝇有时会分散孩子们的注意力。苍蝇要是被抓住，便被扔进卡在课桌窟窿里的圆锥形小墨水瓶，一下子淹没在瓷墨水瓶的紫色沉淀物里，死得好不悲惨。但贝尔纳先生决不会退却半步，他会把课上得更加生动有趣，他的这种教学方法甚至战胜了那些苍蝇。他总是善于在最恰当的时刻从他的百宝箱中取出搜集的矿物、腊叶标本、蝴蝶、昆虫标本、卡片等等，以此来激发学生的兴趣。在学校里，只有贝尔纳先生弄到了一架神奇的幻灯机，每个月在自然和地理课上，给孩子们放映两次幻灯。为了训练学生的快速思维能力，他在算术课上设立了口算比赛。学生们交叉着双手放在胸前，贝尔纳先生念着乘除口诀，有时也做比较复杂的加法题。1267加681等于多少？第一个给出正确答案的学生将会得到一个好分数，计算进每个月评定一次的等级分里。至于其他课程，他都严格地使用教科书，但很有经验……那些教科书在法国也是普遍使用的。孩子们只见识过西科罗风（欧洲南部的焚风）、灰尘、瓢泼骤雨、海滨沙滩和阳光下火焰翻滚的大海，在课上，他们专心致志，抑扬顿挫地朗诵着对他们来讲富有神话色彩的故事。故事里的孩子戴着帽子，围着羊毛围巾，穿着木鞋，在天寒地冻的日子里，拖着柴火走在白雪皑皑的路上，一步一步地往家赶，直到看见雪白的屋顶，屋顶的烟囱冒着炊烟，他们知道，家中的炉膛里正煮着豌豆汤。雅克觉得这种故事充满了异国情调。他幻想着，绘制着这个从未见过的世界的草图。他不停地询问外祖母，打听20年前在阿尔及尔地区下了整整一个小时的那场雪的情况。于他而言，这些故事是学校富有诗意的一部分，学校里散发着直尺、文具盒的油漆味，奇妙的书包带味（当雅克遇到难题的时候，他常久久地咀嚼着书包带），和紫色墨水的酸涩味。每当轮到雅克从一个瓶塞上插着根玻璃曲管的深色大瓶子里给大家灌墨水时，他总是快乐地嗅着玻璃曲管口的墨水味。他也喜欢书本平滑细腻的哑光纸之间那股喷香的油墨浆糊味。每逢雨天，教室后面飘来一股股潮湿的厚呢上衣的羊毛味，仿佛预示着故事中的乐园世界，乐园里的孩子穿着木鞋，戴着羊毛帽子，穿过雪野，向温暖的家跑去。

只有学校才能给雅克和皮埃尔这些快乐。他们深情地爱着学校里的一切，可能是因为他们家中找不到这些东西的踪影。家境的贫寒与愚昧使封闭的生活更为艰辛，更为沉闷，贫穷是一座没有吊桥的堡垒。

不，学校不仅仅是他们逃避家庭的场所。至少在贝尔纳先生的课上，学校还培养他们一种饥渴感。这类饥渴感对于成人，特别是对孩子来说是至关重要的，这就是对发现的一种渴望。上其他老师的课，他们可能学了更多的东西，但这种填鸭式教育塞给他们的只是现成的饲料，老师只求他们吞咽下去。在热尔曼[①]先生的课上，他们第一次感受到了自己的存在，觉得他们是被高度重视的对象。热

———————
① 作者此处用了老师的真名。

尔曼先生认为他们有能力发现世界。他不仅教给学生应该教的东西，还爽直地把他们领进自己的私生活，与他们共同分享欢乐。他向他们讲述自己的童年和他所认识的孩子的故事。他向孩子们坦诚地发表自己的想法，但从不深入地阐述他的观点。例如，他和许多同事一样反对教会干预政治，却没有在课堂上讲过一句反宗教的话，也从不批驳可能成为学生某种选择或信仰的对象。然而，他强烈地谴责偷窃、告密、诈骗和卑鄙的行径，对他来说，这是容不得讨论的。

他跟他们讲得最多的，还是他参加了4年的那场不算遥远的战争。他讲述着战士的痛苦、勇敢、忍耐以及停战的幸福。每个学期末，孩子们放假前的那段日子，只要时间允许，他都会时不时地照老规矩，给孩子们读一长段多热莱斯的《木十字架》的节选。这种阅读为雅克打开了异国情调之门。尽管他从未接近过这类世界，最多也只是在理论上接近过从未见过面的父亲，但他感觉到在这个世界中，总是游荡着恐惧和不幸的幽灵。他全神贯注地听着老师倾心讲述的故事。老师再一次讲到了雪，讲到了可爱的冬天，但也讲到了怪诞的人，他们穿着沾满污泥、硬邦邦的、沉重不堪的衣服，操着奇怪的语言，住在顶上落满了炮弹、火箭、子弹的洞穴里。每一次听完老师的故事，雅克和皮埃尔都越来越焦急地盼望着下一次。这场战争，大家仍在谈论（雅克伸长耳朵静静地听达尼埃尔以他的方式讲述他参加过的马恩战役。达尼埃尔不知自己是如何从这场战役中生还的。他说上司命令他们这些朱阿夫兵形成散兵线，发起冲锋，他们向一条沟壑冲去，沟里不见一个人影。可当他们冲到半沟深的时候，敌方的机枪手们突然从天而降。顿时沟底血流成河，呼爹唤娘的声音此起彼伏，可怖至极），幸存者难以忘却，它的阴影始终笼罩着他们周围的一切，选它作故事的提纲，比在别的课上听到的仙女的故事更迷人，更非同寻常。要是贝尔纳先生想要改换别的节目，那可真叫孩子们失望和厌烦。幸好他还是接着往下讲了。有趣的场景随着可怕的描述变换更迭。渐渐地，这些非洲的孩子们认识了一个个陌生的人物，他们成了孩子们世界里的一部分，孩子们谈论起他们就像在谈论熟知的老朋友，好像他们依然活着，生龙活虎。尽管他们已经死于战争，但雅克也丝毫没感觉到他们已经成为战争的牺牲品。到了年底，故事读到结尾的那一天，贝尔纳先生声音低沉地念道，某某离开了世界，然后默默地合上书，内心百感交集。他抬头看着目瞪口呆、默然无语的学生。他发现坐在第一排的雅克凝视着自己，泪流满面，不停地抽泣颤抖着，好像将永远地哭下去。"好了，小家伙们，好了，小家伙们。"贝尔纳先生的声音微弱得难以觉察。他站起身，背对着全班，把书插进了书柜里。

"等一等，小家伙。"贝尔纳先生说道。他费力地站起来，食指的指甲掐着金丝鸟笼的栅栏。金丝鸟婉转地鸣叫着："啊，卡齐米尔，我饿了。爸爸我要吃。"

贝尔纳先生走向教室后面壁炉边的课桌，拉开一只抽屉翻了翻，又关上，再打开另一只抽屉，拿出一样东西。"拿着，"他说，"这是给你的。"雅克接过包着褐色食品纸的书，封面上没有写字。就算不翻开，他也知道这就是那本《木十字架》，贝尔纳先生在课堂上读的那本。"不，不，这……"雅克想说这太美了，但他找不到词汇来表达。苍老的贝尔纳先生摇摇头："还记得吗？最后一天你哭了。从那天起，这本书就属于你了。"说完他转过身，不让雅克看到他突然发红的眼睛。他又走向那张桌子，回来的时候在鼻子底下晃着一根又短又硬的红尺。他笑着对雅克说："你记得这根麦芽糖吗？""啊，贝尔纳先生，"雅克说，"您还保留着哪？您知道现在可不允许用了。""过去也是禁止使用的。但你能证明我用过它。"是的，雅克能证明贝尔纳先生赞成体罚。他常用的惩罚方式就是到了月底，把学生所得的分数扣除一部分，使该生在全班的排名下降。但碰上严重的情况，贝尔纳先生不会像他的同事那样，把违章的学生送到校长那里，他自有一套恒定不变的规矩。"我可怜的罗伯特，"他平静而温和地说，"你应该挨一记麦芽糖。"全班同学一动不动（要不就是暗自高兴，那颗有节律地跳动的心希望从别人的惩罚中得到快感），罗伯特站起来，脸色苍白，努力想显出一副泰然自若的模样（有的学生离开自己的座位时先咽下泪水，然后再走向站在黑板前的讲台边的贝尔纳先生）。照规矩，罗伯特或约瑟夫得自己拿起放在桌上的"麦芽糖"，交给主持"祭司仪式"的贝尔纳先生。

麦芽糖是一根又短又粗的变形的红色木尺，沾满了墨水印，上面有凹口和刻痕，还是很久以前贝尔纳先生从一个学生那儿没收来的。现在已经想不起那个学生是谁了，只记得当年他把木尺交给贝尔纳先生时，贝尔纳先生叉着双腿，带着一副嘲弄的神情接了过去。受罚的孩子必须把脑袋伸进老师的双膝间，老师夹紧大腿，牢牢地卡住孩子，根据他们犯错程度的轻重，在每个孩子的屁股上狠狠地打上几下。孩子们对这种惩罚的反应因人而异。有的人还没挨打就呻吟不止，不动声色的老师便提醒他们，说他们叫喊得太早了；有的人天真地用手捂着屁股，贝尔纳先生便额外赏了他们一尺，以打开那两只手；还有的人吃了火辣辣的戒尺，脚拼命地向后踢；还有的人颤抖着，一声不吭地忍受着，把泪水吞进肚子，回到自己的座位。然而总的来说，孩子们接受这种惩罚并不觉得痛苦。首先是因为几乎所有的孩子在家里都挨过打，这种惩罚对他们来说是一种自然的教育方式；其次是因为老师绝对公正，他们事先知道何种违章行为会引发那场赎罪仪式。所有超越行为规范界限的人都知道他们在冒险，唯一的后果就是得到一个糟糕的分数，最先犯规的人和最后犯规的人接受的惩罚完全平等。显而易见，贝尔纳先生非常喜欢雅克，但雅克照样和别人一样受罚。甚至头一天贝尔纳先生刚刚当众表明他对雅克的偏爱，第二天雅克就可能要挨戒尺。每当雅克在黑板上写出一个绝妙的答案，贝尔纳先生就会抚摸着他的脸颊，低声喊一声"小宝贝"，将他搂进怀里，严肃地对全班说："是的，我偏爱雅克，就像偏爱你们中间所有在战争中失去父亲的人。我，曾与他们的父亲并肩作战，而我有幸活在世上。我在努力，至少在这里，我可以代替我死去的战友。现在，如果有人想说我特别偏爱几个宝贝，就让他说吧！"听罢贝尔纳先生这番话，教室里一片沉寂。放学时，雅克问同学中有谁叫过他小宝贝。遭受这样的侮辱却无动于衷，等于丢掉了脸面。"我。"米诺兹应道。他是个长着柔软的淡金色头发的高个男孩，很少表现自己，却总是与雅克作对。

"好极了，"雅克怒吼道，"你他妈的婊子。"这也是一句立即能引起打斗的常用的脏话。在地中海沿岸，辱骂母亲和死人永远是最严重的侮辱。然而米诺兹犹豫不决。不过惯例终归是惯例，其他同学都在一旁激米诺兹："走，去绿色天地。"绿色天地离学校不远，是一块杂草丛生的空地，堆满了旧铁箍、罐头盒和腐烂的木桶。"多纳德"仪式就在那儿进行。简单地说，"多纳德"就是决斗，他们用拳头代替了佩剑，不过至少在精神上依然忠于真正的决斗仪式。其实，他们决斗的目的只是为了解决一场涉及交战一方名誉的争论。决斗的起因多种多样，也许是对方操了他的祖宗十八代，也许是对方诋毁了他的国籍或种族，也许是对方指控他偷窃或谴责他揭发了偷窃行为，也许是由于每天诞生在孩子的世界里的说不清、道不明的原因。只要有一个学生站在受辱者的立场上，认为他应该洗刷掉他所受到的耻辱，那么惯用的一句话就是："4点钟，绿色天地见。"此话一出，群情激昂，叽叽呱呱的议论也戛然而止。将要交战的双方撤退时，身后分别跟着他们的拥护者。在接下来的几节课上，要决斗的新闻和决斗者的名字从一条板凳传到另一条板凳，孩子们难以维持男子汉特有的沉着与坚定，偷睨着决斗双方。勇敢者的心中则是另外一番滋味，他们眼看着必须面对暴力的时刻一点一点地迫近，变得焦躁不安，开始走神。但双方阵营的拥护者绝对不应该嘲笑对方的决斗者，用"夹紧屁股"这种约定俗成的说法来骂他是胆小鬼。

雅克尽了他作为男人的职责，向米诺兹提出了挑战，但每次面对暴力或实施暴力时，他总是不由自主地把屁股夹得紧紧的。可是，既然他已经作了决定，就一秒钟也不能考虑后退，这是行事的准则。他知道这种轻微的未战而怯的沮丧心理会在交战时消失，会被他自身的力量所战胜，但只要这种情绪存在，就足以在战术上妨碍他，让他付出代价。

与米诺兹交战的那天晚上，一切都进行得有板有眼。两位斗士和为他们拎书包的支持者兼护理员来到了绿色天地。被这场战役吸引而来的人群把两位斗士围了起来。两个人脱掉披风和外套，递给他们的护理员。这一次，雅克出于冲动，第一个站了出来。他并非信心十足，但却逼得米诺兹全无章法地往后退却，笨手笨脚地躲避着雅克的钩拳。可突然他在雅克脸上击了一拳，把雅克打疼了。观战者的叫声、笑声和加油声令雅克火冒三丈，失去了理智。他扑向米诺兹，拳头像冰雹一般落在米诺兹的身上，打得他晕头转向。雅克一记狂怒的钩拳击中了米诺兹的右眼，不幸的米诺兹失去了平衡，可怜兮兮地一屁股跌坐在地上，一只眼睛刷刷地落泪，另一只眼睛顷刻间肿了起来。这漂亮的一拳打得米诺兹的眼睛青肿了好几天。面对胜利者的出色表现，围观的人群发出了类似北美印第安的苏人的欢呼声。米诺兹没有马上站起来，雅克的密友皮埃尔立即插手，宣布雅克为胜者，并帮他穿上外套，披上风衣，一群仰慕者把雅克团团围住。米诺兹爬了起来，还流着泪，在围着他的一小帮沮丧的人中间穿上衣服。雅克从未想过会取得如此彻底的成功，不免被突如其来的胜利冲得晕头转向。飘飘然地接受别人对他的祝贺，听他们讲述已经润色美化过的英雄故事。他想高兴一番，也确实在虚荣心的作用下感到了快乐。但是离开绿色天地之前，他走到米诺兹身边，看到被他打过的那张狼狈的脸，他突然万分沮丧。他就此懂得了战争并非是好事，战胜别人和被别人战胜是同样的苦涩。

为了进一步完善对雅克的教育，老师不失时机地让他明白耻辱和荣誉往往只有一步之遥。打架的第二天，同学们都敬佩地拍拍雅克，雅克自以为必须摆出自命不凡的神态，当一当好汉。然而，课上点名的时候，米诺兹没有应答，雅克的邻座们向雅克挤眉弄眼，嘲笑米诺兹没有来上课。雅克鼓起腮帮，无力地抬起双眼，向同学递了一个眼色。他没有察觉到贝尔纳先生正看着他，飞快地扮了一个鬼脸。老师一开口，教室里突然鸦雀无声。"我可怜的宝贝，"老师绷着脸说，"你得像别人一样吃麦芽糖。"打了胜仗的雅克不得不站起来，拿起刑具，走近散发着清新的古龙香水味的贝尔纳先生，摆出接受刑罚的屈辱姿势。

次日课间，雅克站在操场尽头的墙角，背对着院子，听着同学们玩耍的欢呼声。他轮换着双脚来支撑身体的重量，多么想去跑一跑。他不时地向后瞟上一眼，看到贝尔纳先生正和他的同事在院子的一角散步，瞧也不瞧他。但是第二天，贝尔纳先生走到了他的背后，雅克都没有发现。贝尔纳先生轻轻地拍了一下他的脖子："别把头垂得像超低空飞行的飞机。米诺兹也在站墙角。我允许你抬头看一看。"米诺兹真的一个人闷闷不乐地站在院子的另一端。"你站墙角的这个星期，你的同伙拒绝跟他玩。"贝尔纳先生笑着说，"你瞧，你们俩都受到了惩罚，这下扯平了。"他弯下腰，慈爱地笑着，"喂，小蚊子，真叫人不敢相信你会出那样一记钩拳。"受罚的雅克心中顿时涌起一股暖流。

学年快结束的时候，贝尔纳先生提醒雅克、皮埃尔、弗勒里注意，圣地亚哥简直神极了，每门功课都很出色。"他有一颗综合科技的脑袋。"老师说。圣地亚哥是个漂亮的小伙子，天分并不高，却因潜心学习而成功。"听着，"教室里没有别人时，贝尔纳先生对这4个人说，"你们是我最好的学生。我决定推荐你们角逐中学助学金。如果你们成功了，可以得到一笔钱，你们就能在中学学习，直到中学会考。我们的小学是最棒的，但它却不能将你们引向未来。中学会为你们打开所有的大门。我更希望你们这些穷孩子能跨入这些大门。但关于这一点，我需要得到你们父母的允许。快去吧。"

他们愣愣地跑开了，甚至没商量一下就分手了。雅克发现外祖母独自一人在家，正在饭厅桌子的漆台布上拣着小扁豆。雅克犹豫了一下，决定等母亲回来。母亲终于一脸倦意地回到了家。她穿上围裙去帮外祖母拣小扁豆。雅克自告奋勇，想做个帮手，妈妈给了他一个白色的粗瓷盘子，把豆子倒在盘子里，里面的小石子就比较容易挑出来。雅克把鼻子埋进盘子里，说起了那件事。"这是唱的哪出戏？"外祖母问，"几时能参加中学毕业会考？""6年后。"雅克答道。外祖母推开盘子，问凯瑟琳·高麦利："你听见没有？"她没有听见，雅克慢慢地跟她重复了一遍。"啊，"她说，"这是因为你聪明。""不管聪明不聪明，明年都得送他去做学徒。你知道我们没钱，他每周得赚点钱回来。""这倒也是。"凯瑟琳说道。

夜幕降临，暑气渐渐地消退了。此刻，工厂的工人依然干得热火朝天，而空荡荡的街区非常安静。雅克看着马路，不知道自己在期待着什么。他其实很想听从贝尔纳先生的建议，但9岁的孩子不能也不懂得违背外祖母的意思。显然她也犹豫不决。"以后你干什么？""我不知道，可能像贝尔纳先生一样做小学教师。""也许吧，6年以后。"她拣小扁豆的动作比以前更缓慢了。"啊，"她说，"不行，我们太穷，去告诉贝尔纳先生，我们实在没有办法。"

第二天，另外三个人告诉雅克他们家答应了。"你呢？""我不知道。"他说着，突然觉得他比他的朋友们更穷，心里难过极了。放学后，他们4个人留了下来。皮埃尔、弗勒里、圣地亚哥作了肯定的答复。"你呢，小蚊子？""我不知道。"贝尔纳先生看了看他。"行了，"他对另外三个人说，"你们可以走了。"那三个孩子走后，贝尔纳先生坐下来，把雅克拉到身边："怎么回事？""我外祖母说我们太穷，明年我得干活了。""你母亲怎么说？""是我外祖母当家。""我明白了。"贝尔纳先生思忖了一番，把雅克搂进怀里。"听着，应该理解你外祖母，生活对她来说非常艰辛，她和你母亲两个人拉扯着你和你哥哥，把你们培养成两个好孩子。你外祖母心有顾虑是很自然的。虽说有助学金，可还得帮助你。不管怎么说，6年中你不能赚钱回家。你能理解她吗？"雅克低垂着眼睛，用力地点了点头。"好极了。不过，或许能够向她解释一下。拿好书包，我和你一起去。""去我家？"雅克问。"是的，见到你母亲是一件令人愉快的事。"

片刻后，贝尔纳先生在雅克傻愣的目光下敲响了他家的门。外祖母在围裙上擦擦手，过来开门。围裙的带子系得太紧，勾勒出上了年纪的女人圆鼓的肚子。

她看见老师，赶紧抬手捋了捋头发。"奶奶，"贝尔纳先生说，"像平时一样忙着呐？您的功劳真不小啊！"外祖母将来访的贝尔纳先生让进屋里，请他坐在桌子旁边，拿出几个杯子和茴香酒。"您别忙，我来是想跟您聊一聊。"作为开场白，他先问了问她子女的情况，问了问她在农场的生活和她的丈夫，然后又聊起自己的孩子。这时，凯瑟琳·高麦利走了进来。她惊慌地叫了一声"老师"，就走进房间，梳理了一番，穿上干净的围裙，过来挨着凳沿坐下，跟桌子保持一段距离。"你，"贝尔纳先生对雅克说，"到外面去等我。""您知道，"他对外祖母说，"我要说的是关系到雅克利益的事情。他能够相信我们说的是实话……"雅克走出门，爬下楼梯，守在大门口。一个小时过去了，马路上热闹起来，透过榕树，看见天空已经转变成青绿色。贝尔纳先生走出楼梯口，站在雅克的背后。他摸摸雅克的头说："好了，谈妥了。你外祖母是一个勇敢的女人，而你母亲……唉，永远不要忘记她。""先生，"外祖母忽然从走廊里走出来，拎起围裙擦擦眼睛，"我忘了……你说过要给雅克补课。""当然，"贝尔纳先生说，"他不是去玩，相信我。""可我们不能付钱给你。"贝尔纳先生注视着她，抓住雅克的肩膀摇了摇，说："别担心，他已经给过我报酬了。"贝尔纳先生离开以后，外祖母抓起雅克的手，带着他上楼。这是她第一次紧紧地、带着歉意的温存握住雅克的手。"我的小宝贝，"她连声叫道，"我的小宝贝。"

考试的地点是位于城市另一端的一所中学，这是一座环海而建的海湾城市。中学周围那一带，过去是一个富有但却死气沉沉的街区，后来西班牙移民的美德使它成为阿尔及尔人口最多、最富有生机的地区。中学本身是凌于马路之上的一座巨大的方形建筑，可以从中间和两侧的三座楼梯上去。这所学校宽敞雄伟，每一侧都有一个种着香蕉树的小花园，用铁栅栏围着，防止学生来破坏。正中的楼梯通向一条走廊，而走廊又将两侧的楼梯连接起来。走廊里有一扇气派的大门，只在重大场合使用，旁边还有一扇小门，面对装着透明玻璃的传达室，供平时的进出。

贝尔纳先生，他的4个弟子，还有先到的一些学生都站在走廊里等待着。大门紧闭，清晨还有些凉意，马路还是湿的，过会儿太阳一出来，就会布满灰尘。大多数学生都掩饰着自己内心的胆怯，装出悠闲自在的神态，可也有几位脸色苍白，默不做声，显露出内心的焦虑不安。雅克他们整整早到了半个小时，谁也不说话，紧紧地挨着他们的老师，老师也没说什么。突然，贝尔纳先生说了一声"我去去就来"，便离开了。果真他一会儿就回来了，依然戴着卷边帽，绑着护腿套，姿态优雅，每只手都拿着两个纸包。为了拿起来方便，纸包顶端还简单地卷成了螺旋形。他走到他们跟前，他们发现纸被染得油油的。"羊角面包来了。"贝尔纳先生说，

"现在先吃一个，留一个10点钟再吃。"他们道过谢吃了起来。但嚼过的干干的面团哽在喉咙口，难以下咽。"别慌，"老师反复叮咛，"看清题目要求和作文题，多读几遍。你们有足够的时间。"他们一定会读上好几遍的，他们也一定会按他的意思去办，因为他无所不知，在生活中没有任何障碍可以阻拦他，跟着他走不会有错。这时，小门附近一阵喧哗，聚在一起的60来个学生朝同一个方向挤过去。一位办事员打开了门，宣读名单。没过几个，就叫到了雅克的名字，他紧紧握住老师的手，犹豫着。"去吧，孩子。"贝尔纳先生鼓励道。雅克颤抖着走向那扇门。就在跨过门槛的那一刻，他转身看着老师。老师就站在那儿，高大，结实，静静地向雅克微笑着，肯定地点了点头。

中午，贝尔纳先生在出口处等着他们。他们给他看草稿，只有圣地亚哥做错了题目。"你的作文写得很好。"他简要地对雅克说。一点钟，他送他们回去。4点钟，他还在那儿检查他们的作业。"行了，"他说，"等着瞧吧。"两天后的上午10点，他们5个人又站在小门前。门开了，办事员再次宣读名单，这回可比上一次短多了。在喧闹声中，雅克没有听见他的名字。但是他的脖子上挨了贝尔纳先生快乐的一巴掌，只听贝尔纳先生说："棒极了。小蚊子，你被录取了。"只有善良的圣地亚哥失败了，他们忧伤而又漫不经心地看着他。"这没什么，"他说，"没什么。"雅克忘了自己身处何方，也记不得所发生的一切。他们4个人坐有轨电车回家。"我会去拜访你们的父母，"贝尔纳先生说，"我先去高麦利家，他家最近。"简陋的饭厅里挤满了女人，有外祖母、专门请了一天假在家的母亲，还有邻居马松家的女人。雅克紧贴着老师结实温热的身体，最后一次闻着古龙水的味道。外祖母在邻居面前喜笑颜开："谢谢，贝尔纳先生，谢谢。"贝尔纳先生抚摸着孩子的脑袋："你不再需要我了，你将会有更加博学的老师。但你知道我在哪儿，如果用得着我的帮助，尽管来找我。"他走了，雅克一个人留了下来，一时恍恍惚惚地站在女人中间。突然，他忙向窗边跑去，看到老师最后一次向他道别。

从此以后，老师撇下了他，让他独自一人去闯世界。他并没有感到成功的喜悦，相反，一阵巨大的痛苦扭伤了他这颗孩子的心，仿佛他事先就已经知道，这次成功使他脱离了穷人愚昧但热情的世界，这个封闭的世界就像社会里的一个孤岛，在这里，贫穷就意味着家庭团结。他将被抛进一个陌生的世界，一个不属于他的世界。他只能相信，那里的老师比这位一切都了然于心的贝尔纳先生要更博学。今后，他得在无人相助的情况下去学习，去理解，唯一给过他帮助的男人不能再帮助他了，他必须自己成长，自我教育，付出昂贵的代价，成长为一个男子汉。

【苏联】高尔基

刘辽逸 译

童 年①

　　高尔基幼年丧父，从小被外祖母收养。在贫寒、流离、破碎的童年生活中，唯一的温暖之源是外祖母的慈爱。一个幼小的心灵，就像一片荒凉的处女地，下层民众生活的粗鄙、微贱、朴素、坚韧和乐观，——在上面留下耕耘的痕迹。这片土地太荒凉，阳光吝啬，雨露稀少，没有鲜花，尽是野草。可是，一个广大的民间，并不缺乏优秀的人，这些人隐居人世间，一点也不显眼。只有碰见有心人，才会偶尔露峥嵘。高尔基就是这样一个"有心"的孩子，他从人群中感应到了这样一个"祖国无数优秀人物中的第一个人"，并且和他结下了忘年之交。

　　这是众人眼中的一个怪人，他躲在屋子里捣鼓一些莫名其妙的实验，大杂院里没人喜欢他，大家叫他"石灰鼻子"、"药剂师"、"巫师"、"妖术师"，总之，他是一个可笑又可怕的"危险人物"。连善良的外祖母也不愿"我"接近他，他的所作所为已经超出了普通民众的认知范围。就是这样一位优秀的特殊的超出身边庸人而不被人接纳的人，给童年高尔基的荒凉心灵撒播了灵慧的种子。他总是使"我"惊奇：他的奇怪的冶炼实验，他的孤独可怜，他听外祖母讲民间故事时老泪纵横，他愿意听"我"瞎扯，从不用教训的语气凶人，跟"我"平等深入地对话，还有，他教会了"我"用准确机智的语言捕捉事物的能力，"有时，他突如其来地对我说一句什么话，这句话就跟随着我一辈子"。他甚至给了"我"另外一个世界……是的，还有另外一个世界，一个不属于只是为衣食奔波的世界，一个有别于粗鄙麻木一成不变的生活的世界，那里，有一些奇妙的事物，一些奇怪的气味，一些奇妙的语言。"我"就像发现了一种让世界重新洗过一样新鲜光亮的"魔法"……是的，我们不只是在埋头生活，我们还可能去探求生活，询问生活，去发现一些新鲜的东西，让心灵飞翔的东西，寻找可以照亮苦难生活的东西。

---

① 选自高尔基《童年》，人民文学出版社，1994年版。本文节选了第八章有关"童心的发现"的内容。

马克西姆·高尔基（1868～1936），苏联作家，主要作品有：《母亲》，自传三部曲《童年》《在人间》《我的大学》等。

外祖父突然把房子卖给酒馆的老板，在缆索街上另买了一所；这是一条没有铺装、长满了草，然而却很清洁而且安静的街，它穿过两排色彩斑驳的小屋，一直通到田野。

整所宅子住满了我没有见过的人们。

特别把我抓得紧和吸得牢的是一个名叫"好事情"的包伙食的房客。他在后进院子厨房隔壁租了一间屋子，这间屋长长的，有两面窗户——一面对着花园，另一面对着院子。

这个人清瘦，驼背，面色雪白，留两绺黑胡子，眼镜底下闪着一对和善的眼睛。他沉默寡言，不被人注意，每次叫他吃饭或喝茶的时候，他总是回答：

"好事情。"

不管是当面或背地里，外祖母就这样叫他：

"廖恩卡，去叫'好事情'来喝茶！'好事情'，您怎么吃得这样少啊？"

他的整个房间都被什么箱子和我所不认识的世俗字体①的厚本子书籍塞满和堆满了；到处都是盛着各种颜色的液体的瓶子，一块块的铜铁，成条的铅。从早到晚，他穿着棕红色的皮上衣，带方格的灰色裤子，全身涂满了不知什么颜料，发散出一种刺鼻的味道，头发蓬乱，笨手笨脚的，老是在那里熔化铅，焊什么铜的小东西，在小的天平上称来称去，像牛似的低吼着，烧疼了指头，连忙向它吹气，跌跌撞撞地走到挂图跟前，他擦擦眼镜，他那又细又直的、白得出奇的鼻子几乎碰到图纸，像是在那儿闻它。有时他突然在屋子中间或者窗户旁边停下来，长久地站着不动，闭着眼，抬着头，一声不出，像一段呆木头。

我爬到板棚顶上，隔着院子从开着的窗户观察他；我看见桌子上的酒精灯的青色火焰，黑色的身影；看见他在破本子里写着字，他的眼镜像两片薄冰，放射着寒冷的青光；这个人玩的魔术使我一连几个钟头待在棚顶上，好奇心烧得我难过。

有时，他反背着手站在窗户跟前，像站在木框子里似的，对直棚顶望着，但他仿佛没有看见我，这使我很生气。忽然，他三步两步地跳到桌子跟前，腰弯成两段，在桌子上搜寻什么东西。

我想，要是他有钱，穿得好，我会怕他的，但是他很穷：皮短衣的领口露出皱皱巴巴的脏衬衣的领子，裤子上全是污点和补丁，赤脚穿着破鞋。穷人不可怕，也没有危险，外祖母对他们的怜悯和外祖父对他们的蔑视，不知不觉地使我相信了

---

① 即现在通用的字体；因阿廖沙开始学的字母是教会斯拉夫字体，所以说不认识世俗字体。

这一点。

全宅子里，谁也不喜欢这位"好事情"；大家都用嘲笑的口气讲他；那个快乐的军人妻子，叫他"石灰鼻子"，彼得伯伯叫他"药剂师"和"巫师"，外祖父叫他"妖术师"、"危险人物"。

"他在搞什么？"我问外祖母。她严厉地喝了一声：

"与你不相干。别多嘴，听见吗？……"

有一天，我鼓足了勇气，走到他的窗前，勉强压抑着心头的激动，问道：

"你在搞什么？"

他震动了一下，从眼镜的上方把我打量了半天，向我伸出了满是溃疡和烧伤的手，说道：

"爬进来吧……"

他不叫我从门口进去，而叫我跳窗户，这使我更觉得他了不起。他坐在箱子上，把我抱在他面前，把我一会儿推开，一会儿拉近，最后，他低声问道：

"你是从哪儿来的？"

这太奇怪了：一天四次在厨房里吃饭喝茶，我都是坐在他身旁的！我回答道：

"我是房东的外孙子……"

"噢，对了。"他观察着自己的手指说道，接着又不吭声了。

我认为得向他解释一下：

"我不是卡希林，是彼什科夫……"

"彼什科夫？"他不相信地重复了一句。"好事情。"

他把我推开，站起身来，一面向桌子走去，一面说：

"乖乖地坐着，别动弹……"

我坐了很久很久，观察他锉那块用虎头钳子夹着的铜；在钳子下面，金星似的铜末落到马粪纸上。他把铜末撮成一把，撒到厚沿的杯子里，再从罐子里添点食盐似的白粉，又从黑瓶子里倒上一点什么，于是杯子里就发出哧哧的声音，冒着烟，一股呛人的气味直扑我的鼻子。我咳嗽起来，乱摇头，可是这位巫师却夸耀似的问道：

"挺难闻吧？"

"可不是！"

"那就对了！小弟弟，这就好极了！"

"有什么可夸耀的！"我心里想，于是严厉地说：

"既然难闻，那就是不好……"

"是吗？"他眨巴着眼睛问了一声。"那可不见得，小弟弟！哎，你玩羊趾骨吗？"

"你是说玩羊拐吧？"

"对，玩羊拐，玩不玩？"

"玩。"

"你要不要我给你做一个灌铅的羊拐？用它来打，准极了！"

"好哇。"

"那你就拿一个羊拐来吧。"

他又向我走来，一面走，一面用一只眼睛望着手里冒烟的杯子，到了我跟前说道：

"我给你做铅羊拐，你以后别到我这儿来了。好不好？"

这可把我气坏了。

"就是不给我做，我也不来了……"

我憋了一肚子气，走进了花园。外祖父正在那儿忙着把粪围到苹果树根上。当时是秋天，树木早就开始落叶了。

"来，把覆盆子剪齐。"他把剪子递给我说道。

我问他：

"'好事情'在造什么？"

"他在破坏房子，"他气汹汹地回答，"地板烧坏了，墙纸弄脏了、撕破了。我就要告诉他，叫他搬走！"

"该这样办。"我同意说，一面开始剪覆盆子的枯藤。

然而我答得太急了。

秋雨淋淋的晚上，要是外祖父不在家，外祖母就在厨房里举行非常有趣的晚会，请房客们——车夫、勤务兵——都过来喝茶，还有泼辣的彼得罗芙娜，有时连那个快乐的女房客也过来。"好事情"总是坐在墙角炉子那边，一动不动，一声不响。哑巴斯捷帕和鞑靼人玩纸牌，瓦列伊用牌朝着鞑靼人宽大的鼻子拍了几下，照例加上一句：

"啊——撒旦①！"

彼得伯伯带来一大块白面包，和一大瓦罐"种子"果酱，把面包切成片，抹上厚厚的果酱，他用手掌托着这些好吃的涂有树莓酱的面包片，低低地鞠着躬，分送给大家。

"请赏光吃一片吧！"他亲切地请求道，当人家从他手里把面包拿走，他注意地看看自己漆黑的手掌，如果发现上面有一滴果酱，就用舌头舔掉它。

彼得罗芙娜带来一瓶樱桃甜酒，那个快乐的女人拿来带壳的果子和糖果。

---

① 鞑靼语：魔鬼。

外祖母最喜爱的娱乐——热闹的宴会开始了。

就在那次"好事情"贿赂我、叫我不要再找他以后不久，外祖母举行了一次这样的晚会。外面哗哗地下着连绵的秋雨，风呜呜地吹，树枝刮得墙壁哧哧地响。在厨房里，又暖和又舒服，大家紧紧地挨坐着，人人都显得特别可亲而且安静。外祖母很少像今天这样滔滔不绝地讲童话故事，一个比一个讲得好。

她坐在炕炉沿上，脚蹬着炉阶，俯下身来对着一群被小洋铁灯的亮光照耀着的人；每当外祖母兴头来了的时候，就爬到炕炉上，声明说：

"我要在高的地方讲，在高的地方讲好些！"

我在她腿旁边宽宽的炉阶上，几乎是在"好事情"的头上，找一个地方坐下。外祖母讲了一个关于伊凡勇士和米龙隐士的美妙故事。那些富于表现力的、有分量的词句有节奏地畅流着。

> 从前有一个凶恶的督军高尔将，
>
> 他有一颗石头心，龌龊的灵魂黑似漆；
>
> 他灭绝了真理，折磨老百姓，
>
> 他好比住在树洞里的枭，满心都是坏主意。
>
> 他最恨的是哪一个？
>
> 最恨的就是那个隐居的老人米龙，
>
> 米龙那是个暗中维护真理的人，
>
> 为了给人们做好事他什么都不怕。
>
> 督军叫来忠实奴仆——
>
> 勇敢的勇士伊凡奴什柯：
>
> "伊凡啊，你去杀死那个老头子，
>
> 杀死那个骄傲的老隐士米龙！
>
> 你去砍掉他的头，
>
> 提着他的花白胡须
>
> 把头颅献给我，我好把它来喂狗！"
>
> 伊凡领了命令就动身，
>
> 伊凡一路苦苦在寻思：
>
> "我不是自愿去行凶——这事实在不得已！
>
> 上帝赐给我的命运该如此。"
>
> 一把锋利的宝刀衣襟下面藏，
>
> 伊凡走到隐士老人前，
>
> 弯身打躬忙行礼，叫一声：

"正直的老人啊，你一向身体可好？
上帝把你保佑得可安全？"
　　这个未卜先知的老人笑容满面，
施展了聪明的口才对他说：
"你算了吧，伊凡奴什柯，
干吗把真情实况来隐瞒！
上帝什么事情不知道，
善与恶都掌握在他的手里头！
我知道你是为何来找我！"
　　伊凡一听脸通红，
违抗命令伊凡怎么敢，
他从皮鞘里抽出刀一把，
在宽大的衣襟上磨磨刃。
"米龙，我本想不叫你看见这把刀，
冷不防就结果你的性命。
好，现在你来祷告上帝吧，
你最后一次向他祷告吧，
为了你，为了我，为了全人类，
然后我再砍下你的头……"
　　老人米龙双膝跪在地，
　　跪在年轻的小橡树下，
　　橡树对他弯身行个礼。
　　老人微微含笑开言道：
"喂，伊凡，请注意：你要等得非常久！
为全人类祈祷是桩大事情！
最好一下就把我杀死，
免得你多余受折磨！"
　　伊凡一听怒眉竖，
　　他马上愚蠢地夸海口：
"不，我说到，就做到，
你祷告吧，等候一百年我也不怕！"
　　隐士祷告到傍晚，
从傍晚祷告到出早霞，
从早霞一直祷告到深夜，

从夏他又祷告到春。
米龙那祈祷一年复一年，
年轻的橡树已经长得冲云霄，
橡树的籽儿已经传播成大密林，
那个圣者还是没有祈祷完！

    直到如今他们仍然是那样：
    老人还是那样对上帝暗暗地哭泣，
    请求上帝给人们以帮助，
    请求光荣的圣母给人们以快乐。

勇士伊凡就站在他身旁，
他的宝刀早已化成土，
铁盔铁甲也锈完，
一身好的衣衫变成灰，
伊凡不论冬夏光着身子站，
夏天烈日晒他也晒不干，
蚊虫吸他的鲜血也吸不尽，
狼和熊不来欺负他，
风暴和严寒和他也无关。
他动也动不得，
手也举不得，话也说不得。
你们瞧，给他的惩罚多可怕：
罚他不该听从坏人的话，
不该认为自己是代人受过！
但那老人为我们罪人的祈祷，
直到如今仍向上帝那儿流，
就像清澈明亮的大河流入大海洋！

外祖母刚开讲的时候，我就看见"好事情"不知为什么心神不安：他两手的动作很奇怪，像抽筋似的；眼镜一会儿摘下，一会儿戴上，两手随着歌唱似的语言来回摆动，他时而点点头，时而摸摸眼睛，使劲儿用指头按它们，不住地用手掌迅速地擦着额头和腮帮，好像出了满头满脸的大汗。要是听众有人动弹、咳嗽、蹉脚，这个房客就厉声地喊出：

"嘘——嘘！"

外祖母讲完了的时候，他忽地一声站起来，舞动着两手，不知怎的很不自然地乱打转儿，嘟嘟哝哝地说：

"要知道，这太好了，应当写下来，一定要写下来！这真实极了，我们的……"

现在可以很清楚地看出，他是哭了，满眼都是泪；眼泪从眼圈周围一齐涌出，整个眼睛浸在泪水里；这叫人奇怪，又叫人非常可怜。他可笑地、笨手笨脚地、一跳一跳地在厨房里跑来跑去，手里拿着眼镜在鼻子前摆动着，想戴，可是眼镜腿老是挂不到耳朵上。彼得伯伯望着他微微含笑，大家都不知所措地沉默着，外祖母急忙地说：

"那您就写下来吧，这没什么罪过；像这样的故事我还多着呢……"

"不，就要这个！这是地道俄罗斯的。"这个房客兴奋地喊叫，忽然间，他在厨房中间呆若木鸡地站住了，开始大声地讲起来，右手在空中乱画，左手拿着眼镜发抖。他讲了很久，很激昂，声音尖厉，不住地跺脚，常常重复说那同样的一句话：

"不能让别人牵着鼻子走，对的，对的！"

后来不知怎地，声音忽然断了，他不再说下去，看了看大家，就悄悄地、抱歉似的低下头走了。人们都笑了笑，狼狈地你看看我，我看看你，外祖母挪到炕炉上面黑影里，在那儿深深地叹息。

彼得罗芙娜用手掌擦擦又红又厚的嘴唇，问道：

"他怕是生气了吧？"

"没有，"彼得伯伯答道，"他就是这样……"

外祖母从炕炉上爬下来，默默地把茶炊煨热，彼得伯伯不慌不忙地说道：

"这些先生们全是这个样子——喜怒无常！"

瓦列伊阴沉地咕哝了一句：

"单身汉都有个怪脾气！"

人们全笑了，彼得伯伯拉长了声音说道：

"甚至老泪横流。看起来，从前上钩的都是大鱼，如今连小鱼都很少来了……"

空气沉闷，一种忧郁的情调紧缩着心。"好事情"使我很惊奇，同时我又可怜他，我清清楚楚地记得他那浸湿了泪水的眼睛。

那天他没有回家过夜，第二天吃过午饭才回来，他安安静静的，全身的衣服都揉皱了，样子十分狼狈。

"昨天我吵闹您了，"他像孩子似的抱歉地对外祖母说，"您没有生气吧？"

"生什么气？"

"气我插嘴，气我说话？"

"您谁也没得罪……"

我觉得外祖母怕他，她的视线避开他的脸，不像平常那样说话，声音特别低。

他逼近了外祖母，非常直爽地说：

"您瞧，我孤独得可怕，一个亲人也没有！憋着，憋着，可是心里忽然沸腾起来，决口了……哪怕对一块石头，对一棵树，也想谈谈心……"

外祖母躲开他。

"那您就结婚好了……"

"唉！"他哭丧着脸叹息了一声，一甩手就走开了。

外祖母皱紧了眉头，望着他的背影，闻了闻鼻烟，然后严厉地教导我说：

"你要当心，不要老在他身边转，天晓得他是什么人……"

可是我又被他吸引住了。

我看见，当他说"孤独得可怕"的时候，他的脸色变了，变得没有人色了；在这句话里，有一种我所理解的，感动我心的东西，我找他去了。

我从院子里偷偷地往他的窗户瞧，他的房间是空的，像贮藏室一样，里面杂乱地随手堆放着各种正像它们的主人一样多余而且古怪的东西。我到花园去，在花园的坑里看见了他；他弯着腰，把手放在脑袋后面，肘弯支着膝盖，挺不舒展地坐在烧焦了的梁木末端；梁木上撒满了土，它的末端，黑炭发着光泽，在枯萎的蓬蒿、荨麻、牛蒡上面突出着。他坐得挺不舒展，这使人更同情他。

他好一会儿都没有看见我，一对猫头鹰似的瞎眼向远处眺望，然后忽然仿佛抱怨似的问道：

"是找我吗？"

"不是。"

"来干什么？"

"不干什么。"

他摘下眼镜，用一块印有红黑斑点的手帕擦它，说道：

"哎，爬过来吧！"

我挨着他身边坐下，他紧紧地搂着我的肩膀。

"坐坐吧。我们坐着别谈话，好不好？这样最好……你的脾气拗吗？"

"拗。"

"好事情！"

我们沉默了很久。傍晚寂静而且温和，这是忧郁的"秋老虎"季节的一个傍晚，周围是千紫万红的草木，但显然已在褪色，每小时都变得更为苍白，土地也已经耗尽它那饱满的夏天气息，只发散着寒冷的潮气，空气出奇的明净，在红晕的天空中，匆忙的寒鸦闪闪地飞过，唤起人们抑郁寡欢的思绪。一切都静悄悄的；

每一个声音——鸟雀的动弹声,簌簌的落叶声——听来都是巨响,使人不禁要打冷战,但冷战过去后,你又在寂静中凝神不动了——寂静拥抱着整个大地,充满了整个心胸。

每当这样的时刻,就发生一些特别纯洁、轻飘的思想。这些思想是微妙的,像蛛网那样透明,难以用言语表达。这些思想有如流星忽然爆发,转瞬就陨逝了。它们像一种忧伤的感情焚烧着人的心灵,同时又安慰它,又使它惊慌,而心灵就立时沸腾、熔化,铸成一种终身不变的形式,心灵的面貌于是就创造出来了。

我在寄食人的暖和的身边偎依着,和他一起透过苹果树的黑色枝桠眺望发红的天空,注视着奔忙的朱顶雀飞翔,看见几只金翅雀撕碎干枯的牛蒡花的果儿,啄食里面酸涩的种子,看见从田野上涌起镶着血红边沿的毛茸茸的灰蓝色的云彩。在云彩下,老鸦姗姗地向坟场的鸟巢飞去。一切都是那么好,那么特别,不像平时那样容易理解和令人亲近。

有时,这人深深地叹口气,问道:

"小弟弟,美吧?美!你觉得潮湿吗?冷不冷?"

天渐渐黑了,周围的一切都膨胀起来,充满了潮湿的昏暗。他说:

"坐够了!咱们走吧……"

在花园的耳门旁,他站住了,静静地说:

"你的外祖母真好。啊,多么奇妙的大地!"

他闭上眼睛,微笑着,声音不高,但很清楚地念道:

> 给他的惩罚多可怕:
> 罚他不该听从坏人的话,
> 不该认为自己是代人受过!

"小弟弟,你要记住这些话,要好好地记住!"

他把我推到前面,问道:

"你会写吗?"

"不会。"

"要学。你要学会,把外祖母讲的记下来,小弟弟,这非常有用……"

我们俩做了朋友。从那天起,我随时都可以到"好事情"那儿去,坐在盛满破烂的箱子上,我毫不受阻挡地观察他熔铅,烧铜,把铁片烧红,用红把儿的小锤在小小的砧子上捶打,用木锉、锉刀、纱布和细线似的锯做工。他老是把东西拿到灵敏的铜做的天平上称称。往挺厚的白杯子里倒各种液体,看它们冒烟,满屋子都是呛人的气味,他皱着眉头查看厚本子书,咬着红嘴唇哼哼着,或者拉着腔低低地哑声唱道:

沙朗①的玫瑰哟……

"你做什么啊？"

"做一件东西，小弟弟……"

"什么东西？"

"噢，怎么说好呢，我不会说得使你明白……"

"外祖父说，恐怕你是在做假钱……"

"外祖父？嗯嗯……他胡扯！钱，小弟弟，算不了什么……"

"那用什么买面包啊？"

"对了，小弟弟，买面包得用钱，不错……"

"我说的对吧？买牛肉也得……"

"买牛肉也得……"

他轻轻地、非常可亲地笑了，他揪着我的耳朵，像揪小狗似的，说道：

"我怎么也说不过你，小弟弟，你把我给考着了；咱们还是别做声吧……"

有时他停下工作，挨着我坐下。我们长久地对着窗外眺望，望那细雨洒在房顶上，洒在长满杂草的院子里，望那苹果树在落叶，枝桠渐渐裸露出来。"好事情"很少说话，但他说的总是些必要的话；要是想让我注意什么东西，他常常只是轻轻地推推我，向我眨眨眼睛。

我在院子里并没有看见什么特别的东西，但是经他用肘子推一推和说一两句话，所看见的一切就觉得特别有意义，一切都牢固地记在心里。比方说，院子里跑来一只猫，在明亮的一潭水洼前面停住，瞅着自己的影子，抬起软绵绵的爪子，像是要打它。"好事情"便轻轻地说：

"猫儿又骄傲又多疑……"

金红色的大公鸡玛玛伊飞到花园的篱笆上，站住，拍拍翅膀，险些儿摔了下来。它给惹火了，伸长脖子，怒冲冲地咕噜起来。

"这位将军好大的架子，但聪明可不怎么的……"

笨手笨脚的瓦列伊像一匹老马，沉重地踏着泥泞的院子走过去；他颧骨凸出，两颊气鼓鼓的，眼睛挤得细细的仰望天空，白晃晃的秋天阳光一直射到他的胸上。——瓦列伊的上衣铜扣子金光闪闪，这个鞑靼人站住了，用弯曲的手指摸摸铜扣子。

"他像是得到一枚奖章似的，在欣赏呢……"

很快我对"好事情"就产生了牢固的情感，不论是在苦痛的受辱日子，还是欢乐的时刻，他都成为我不可缺少的人了。他沉默寡言，但却不禁止我讲我想到的一切，外祖父可总是用严厉的呵斥打断我的话：

---

① 山谷名，在巴勒斯坦，以植物茂盛著称。

"别多嘴，像小鬼推磨似的！"

外祖母已经是满腹的心事，不再听别人的话和过问别人的事了。

"好事情"总是聚精会神地听我瞎扯，常常微笑着对我说：

"小弟弟，不对头，这是你自己瞎编的……"

他的简短评语总是恰当其时，而且是必要的。我心里和头脑里所想的一切，我还没说出口的废话和不正确的话，他仿佛都看得雪亮，并且用亲切的三言两语就给打了回去：

"瞎胡说，小弟弟！"

我时常有意试验他这种魔术似的本领；有时我编造一套，讲得像真的一样，可是他听不到几句，就摇着头说：

"你又瞎扯啦，小弟弟……"

"你怎么知道的？"

"小弟弟，我看得出……"

外祖母常常带着我到干草广场去挑水。有一次，我们看见5个小市民打一个乡下人。他们把乡下人按倒在地上，像群狗似的撕他。外祖母扔掉水桶，挥着扁担向打架的人跑去，同时向我喝了一声：

"跑开！"

可是我害怕，跟着她跑，拾起圆石子和石头往小市民身上扔。外祖母勇敢地用扁担戳小市民，敲他们的肩膀和脑袋。接着又来了一些人，小市民们逃跑了，外祖母给那个遍体鳞伤的人洗了洗，他的脸给踩得血肉模糊，直到现在我一想起就觉得恶心。他用脏污的指头按着撕破了的鼻孔，又是号叫，又是咳嗽，从手指下面溅外祖母一脸一胸的血；她也叫唤，全身发抖。

我一到家，就跑去找那个房客，把这件事讲给他听。他停下工作，站在我面前，举起长锯，像举一把马刀似的，从眼镜底下严厉地注视着我。停了一会儿，突然打断了我的话，非常带劲地说：

"妙，就应当这样办！太好了！"

刚才所看到的使我太震动了，对他的话来不及觉得惊奇，又继续说下去，但他搂住我，跌跌撞撞地在屋子里走来走去，说道：

"行了，不必多说了！小弟弟，你已经把要说的都说了，懂不懂？全说了！"

我委屈地住了嘴，但是想了想，却忽然惊奇地使我永远不忘地明白过来，他叫我不要再说下去正是时候：我的确已经把话说尽了。

"小弟弟，这种事件不必老挂在嘴边，这不是好的记忆材料！"他说。

有时，他突如其来地对我说一句什么话，这句话就跟随着我一辈子。我对他讲我的敌人克留什尼科夫，这个体胖头大的孩子，是新开路打架的能手，我怎么也打不赢他，他也打不赢我。"好事情"注意地听了我的可悲的遭遇，说道：

"这是小事情。这种力气算不得力气，真正的力气在于动作快；越快越有力——懂不懂？"

下星期日，我试着把拳头打得快一点，果然不费大劲就把克留什尼科夫打败了。这使我更重视这位房客的话。

"任何东西都得会拿，你懂不懂？要善于拿，这是件非常困难的事！"

我一点儿也不明白，但不由人就记住了这类的活，正因为在这些简单朴素的话里有一种恼人的神秘，所以才记住了：拿石头、面包、茶碗、锤子，不是不要任何特别技巧吗？

家里的人越来越不喜欢"好事情"；连快乐的女房客的那只可亲的猫也不往他的膝盖上爬，而别人的膝盖它都爬。他亲切地召唤它，它也不理。我为这打它，揪它的耳朵，为了劝它不要怕这个人，我几乎哭起来。

"我身上有股酸味，所以猫不接近我，"他解释道，但是，我知道所有的人，连外祖母也在内，另有一套敌视房客的不正确的气人的解释。

"你干吗老在他那儿磨蹭？"外祖母气忿忿地问道。"你要当心，他会教你什么的……"

我到房客那儿去，渐渐被外祖父这个红毛黄鼠狼知道了，我每去一次，他就狠狠地揍我一顿。我当然不把禁止我和他接近这件事告诉"好事情"，但却坦白地说出家里的人对他的态度。

"外祖母怕你，她说你'邪魔鬼道的'，外祖父也说你是上帝的敌人，对人有危险……"

他仿佛撵走苍蝇似的把头一甩，微笑使他的白粉似的面孔顿时泛起一层红润。看他那微笑，我的心紧缩起来，眼睛发出了绿光。

"小弟弟，我早就看出了！"他低声说道，"这真叫人愁闷，小弟弟，是吧？"

"是！"

"愁闷啊，小弟弟……"

后来，他终于被撵走了。

有一天，我吃过早茶到他那儿，看见他坐在地板上，一面唱着"沙朗的玫瑰"，一面把东西装到箱子里。

"小弟弟，别了，我要走了……"

"为什么？"

他定神地注视着我，说道：

"你真的不知道吗？要腾屋子给你母亲住……"

"这是谁说的？"

"外祖父……"

"他撒谎!"

"好事情"捉住我的手把我拉到他身旁,我坐到地板上,他悄悄地说:

"不要生气!小弟弟,我以为你知道不告诉我呢,这真不好,我错怪了……"

不知怎的,令人感到惆怅,而且为他惋惜。

"你听我说,"他微笑,几乎是耳语似的说。"你还记得我跟你说过'不要到我这儿来'吗?"

我点点头。

"你当时生我的气了,是不是?"

"是的……"

"我是不愿意惹你生气的,小弟弟。你瞧,我就知道,要是咱们俩做朋友,你家里的人准会骂你,是吧?果然是这样吧?你明白我为什么跟你说这话了吧?"

他像一个跟我一般大的孩子似的说话。听了他说这些话,使我高兴得发狂;我甚至觉得,我早在当初就是了解他的。我这样对他说:

"我早就明白了!"

"唔,真的!对了,小弟弟。正应该这样,亲爱的……"

我心里难过得不得了。

"为什么他们谁也不喜欢你呢?"

他搂着我,使我贴紧他,眨眨眼睛,回答道:

"我是一个外人,你懂不懂?就是为了这。不是那样的人……"

我拉着他的袖子,我不知道怎样说,也不会说。

"不要生气,"他重复了一句,又凑近我的耳朵喃喃地补充说:"也不必哭……"

可是他自己的眼泪却从灰蒙蒙的眼镜下面往下滚。

然后,我们像平时一样,默默无言地坐了很久,仅仅有时交换一两句话。

晚上他走了,和大家亲切地告别,紧紧地拥抱我。我走出大门外,看见他坐在大车上,震得颤颤巍巍的,车轮子搅和着冻结的泥疙瘩。他刚走,外祖母就洗刷那间脏污的房子,我来回地从这墙角走到那墙角,有意打搅她。

"走开!"她嚷嚷道,因为我老绊她的腿。

"你们为什么把他赶走?"

"没有你说的话!"

"你们全是傻瓜。"我说。

她用湿布打起我来,一面喊道:

"你发疯了,顽皮鬼!"

　　"不是说你，除了你全是大傻瓜。"我纠正道，但这并不能宽慰她。

　　吃晚饭时，外祖父说：

　　"嗬，谢天谢地！不然的话，我一看见他，心窝里就像攘一把刀子似的：嗨，真该撵走！"

　　我怀恨地把羹匙弄断，于是又挨了一顿打。

　　我和祖国的无数优秀人物中的第一个人的友谊，就这样结束了。

【俄国】契诃夫
汝龙 译

草 原①

　　9岁的叶果鲁希卡第一次离家求学，在马车上晃晃悠悠好几天，穿越大草原，看日落月升，听鸟语人声，在旅途中度过了难忘的时光。像婴儿的嘴在吸吮母亲的乳汁一样，儿童用新奇的眼眸与纯真的心田，吮吸着草原的单调与丰富，吮吸着旅人们的悲苦与幸福，这些都一一珍藏在孩子的心中，将成为他此后人生的精神资源。

　　壮美的俄罗斯草原，普希金、托尔斯泰、屠格涅夫曾经深情凝望过的土地，也同样让契诃夫深深沉醉。如今，他巧妙地将这杯醇厚的美酒让一个远行的孩子浅浅品尝，必然使他发生新鲜的晕眩，从此铭记不忘。没有哪个国家的作家不礼赞国土的，但由于国土的广阔和生存环境的冷酷，俄罗斯作家对土地的情感显得尤为复杂丰富，荒寒锻炼的求生意志，辽阔造就的博大胸襟，丰饶牵动的亲密依恋，苦难发散的忧郁底色，庄严引申的宗教情怀，自然与人的命运的亲密融合，确立了俄国作家对土地的敬畏之心。9岁的叶果鲁希卡，一棵嫩绿的青草一样的生命，在深邃而清澄的天空下，正穿越俄罗斯广漠无垠的草原，去领受人生的洗礼。

　　马车离开了县城，经过了墓园，那里躺着父亲和祖母，这是一片可以生死相依的土地，孩子感到了忧伤，哀哀地哭了。进入大草原，孩子的眼睛闪亮了，一切都是新奇的，早晨的阳光唤醒了草原，一切都活过来了。然后，很快，新奇过去，草原显示出无边无际的单调和麻木。要是有一点变化就好了，孩子想着，于是真出现了一辆马车，一个胖姑娘懒洋洋地睡在载满庄稼的马车顶上，"这个美人儿幸福吗？"敏感的孩子以己推人，替人家担心起来：一年的气候恶劣无常，"顶糟的是一辈子孤孤单单……"车停驿站，店主人异常夸张地热情迎接。瞌睡中的孩子在一个美丽女人的亲热的香吻中醒来，然后一路上眼前晃动着那个美丽的倩影，"他那睡意蒙眬的脑子里根本拒绝平凡的思想"。夜色中的草原因此而生机沛然，

---

　　① 选自《契诃夫小说选》，人民文学出版社，1978年版。本文有删节。

香气甜柔。月亮升起，天空"那缠绵的深情使人头晕目眩"，而草原"仿佛知道自己的孤独"，在"悲凉而无望地呼喊着：歌手啊！歌手啊！"夜半时分，车夫们升起篝火，说着悲哀可怕的故事。有一个人居然这时候在草原上溜达，是一个被幸福燃烧得难忍难熬的青年，他躁动不安地向陌生人述说自己爱的幸福，他"幸福到了痛苦的地步"，不找人分享不行。大家被他刺激起了对幸福的渴望，因而全都郁郁寡欢。而孩子呢，也在郁闷中遐想："要是男人有个温柔的、快活的、漂亮的女人老在自己身边，那他一定快活吧。"孩子又想起那个疼爱地亲吻过他的高贵美丽的伯爵小姐……终于，到了寄宿的人家，孩子在怅惘的泪水中开始他新的生活。

俄罗斯大地，让人痛苦，也让人幸福的故土。质朴地快乐着或者诚实地悲辛着的人们，就是这一片深沉肃穆的土地孕育的生命。辽阔的忧郁的草原，无边的苦难的生活，人们在这里生存、受苦，并且始终憧憬着幸福。在命运的重压下不失明媚的希望，在沧桑的岁月中打磨宁静的信念。而小男孩叶果鲁希卡，他在大草原上初次窥见了生活的宽广，从车夫们身上朦胧意识到生存的辛劳与坚韧，从伯爵小姐的一个吻中感觉到温情的浸润和异性的美好，从四处诉说幸福的乌克兰新郎的言谈中产生了对超越苦难的幸福生活的向往。美与幸福的邂逅，这样丰厚的成长课程，足以让孩子受用一生。

安东·巴甫洛维奇·契诃夫（1860~1904），俄国作家，短篇小说大师。主要作品：《第六病室》《在流放地》《套中人》《草原》等。

一

7月里一天清早，有一辆没有弹簧的、脱了皮的带篷马车走出某省的某县城，顺着驿路，一片响声地滚动着；像这种非常古老的马车，眼下在俄罗斯，只有商人的伙计、牲口贩子、不大宽裕的神甫才会乘坐了。车子稍稍一动就要吱吱嘎嘎地响一阵，车后挂着的桶子也来闷声闷气地帮腔；单听这些声音，单看挂在脱皮的车身上的那些寒碜的碎皮子，人就可以断定这辆车子已经老朽，随时会散成一片片了。

车上坐着那个城的两个居民；一个是那个城里的商人伊凡·伊凡内奇·库兹米巧夫，胡子剃光，脸上戴着眼镜，头上戴着草帽，看样子与其说像商人，倒不如说像文官；还有一个是神甫赫利斯托佛尔·西利伊斯基，那县里圣尼古拉教堂的主持人，他是个小老头子，头发挺长，穿一件灰色的帆布长外衣，戴一顶宽边大礼帽，拦腰系一根彩色的、绣花的带子。商人正在聚精会神地想心事，摇着头，为的是赶走睡意；在他脸上，那种习常的、正正经经的冷淡表情正在跟刚同家属告别、痛痛快快喝过一通酒的人的温和表情争执不下。神甫呢,用湿润的眼睛惊奇地眺望上帝的世界,他的微笑洋溢开来,好像连帽边也挂上了笑;他的脸色挺红,仿佛挨了冻一样。他们俩,赫利斯托佛尔神甫和库兹米巧夫,现在正坐着车子去卖羊毛。刚才跟家人告别的时候,他们饱吃了一顿奶油面包,虽然是大清早,却喝了几盅酒⋯⋯两个人的心绪都好得很。

除了刚刚讲过的那两个人和拿鞭子不停地抽那一对脚步轻快的栗色马的车夫简尼斯卡以外,车上还有一个旅客——一个9岁的男孩,他的脸给太阳晒得黑黑的,沾着泪痕。这是叶果鲁希卡①,库兹米巧夫的外甥。承舅舅许可,又承赫利斯托佛尔神甫好心,他坐着车子到一个什么地方去进学校。他妈妈奥尔迦·伊凡诺芙娜是一个十等文官死后留下的寡妇,库兹米巧夫的亲姐姐,喜欢念过书的人和上流社会,托她兄弟卖羊毛的时候顺便带着叶果鲁希卡一路去,送他上学;于是现在这男孩自己也不知道自己上哪儿去,为什么要去,坐在车夫座位上,挨着简尼斯卡,抓住他的胳膊时,生怕摔下去;他的身子跳上跳下,像是一个放在茶炊烟囱盖上的茶壶。由于车子走得快,他的红衬衫的后襟鼓起来,像个气泡;他那顶新的插着一根孔雀毛的车夫帽子,不住溜到后脑壳上去。他觉得自己是个最不幸的人,恨不得痛哭一场才好。

男孩凝神瞧着那些熟地方,可恨的马车却飞也似的跑过去,把它们全撇在后面了。在监狱后面,给烟熏黑的打铁店露了露头;再往后去是那个安适的绿色墓园,周围砌着一道圆石子墙;从墙里面,白十字架和白墓碑快活地往外张望,它们掩藏在苍翠的樱桃树中间,远远看去像是些白斑点。叶果鲁希卡想起来每逢樱桃树开花,那些白斑点就同花朵混在一起,化成一片白色的海洋;等到樱桃熟透,白墓碑和白十字架上就点缀了许多紫红的小点,像血一样。在围墙里的樱桃树下面,叶果鲁希卡的父亲和祖母齐娜伊达·丹尼洛芙娜一天到晚躺在那儿。祖母去世以后,装进狭长的棺材,用两个5戈比的铜板压在她那不肯合起来的眼睛上。在她去世以前,她是活着的,常从市场上买回来松软的面包,上面撒着罂粟籽。现在呢,她睡了,睡了⋯⋯

墓园后面,造砖厂在冒烟。从那些用茅草铺盖的、仿佛紧贴在地面上的长房顶下面,一大股一大股的黑烟冒出来,懒洋洋地升上去。造砖厂和墓园上面的天空一片阴暗,一股股的烟子投下来的大阴影爬过田野和道路。有些人和马在那些房顶旁边的烟雾里,走动着,周身扑满红灰⋯⋯

到造砖厂那儿,县城到了尽头,这以后是田野了。叶果鲁希卡向那座城看了最后一眼,拿脸贴着简尼斯卡的胳膊时,哀哀地哭起来⋯⋯

——————————
① 叶果尔的爱称。

这当儿，旅客眼前展开一片平原，广漠无垠，被一道连绵不断的冈峦切断。那些小山挨挤着，争先恐后地探出头来，合成一片高地，在道路右边伸展出去，直到地平线，消失在淡紫色的远方；车子往前走了又走，却看不清平原从哪儿开的头，到哪儿为止……

割下来的黑麦、杂草、大戟草、野麻，本来都给晒得枯黄，有的发红，半死不活，现在受到露水的浸润，受到阳光的爱抚，活转来，又要重新开花了。小海燕在大道上面的天空飞翔，快活地叫唤；金花鼠在青草里互相打招呼。左边远远的，不知什么地方，田凫在哀叫。一群鹬鸪，被马车惊动，拍着翅膀飞起来，柔声叫着"特尔尔尔"，向山上飞去。在草地里，蚱蜢啦，蟋蟀啦，蝉啦，蝼蛄啦，发出一派喊喊喳喳的单调乐声。

可是过了一忽儿，露水蒸发了，空气停滞了，被欺骗的草原现出7月里那种无精打采的样子。青草搭拉下来，生命停止了。太阳晒着的群山，现出一片墨绿色，远远看去紫微微的，带着影子一样的宁静情调；平原，朦朦胧胧的远方，再加上像拱顶那样笼罩一切、在没有树林没有高山的草原上显得十分深邃而清澄的天空，现在都显得无边无际，愁闷得麻木了……

多么气闷，多么扫兴啊！马车往前跑着，叶果鲁希卡看见的却老是那些东西——天空、平原、矮山……草地里的乐声静止了。小海燕飞走了，鹬鸪不见了。白嘴鸦闲着没事干，在凋萎的青草上空盘旋；它们彼此都差不多，使得草原越发单调了。

一只鸱鹰贴近地面飞翔，均匀地扇动翅膀，忽然在空中停住，仿佛在思索生活的空洞无聊似的，然后拍起翅膀，箭也似的飞过草原，谁也说不清它为什么飞，它需要什么。远处，一个风车摇着风帆……

为了添一点变化，杂草里偶尔出现一块白的头盖骨或者鹅卵石；时不时现出一块灰色的人形石头，或者一棵干枯的柳树，树梢上停着一只蓝色的乌鸦；一只金花鼠横窜过大道。随后，在眼睛前面跑过去的，又只有杂草、矮山、白嘴鸦……

可是，末后，谢谢上帝，总算有一辆大车载着一捆捆的庄稼迎面走来。大车顶上躺着一个姑娘。她带着睡意，热得四肢无力，抬起头来，看一看迎面来的旅客。简尼斯卡对她打个呵欠；栗色马朝那些粮食伸出鼻子去。马车吱吱嘎嘎响着，跟大车亲一个嘴，带刺的麦穗像笤帚似的扫过赫利斯托佛尔神甫的帽子。

"你把车子赶到人家身上来啦，胖丫头！"简尼斯卡叫道，"嘿，好肥的脸蛋儿，倒好像给黄蜂螫了似的！"

姑娘带着睡意微笑，动了动嘴唇，又躺下去了……这时候山上现出一棵孤零零的白杨树；是谁种的？它为什么生在那儿？上帝才知道。要想叫眼睛离开它那苗条的身材和绿色的衣装，却是困难的。这个美人儿幸福吗？夏天炎热；冬天严寒,大风大雪;到了可怕的秋夜,只看见黑暗,除了撒野的怒号的风以外什么也听不见;顶糟的是一辈子孤孤单单……过了那棵杨树,一条条麦田如同耀眼的黄地毯那样从大道直伸到山顶。山坡上的麦子已经割完,捆成一束束,山麓的麦田却刚在收割……6个割麦子的人站成一排,挥动镰刀,镰刀明晃晃地发亮,一齐和着拍子发出"夫希!夫希!"的声音。从捆麦子的农妇的动作,从割麦人的脸色,从镰刀的光芒可以看出来溽暑在烤他们,使他们透不出气来。一条吐出舌头的黑狗从割麦人那边迎着马车跑过来,多半想要吠叫一阵吧,可是跑到半路上却站住,淡漠地看那摇着鞭子吓唬它的简尼斯卡;天热得狗都不肯叫了!一个农妇直起腰来,把两只手放到酸痛的背上,用眼睛盯紧叶果鲁希卡的红布衬衫。究竟是衬衫的红颜色中了她的意呢,还是他使她想起了她的子女,那可不知道,总之她站在那儿一动也不动,呆呆地瞧了他很久……

可是这时候麦田过去了。眼前又伸展着干枯的平原、太阳晒着的群山、燥热的天空;又有一只鹞鹰在地面的上空飞翔。远处,跟先前一样,一个风车转动风帆,看上去仍旧像是一个小人在摇胳膊。老这么瞧着它怪腻味的,仿佛永远走不到它跟前似的,又仿佛它躲着马车,往远处跑似的。

二

在昏暗的暮色中现出一所大平房,安着锈得发红的铁皮房顶和黑暗的窗子。这所房子叫做驿店,其实房子旁边并没有院子。它站在草原中央,四周没有遮挡。在旁边不远的地方,有一个破败的小樱桃园,四周围一道篱墙,看上去黑乎乎的,窗子底下站着昏睡的向日葵,耷拉着沉甸甸的脑袋。樱桃园里有一个小风车嘎啦嘎啦地响,那里安这么一个东西是为了用那种响声来吓退野兔。房子近旁除了草原以外,什么也看不见,听不见。

马车刚刚在有遮檐的门廊前面停住,房子里就传出来欢畅的声音,一个是男人的声音,一个是女人的声音,一扇安着滑轮的门咿咿呀呀地开了,一刹那间马车旁边钻出来一个又高又瘦的人,摇着胳膊,摆动着衣服的底襟。这是驿店主人莫伊塞·莫伊塞伊奇,一个脸色很苍白、年纪不很轻的汉子,胡子挺漂亮,黑得跟墨一样。他穿着一件破旧的黑上衣,那件衣服穿在他那窄肩膀上就跟挂在衣架上一样;每逢莫伊塞·莫伊塞伊奇因为高兴或者害怕而拍手,他的衣襟就跟翅膀似的张起来。除了上衣以外,主人还穿着一条肥大的白裤子,裤腿塞在靴腰里;他还穿着一件绣着大臭虫那样的棕色花朵的丝绒坎肩。

莫伊塞·莫伊塞伊奇认出了来客是谁,起初感情激动,呆住了,后来拍着手,嘴里哼哼唧唧。他的上衣襟摆动着,背脊弯成一张弓,苍白的脸皱出一副笑容,仿佛看见了马车,他不但觉着快乐,而且欢喜到了痛苦的程度。

"哎呀，我的天！哎呀，我的天！"他用尖细的、唱歌样的声调说，喘着气，手忙脚乱，他的举动反而妨碍客人走下车来，"今天对于我是多么快活的日子呀！唉，可是我现在怎么办呢？伊凡·伊凡内奇！赫利斯托佛尔神甫！车夫座位上坐着一位多么漂亮的小少爷啊，求上帝保佑我！啊呀，我的天！我为什么站在这儿发呆，不领着客人到屋里去呢？请进请进……欢迎你们光临！把你们的东西全交给我吧……哎呀，我的天哪！"

莫伊塞·莫伊塞伊奇正在马车上搬行李，扶客人下车，忽然扭转身去，用着急的、窒息的声音嚷叫起来，好像淹在水里，喊人救命似的：

"所罗门！所罗门！"

"所罗门！所罗门！"一个女人的声音在屋里随着叫道。

安着滑轮的门咿咿呀呀地开了，门口出现一个身材不高的年轻犹太人，生着鸟嘴样的大鼻子，头顶光秃，四周生了些很硬的鬈发；他身上穿一件短短的，很旧的上衣，圆下摆，短袖子，下身穿一条短短的紧身裤，因此看上去显得矮小，单薄，像是拔净了毛的鸟一样。这人就是所罗门，莫伊塞·莫伊塞伊奇的弟弟。他默默地向马车走来，现出有点古怪的微笑，没有向旅客问候。

"伊凡·伊凡内奇和赫利斯托佛尔神甫来了！"莫伊塞·莫伊塞伊奇用一种仿佛生怕弟弟不相信的口气说，"哎呀，嘿，多么想不到的事情！这些好人一下子都来啦！来，搬东西，所罗门！请进吧，贵宾！"

过了一忽儿，库兹米巧夫、赫利斯托佛尔神甫、叶果鲁希卡已经在一个阴暗的、空荡荡的房间里，坐在一张旧的槭木桌子旁边了。那桌子几乎孤零零的没个倚傍，因为这个大房间里除了一张蒙着满是窟窿的漆皮的长沙发和三把椅子以外，就没有别的家具了。而且，那样的椅子也不见得人人都会叫做椅子。它们只是一种可怜的、看上去像是家具的东西罢了，蒙着已经活过了头的漆皮，椅背不自然地向后猛弯过去，看上去倒跟小孩子的雪橇十分相像。当初那位身世不详的细木匠着眼于什么样的舒适才那么无情地弄弯椅背，这是不容易想明白的，人只好想象那不是细木匠的过错，也许是一位力大无比的旅客为要显一显本事才把它扳弯的，后来再想把它扳正，反而扳得更弯了。房间显得阴戚戚。墙壁灰白，天花板和檐板被烟熏黑了；地板上有些来历不明的裂缝和窟窿（人们会猜想那也是大力士的脚后跟踩穿的）。仿佛即便房间里挂上十盏灯，也仍旧会挺黑。墙壁上或者窗台上，没有一点儿像是装饰品的东西。不过，有一面墙上挂着灰色的木框，装着一张不知什么规章表，上面画着一个双头鹰；另一面墙上也有一个木框，装着一张版画，题着几个字："人类的淡漠"。究竟人类对什么东西淡漠，那就闹不清了，因为那张画儿年代过久，画面发黑，布满蝇屎。房间里有一股发霉的酸臭气。

忽然那个安着滑轮的门吱吱嘎嘎响起来，地板在什么人的脚步声中颤动了。一股轻微的冷风吹到叶果鲁希卡身上来，他觉得好像有个大黑鸟飞过他面前，贴近他的脸扇着翅膀。他睁开眼睛……舅舅站在长沙发旁边，手里提着袋子，准备动身了。赫利斯托佛尔神甫，拿着宽边的礼帽，正在对什么人鞠躬，微笑，然而不像平素那样笑得温柔而感动，却恭敬而勉强，这种笑容跟他的脸很不相称。莫伊塞·莫伊塞伊奇呢，好像他的身体断成了三截，他正在稳住自己，极力不叫自己的身子散开似的。只有所罗门站在墙角，交叉着两只手，仿佛没出什么事一样，照旧轻蔑地微笑。

"尊驾务必要原谅我们这儿不干净才好！"莫伊塞·莫伊塞伊奇哼哼唧唧地说，现出又痛苦又欢喜的笑容，不再理会库兹米巧夫或赫利斯托佛尔神甫，一心稳住自己的身子，免得散开，"我们是些普通人，尊驾！"

叶果鲁希卡揉一揉眼睛。房间中央果然站着一位尊驾，是个年青、丰满、很美的女人，穿一身黑衣服，戴一顶草帽。叶果鲁希卡还没来得及端详她的相貌，就不知因为什么缘故忽然想起了白天在山上看见的那棵孤零零的、苗条的白杨树。

"瓦尔拉莫夫今天来过没有？"女人的声音问道。

"没有，尊驾！"莫伊塞·莫伊塞伊奇回答说。

"要是明天您看见他，请他上我家里去一忽儿。"

忽然，十分意外的，叶果鲁希卡看见离自己的眼睛半俄寸①远的地方有两道丝绒样的黑眉毛，一对棕色的大眼睛，一张娇嫩的女性的脸蛋儿，带着两个酒窝儿；如同阳光从太阳里放射出来一样，微笑从酒窝那儿放射出来，布满了全脸。有一股挺好闻的香气。

"好一个漂亮孩子！"女人说，"这是谁家的孩子？卡齐米尔·米海罗维奇，瞧，多么可爱啊！天哪，他睡着了！我亲爱的小胖子……"

女人亲热地吻叶果鲁希卡两边的脸蛋儿；他微笑了，可是想到自己是在睡觉，就闭紧眼睛。门上的滑轮吱吱嘎嘎地叫起来，传来了匆忙的脚步声：不知什么人正在走进走出。

"叶果鲁希卡！叶果鲁希卡！"他听见两个低沉的声音小声说，"起来，要走了！"

不知道是谁，大概是简尼斯卡吧，扶他站起来，搀着他的胳膊。在路上，他微微睁开眼睛，又看见了那个吻过他的、穿一身黑衣服的美丽女人。她站在房中央，瞧他走出来，微笑着，和气地点头。他走近房门，看见一个英俊的、魁伟的黑发男子，戴一顶礼帽，裹着皮绑腿。这人一定是陪那位贵妇人来的。

---

① 一俄寸约合中国一寸三分。

"哨！"外面传来这样的声音。

在这所房子大门口，叶果鲁希卡看见一辆华贵的新马车和一对黑马。在车夫座上坐着一个穿号衣的车夫，手里拿一根长鞭子。送客人出来的只有所罗门一个人。他的脸由于要笑而紧张着，看样子好像非常急于地等客人走掉，好痛快地笑他们一场似的。

"这是德兰尼兹卡雅伯爵小姐。"赫利斯托佛尔神甫爬上马车，小声说。

"对了，德兰尼兹卡雅伯爵小姐。"库兹米巧夫也小声地重说一遍。

伯爵小姐的光临所留下的印象大概很大，因为就连简尼斯卡都压低喉咙说话，直到马车走出四分之一俄里，回过头来远远地望去，看不见驿站，只看见一点昏暗亮光的时候，才敢拿鞭子抽那匹栗色马，吆喝一声。

三

不知什么缘故，叶果鲁希卡一心只愿想瓦尔拉莫夫和伯爵小姐，特别是想伯爵小姐。他那睡意蒙眬的脑子里根本拒绝平凡的思想，弥漫着一片云雾，只保留着神话里的怪诞形象，它们具有一种便利：好像会自动在脑筋里生出来，不必费思索的人什么力，而且只要使劲摇一摇，那些形象又会自动消灭，无影无踪了；再者他四周的一切东西也没有一样能使他生出平凡的思想。右边是一带乌黑的山峦，好像遮挡着什么神秘可怕的东西似的；左边地平线上整个天空布满一片紫霞，谁也闹不清究竟是因为有什么地方起了火呢，还是月亮就要升上来。如同在白天一样，远方还是看得清的，可是那点柔和的紫色，给黄昏的暗影盖住，不见了；整个草原也藏在暗影里，就跟莫伊塞·莫伊塞伊奇的小孩藏在被子底下一样。

在7月的黄昏和夜晚，鹌鹑和秧鸡已经不再叫唤，夜莺也不在树木丛生的峡谷里唱歌，花卉的香气也没有了，不过草原还是美丽，充满了生命。太阳刚刚下山，黑暗刚刚笼罩大地，白昼的烦闷就给忘记，一切全得到原谅，草原从它那辽阔的胸脯里轻松地吐出一口气。仿佛因为青草在黑暗里看不见自己的衰老似的，草地里升起一片快活而年轻的鸣叫声，这在白天是听不到的；喔喔声、吹哨声、搔爬声，总之草原的低音、中音、高音，混合成一种不断的、单调的闹声，在那种闹声里默想往事，忧郁悲伤，反而很舒服。单调的唧唧声跟催眠曲似的催人入睡；你坐着车，觉着自己就要睡着了，可是忽然不知从什么地方传来一只没有睡着的鸟的短促而不安的叫声，或者听到一种来历不明的声音，像是谁在惊奇地喊叫："啊呀！啊呀！"然后睡意就又合上了你的眼皮。或者，你坐车走过一个峡谷，那儿生着灌木，就会听见一种被草原上的居民叫做"睡鸟"的鸟，对什么人叫道："我睡啦！我睡啦！我睡啦！"又听见另一种鸟在笑，或者发出歇斯底里的哭声——那是猫头鹰。它们究竟是为谁而叫，在这平原上究竟有谁听它们叫，那只有上帝知道了，不过它们的叫声却含着很多的悲苦和怨艾……空气中有一股禾秸、枯草、迟开的花的香气，可是那香气浓重，甜腻，温柔。

透过暗影，样样东西都看得见，只是各种东西的颜色和轮廓却很难辨清。样样东西都变得跟它本来的面目不同了。你坐车走着，忽然看见前面大路旁边站着一个黑影，像一个修士；它站在那儿一动也不动，等着，手里不知拿着什么东西……别是土匪吧？那黑影越来越近，越变越大；这时候它跟马车平齐了，你这才看见原来这不是人，却是一丛孤零零的灌木或者一块大石头。这类稳稳不动、有所等待的人影，站在矮山上，藏在坟墓背后，从杂草里探出头来；它们全都像人，引人起疑。

月亮升上来了，夜色变得苍白而发黑。暗影好像散了。空气透明，新鲜，温暖；到处都看得清楚了，甚至辨得出路边一根根的草茎。在远处的空地上可以看见头盖骨和石头。可疑的、像是修士的人形由月夜的明亮的背景衬托着，显得更黑，也好像更忧郁了。在单调的鸣叫声中，越来越常常夹着那种搅扰静止的空气的不知什么东西发出来的"啊呀！啊呀！"的惊叫声，还可以听见没有睡着的或者在梦呓的鸟的叫声。宽阔的阴影游过平原，就像云朵游过天空一样；在不可思议的远方，要是你长久地眺望它，就会看见模模糊糊、奇形怪状的形象升上来，彼此堆砌在一块儿……那是有点阴森可怕的。人只要瞧一眼淡绿的、布满繁星的天空，看见天空既没有云朵，也没有污斑，就会明白温暖的空气为什么静止，大自然为什么小心在意不敢动一动，它战战兢兢，舍不得失去哪怕是一瞬间的生活。至于天空那种没法测度的深邃和无边无际，人是只有凭了海上的航行和月光普照下的草原夜景才能有所体会的。天空可怕、美丽、亲切，显得懒洋洋的，诱惑着人们，它那缠绵的深情使人头脑昏眩。

你坐车走了一个钟头，两个钟头……你在路上碰见一个沉默的古墓或者一块人形的石头——上帝才知道那块石头是在什么时候，由谁的手立在那儿的；夜鸟无声无息地飞过大地；渐渐的，你回想起来草原的传说，旅客们的故事，久居草原的保姆所讲的神话，以及凡是你的灵魂能够想象、能够了解的种种事情。于是，在唧唧的虫声中，在可疑的人影上，在古墓里，在蔚蓝的天空中，在月光里，在夜鸟的飞翔中，在你看见而且听见的一切东西里，你开始感到美的胜利、青春的朝气、力量的壮大、求生的热望；灵魂响应着可爱而庄严的故土的呼唤，一心想随着夜鸟一块儿在草原上空翱翔。在美的胜利中，在幸福的洋溢中，透露着紧张和愁苦，仿佛草原知道自己孤独，知道自己的财富和灵感对这世界来说白白荒废了，没有人用歌曲称颂它，也没有人需要它；在这欢乐的闹声中，人听见草原悲凉而无望地呼喊着：歌手啊！歌手啊！

"唷！你好，潘捷列！平安无事吗？"

"谢天谢地，伊凡·伊凡内奇！"

"你们看见瓦尔拉莫夫没有，伙计们？"

"没有，我们没有看见。"

叶果鲁希卡醒来，睁开眼睛。车子停住了。大路上，靠右边，有一长串的货车向前一直伸展到远处，许多人在车子近旁走动。所有的货车载着大捆的羊毛，看上去很高很壮；马呢，可就显得又小又矮了。

"好，那么，我们现在就赶到喝奶派那儿去！"库兹米巧夫大声说，"犹太人说瓦尔拉莫夫要在喝奶派那儿过夜。既是这样，那就再会吧，伙计们！愿主跟你们同在！"

"再会，伊凡·伊凡内奇！"有几个声音回答。

"对了，我说，伙计们，"库兹米巧夫连忙又喊道，"你们把我的这个小孩子带在身边吧！何必叫他白白地陪着我们受车子的颠簸呢？把他放在你车上的羊毛捆上面吧，潘捷列；让他慢慢地走，我们却要赶路去了。下来，叶果尔！去吧，没关系！……"

叶果鲁希卡从车夫座位上下来。好几只手抓住他，把他高高地举到半空中，他发现自己爬到一个又大又软、沾着露水有点潮湿的东西上面。这时候他觉得天空离他近了，土地离他远了。

"喂，把小大衣拿去！"简尼斯卡在下面很远的地方嚷道。

他的大衣和小包袱从下面丢上来，落在叶果鲁希卡身旁。他不愿意多想心思，连忙把包袱放在脑袋底下，拿大衣盖在身上，伸直了腿，因为碰到露水而微微耸起肩膀，满意地笑了。

"睡吧，睡吧，睡吧……"他想。

"别亏待他，你们这些鬼！"他听见简尼斯卡在下面说道。

"再见，伙计们！愿主跟你们同在！"库兹米巧夫叫道，"我拜托你们啦！"

"您放心吧，伊凡·伊凡内奇！"

简尼斯卡吆喝着马儿，马车吱吱嘎嘎地滚动了，然而不是顺着大路走，却是往斜下里什么地方走去。随后有大约两分钟的沉静，仿佛车队睡着了似的，只听见远远的那拴在马车后面的铁桶的叮咚的响声渐渐消失。后来，车队前头有人喊道：

"基留哈！开动啦！"

最前面的一辆货车吱吱嘎嘎响起来，然后第二辆、第三辆也响了……叶果鲁希卡觉得自己躺着的这辆货车摇晃着，吱吱嘎嘎地响起来。车队开动了。叶果鲁希卡抓紧了拴羊毛捆的绳子，又满意地笑了，把口袋里的蜜饼摆一摆好，睡着了，就跟睡在家里的床上一样……

四

午夜光景,车夫们和叶果鲁希卡又围了一小堆篝火坐着。杂草烧起来的时候,基留哈和瓦夏到山沟里的什么地方取水去;他们消失在黑暗里,不过一直听得见他们铁桶子的叮咚的响声和他们讲话的声音,可见山沟一定不远。篝火的火光在地上铺了一大片闪耀的光点;虽然明月当空,火光以外却好像是一片什么也看不见的漆黑。亮光照着车夫们的眼睛,他们只看见大道的一部分;那些货车载着货包,套着马儿,在黑暗里几乎看不清,样子像是一条不定形的大山脉。离篝火20步远,在大道跟旷野交界的地方立着一个坟墓上的木头十字架,已经歪了。叶果鲁希卡在篝火还没烧起来以前还能看见远处东西的时候留意到大道的另一边也立着一个同样歪斜的旧十字架。

基留哈和瓦夏提着水回来,倒满锅子,把锅子架在火上。司乔普卡手里拿着那个缺口的勺儿,站在锅子旁边的烟雾里,呆望着水,等沫子浮上来。潘捷列和叶美里扬并排坐着,闷声不响,不知在想什么。迪莫夫趴在地上,用拳头支起脑袋,瞧着火;司乔普卡的影子在他身上跳动,因此他的漂亮的脸一忽儿给黑暗盖住,一忽儿又突然发红了……基留哈和瓦夏在不远的地方走动,捡杂草和桦树皮来烧火。叶果鲁希卡把两只手放在衣袋里,站在潘捷列身旁,瞧着火怎样吞吃杂草。

大家都在休息,思索着什么,匆匆看一眼那个十字架,一块块红光正在那个十字架上跳动。孤零零的坟显得忧郁,深思,极有诗意……人们听得出坟墓是怎样的寂静;在这种寂静里,感到这儿存在着一个身世不详、躺在十字架底下的人的灵魂。那个灵魂在草原上觉得好受吗?在月夜里它不悲伤吗?靠近坟墓的一带草原也显得忧郁、凄凉、深思,青草悲伤,好像蚊母鸟的叫声也拘束多了。没有一个过路的人不记起那个孤独的灵魂,一个劲儿地回头看那座坟,直到那坟远远地落在后面,掩盖在暗影里面为止……

"老爷爷,为什么立着这个十字架?"叶果鲁希卡问。

潘捷列瞧一瞧十字架,然后又瞧一瞧迪莫夫,问道:

"米科拉①,这不就是早先割草人打死商人们的那块地方吗?"

迪莫夫勉强用胳臂撑起身子来,瞧一瞧大路,答道:

"就是这地方……"

随后是沉默。基留哈折断一些枯草,把它们捏成一团,塞在锅子底下。火燃得更旺了;司乔普卡笼罩在黑烟里,十字架的影子在大道上货车旁边的黑暗里跑来跑去。

---

① 尼古拉的俗称。

　　"对了，是他们打死的……"迪莫夫勉强地说着，"有两个商人，爷儿俩，坐着车子去卖神像。他们在离这儿不远的一家客栈里住下，现在那家客栈由伊格纳特·佛明开着呢。老的喝多了酒，夸起口来，说是他身边带着很多的钱。大家全知道，商人都是爱说大话的家伙；求上帝别让我们犯那种毛病……他们在我们这班人面前总是忍不住要装得阔气些。当时有些割草人在客栈里过夜。是啊，商人夸口的话，他们全听见了，就起了意。"

　　"啊主！……圣母！"潘捷列叹道。

　　"第二天，天刚亮，"迪莫夫说下去，"商人准备动身了，割草人要跟他们搭帮走。'一块儿走吧，老爷。这样热闹一点，危险也少一点，因为这是个偏僻的地方啊……'商人为了免得碰坏神像，就得步行，这刚好合了割草人的心意……"

　　迪莫夫爬起来，跪着，伸一个懒腰。

　　"对了，"他接着说，打个呵欠，"先是平平安安，可是等到商人走到这个地方，割草人就拿起镰刀来收拾他们了。儿子是个有力气的小伙子，从他们一个人的手里抢过一把镰刀，也回手砍起来……嗯，当然，他们得了手，因为他们一共有8个人。他们把那两个商人身上砍得没留下一块好地方；他们完事以后，就把两个人拉出大道，把父亲拉到大道的一边，把儿子拉到另一边。这个十字架的对面路边上，还有一个十字架呢……那个十字架究竟还在不在，那我就不知道了……我在这儿看不见……"

　　"还在，"基留哈说。

　　"据说他们事后只找到很少的一点钱。"

　　"很少一点，"潘捷列肯定道，"只找到100个卢布。"

　　"对了，后来他们当中有三个人死了，因为商人也用镰刀把他们砍得很重……他们流血过多。有一个人给商人砍掉了一只手，因此据说他缺一只手跑了4俄里路，人家在靠近库里柯沃村的一个山冈上找着了他。他蹲在地下，脑袋枕着膝头，仿佛在想心事似的，可是细细一瞧，原来已经没了气，死啦……"

　　"他们是顺着路上的血迹才找到他的……"潘捷列说。

　　人人瞧着十字架，又沉静下来。不知什么地方，多半是山沟那边吧，飘来鸟儿的悲鸣："我睡啦！我睡啦！我睡啦！……"

　　大家沉默着，想心事。听过那些可怕的故事以后，谁也不想讲平凡的事情了。在沉静中，瓦夏忽然伸直身子，用他那没有光彩的眼睛凝神瞧着一个地方，竖起耳朵来。

　　"怎么回事？"迪莫夫问他。

　　"有人来了，"瓦夏回答道。

"你看见他在哪儿?"

"在——那——边! 有个微微发白的东西……"

在瓦夏瞧着的那边,除了黑暗,什么也看不见;人人静听,可是也没听见脚步的声音。

"他从大路上来啦?"迪莫夫问。

"不,是从旷野上来的……上这边来了。"

在沉默中过了一分钟。

"也许是葬在那儿的商人正在草原上溜达吧。"迪莫夫说。

大家斜眼看那十字架,面面相觑,忽然哄笑起来;他们为自己的恐惧害臊了。

"他为什么要出来走呢?"潘捷列问,"只有大地不肯收留的人才会夜里出来行走。那两个商人没什么……那两个商人已经戴上殉教徒的荆冠了。"

可是忽然他们听见了脚步声。有人匆匆忙忙地走来。

"他带着什么东西呢。"瓦夏说。

他们开始听见青草在走过来的那个人的脚底下沙沙地响,杂草咔嚓咔嚓地响。可是在篝火的亮光外面什么也看不见。临了,脚步声近了,有个人咳了一声。闪烁的亮光好像让开一条路,一块幕从眼睛前面落下来,车夫们忽然看见面前站着一个人。

不知道是因为火光摇抖不定呢,还是因为大家想先看清来人的脸,总之,怪极了,他们第一眼看见的,先不是他的脸,也不是他的衣服,却是他的笑容。那是一种非常善良、爽朗、温柔的笑容,就跟一个刚刚被叫醒的小娃娃一样,而且那是一种富于感染力量的笑容,叫人很难不用笑容去回报他。等到大家看清楚才知道,原来那陌生人是个30岁的男子,长得难看,没有一点出众的地方。他是个高高的乌克兰人,长鼻子,长胳膊,长腿;他处处都显得长,只有他的脖子很短,使得他像是驼背了。他上身穿一件干净的白衬衫,镶着绣花的衣领,下身穿着白色的肥裤子和新的高筒靴子,跟车夫们一比,简直像个大少爷。他抱着一个又大又白的、第一眼看上去样子奇怪的东西,而且有一管枪的枪身从他肩膀后面探出来,也很长。

他从暗处走进亮光的圈子里,站住,好像在地里生了根;有半分钟的工夫,他瞧着车夫们,仿佛要说:"瞧啊,我的笑容多么好看!"然后他向篝火迈近一步,笑得越发灿烂,说:

"面包和盐①,哥儿们!"

"欢迎你!"潘捷列代表大家回答。

---

① 对正在吃饭的人的问候辞。

生人把怀里抱着的东西放在火边（原来那是一只打死的野雁），又对他们打一次招呼。

大家都走到野雁那儿，开始仔细地看它。

"好一只鸟！你拿什么打死它的？"迪莫夫问。

"大粒的散弹……小粒的散弹打不中它；它不容人挨近它……买下吧，哥儿们！我只要20个戈比就把它卖给你们了。"

"我们要它有什么用？这东西顶好烤着吃，拿它一煮大概就会煮硬，那就咬不动了！……"

"唉，真要命！要是把它拿到庄园上的老爷那儿去，他们倒会给我半个卢布。可是路远着哪——有15俄里！"

这个来历不明的人坐下来，取下枪，放在自己身旁。他好像困了，没精神，笑眯眯的，给火光照得眯细眼睛，大概想起了什么痛快事。他们递给他一个调羹。他吃起来。

"你是什么人？"迪莫夫问他。

陌生人没听见这句问话；他没回答，甚至也没有看迪莫夫一眼。这笑嘻嘻的人大概没尝出稀饭的滋味，因为他有点懒洋洋地信口喝着，把调羹举到唇边的时候，调羹里有时候盛得很满，有时候却完全是空的。他并没喝醉酒，不过他的脑子里好像在想什么荒唐事似的。

"我在问你：你是什么人啊？"迪莫夫又问一遍。

"我？"那来历不明的人一怔，说，"康司坦丁·兹佛内克，罗夫诺地方的人。离这儿有4俄里路。"

康司坦丁想赶紧表明他不是像他们那样的农民，而要高一等，就连忙添一句：

"我们有蜂房，而且养着猪。"

"你是跟爸爸住在一块儿呢，还是另外单过？"

"不是的，现在我自己单过了。我分家了。这个月，在圣彼得节以后，我成亲了！现在我是娶了媳妇的人啦！……从正式成亲到现在有18天了。"

"好事！"潘捷列说，"结婚挺不错……这是上帝促成的……"

"年青的老婆待在家里睡觉，他却跑到草原上来溜达，"基留哈笑道，"怪人！"

仿佛自己身上顶怕痛的地方给人掐了一把似的，康司坦丁打了个哆嗦，笑起来，脸红了……

"可是主啊，她不在家！"他连忙从嘴边移开调羹说，带着快活和惊奇的表情看了一遍所有的人，"她不在家，她回娘家去了两天啦！真的，她走了，我就跟没结婚一样了……"

康司坦丁摆摆手，摇摇脑袋；他打算继续想下去，可是他脸上流露着的欣喜妨碍他想心事。他好像坐得不舒服似的，就换一个姿势，笑起来，又摇摇手。他不好意思把他的愉快思想讲给生人听，可是同时他又忍不住想要把自己的欢喜告诉别人。

"她上杰米朵沃去看她妈了！"他说，脸红了，把枪换一个地方放着，"她明天会回来……她说她回来吃中饭。"

"你闷得慌吗？"迪莫夫问。

"啊，主，你想会怎样呢？我们刚刚成亲那么点时候，她就走了……不是吗？哦，不过呢，她是个手脚不识闲的姑娘，要是我说的不对，让上帝惩罚我！她呀，那么好，那么体面，那么爱笑，爱唱，简直是一团火药嘛！她在家，我的脑筋就给弄得迷迷糊糊的，可是她一走，我又失魂落魄，跟傻瓜似的在草原上逛荡了。我吃完中饭就出来走，简直要喊救命啦。"

康司坦丁揉揉眼睛，瞧着火，笑了。

"这么一说，你爱她……"潘捷列说。

"她那么好，那么体面，"康司坦丁又说一遍，没听见他的话，"挺好的管家婆，又聪明又清醒，在全省的老百姓家里再也找不着像她那样的了。她走了……不过，她一定也闷得慌，我知道！我明白，那个小喜鹊！她说明天吃中饭的时候回来……可是话又说回来，多么想不到的事啊！"康司坦丁差不多嚷起来，忽然把声调提高了，变换一下坐的姿势，"现在她爱我，惦记我，不过当初她还不肯嫁给我呢！"

"可是你吃吧！"基留哈说。

"她不肯嫁我！"康司坦丁接着说，没听见，"我追了她三年！我原是在卡拉契克市集上瞧见她的；我爱她爱得要命，差点没上了吊……我住在罗夫诺，她住在杰米朵沃，两下里相隔25俄里路，我简直找不着机会。我打发媒人去见她，她呢：'不行！'唉，这喜鹊啊！我送她这个，送她那个，耳环啦，蜜饼啦，半普特蜂蜜啦——可她还是说'不行！'这有什么办法呢。不过要是仔细一想，我哪儿配得上她呢？她年轻，漂亮，一团火药似的；我呢，岁数大，不久就要满30了，况且长得太不漂亮，一把大胡子跟一把钉子一样，一张白净的脸长满了疱。我哪儿比得上她呢！也许只有一件事还说得上：我们家富裕，可是瓦贺拉敏基家也不错啊。他们有6头牛，雇着两个长工。哥儿们，我爱她，入了迷……我睡不着，吃不下；我一脑子的心思，而且好乱哟，求上帝别叫我们受这个罪才好！我想见她的面，可是她又在杰米朵沃……你们猜怎么着？上帝可以做我的证人，我不是说谎：一个礼拜里头总有三回，我一步一步走着上那儿去，就为了看一看她。我扔下活儿不干了！我胡思乱想，我甚至想上杰米朵沃去做个长工，好跟她近一点。我好苦哟！我妈找了巫婆来；我爸爸打过我十来回。我足足吃了三年苦，于是下了决心：就是挨三回诅咒，我也要上城里做马车夫去……这是说，不走运嘛！到复活节，我就上杰米朵沃去跟她见最后一面……"

康司坦丁把头往后一仰，发出一片轻轻的畅快笑声，仿佛刚才很巧妙地捉弄了什么人似的。

"我看见她跟一些年轻小伙子在河边，"他接着说，"我的火上来了……我把她叫到一边去，对她说了各式各样的话，大概有一个钟头……她就此爱上我啦！她有三年不喜欢我，可是就因为我那一番话，她爱上了我！……"

"你对她说了些什么来着？"迪莫夫问。

"说什么？我记不得了。……那怎么记得住？当时我的话像水管里流出来的水，一刻也不停：哇啦哇啦！现在呢，我却一个字也说不上来了……哪，她就这么嫁给我了……现在她找她妈去了，这喜鹊；她一走，我就到草原上来逛荡。我在家里待不住。我受不了！"

康司坦丁笨拙地把脚从自己身子底下抽出来，在地上躺平，脑袋枕着拳头，然后又起来，坐好。这时候人人都十分明白这是一个陶醉在爱情中的、幸福的人，而且幸福到了痛苦的地步；他的微笑、眼睛、一举一动都表现了难忍难熬的幸福。他坐立不安，不知道该采取什么样的姿势，该怎么办才不致给他那无数愉快的思想压得筋疲力尽。他在这些生人面前倾吐了心里的话以后，才算能安静地坐好，眼望着火，出了神。

看见这个幸福的人，大家都觉着烦闷，也渴望幸福。人人都心事重重。迪莫夫站起来，静悄悄地在火旁走着；从他的脚步，从他肩胛骨的动作，看得出来他难受，烦闷。他站住，瞧着康司坦丁，坐下来。

这时候篝火熄了。火光不再闪动；那一块红，缩小了，暗淡了……火越灭得快，月光就越亮。现在，他们看得清道路的辽阔、羊毛捆、货车的辕杠、嚼草料的马儿，在大道的对面，朦胧地现出另一个十字架……

迪莫夫用手托着脸蛋儿，轻声哼着一个悲凉的歌。康司坦丁带着睡意的微笑，细声细气地随着他唱。他们唱了半分钟，就又沉默了……叶美里扬哆嗦一下，动动胳臂肘，手指头也动起来。

"哥儿们！"他用恳求的声音说，"咱们来唱个圣歌！"

眼泪涌到他的眼睛里。

"哥儿们！"他又说一遍，拿手按着心，"咱们来唱个圣歌吧！"

"我不会，"康司坦丁说。

人人都拒绝，于是叶美里扬一个人唱起来。他摇动两条胳膊，点头，张开嘴，可是他的嗓子里只发出一种干哑的、无声的喘息。他用胳膊唱，用脑袋唱，用眼睛唱，甚至用他那瘤子唱，唱得热烈而痛苦。他越是想使劲从胸里挤出一个音节来，他的喘息就越是不出声……

叶果鲁希卡跟别人一样也很郁闷。他回到自己的货车旁，爬上羊毛捆，躺下来。他瞧着天空，想着幸福的康司坦丁和他的妻子。为什么人要结婚呢？为什么这世界上有女人？叶果鲁希卡给自己提出了不明不白的问题，心想：要是男人有个温柔的、快活的、漂亮的女人老在自己的身边，那他一定快活吧。不知什么缘故，他想起了德兰尼兹卡雅伯爵小姐，暗想跟那样一个女人一块儿生活大概是很愉快的；要不是这个想法使他非常难为情，他也许很愿意跟她结婚了。他想起她的眉毛、双眸、马车、塑着骑士的钟……宁静而温暖的夜扑到他身上来，在他耳朵旁边小声说着什么；他觉得仿佛是那个可爱的女人向他凑过来，笑嘻嘻地看他，想吻他似的……

那堆火只留下两个小小的红眼睛，越变越小。车夫们和康司坦丁坐在火旁边，黝黑一片、凝神不动；他们现在人数好像比先前多得多了。两个十字架都可以看清了；远远的，远远的，在大道旁边，闪着一团红光——大概也是有人在烧稀饭吧。

"我们的母亲俄罗斯是全世界的领——袖！"基留哈忽然敞开嗓门唱起来，可是岔了气，没唱下去。草原的回声接住他声音，带到远处去，仿佛愚蠢本身用沉甸甸的轮子滚过草原似的。

"现在该动身了！"潘捷列说，"起来，孩子们。"

他们套马的时候，康司坦丁在货车旁边走动，称赞他的老婆。

"再会，哥儿们！"等到货车队走动了，他叫道，"谢谢你们的款待！我还要上火光那边去。我受不了！"

他很快地消失在黑暗里；有很久的工夫，听见他迈步往那火光走去，对别的陌生人去诉说他的幸福了。

五

伊凡·伊凡内奇和叶果鲁希卡走到那所小红房子，向左拐弯，走进小巷子，直奔右边的第三家门口。在很旧的灰色街门两旁伸展着灰色的围墙，裂了很大的口子；右面那部分围墙向前猛歪过来，有倒下来的危险，街门左边的围墙却往后面，往院子里面歪过去。街门本身倒笔直地立着，好像还没有选定该往哪边倒才方便一点：究竟该往外倒呢，还是往里倒。伊凡·伊凡内奇推开小小的边门，他和叶果鲁希卡看见一个大院子，长满了杂草和牛蒡。离街门100步远，立着一所小房子，红房顶，绿百叶窗。有一个胖女人，卷起袖口，兜起围裙，站在院子中央，正在往地下撒什么东西，用一种跟女小贩同样尖细刺耳的声调嚷着：

"唧！……唧！唧！"

她身后有一条生着尖耳朵的红毛狗坐在地下。它一看见客人，就往小门这边跑来，送上一片中音的叫声（凡是红狗都是用中音叫）。

"您找谁？"女人叫道，用手遮住眼睛上的阳光。

"您好！"伊凡·伊凡内奇挥动手杖赶走那条红毛狗，也嚷道，"劳驾告诉我，娜斯达霞·彼得罗芙娜·托斯库诺娃住在这儿吗？"

"就住在这儿！可是您找她有什么事？"

伊凡·伊凡内奇和叶果鲁希卡向她那边走过去。她怀疑地瞧着他们，又问一遍：

"您找她有什么事？"

"可是也许您就是娜斯达霞·彼得罗芙娜吧？"

"嗯，就是我！"

"幸会幸会……您要知道，您的老朋友奥尔迦·伊凡诺芙娜·柯尼亚节娃问候您。这是她的小儿子。我呢，也许您还记得，就是她亲弟弟伊凡·伊凡内奇……您原就是我们县城的人……您生在我们那地方，而且在那地方出嫁的……"

随后是沉默。胖女人呆呆地瞧着伊凡·伊凡内奇，好像不信他的话，或者没听懂他的话似的，然后她满脸通红，合拢两只手；她围裙里的燕麦撒下来，眼睛里迸出了眼泪。

"奥尔迦·伊凡诺芙娜！"她尖叫道，兴奋得直喘气，"我最亲爱的人！啊，圣徒呀，我为什么跟傻子似的呆站在这儿？我的漂亮小天使！……"

她搂住叶果鲁希卡，把眼泪沾湿了他的脸，哭得泪人儿似的。

"天哪！"她说，绞着手，"奥尔迦的小儿子！大喜的事！他简直就是他妈嘛！跟他妈长得一模一样！可是你们为什么站在院子里啊？请进屋里去吧！"

她匆匆朝那所房子走去，一面走，一面哭着，喘着，讲着。客人们跟着她走。

在分别以前，大家坐下来，沉默了一分钟。娜斯达霞·彼得罗芙娜长叹一声，用泪汪汪的眼睛瞧着神像。

"好，"伊凡·伊凡内奇站起来，开口说，"那么你留在这儿了……"

忽然，那种正正经经的冷淡表情从他脸上消失了；他脸色微微发红，带着悲哀的笑容说：

"记好，用功读书……别忘记妈，听娜斯达霞·彼得罗芙娜的话……要是你在学校里用功，叶果尔，那我会照应你。"

他从衣袋里拿出钱夹来，扭转身去拿背对着叶果鲁希卡，在零钱里找了很久，找到一个十戈比的银币，交给叶果鲁希卡。赫利斯托佛尔神甫叹口气，不慌不忙地为叶果鲁希卡祝福。

"凭圣父，圣子，圣灵的名义……要好好念书，"他说，"用功念书，小兄弟……要是我死了，那就在你祷告的时候提到我。诺，我也给你一个十戈比的银币……"

叶果鲁希卡吻他的手，哭了。他心里有个声音小声对他说：他再也不会见到这老人的面了。

"娜斯达霞·彼得罗芙娜，我已经在中学报过名了，"伊凡·伊凡内奇说，照那声调听来仿佛在这客堂里停着一具死尸似的，"到8月7日请您带他去参加入学考试……好，再见！愿上帝跟您同在！再见，叶果尔！"

"您至少总该喝杯茶啊！"娜斯达霞·彼得罗芙娜悲声说道。

叶果鲁希卡的眼眶里含满泪水，没看见舅舅和赫利斯托佛尔神甫怎样走出去。他跑到窗口，可是他们不在院子里了；刚才汪汪叫的红毛狗从街门口跑回来，现出已经尽了责任的神气。叶果鲁希卡自己也不知道为什么，一下子跳起来，飞出房间去了。等他跑出街门外，伊凡·伊凡内奇摇着弯柄的手杖，赫利斯托佛尔神甫挂着长木杖，刚刚转过弯去。叶果鲁希卡这才感到：这以前他所熟知的一切东西要随着这两个人一齐像烟似的永远消失了；他周身发软，往小凳上一坐，用悲伤的泪珠迎接这个对他来说现在还刚刚开始的、不熟悉的新生活……

这生活又会是什么样子的呢？

1888年

【法国】马塞尔·帕尼奥尔

周国强 译

我父亲的光荣①

　　我的父亲看上去很英俊，英俊而且气势汹汹。他是老师，毕业文凭主考官，而且九柱戏玩得那么好，我为他感到相当自豪。怎么能容忍于勒姨夫来对他冷嘲热讽？虽然他在狩猎方面既敏捷又冷静，不免让人敬佩，口才又好又有钱，可是也决不能对父亲指指点点，这让我感到莫大的屈辱。所以在打猎的那一天我跟踪了他们，虽然有在荒野里迷路的危险我也不能丢下父亲，"难道让他用那把破枪，戴着近视眼镜，单枪匹马地去同猎人之王争衡吗？"我感觉有义务帮助他，"我要跟随他一天，把很多的飞禽、穴兔、野兔给他赶过去，他总能打死个把的"。我在山坡和山谷中独自穿行，不能被他们发现，又不能被他们丢下，我真的迷路了。左脸颊被涂上了一层松脂，许多细刺扎在肉里，被一只俯冲下来秃鹫吓坏了，天色又黑下来了……可是这些对一个英勇的科曼希人来说算不得什么。更何况，这个年幼的只有8岁的科曼希人有一个这样值得骄傲的父亲，他终于一举击中了两只霸鹑——那些整天在山区转悠的老猎人都难以打到的山鹑之王。我"面对夕阳，向着蓝天，高高举起我父亲的光荣"，它足以闪耀我的整个童年。

　　马塞尔·帕尼奥尔（1895～1974），法国作家。《我父亲的光荣》是自传体小说。本文节选了结尾部分。作者说："世上的小男孩，不管是哪个国家，或是哪个时代的，他们遭遇的难题是一样的，他们同样都曾调皮捣蛋，他们也有过同样的爱。"

我看不见他们了，而且是什么都听不见。然而，我作为一个科曼希人要重新找到他们易如探囊取物。

我尽可能轻松地直奔上坡，到达松林边缘。我停住、谛听，我隐隐约约听到较高的地方似乎有脚踩石头的声音。我紧贴着矮树林重又奔跑起来。我跑到第一

---

① 选自《我父亲的光荣》，安徽文艺出版社，1997年版。本文有删节。

座松林的尽头，一片高地的边沿，那里从前种过葡萄树，现在它们已被漆树、迷迭香、刺桧所取代。不过这些草木都长得不高。我远远地看到鸭舌帽和贝雷帽。他们的枪仍然背在肩上，他们始终在疾步行走。在一棵老松树前，他们站住了，贝雷帽向左，走下山坡，鸭舌帽则继续笔直往前走去。然而鸭舌帽一会儿升起，一会儿陷没，好像是一顶踮着脚尖一步步走路的帽子。我知道打猎已经开始了……我的心跳动得更快……我屏气凝息，等待。

突然爆发一声巨响，它从一个回声跃向另一个回声，久久地转悠在峡谷绝壁之间……我跑到附近的一棵松树前，胆战心惊地爬上去。我骑坐在一根粗树枝上，担心受伤的野猪会突然出现，就是那头把独臂偷猎者的内脏拖出十米远的野猪。

由于什么也没有出现，于是我又害怕它正在开我父亲的膛，我祈求上帝——如果有上帝存在的话——倒不如把野猪引到我姨父的身上去，因为他相信天堂，所以也比较乐于去死。

然而贝雷帽出现在我左边的一棵刺桧上，他高高擎起一只鸽子大小的黑色的鸟，大声喊道："是只挺肥的乌鸫呢！"鸭舌帽出现在一片染料木林上，迅速向他跑去。他们仿佛商议了一番，然后重又分开。

我让自己一直滑到地上。我自问自答，心里盘算，是不是该到下面谷底去跟在他们后面？灌木丛的高度将会妨碍我观看打猎，而另一方面，也确实如我父亲说过的那样，有可能我会因此而误吃一枪。

然而，倘使我继续顺山脊往前走，一直走到岩坝边缘，我只要走在笃珂香后面，就既不会被看见，又什么都看得见。再者，即使他们打伤了野猪，我也处于险境之外，甚至可以把大石头翻下去，结果那头怪物。所以我疾步穿过胭脂虫栎、刺桧和刺柏丛，顾不得这些树木上的荆刺挂伤了我的小腿……我先在高地上兜了一个大圈，继而钻进矮树林，跑到了绝壁边缘。

他们在一个宽阔的蓝岩小谷谷底。中间是一条干涸的小沟。树木很少，只有几株矮矮的银棘，到他们的腰部高。

父亲走在靠近我这一边的半山坡上。他枪口朝前端着枪，枪托贴在手肘下，右手护着扳机，左手托着扳机护圈。他拱着背，蹑手蹑脚地跨过荆棘丛朝前走去。

他看上去挺英俊（英俊而气势汹汹），我为他感到相当的自豪。姨父走在对面坡上，一条平行的路上。他不时停下，捡起一块石头，往峡谷底抛去，而后等上几秒钟。我比跟他们在一起看得更清楚得多。

在扔出第三块石头的时候，从矮树林里窜起一只很肥的鸟，它箭一般地往猎区后方疾飞而去。姨父以迅雷不及掩耳的速度把枪抵在肩上、瞄准、射击。那鸟儿像块石头般地掉下来，后面跟着几片羽毛，在阳光里慢慢、慢慢地往下飘落。

我父亲跳过荆棘，快步跑去捡起猎物，远远地给姨父看，姨父喊道："是只丘鹬呀! 就放在您的小猎袋里, 回您那条路线上去, 离绝壁20米。"

这般的敏捷、这般的冷静和这般的自制力激起了我的狂热崇拜。在灿灿骄阳下, 于勒姨父证明了他那些狩猎故事的真实性。我感到积恨融化了。割他头皮的愿望也烟消云散。一位布法罗·比尔式的英雄有权做任何事情, 想到自己是他的内侄, 我高高地挺起胸脯。

他们继续往前走。由于他们已经走到我观测点的前面去了, 我小心翼翼地退下来, 在广阔的咖里哥宇群落高地上重又绕上半个圈, 又超过他们。太阳仿佛就在离地平线两米高的地方闪烁光芒, 我一路踩着薰衣草, 在它们清晨的馨香中奔跑。

当我认为自己已经超过了他们的时候, 我折向岩坝跑去。可是突然, 我看到在我前面有一只金鸡似的东西在跑, 它的尾巴根部有一点红点儿。我激动得呆住了: 一只小山鹑! 这是一只小山鹑! ……它跑得跟老鼠一样快, 消失在一棵很大的刺桧树底下。我从那些没刺的枝杈之间盲目地扑上前去。可是红羽毛已经跑到另一头了。实际上金鸡不止一只, 我又看到了两只, 然后四只, 然后十来只……我朝右边斜插过去, 以便迫使它们向岩坝逃跑, 这个办法奏效了。可是它们并不起飞, 仿佛因为我手中没有猎枪, 所以它们也无须认真对付。于是, 我捡起几块石头, 朝它们扔去。一阵巨响把我吓坏了, 那就像钢板车斗在卸空它的一车皮石头。有一秒钟时间, 我等待妖怪出现, 接着我恍然大悟, 原来这是那群山鹑飞起的声音, 它们朝岩坝飞去, 扑进峡谷。

就在我跑到绝壁边缘的时候, 几乎同时响起两下枪声, 声音在峡谷里回荡。我看到我父亲, 枪是他打的, 他目光随着那些漂亮的山鹑振翅翱翔……它们一个个悠然自得地飞掠在早晨的空气中, 丝毫没有惊颤的表现……

正当此时, 贝雷帽突然出现在一大丛染料木上, 帽子上面伸出一支猎枪。他沉着地射击, 第一只山鹑朝左边翻转, 从蓝天上脱落下来。别的山鹑朝右急转, 仿佛猎枪划出的四分之一个圆, 第二枪震响, 另一只山鹑仿佛爆炸了一般, 几乎垂直掉落下来。我低声欢呼……两位猎手搜寻一番后, 捡起猎物, 举在手上摇晃几下, 它们落在相隔50米的两处。我父亲大喊一声: "好! "然而就在他把山鹑放进小猎袋的时候, 我看到他就地一跳, 手忙脚乱地从枪膛里取出空弹壳。一只又肥又大的野兔刚从他胯下过去, 没等他装上子弹便撅着尾巴、竖着耳朵钻进了荆棘丛……于勒姨父举起双手。

"倒霉鬼! 应该立即 (得儿) 装上子弹! 开枪 (得儿) 以后就要重新装上 (得儿) 子弹! ! ! "

父亲像被钉上了十字架一般痛心地张开双臂, 愁眉苦脸 (得儿) 地装上 (得儿) 子弹。

在这整个事件的发生过程中，我一直站在岩坝边上，然而，猎手们一心想着山鹬，竟没有发现我。我豁然明白自己的冒失，后退数步，重又躲藏起来。

父亲的失败使我感到沮丧，它对我来说竟大似从天而降的劫难。父亲的"国王枪法"两番失利，而那只野兔简直是在嘲弄他。它先迫使他做了个双脚跳，然后又把屁股冲着他。那真是令人伤心的滑稽。

我马上又在为他寻找理由。由于他恰好在岩坝下，所以还来不及看清楚山鹬就飞来了。而于勒姨父却能像练习的时候那样从容开枪。

另一方面，他还没摸透他那把枪的脾性，于勒姨父早说过这是最重要的……最后，这是他第一次出猎，由于狩猎的初期冲动，他没有想到"重新装上（得儿）子弹"。然而不管怎么样，我也不得不承认这段小插曲证实了我的担心。我决定绝不对任何人提起这件事情，尤其不跟父亲提起这件事情。

下面的事态会怎么发展？他能体面地打成功一枪吗？我父亲是老师、毕业文凭主考官，他九柱戏玩得那么好，还常常在一大群行家的围观下同高手拉斐尔对弈，难道他将空手而返，而于勒姨父却像商店橱窗那样，浑身上下挂满山鹬和野兔么？不，不！绝不能这样。我要跟随他一天，把很多很多的飞禽、穴兔、野兔给他赶过去，他总能打死个把的。

我背靠着一棵松树，神经质地咀嚼着一根迷迭香细枝，做完了这样的考虑。暖和的松香气息中，黑色的山丘小蝉锯着干燥的草。我两手插在口袋里，低垂着脑袋，沉思着继续前行。一声因距离较远而变得很轻的枪声使我从思虑中猛醒过来。我朝岩坝边沿跑去。猎手们已经走远了，他们到了峡谷的尽头，将进入一个多岩石的平地……我奔跑，想赶上他们。但我看到他们向右转弯，消失在塔悟梅峰山脚后面的一片松树林里。塔悟梅峰现在矗立在我的面前。

我决定到谷底去跟踪追迹……然而岩坝陡壁峭立，足有100米高，看不到一条可走的道路。于是我又考虑往回走，再去找跟他们分道扬镳后他们所走的道路。可是我们已经走了一个多钟头，我估计往回走至少需要20分钟，而且是跑步，才能回到我的起点。然后，我得爬完整个峡谷，在那段路上再要想跑步就难乎其难了，因为有刺的染料木长得都高出我的头，就算只要足足半个钟头吧，在这将近一个小时里，他们又会转到什么地方去了呢？我在一块石头上坐下，以便好好考虑该怎么办。

难道就此回家了事？那么毫无疑问，我将失去保尔的尊敬，母亲还将用令人感到屈辱的体贴来安慰我。不过，我还拥有勇敢的试图和危险的返回的荣誉，还能吹嘘一番。可是，我能有权利丢下约瑟夫吗？难道让他用那把破枪、戴着近视眼镜，单枪匹马地去同猎人之王争衡吗？不行，这种背信弃义的行为比他对我的背叛更不像话。

因此，我一定得赶上他们……那么，我会不会在这荒山野林里迷路呢？

然而，我冷笑着撇开了这种幼稚的恐惧心理。保持一个真正的科曼希人下定决心后的镇定自若不就得了。既然他们在山峰下自左向右绕了过去，我一直走肯定就能碰上他们。我仔细看了看整座塔悟梅峰，它又高又大，要走的路也肯定是相当长的。我决定采用印第安人的轻巧小跑法来节省力气，也就是说，手肘贴近身体，手掌合抱在胸前，双肩朝后，脑袋垂下。踮起脚跑步。每隔100米停一下，听一听森林里的动静，并作三次深呼吸。

我下定了纯属印第安式的决心，出发了。

现在我前面的道路虽说是上坡，却几乎觉察不出它的坡度。地上其实就是一块无边无际的蓝莹莹的石灰岩板。岩板上横七竖八布满裂隙，裂隙两边全都镶上了百里香、芸香和宽叶薰衣草……有时，从光裸裸的石头上长出一棵哥特式刺桧或松树，树干粗而多节，同这些树木的个儿很不相称，它们的个儿并不比我高多少。可见这饥渴交迫的树木长年坚持着对硬石块的残酷斗争，仅仅一滴浆液就需要它以数天的耐心为代价。塔悟梅峰在我左侧，它由于浸泡在穹苍里而呈现出淡淡的蓝色，像洗衣服用的碱水那种淡淡的蓝色。我穿过因为炎热而跳动的雾气，朝左山肩一溜小跑。每跑100米，我就按照印第安人的惯例，停下，做三次扩胸动作。

20分钟以后，我到达山峰下，风景变了。岩石高地被一道荒野的沟壑切开，沟壑夹在崩塌的巨石之间，沟里长着挺拔的青松和高大的荆棘。我轻而易举地下到沟底，但却不可能爬上对面的岩坝，距离使我错误估计了它的高度。我沿着峭壁脚下走去，相信能够在什么地方找到一条陡立的狭长通道。

其时，印第安头领的小跑因为一排排铁线莲和错综交叉的笃耨香慢了下来。在我踮着脚跑步的时候，由于绳底鞋的侧面微微张开，边儿上长4枚平行刺的胭脂虫栎小叶往里直钻，我不时停住，脱下鞋子，往岩石上拍打着把它们倒空。

每时每刻都有鸟儿从我脚下或头上飞起……在我的周围，举目看不到十米外的东西。树木、矮树林和峡谷两旁的石壁给我隔绝了整个大千世界。

我开始隐隐地感到担忧。正因为担忧，我从背包里拿出那把可怕的尖刀，把刀柄使劲儿攥在手里。

空气静谧，浓郁的山谷气息像无形的雾霭充斥沟底。百里香、宽叶薰衣草和迷迭香的香味给金色的松脂香味染上了绿色，长长的树脂泪一动不动地挂在淡淡的阴影里，在黛色的树皮上熠熠闪光。我在孤独和静寂中默默地走着，这时，就在离我几步的地方，猛然响起一阵令人恐惧的声音。

那是狂乱的小号、凄厉的抽泣和绝望的呼喊凑杂到一起的噪音。这种神秘的声音强烈得像可怕的噩梦，而峡谷中连绵不绝的回声使它一再重复，从而音量大增。

我顿时吓呆了,浑身颤抖,手足无措。嘈杂声突然停止。周围陷入一片更使我感到害怕的死寂之中。这时,在我身后的岩坝上,一只奔跑的穴兔踢落了一块石头,石头滚落下来,掉在像阳台一般陡峭的坡上一堆呈扇形垒起的蓝石头上。蓝石发出一片下雹子般的巨响,移动起来,一直滚到我被野草淹没的脚后跟。不幸的科曼希头领像一只受惊的野兽一跃而起。猝然抓住一棵松树。我紧紧地抱住松树,好像那就是我的母亲。我深深地吸了口气,听了听这一片寂静。我真愿听到一声蝉鸣,可是那地方却没有蝉。

我周围的枝叶密不透风。我看到下面,在枯枝败叶上,我的刀闪着寒光。

我正准备悄悄爬下树来,那杀气腾腾的嘈杂声重又响起,比第一次更强。我魂飞魄散,止不住发出微弱的呻吟,几乎爬到了松树的树梢上……突然,我发现在一棵枯栎树的最高枝桠上有十来只毛色灿灿的鸟儿。它们的翅膀是翠蓝翠蓝的,上面横贯两道白杠杠,颈子和尾部呈淡淡的灰褐色,拖一条蓝黑相间的尾巴,嘴巴黄得像金丝雀。它们毫无理由地扬起脖子,仿佛为了取乐儿,用恶魔般凶狠的劲儿。在号着、叫着、哼着、喵喵着。愤怒取代了恐惧。我一直滑到松树脚下。我拣起刀子,然后拣起一块很好使的扁平石头。朝那群疯子栖息的树跑去。然而,那帮子家伙听到我跑去的声音,全都飞了起来,把它们荒唐的喧闹带到岩坝上面的一棵松树上去了。

我以再一次倒干净脚底鞋里的东西为借口,在滚烫的砾石上坐下,实际上是要让自己从那激动的心情中平静下来。我嚼下一条巧克力。

我久久谛听山冈上的声音,只听得一片死一般的寂静。

我朝身后望了望,估计走了多少路程,我看到上面,在蓝天里有一座陌生的高山,那岩峰至少有500米高。它就是塔悟梅峰。然而由于我一直只看到它的正面,竟至认不出它来了。就像第一个看到月球反面的天文学家会把它作为一颗新的星球列入资料一样。

我初时感到困惑,继而感到不安。我又扫视上下左右,没有找到任何标记。于是,我决定回家,或者说得确切一些是往家里走去。因为,为了挽回面子,我可以暂不露面。我将在松树林边缘上等候猎人们班师,然后同他们一起回去。

我往回走。我原以为这是件挺容易的事,没有估计到事物还有千变万化。

因为留在我们身后的道路是发生了变化的。从右边来的小路颠倒了个儿,回去的时候它应朝左边……下来时是一道缓缓的坡的小路,上去时竟像路堤一般陡直。四处的树木也都改变了模样。

然而,由于我是在峡谷的谷底,毋庸置疑,我只要转过一百八十度,重新登上细谷就行了,不必考虑那些妖术魔法。

我手里拿着利刃，往回走去。作为一个优秀的科曼希人，我寻找自己留下的踪迹：一个脚印、一块被移动位置的石头、一根被折断的树枝。可我什么也没找到，于是我想到预先设下标志的天才发明家"小拇指"杰出的聪明才智，然而要模仿他已为时太晚。

我突然来到一个十字路口似的地方，山谷分成三道峡口呈鸡爪状上升，爬在通往神秘山峰的斜坡上……我下坡的时候没有看到另外的两道……它又怎么会变成这样的呢？我轮番察看那三条岔道，考虑……我恍然大悟，原来下坡时，由于荆棘丛长得比我高，我的眼睛又直盯着前方，只看到了自己脚下走的细谷，而这道细谷又如我前面说过的那样，相当蜿蜒曲折。可是，我往哪一条路上走呢？我真该好生想一想，我应该明白自己是从左边第一道沟下的坡，因为在高地上的时候，我并没有经过另外两条中的任何一条。然而，不幸的科曼希头领最后还是迷失了方向，他一屁股坐在地上哭泣起来。

不过，我很快就明白了这种绝望是可耻和于事无补的。应该做些什么，应该像个男子汉那样迅速采取行动。而首先应该恢复体力，因为，尽管我的小腿肌肉结实得不可思议，我还是感到有些令人惶恐不安的疲劳。

在一道细谷的入口处，矗立着一棵绿栎，七八个树干散布成一个圆圈，墨绿色的枝叶从小岛般的荆棘丛中窜出来。荆棘丛中杂生着凄凄惨惨的银棘和胭脂虫栎。这一大片带刺的绿色植物显然难以通过。然而，我把我的尖刀命名为"大砍刀"，用它披荆斩棘开劈出一条通道。

经过整整一刻钟的努力，身上被热辣辣地扎上千百根刺以后，我终于通过了那个防御圈。在那些树干中间，我发现了圆圆的一大片巴悟科草地。我怀着欣慰的安全感在那里坐下来，一方面，别人看不到我，另一方面，我发现有一棵挺好爬的树，一旦有受伤的野猪出现，这便是无可估价的有利条件了。我仰躺在柔软的野草上，又起双手垫在后脑勺下。从绿栎中央看去，可以看见圆圆的一大片蓝天，蓝天正中，有一只猛禽几乎一动不动地监视这一片风光。

我想，这只秃鹫，或者大兀鹰，此时定也看到我父亲和姨父正在迷迭香火炭上烤他们的排骨呢，因为太阳正在穹庐顶上。

休息几分钟后，我打开背包，津津有味地吃掉了我的面包和巧克力。然而，我一点喝的东西也没带，我的喉咙又很干。

我很想把那只桔子吃掉。可是一个科曼希人应能预见到恶劣的前途，就这样我把它重又放进口袋，因为我还能使用另一种方法解决口渴问题。那是我从居斯塔夫·埃马尔的作品中学来的，只要吸吮一块石头，就能感受到舒适的凉意。在这片被褫夺了水源的地方，远见卓识的大自然倒并不吝啬石头。我挑选了一块十分光滑的、滴溜儿斯圆的、像颗鹰嘴豆大小的石头，把它按着窍门儿放在我的舌头底下……

这便是我的抗命和于勒姨父的背信弃义所导致的结果。

这时，我想起了父亲经常对我讲起的一句话，当他教我书写（草体、圆体、斜圆体）的时候，又让我抄过好几遍的那句话："既要干，没有希望也能干；既能坚持，无须成功也能坚持。"

他曾给我仔细讲解过这句话的涵义，还说这是法语中最美的句子。

我重复说了好几遍，好像念了咒语，我觉得自己成了个小丈夫。我为哭泣过、失望过而羞愧。

我在山里迷了路：多了不得的困难！从家里出来后，我几乎一直在爬相当陡峭的坡路。现在，我只要往下走，就肯定能找到一个村落，或者至少一条阳关道。

我严肃地吃掉剩下的那半个桔子，然后，迈开热辣辣的疼痛的小腿和肿胀的双脚，在缓缓的下坡上，向前跑去。

我心里念叨着那句富有魔力的话，跳过刺桧和刺柏。在我的右边，一缕缕彩霞的后面，太阳开始像姑姑阿姨们圣诞节送的糖果盒子上画的那样发出淡淡的红光。

就这样我跑了一刻钟，开始敏捷得像跳鼠，接着像山羊，最后像头牛犊，并停下来缓上口气。我回眸一看，发现自己至少已经跑了一公里，再也看不到那三道隐没在广阔高地里的沟壑了。

相反，倒是在太阳沉落的地方，我仿佛辨认出一道峡谷的对岸。我为了在再度奔跑之前省一点力气，便以散步的步伐慢慢踱上前去。

是的，那确实是一道峡谷，它随着我越走越近而越陷越低，它也许正是今天早晨的那道峡谷吧？

我双手朝前，分开长得跟我一般高的笃矃香和染料木……就在我走到离岩坝边缘只有50步的地方时，我听到一声枪响，接着，两秒钟以后，另一声枪响！声音是从谷底传来的。我欣喜欲狂，飞奔而去，这时，一群很大很大的鸟突然飞出峡谷，笔直朝我冲来……突然，领头的那只鸟儿朝一侧倾斜，收起双翼，穿过一棵高大的刺柏，重重地打在地上。我弯下腰去抓住它，这时，我被猛烈一击打个半昏，跪倒在地上，另一只鸟刚落到我脑袋上，我一时间晕头转向。我使劲儿摸着嗡嗡响的脑袋，我看到我的手被血染红了。我以为那是我头上流出来的血，正要泪如雨下的时候，我发现那两只鸟儿浑身是血，这才使我放下心来。

我抓住爪子把那两只鸟儿提了起来，它们还在作临终的颤栗。

那是两只山鹑，但它们重得叫我惊讶，它们跟家禽饲养场的大公鸡一样大，我把手臂高高抬起，可还是没有用，它们红色的嘴巴仍然在沙砾上拖着。

这时，我的心在胸口激跳，霸鹅！山鹬之王！我倒提着它们往岩坝边上走去，那也许是于勒姨父的两发连中吧？

然而，即使不是他打的，寻找它们的猎人肯定也会欢迎我的，他将把我送回家去，我得救了！

就在我艰难地穿过银棘矮林时，我听到一个洪亮的嗓门，它发出的卷舌音像经久不绝的回声。那是于勒姨父的声音，救星的声音，上帝的声音啊！

我透过枝丫看到了他。峡谷相当宽，但并不很深，谷里树木很少。于勒姨父从对面岸上走来。怒气冲冲地大喊大叫：

"这样不行，约瑟夫，不行！您不该开枪！它们是朝我飞过来的！是您那毫无（得儿）用处（得儿）两枪使它们转了过去！"

这时，我听到父亲的声音。我看不见他，因为他大概就在岩坝底下。

"它们正在我的有效射程内，而且我真的认为还叫我打下了一只！"

"算了吧，"于勒姨父轻蔑地反驳，"您如果把它们放过去，那倒也许还能够打中一只！可您野心勃勃想用'国王枪法'，还想两枪连发连中呢！今天早上在打那些自己往枪口上撞的山鹬的时候，您已经有一只没打中了，而您还要在霸鹅身上一试，而且还是在朝我飞来的霸鹅身上尝试！"

"我承认自己有点心急了，"父亲用悔罪的声音说，"……可这……"

"还可这，"姨父用不容分辩的口气说，"您确确实实没有打中那些山鹬之王啊。风筝般大的山鹬，用一把喷水壶一般的破枪，打出去的子弹散布得有整整一张床单那么大。最恼火的是，这个唯一的机会，我们永远也碰不上了！而如果您让我来打，那现在它们已经进了我们的猎袋！"

"这我承认，我错了。"父亲说，"可是，我看到了几根羽毛在飞……"

"我也看到了啊，"于勒姨父挖苦说，"那些漂亮的羽毛在飞啊，它们以每小时60公里的速度扶摇直上把霸鹅送到岩坝上面去了。它们肯定还在那儿嘲笑我们呢！"

我朝前走了走，找到了可怜巴巴的约瑟夫。他歪戴着鸭舌帽，正神经质地咀嚼着一根迷迭香草茎，摇摆着满面愁容的脑袋。这时，我跳上一块向峡谷伸出去的悬岩的尖角，像一张弓似的探出身去，使全身的劲儿大喊："他打中了！两只都打下来了！他打中了！"

在我那两只血淋淋的小拳头里垂下4只金色的翅膀，我面对夕阳，向着蓝天，高高举起我父亲的光荣。

【挪威】乔德坦·贾德

萧宝森 译

雅典的小丑①

　　我毫无准备地降生，又轻易地随时间流逝慢慢长大，可是我不愿这样懵懂地活下去。我是谁？我知道什么？我要过怎样的生活？苏格拉底说，这样的"审视生命"、"明辨是非"的学问叫做"哲学"。

　　我们从提问而开始思考，因思考而有智慧，因智慧而明了自己无知，因无知而需要学习，进而从学习中提出新的问题。这样的反复地孜孜不倦地探求智慧的旅程，并非为了自我满足和炫耀，而是源于我们"对人类理性的不可动摇的信念"。哲学，是会让人有些明白，但也许最终迷惑的学问。乔治·勃兰兑斯说："在最高的知识领域内，关于对与错的询问，一般总是不恰当的，而对于它们的回答，相对来说，也常常是不太重要的。"那么更重要的，也许就是这样一种对真理的探求的姿态以及发自内心的对智慧的热爱罢（哲学家的本义就是"爱智者"）。我们在这探寻的旅程中有时感受到懊恼，也感受到愉悦，而我们因此知道自己是在真诚地活着。

　　你是谁？一封奇特的信笺让少女苏菲踏上了奇妙的哲学之旅。苏格拉底是谁？在遥远的古希腊，苏格拉底在雅典的中心广场与人闲谈。"知善者必能行善"，他"将哲学从天上召唤下来，使它在各地落脚生根，并进入各个家庭，还迫使它审视生命、伦理与善恶"；"我只知道一件事，就是我一无所知"，苏格拉底倡导了一种内心生活的法则——未经审查过的生活是不值得过的。在一生中我们要给自己一个机会，扪心自问：我是谁？

　　乔德坦·贾德（1952年生），挪威一个中学哲学教师、作家。著有《苏菲的世界》《纸牌的秘密》等哲学科普读物。

---

① 选自《苏菲的世界》，作家出版社，1999年版。标题为编者所拟。

奇怪的来信

是否有人天生就害羞呢？

最聪明的是明白自己无知的人。

真正的智慧来自内心。

明辨是非者必能进退合宜。

苏菲已经知道白信封内的这些短句是哲学家给她的功课，目的要让她做好准备，以便阅读不久后会送来的大信封。这时她突然想起了一件事。如果那位"使者"会把棕色的大信封送到密洞这儿来，她大可以坐在这里等他。（也许是"她"？）她一定会缠着那人，要他（或她）透露哲学家的一些底细。信上说，这个使者很小。会是个孩子吗？

"是否有人天生就很害羞呢？"

苏菲知道害羞就是难为情，例如因为光着身子被人瞧见而不好意思。但因为这样的事而觉得难为情是很自然的反应吗？在她认为，如果某件事情很自然，那每个人做它的时候都应该觉得很自然。在世界上许多地方，赤身露体是很自然的事。因此一定是一个社会决定你能做什么、不能做什么。在奶奶年轻时，女人做上空日光浴是绝对不可以的。然而今天，大多数人都认为这样做很"自然"，虽然这种行为在许多国家还是严格禁止的。苏菲抓了抓头。难道这就是哲学？

第二个句子是"最聪明的是明白自己无知的人"。

这是怎么比较的呢？如果哲学家的意思是，那些明白自己并不知道太阳底下每一件事的人，比那些知道不多，却自认懂得很多的人要聪明，她还比较可以同意。苏菲过去从来没有想过这件事，但她愈想就愈明白：知道自己无知，也是一种知识。她所见过最愚蠢的人，就是那些对某些自己一无所知的事自信满满的人。

再下面一句："真正的智慧来自内心"。不过在某个阶段，所有的知识一定得从外面进入人的脑袋吧？但从另外一方面来说，苏菲记得有些时候她对妈妈或学校老师教她的事充耳不闻，而她真正学到的知识则或多或少是自己想出来的。有时候她也会突然间领悟一些事情。这也许就是人们所谓的"智慧"吧！

嗯，到目前为止都还不错。苏菲心想，前面这三个问题她答的都算可以。但接下来这句话实在太奇怪了，她不禁莞尔："明辨是非者必能进退合宜。"

这是不是说一个强盗抢银行是因为他不能辨别是非？她可不这么想。

相反的，她认为无论孩童还是成人有时总是会干一些傻事，之后可能会后悔，这正是因为他们在做事时不依照自己理性的判断所致。

当她坐在那儿思考时，听见树篱靠近树林那一边的干枯灌木丛中有某个东西正沙沙作响。使者来了吗？她的心开始怦怦地跳。然后她愈来愈害怕地发现，那个正朝她走来的东西居然发出像动物喘息一般的声音。

说时迟，那时快，一只猎狗钻进了密洞。

它口中衔着一个棕色的大信封，随后便将信丢在苏菲的脚跟前。

苏菲打开大信封，开始看了起来。

苏格拉底是谁？

苏格拉底（前470～前399）也许是整个哲学史上最神秘难解的人物。他从未留下任何文字，但却是对欧洲思想影响最重大的人物之一。而这并不全然是因为他后来戏剧性地结束了生命的缘故。

我们知道苏格拉底生于雅典。他有生之年大半时间都在市中心广场与市场等地与他遇见的人闲谈。他说："乡野的树木不能教我任何东西。"有时他也会连续好几小时站着思想、发呆。

即使在当时，他也被视为谜样的人物，但他死后很快就被誉为许多哲学学派的始祖。正因为他神秘难解、模棱两可，才使得一些在学说上大相径庭的学派都可以宣称他们是苏格拉底的传人。

我们现在可以确知的是：苏格拉底长得很丑。他肚大、眼凸，有个狮子鼻。但据说他的性情"极为和蔼可亲"，也有人说他是"古今无人能及"的人物。尽管如此，他还是因为他从事的哲学活动而被判处死刑。

我们之所以能够得知苏格拉底的生平，主要是透过柏拉图的著作。柏拉图是苏格拉底的学生，后来也成为古往今来最伟大的哲学家之一。

柏拉图曾撰写过几本《对话录》，以类似戏剧对白来讨论哲学，而苏格拉底就是其中的主要人物与代言人。

由于柏拉图在书中是透过苏格拉底之口来阐扬自己的哲学，因此我们无法确定对话录中苏格拉底说的话是否确是苏格拉底本人说的。因此，要区分苏格拉底的学说与柏拉图的哲学并不容易。这也是我们面临其他许多未曾留下撰述的历史人物时遭遇的难题。最典型的例子当然是耶稣了。

我们无法确定当年的耶稣是否讲过马太福音或路加福音上记载的话。同样的，苏格拉底本人究竟说过些什么话，将会一直是历史上的谜团。

不过，苏格拉底的真正面貌其实并不那么重要。因为近2500年来对西方思想家产生启发作用的，事实上是柏拉图描绘出来的苏格拉底。

谈话的艺术

苏格拉底的高明之处在于他与人谈话时看来并无意要指导别人。事实上他给人的印象是他很想从那些与他谈话的人身上学到一些东西。所以，他并不像传统的学校教师那般讲课，而是与别人进行讨论。

如果他纯粹只是倾听别人说话，那他显然不会成为一个著名的哲学家，也不会被判处死刑。不过，话说回来，他所做的也只不过是提出问题而已，尤其是在刚开始与人谈话时，仿佛他一无所知似的。通常在讨论过程中，他会设法使他的对手承认自己理论上的弱点。最后，到了词穷之际，他们也不得不认清是非与对错。

苏格拉底的母亲是一位产婆。苏格拉底也常说他的谈话艺术就像为人接生一样。产婆本身并不是生孩子的人，她只是帮忙接生而已。同样的，苏格拉底认为他的工作就是帮助人们"生出"正确的思想，因为真正的知识来自内心，而不是得自别人的传授。同时，唯有出自内心的知识，才能使人拥有真正的智慧。

说得更明白些：生小孩的能力是与生俱来的。同样的，每一个人只要运用本身的常识，就可以领悟哲学的真理。所谓运用本身的常识就是搜寻自己的内心，运用内心的智慧。

借着假装无知的方式，苏格拉底强迫他所遇见的人们运用本身的常识。这种装傻、装呆的方式，我们称为"苏格拉底式的反讽"。这使得他能够不断揭露人们思想上的弱点。即使在市区广场的中心，他也照做不误。于是，对于某些人而言，与苏格拉底谈话无异于当众出丑并成为众人的笑柄。

因此我们不难理解为何当时的人愈来愈将苏格拉底视为眼中钉，尤其是那些在地方上有头有脸的人。据说，苏格拉底曾说："雅典就像一匹钝马，而我就是一只不断叮它、让它具有活力的牛蝇。"

"我们是怎样对付牛蝇的？苏菲，你可以告诉我吗？"

神圣的声音

苏格拉底之所以不断地像牛蝇般叮他的同胞，并不是想折磨他们，而是他内心有某种声音让他非如此做不可。他总是说他的心中有"神明指引"。举例说，他不愿伙同众人将他人判处死罪，也不愿打政敌的小报告。这终于使他丧失性命。

在公元前399年时，他被控"宣扬新的神明，腐化青年人"。在500名陪审团员的投票之下，他以些微的票数之差被定罪。

他大可以恳求陪审团手下留情，或至少可以同意离开雅典，借以免于一死。

然而，如果他这样做，他就不是苏格拉底了。问题在于他重视他的良心——与真理——更甚于生命。他向陪审团保证他过去所作所为全是为了国家的福祉。然而他们还是要他服毒。不久，苏格拉底就当着友人的面喝下毒药，结束了生命。

为什么？苏菲，为什么苏格拉底非死不可？2400年来人们不断问着这个问题。然而，他并不是历史上唯一坚持不肯妥协，最后落得被定罪处死的人。

我曾经提过的耶稣就是其中之一。事实上，苏格拉底与耶稣之间还有若干极为相似之处。

他们两人都是谜样的人物，即使对于与他们同时代的人也是如此。他们都没有将他们的学说教诲撰写成书，因此我们只好透过他们门徒的描写来认识他们。不过可以肯定的是，他们两个都是通晓谈话艺术的专家。他们说起话来都充满自信、侃侃而谈，虽然引人入胜，但也可能会得罪别人。此外，他们都相信自己是某一种更高力量的代言人。他们批评各种形式的不公不义与腐败现象，向地方势力挑战，最后并因此丧命。

耶稣与苏格拉底所受的审判显然也有雷同之处。

他们原本都可以求饶，但他们却都觉得如果不成仁取义，就无法完成他们的使命。而由于他们如此从容就义，所以吸引了许多徒众追随，即使在他们死后仍然如此。

我指出这些相似之处并不是说耶稣与苏格拉底相像。我只是要提醒你注意，他们所要传达的信息与他们个人的勇气是密不可分的。

雅典的小丑

苏菲，接下来我们还是要谈苏格拉底。我们刚才已经谈到他所使用的方法，但他的哲学课题又是什么？

苏格拉底与那些诡辩学家生在同一时代。他就像他们一样，比较关心个人与他在社会中的位置，对于大自然的力量较不感兴趣。就像几百年后罗马哲学家西塞罗所说的，苏格拉底"将哲学从天上召唤下来，使它在各地落脚生根，并进入各个家庭，还迫使它审视生命、伦理与善恶"。

不过，苏格拉底有一点与诡辩学派不同，而这点很重要。他并不认为自己是个"智者"，即博学或聪明的人。他也不像诡辩学家一样，为赚钱而教书。不，苏格拉底称自己为"哲学家"，而他也的确是一位真正的哲学家，因为哲学家的英文philosopher这个词的意思是"一个爱好智慧的人"。

苏菲，你现在坐得舒服吗？你必须完全了解"智者"与"哲学家"之间的差异，这样我们才能继续上以后的课程。诡辩学家教人道理，并收取学费，而他们所说的道理或多或少都有吹毛求疵的意味。这样的诡辩学家千百年来不知凡几。我指的是所有的学校教师、那些自以为无所不知而以既有的一丁点知识为满足的人，以及那些自夸博学多闻但实际上一无所知的人。你年纪虽小，但或许已经遇见过几位这样的诡辩学家。一个真正的哲学家则完全不同，事实上他们与诡辩学家正好相反。他们知道实际上自己所知十分有限，这也是为何他们不断追求真知灼见的原因。苏格拉底就是这些稀有人物之一。他知道自己对生命与世界一无所知，并对自己贫乏的知识感到相当懊恼。这点非常重要。

所以说，所谓哲学家就是那些领悟到自己有很多事情并不知道，并因此而感到苦恼的人。就这一方面而言，他们还是比那些自称博学但实际上非常无知的人更聪明。我曾经说过："最聪明的是明白自己无知的人。"苏格拉底也说："我只知道一件事，就是我一无所知。"

请你记住这句话，因为很难得有人会承认自己无知，即使哲学家也不例外。最重要的是，当众说这句话是很危险的，可能会使你丧命。最具颠覆性的人就是那些提出问题的人，而回答问题则比较不危险。任何一个问题都可能比1000个答案要更具爆炸性。

你是否听说过国王的新衣这个故事？故事中的国王其实浑身一丝不挂，但他的臣民却没有人敢说出真相。这时，一个小孩突然脱口而出："可是他什么衣服都没穿呀！"苏菲，这个孩子很勇敢，就像苏格拉底一样。苏格拉底也敢于告诉我们人类所知多么有限。哲学家与小孩子的相似性我们已经谈过了。

确切来说，人类面临了许多难解的问题，而我们对这些问题还没有找到满意的答案。因此现在我们面临两种可能：一个是假装拥有所有的知识，借此自欺欺人。另一个则是闭上眼睛，从此不去理会，并放弃一切我们迄今所有的成就。就这方面而言，人类的意见并不一致。人们通常不是太过笃定，就是漠不关心（这两种人都是在兔子的毛皮深处蠕动的虫子）。苏菲，这就像切牌一样。你把黑牌放在一堆，红牌放在一堆，但不时会有小丑牌出现。他们既不是红桃也不是黑桃，既不是红砖也不是梅花。在雅典，苏格拉底就像是小丑一样。他既不笃定也不漠然。他只知道自己一无所知，而这使他非常苦恼。因此他成为一个哲学家，一个孜孜不倦追求真理、永不放弃的人。

据说，一个雅典人问戴尔菲的神谕："谁是雅典最聪明的人？"神谕回答说："在所有的凡人中，苏格拉底是最聪明的。"苏格拉底听到这件事时，大为震惊（苏菲，我想他一定曾经放声大笑）。他直接去找城内公认聪明出众的一个人问问题。但是当此人也无法给他一个满意的答案时，苏格拉底便知道神谕是对的。

苏格拉底认为人类必须为自己的知识奠定巩固的基础，他相信这个基础就是人的理性。由于他对人的理性具有不可动摇的信念，因此他显然是一个理性主义者。

正确的见解导致正确的行动

正如我先前讲过的，苏格拉底声称他受到内心一个神圣声音的指引，同时他的"良心"也告诉他什么是对的。他说："知善者必能行善。"

他的意思是人只要有正确的见解，就会采取正确的行动。也唯有行所当行的人才能成为一个"有德之人"。我们之所以犯错，是因为我们不知道何者是对的。这是人何以必须不断学习的原因。苏格拉底想为是非对错找出一个清楚明白，而且放诸四海皆准的定义。他与那些诡辩家不同的是，他相信辨别是非的能力就存在于人的理性中，而不存在于社会中。

你也许会认为最后一部分有些太过含糊。让我们这样说好了：苏格拉底认为，人如果违反自己的理性就不会快乐。而那些知道如何找到快乐的人就会遵照自己的理性行事。因此，明白是非者必然不会为恶。因为世间哪有人会想要成为一个不快乐的人？

你怎么想呢？苏菲。如果你一直做一些自己深知不对的事，你还会活得很快乐吗？有很多人撒谎、舞弊、中伤别人，而他们本身也深深明白这些行为是不对或不公平的。你想这些人会快乐吗？

苏菲看完有关苏格拉底的信后，匆匆将信放在饼干盒内便爬出密洞。她想在妈妈买菜回家前进门，以免妈妈啰里啰唆地盘问她的行踪。再说，苏菲答应要帮妈妈洗碗。

苏菲刚在碗槽里放满水，妈妈就提着两个大袋子，跌跌撞撞地走进来了。也许是因为这样，妈妈才说："苏菲，最近你很心不在焉。"

苏菲也不知道自己是怎么回事，脱口就说："苏格拉底也是这样啊！"

"苏格拉底？"

妈妈睁大眼睛看着她。

"他因此而非死不可，这真是太悲哀了。"苏菲幽幽地说。

"天哪！苏菲，我真不知道该怎么办才好！"

"苏格拉底也是。他只知道自己一无所知，然而他却是雅典最聪明的人。"

妈妈差点说不出话来。最后，她说："这是你在学校里学到的吗？"

苏菲用力摇摇头："我们在那儿什么也学不到。教师和哲学家的不同之处在于老师自认为懂得很多，并且强迫我们吸收。哲学家则是与学生一起寻求答案。"

"瞧，现在我们又回到兔子的问题了。苏菲，我要你告诉我你的男朋友究竟是谁。要不然我会认为他脑筋有点问题。"

苏菲转过身来，背对着碗槽，手拿着一块洗碗布指着妈妈："脑筋有问题的可不是他。不过他喜欢让别人伤一伤脑筋，让他们脱离窠臼。"

"够了！我看他有点目中无人。"

苏菲转回身去。

"他既不是目中无人，也不是目中有人，他只是努力追寻真正的智慧。一个真正的小丑和其他纸牌是大不相同的。"

"你是说小丑吗？"

苏菲点点头。"你有没有想过一副牌里面有很多红心和红砖，也有很多黑桃和梅花，但只有一个小丑。"

【中国】虹影

饥饿的女儿①

这是一本直面"成长的饥饿"的残酷青春之书。

命名饥饿：作者虹影在《饥饿的女儿》中"发现"了一个词——"饥饿"，用它来指称一种特殊的时代——20世纪60年代的中国，一种特殊的生存状态——重庆长江南岸底层城市平民，一个特殊的年龄段——18岁的贫血的青春期的女性。就像贾平凹用"浮躁"一词来指称改革开放之初的中国农民的心态，金斯堡用"嚎叫"一词来指称60年代的美国青年的反叛和彷徨，80年代书写个性的青年诗歌被人称为"朦胧诗"等等一样。一个准确的词涵盖了某种社会特征，具有文化的象征意味，这个词就进入了文学和社会的编年史。"饥饿"一词，也具有同样的"经典语汇"的分量。

审视饥饿的眼光：作者声称此书是自传，全是真人真事，没有虚构，不是小说。赤裸裸地展示自己少女时代的多重饥饿状态，其直白的勇气在汉语文坛极为罕见。但作者在回顾过去时，已经出离了愤怒与忧伤，具备了一种审视饥饿的眼光，像一只天鹅回望自己曾经是丑小鸭的模样。

为饥饿的60年代存证：故事发生于60年代的底层的中国，那正是一个中国人全面饥饿的年代。据作者考证，三年困难时期，四川一省就饿死700万人。饥饿是天灾，更是人祸，是非人道劫难。自传真实展示了清晰的时代背景，因此该书的意义不仅是写下了自己曾经度过的苦难岁月，也勾勒出60年代中国的生存现实，它揭破了饥饿时代的面纱——为中国的60年代存证。故事发生的地点是长江南岸，重庆底层人群，山坡上幽暗肮脏拥挤的小板房，作者形象地称之为"城市盲肠"。作品展示了城市贫民生活，尤其是风云变幻的60年代人的生活，那是一诞生下来就不得安宁的，注定要在青少年时代经受更多磨难的一代人。虹影说："是下层生活造就了我。"她具有直面底层的优秀作家的品质。她把饥饿年代的苦

我想知道为什么

---

① 选自《饥饿的女儿》第三章，知识出版社，2003年版。小标题为编者所拟。

难写得让人不寒而栗，把成长中的少女的心理袒露无遗，从而折射出饥饿的人群的生存现实——从这个意义上说，她也是在为60年代人立传。三重饥饿的女儿：食的饥饿，性与爱的饥饿，心灵的饥饿。本篇节选了关于"食的饥饿"的部分。"饥饿是我的胎教。"那个艰难的岁月，饥饿几乎噬咬着每一个中国人。野菜可以吃，榆叶可以吃，树皮也可以吃，大地上的一切活物都成了人的口中食。人们在生死线上挣扎，在票证下喘息。"我身体上的毛病，精神上的苦闷"，都来自那场大饥荒，饥饿留给"我"的后遗症影响一生。18岁的生日，父亲给"我"5角钱，"我"买了两个肉包，"我捧着热乎乎的肉包，闻着扑鼻的肉香，第一次感到幸福的滋味"。这是饥饿与贫穷的滋味，作者用一个准确的细节表达出来了。"我"先天不足地来到这个世界，忍受着求生本能、身体觉醒和心灵喘息的多重饥饿，全身的每一个细胞都爬满饥渴的虫子。饥饿的孩子会有一双黑洞洞的大眼，它充满疑惑、焦虑、欲望和反抗。生活在城市底层的贫民少女，她天生就要面对生活的诸多残酷。

在幽蓝的月光之夜，18岁的六六忽然想到：自己看不见生活令人兴奋的斑斓色彩，"我看不到哪怕一些边角微光的暗示"，于是，"我绝望地想，我一定得有梦想"。面对过去混乱而饥饿的人生，她准备来一个了断，跳出长江南岸黑暗肮脏的小阁楼，去更广阔的世界，追寻自己的人生。

虹影（1962年生），英籍华裔作家。主要作品有《饥饿的女儿》《K》等。

饥饿是我的胎教

都说我有福气，生下来已是1962年夏秋之际。那年夏季的好收成终于缓解了连续三年、死了几千万人、弄到人吃人的地步的饥荒。整个毛泽东时代30年之中，也只有那几年共产主义高调唱得少些。

等我稍懂事时，人们又有了些存粮，毛主席就又劲头十足地搞起他的"文化革命"政治实验来。都说我有福气，因为大饥荒总算让毛主席明白了，前无古人的事还可以做，全国可以大乱大斗，只有吃饭的事不能胡来。"文革"中工厂几乎停产，学校停课，农民却大致还在种田。虽然缺乏食品，买什么样的东西都得凭票，大人孩子营养不良，却还没有到整年整月挨饿的地步。人饿到成天找吃、能吃不能吃的都吃的地步，就没劲儿到处抓人斗人了。

饥饿是我的胎教，我们母女俩活了下来，饥饿却烙印在我的脑子里。母亲为了我的营养，究竟付出过怎样惨重的代价？我不敢想象。

我整个平静的身体，一个年轻的外壳，不过是一个假相。我的思想总是顽固地纠缠在一个苦恼中：为什么我总感到自己是一个多余的人？

我真希望那个跟在我身后的陌生男人不要离开，他该凶恶一点，该对我做点出格的事，"强暴"之类叫人发抖哆嗦的事。那样我就不多余了，那样的结局不就挺狂热的吗？这想法搞得我很兴奋。

每天夜里我总是从一个梦挣扎到另一个梦，尖叫着，大汗淋漓醒来，跟得了重病一样。我在梦里总饿得找不到饭碗，却闻到饭香，我悄悄地、害怕被人知道地哭，恨不得跟每个手里有碗的人下跪。为了一个碗，为了尽早地够着香喷喷的红烧肉，我就肯朝那些欺侮过我的人跪着作揖。醒来一回想，我便诅咒自己，把自己看成一文不值的人，我瞧不起自己，恨自己有那么强烈的身体需求。

我一次次对自己否认：你不是生来这样，胎儿不会有记忆，不会受委屈，不会有创伤。但是我无法解释我的某些行为。比如，我对食物的味道特别敏感，已经这么大一个姑娘了，还是永远想吃好东西，永远有吃不够的欲望，而且吃再多还是瘦骨嶙峋。闻见邻居家灶上在炒鸡蛋饭，我清口水长流。我从不吃零食，讨厌同学中有小钱买零食的"五香嘴"，却对肥肉特别馋，幻想以后的一天，能自己做主了，就天天吃肉。

而且，我对受亏待特别敏感，不管什么样的亏待，别人受得了，我就不行。心里一闹，怎么想也想不开。

我知道自己并不是个特别好高要强的女孩，我嘴笨，一到公众场合就紧张得什么也说不出来。无论在学校，还是在家里，在似锦如花的少女堆中，我不仅个儿矮人一截，脸也瘦削些，连头发也长得稀疏些。我总在最不扎眼的角落里呆着，觉得受到别人的有意压制：别人得意，总拿我做牺牲。

18岁过去了，难道饥饿的后遗症就这么严重？比我大几岁的人出生后挨了饿，与我同年龄的人大都胎中挨过饿，几乎都是死里逃生。为什么他们高高兴兴忘掉了，现在享受着青春年华，日子过得自得其乐，我却抑郁不欢。

一定得有梦想

乘凉的人，街沿摆龙门阵的人，全都回屋里去了。我在路灯下，默默地看着功课。眼睛开始打架，书页上字迹逐渐模糊，扭动起来。我不时留意院门，怕被人插上，又要叫半天门，才会叫开。

我终于坚持不了，便拿起课本，端起小板凳，进院门。掩好重又厚的院门，拉上比粗杠子还长大的插销。院子里很静，白天的喧闹变得像前世的事，此时的寂静让人感到非常不真切。

阁楼门半敞着，我进去后，关上门。秋老虎过后，夜比白日里要低许多度，天窗不时吹进些许风，空气不那么闷热，但也不必盖薄被。我脱掉衣服，换了件棉质布褂，躺在麦席上，扯过被单搭在身上。

月光蓝幽幽，从屋顶几小片玻璃亮瓦穿透下来，使阁楼里的漆黑笼罩着一种诡秘的色彩。房顶野猫踩着瓦片碎裂的屋檐，那么重，像是一个人在黑暗中贴着屋顶行走，窥视瓦片下各家每户的动静。这个破损败落的院子，半夜里会有种种极不舒服的声响。

究竟，究竟为什么我会出生到这个一点没有快乐的世界上？有什么必要来经受人世这么多轻慢、凌辱和苦恼？

我轻轻撩开衣服，这呼吸着的身体，已很羞人地长成了一个女人的样子，有的部位不雅观地凸了出来，在黑夜中像石膏那么惨白。马上就满18岁了，18岁，应该看到生活令人兴奋斑斓的色彩，可我看不到，哪怕一些边角微光的暗示。我绝望地想，我一定得有梦想。现在我什么都不拥有，前面的岁月，不会比现在更强。我的功课复习似乎走入绝路，越背越记不住那些公式和理论。野猫溪一带几乎没有人考上过大学，怎会轮到我这个从没被人瞧得上眼的女孩身上？我的成绩并不比别人好，我的将来，和这片山坡上的人一样，注定了挑沙子端尿罐养孩子。

我对自己说，不管怎么样，我必须怀有梦想，就是抓住一个不可能的梦想也行。不然，我这辈子就完了，年岁越大，就越会成为一个辛苦地混混一生的女人。

18岁的生日礼物

一早父亲坐在堂屋楼梯边小板凳上抽叶子烟，烟杆是竹子做的，烟叶是最次的便宜货，味难闻，很呛人。我把头偏向一旁，避开漫散开来的烟。我没见过父亲在早晨吃过东西，最多抽一杆烟，他说，他不饿。我小时真以为如此，长大一些才明白，父亲不吃早饭，并不是不饿，而是在饥饿时期养成的习惯，省着一口饭，让我们这些孩子吃。到粮食算够吃时，他不吃早饭的习惯，却无法改了，吃了胃不舒服。

父亲停止抽烟，从衣袋里摸出一张崭新的票子，是5角钱。票子中间一道新褶，四角方正。他看看堂屋四周，见没人注意，便迅速地把5角钱的票子塞到我手里。

我一下未反应过来，不知父亲为什么这么鬼鬼祟祟地给我钱。

拿着钱，我一步步顺着楼梯上阁楼。白日的光照射下阁楼异常陌生，隔在两张床间的布帘半拉开，四姐和德华都不在了，被单和枕头歪斜，破竹片伸出来。我任书本从膝盖滑下地板，坐在自己的床边。云影一遮住山坡，阁楼里光线马上变得很阴暗。

母亲的声音从楼下屋子传来，她是在和父亲说：又要去江边了，才没隔多久，不知哪个搞的，又一背篓脏衣服。

我盯着手里崭新的5角钱，听着母亲的脚步声朝院门方向走去，我突然明白过来，今天不就是9月21日，我的18岁生日吗？难怪父亲破天荒地悄悄给我5角钱。

母亲，她应当记得我的生日，可她没有，昨天也没提起，她不像要给我过生日的样子，自个儿朝江边洗衣服去了，连叫上我的想法都没有。

母亲从没给我过生日，那是以前，可这是18岁生日，她比我更明白18岁对一个姑娘意味着什么。母亲对我是有意绕开？不，她根本就忘得彻彻底底。她记得又能怎么样？只要是我的事，她总不屑于记在心。

我下了楼，有意不和父亲打招呼，就出了院子。

我朝石桥走去，各样各式的人拥挤着。这是个星期天，又未下雨，天气又不热，仿佛远近的人都赶集来了。农民挑着蔬菜，还有各式各样可以换钱的东西，早已扎断了区政府规定可摆摊的两条街。吆喝声论价声苍蝇嗡嗡声混杂一片。一个小贩坐在长条木凳上，正在从竹篓里抓鲜活的青蛙，当脖颈一刀，熟练地一把剥掉皮，掏掉内脏，露出白嫩的尚在抽搐的四肢。他的手和塑料围裙一样血迹斑斑，脚下黑黑红红的肠肝肚肺、绿色的皮扔得四处皆是，盆子里有宰剥完毕的青蛙，横竖堆压着相连的大腿小腿，血水依着乱石堆成的街墙流淌。

我下了一排石级，绕开拥挤不堪的路段。但人还是很多，一家一家，大人牵着小孩，有说有笑，亲亲热热。邮局，电影院，茶馆，没有一个地方人少。

买个什么样东西，给自己过生日？我继续走在人群中，不知不觉经过照相馆。5角钱在我和父亲眼里值个数，但照个最低价的单人标准相都不够，橱窗里已经换掉举着语录戴着像章男女的形象，挂出了烫头发穿裙子做出姿态的女人的笑容。对面是药店，旁边是百货商店，我几步走了进去。

从一个柜台到另一个柜台，看不出哪样东西既是我要的，又是我能买的。化妆品有了种种新鲜玩意儿：口红、胭脂、眉笔。我买不起，它们和"美容"二字联系在一起，我不明白这二字有什么用。

我直接上了顶楼，站在那儿可望得很远：长江对岸，江北青草坝，江北造船厂及古塔；往东能看到石桥广场。石桥广场在我的视线下，并不像走进去那么庞大，它一边靠菜市场，一边是小块相间的农田，另外两边是肮脏巨大无面目的建筑物：铁器加工厂、关押政治犯和长刑期重犯的省二监狱。

幸福的滋味

有一年长江涨大水，又下暴雨，石桥马路和街巷全是水。暴雨和大水把许多乱七八糟的东西都卷走了，雨水把石阶洗得那个白净，直让人想躺在上面睡个好觉。可是一看江里，全变了样：茅草棚，木盆，整棵树，有时淌过一个身体，不知是猪狗还是人。

不少人划着自制的木筏，到江上捡自己想要的。最让人羡慕的是从死人手腕抹下手表，手表在那时很值钱，这不是偷抢：死人用不着手表。野猫溪正巷有个漆匠，是个胖子，两天抹了5只手表戴在手臂上，走街串小巷地炫耀。被公安局铐走了。他一路哭骂，说他没有像那些扒手，扒完后把人打晕往江里推。

那场罕见的暴雨把一些摇晃的房子，连同家具和垃圾都冲走了，水馆子这个吊脚楼却奇迹般挺住，三天后水退尽，墙上留有点点霉斑，又开始营业。自那场暴雨后，水馆子蒸出的肉包煎出的锅贴饺子，香味漫过几条街。有人说，是水馆子店主的老爹使的法，他在峨嵋山学过道术，他发的功，落在包子馅上。

我只看到肉好，分量多，萝卜缨、蒜、葱、青菜，嫩得晃人眼。

走出百货商店，上一大坡就是电影院。看一场电影，是我向往的。只要是图像，即便没色彩和音乐，我都不在乎。看一场电影，即使是放映纪录片，祖国河山一片大好，中央首长接见外宾，飞机撒农药，我都想看。都是父亲开恩，私下给我5分钱看学校组织的电影，才能一饱图像的眼福。我一人选择看一部片子，是从未有过的事，这念头使我激动。电影院黑糊糊的墙壁，假如那是一面玻璃，我会看见一个梳着两条细细辫子、头发不多、脸无光彩、身体瘦弱的少女，这便是我。此刻，正在精神粮食与物质粮食之间做痛苦的思想斗争。

结论还是买吃的。我看着自己走下坡，穿过马路，走向那家馆子门口的柜台。那儿已有十来人在排队，等着新出笼的肉包。

有块小黑板写着包子、饺子、烧饼、小面、馒头、三角糕和豆浆的名称，标明每一样需多少钱和粮票，字迹歪歪倒倒，浓淡不一。我身边只有5角钱，但我仍站在队列里。带菜肉馅的包子，松软，面皮显白还薄，牢牢抓住我的心。里面四张桌子，皆长木凳，挤挤地坐满人，有的人喝豆浆，有的喝饺子汤，浓浓的乳白色，上面飘了星星点点的葱花。

轮到我了。卖筹子的青年人剃了个小平头，不耐烦地等着我说话。

我把手里的5角钱怯生生递过去："两个肉包。"

果然，他问："粮票呢？"

"我忘了。"我着急地解释：反正二角钱一个，二个四角，剩一角抵二两粮票，行不行？我想我的脸从脸颊一定红到脖子胸口了。我从未自己买过点心，没想到要粮票，况且粮票可当钱用，家里不会给我。

卖票的青年人朝储藏室叫了一声，随即从里走出一个脸上打满皱的女人，系着白袖套白围裙，沾了些面粉酱油。她问了情况，说行。到蒸笼前，亲自用大夹子将两个肉包放在盘子里。

"我不在这儿吃，我要带走。"我说。

她在橱窗边搁着的一叠发黄的纸片上，取了一张，放上两个包子，搁下夹子，又取了两张纸垫着，叮嘱道："好生拿哟，烫得很！"

我捧着热乎乎的肉包，闻着扑鼻的肉香，第一次感到幸福的滋味：这是我的生日，我在庆祝。

我没从来的那条路回家，而是顺水馆子前的小街走，这条路坡坎多，但近一点。肚子开始咕咕叫，在下命令：趁热赶快将肉包子吃了。可我还是咽下了口水，想带回家去，与父母一同庆祝他们生下我。我一口气跑上粮店旁的石阶顶，一坡几十步的石阶看起来不陡，但一气儿上到顶，就喘不过气。

坡顶正好是三岔路口，一个老荫茶摊紧挨着棵苦楝树，树桩连着块生得奇形怪状的石头。我刚走近，就感到背脊一阵发麻，迅即转身：一个穿得还算规矩的男人，站在一户配钥匙的低矮的屋檐下，他并没看我，在跟配钥匙老头说话。

一个正在等配钥匙的人？我的心就放下不少。回过身，即刻又感到自己被盯住了，我的头控制不住地轰轰乱响，我惊慌，说不出的惊慌，一个包子从手里滑掉。

我急忙蹲下，一个包子还在纸上，掉在地上的那个，滚在老荫茶摊下的一片满是灰的树叶上。我拾了起来，包子沾了灰，我吹了吹，灰沾在包子上，一动不动，我只得心痛地用手轻轻揭下弄脏一处的皮。

我站起来时，那男人已不在。这人很可能就是以前那个跟踪我的人？今天他跟着我说不定已不止这一刻。今天是星期日，不上学。以前总是在上学放学期间我被盯梢，这次此人却打破了以往的习惯。

是不是我刚才上坡上得太急，气喘，眼花了？

决不是的，我清楚自己的感觉。肯定还是那个男人，为什么他隐蔽地跟了我十多年，今天突然冒出来——几乎径直走了出来？

这个地区强奸犯罪率较高。山坡，江边，角角落落拐拐弯弯的地方多，每次判刑大张旗鼓宣传，犯罪细节详细描写，大都拖到防空洞先奸后杀，尸体腐烂无人能辨认，或是奸污后推入江里，使每个女孩子对男人充满恐惧。我记起初中时一个女同学的父亲被抓走的情景，她和她的妹妹们哭啼啼跟过几条街。

"没有堂客，又没妓院！叫我哪个办？"那个丧妻的男装卸工吼叫着，像头咆哮的狮子。说是他把邻居的黄花闺女给诱奸了。

我不敢想下去，心里一阵着慌，拔腿奔跑起来，直跑到中学街操场坝。周日放假，学校没了喧哗，操场空旷，没人在打球，连捉蚱蜢扑蝴蝶的小孩也没一个。天空比操场延伸得更远。我放慢脚步，走在杂草中被路人踏出一道清晰的小径上，努力让自己心定下来。

【美国】舍伍德·安德森

陈登颐 译

我想知道为什么①

作为少年的我，世界上最值得热爱的东西一定是良种的骏马，我疯了似的想跟它们亲近。而且我那么了解它们，在上千个清晨里步行着去探望它们。在一匹真正的骏马面前我会激动得喉咙火辣辣的，就好像这一匹"快如光"，它那么安详地站在那儿，可我知道它的骨子里像火一样燃烧，只要栅栏吊起来，它就会像阳光一样快的飞奔而去。在比赛之前的这一刻它一点也不慌乱烦躁，不想表露自己的热情，而只是在那儿等待。可是我懂得它的心情，它的教练蒂尔福德也懂得，在我目光和他相遇的时候，我知道我们是心灵相通的，这个人、这匹马和我，这世上仿佛只有我们。这种灵犀相通的共同的感情是这样深厚而且让人激动，"我哭了"，"蒂尔福德的眼睛也闪着泪花。""那个下午我喜欢他居然胜过我自己的父亲"，我想要跟他接近，跟他说心里的话，我想要见他，"就像你小时候黑夜里孤零零的想看看你的父亲"……

可是怎么会这样，我怎么会看见蒂尔福德先生用那样发亮的眼神，用他看着心爱的骏马"快如光"那样的眼神，来看一个这样丑陋的坏女人。他竟然亲了她，还对着这个红头发女人说了许多愚蠢的炫耀自己的话。我从来没有听过这样的蠢话，也从来没有过这样愤恨的感觉。仿佛有一种神圣而高不可攀的东西在我的心里轰然崩塌再也不可依赖。

那一年我15岁，"正在长大成人，很想为人正派"，可是在马会上看到的这件事让我烦躁不安，少年梦想的纯洁与成人现实的混沌初次正面交锋。为什么连"快如光"这样英伟矫健的骏马，连亲手驯养它爱着它的蒂尔福德先生也会跟这样不堪的事联系在一起。如果是这样，人们说的所谓美好、所谓纯粹又在哪里呢？我又怎么还能像过去一样在清晨的马场上流连，认定那样混杂着烟斗咖啡和青草香的空气是世上最好的气息呢？

---

① 选自《世界小说100篇》，青海人民出版社，1982年版。

　　舍伍德·安德森（1876~1941），美国作家。代表作是短篇小说集
《小城畸人》。福克纳曾说："舍伍德·安德森是我们这一代美国作家和
我们的后继者将传下去的传统的父亲。"

　　我们到东部的头一天，老清早4点钟就起床了。前一天晚上，我们爬下了停靠
在镇旁的一节货车。凭着肯塔尔小伙子那种天生的寻路本领，我们左拐右拐，过
大街穿小巷，在镇上兜了一圈，马上就找到了赛马场和马厩。这时我们知道万事
妥当，不用担心了。汉利·特纳很快就找到了一个我们认识的黑人。这人叫比尔达
德·约翰生，冬天在咱老家倍克斯镇上，爱德·倍克尔开的养马房里干活。比尔达
德跟咱老家差不多所有的黑人一样做得一手好菜；当然喽，就像肯塔基州咱那一
带凡是有两下子的人一样——他也爱马。开了春，比尔达德就到处去挣钱。咱们
那儿的黑人都会花言巧语，不管是谁，经他们一哄，多半会让他们去干想干的活。
比尔达德把管马厩的人和从莱克星敦附近咱老家那些养马场来的驯马员都哄得
团团转。这些驯马员傍晚进镇，转悠转悠，聊聊天，有时也凑几个人打一场扑克。
比尔达德跟他们打得火热，他总是搞点小恩小惠讨人喜欢，再不然就讲讲烹调
经，什么平锅上烤鸡肉啦，什么烤红薯、烤玉米面包的诀窍啦……听他一说，你就
不由得要淌口水。

　　赛马季节到了，各地的马都赶到赛马场。这一阵子，每逢黄昏，大街小巷谈论
的尽是那些新来的马驹儿，人人都在议论什么时候前往莱克星敦或是切吉尔草
原去看春季赛，或到拉托尼亚去。而那些曾到过新奥尔良，或许参加过古巴哈瓦
那冬季比赛的骑师又正好回家，准备休息一个星期以后，再到外地去比赛。在这
样的时节倍克斯镇上除了谈马以外再没有别的。赛马班子快出发了，你呼吸的每
一口空气里都散发着赛马的气味，这时比尔达德总是在哪个班子里找到做饭的
活。我一想起这事，一想起整个赛马季节都在跑马场上而冬季又在养马棚里干
活，整天和马打交道，而大家又总爱到那里去谈论马儿，我真羡慕。我多么希望自
己也是个黑鬼啊。这话说起来像是傻乎乎的，可我就是这么想跟马亲近，简直是
快想疯了，要不想可怎么也办不到啊！

　　好了，我得告诉你我们干了什么，好让你明白我的话的意思。我们4个小伙子
是倍克斯镇上的，都是白人，都是倍克斯正式居民的子弟。我们打定主意去看赛
马，我不是说光到莱克星敦或路易斯镇，那还不过瘾。我们想到常听老家人谈论
的东部的大赛马场去，我们想到萨拉托加去。我们那一年都挺年轻，我刚满15岁，
4个人里数我最大。这事是我出的主意，我承认是我撺掇他们试一试的。我们一伙
有汉利·特纳、亨利·瑞伯克、汤姆·滕伯顿和我自己。我有37块钱，这是我冬天
夜晚和礼拜六在依诺克·梅尔的杂货铺里干活挣来的。亨利·瑞伯克有11块钱，另

外两个人——汉利和汤姆每人身上只有一两块钱。我们商量好了，谁也不能声张。一直等到肯塔基春季赛马会结束，咱们家乡有些人，那些对赛马最热心的人，也是我们最羡慕的人动身了，那时我们紧接着动身。

我们一路上挤货车赶路等等麻烦事，我也不打算给你讲了。我们经过了克利夫兰、布法罗和一些别的城市，看到了尼亚加拉大瀑布。我们在那里买了点东西，印上瀑布画面的纪念品啦，汤匙啦，明信片啦，贝壳啊。这些东西本来是给妈妈和姐姐买的，可我转念一想，还是别把它们寄回去的好。我们不想让家里人知道我们的下落，要不他们会跟踪追赶，说不定还会让他们逮了回去。

上面说过，我们是在夜晚走进萨拉托加就直奔赛马场的。比尔达德让我们美美地吃了顿饭，又给我们找了个睡的地方，就在一个小棚的干草堆里，还答应给我们保密。黑人在这类事情上是靠得住的，他们不会给你喊出去。你从家里偷偷溜出来，往往会遇到一个白人，也许他看起来还挺不错，也许他还给你两毛五分钱、半块钱的硬币什么的，可他一转身就会把你给出卖了。白人会干这号事，可是黑人绝对不会，你可以信得过他们。他们对孩子比白人更讲义气。我也说不上是为啥。

那一年在萨拉托加，咱家来的人可老鼻子了。代夫·威廉斯、亚瑟·谟尔福特、杰利·梅尔斯等人都来了。还有好多人从路易城和莱克星敦来，亨利·瑞伯克认识他们，我一个也不认识。这些人都是靠赌博吃饭的，亨利·瑞伯克的父亲也是他们当中的一个。大家管他们叫赌注记账人，他一年大部分时光都在各赛马场上。冬天回到倍克斯镇家里也待不长，他总是到各大城市里去赌"法老牌"①的庄家。他人缘挺好，手面很阔，经常给亨利寄一些自行车、手表、童子军制服之类的礼物。

我自己的父亲是个律师，他为人不错，可是挣不了大钱，买不起东西给我，反正我现在人也大了，也不指望这些啦。他跟我从来没有说过亨利什么坏话，可是汉利和汤姆他俩的父亲却常给自己的孩子说，这种钱财来路不明，他们不愿自己的孩子们受到赌棍们谈话的影响，整天想这号事，说不定将来还会迷上这号事。

话是不错，我想大人们这样说总是有他们的道理的，可是我看不出这和亨利或者马儿到底有什么关系。我现在写的这篇小说就是要讲这些事。我感到伤脑筋。我正在长大成人，我很想为人正派，行得正做得正，可是我在东部跑马场这次赛马会上看到的一些事情是我怎么也弄不明白的。

我爱良种马爱得快疯了，简直是没有办法。我一向就是这样。10岁那年，眼看着自己个儿一天天长大，将来肯定当不上骑师，难过得差点要了命。倍克斯镇邮局局长的儿子哈利·赫林芬格长成人了，可是懒得干活，专门喜欢在街上这儿站站，

我想知道为什么

①一种纸牌赌博，庄家面前放一叠纸牌，面朝下，赌博的人猜测最上面的一张牌，而依次下注。可能是因为其中有一张牌上有古代埃及法老的图像，所以叫"法老牌"。——译者注

那么站站，挖空心思捉弄孩子们。比如打发他们到五金商店买个钻方眼儿的钻头啊，或这一类的玩笑。他也耍弄过我一次。他对我说，要是吃下半根雪茄，就会阻碍发育，个头再不会长，说不定还能当上骑师。我照办了，瞅了个空儿，从父亲口袋里掏出一根雪茄，胡乱塞下肚去。这一来可把我难受坏了，不得不请医生来看。可是这办法一点也不管用，我还是一股劲地长。这真是恶作剧。我告诉父亲我干了啥事，为什么那样干，当父亲的听了孩子干这蠢事多半会把他揍一顿，可是我父亲没有打我。

好啦，我既然没有停止发育，更没有送命，算哈利·赫林芬格枉费心机。接着我又打定主意，想当个小马倌，可是这个念头也不得不打消。干那种活儿的多半是黑人，我知道父亲是不会让我干那行当的，求也没用。

要是你从来没有对良种马风魔过，那你准是没有到好马成群的地方去过，不懂它们的妙处罢了。它们美极了，再没有什么东西像有些比赛的骏马那么漂亮，那么干净，那么剽劲十足、驯良老实了，真是要多好有多好。在咱老家倍克斯镇周围的那些大养马场里，都有一圈圈跑道，老清早就看见马儿在跑道上奔跑。少说也有1000次，天麻麻亮我就起床，走上两三英里路到跑马场去看遛马。母亲有时不想让我去，可父亲总是说："别拦他吧。"于是我从面包箱里拿出点面包，涂上一点儿黄油和果酱，一边狼吞虎咽，一边就飞跑出去了。

到了跑马场，你和大人一起坐在围栏上，他们当中有白人也有黑人，都一边嚼烟草一边聊天，一会儿就有人把马驹牵出来了。天色还早，青草上沾满了亮晶晶的露水珠儿；在另外一片地上，有人在犁地，从看跑道的黑人睡觉的小棚子里冒出一股香味，有人在煎什么吃的；你知道黑人是多么会咯咯傻笑或哈哈大笑，多么会说一些逗笑的事情。这种嘻嘻哈哈的举动白人做不出，有些黑人也做不出，但跑马场的黑人随时都做得出。

就这样，马驹被放出来了，有些马驹不过是被马倌骑着小跑。可是，在一个富翁（这个富翁也许住在纽约）拥有的大跑马场上，差不多每天早晨总有几匹马驹、一些久经比赛的老马、骟了的公马和母马四蹄腾空地飞跑。

看到骏马飞跑的时候，我的喉咙总像是哽住似的。我不是说所有的马，我是说有些马。那些骏马，我几乎是一看一个准。我就跟跑马场的黑人和驯马员一样天生就有这种本领。哪怕这些马是由小黑鬼骑着慢腾腾地遛步，我也分辨得出哪一匹是优胜的骏马。如果我看到一匹马激动得喉咙火辣辣的，不能往下咽，那它就准是一匹骏马。只要你让它撒开腿跑，它准会跑得像沙姆希尔一样快。要是它不能次次得胜，那才怪呢。这些马之所以没有获胜，要么是因为给别的马挤住了，没法前进，要么就是它在起跑线上被缰绳拖住了，起跑慢了，或是其他原因。我要是像亨利·瑞伯克的父亲那样当个赌棍的话，我准能发财。我知道我一定会发财，亨利也这么说过。我只要等看到一匹马而感到喉咙火辣辣的时候，赶紧一分钱也不剩地全部下注就行了。如果我想做一个赌棍的话，我就会这么干，不过我不想做罢了。

早晨如果你不是在赛马场的跑道，而是在倍克斯镇附近驯马的跑道上，你往往没有眼福看到我说的那种好马，可是你能看到的也不赖。任何良种马，只要是由一匹好的母马配上合适的种马生下的，再由一个懂得驯马的人训练，都能跑得很好。要是它跑得不行，还让它待在那儿干啥，还不如让它拉犁耕地去呢。

瞧，马儿从马厩里出来了，马师骑在它们背上，光在那儿看看也够美的。你坐在围栏上，向前躬着身子观看，心里痒痒的。在那边小栅子里，黑人们一边咯咯傻笑一边唱。咸肉在油锅里滋滋地煎着，咖啡在壶里煮着，什么闻起来都那么香喷喷的。在这样的早晨，再没有什么比咖啡、厩粪、马儿和黑人、油炸咸肉和户外吸烟斗的气味，更好闻的了。它简直使你着迷上瘾，一点儿也不假。

话又扯远了，还是谈谈萨拉托加吧。我们在那儿一共待了6天，家乡来的人没有一个人发现我们。总之，样样事情都称心如意：天气好，马跑得快，一场场比赛都很精彩……我们动身回家时，比尔达德给了我们一篮子炸鸡肉、面包和一些别的食品。我们回到倍克斯镇的时候，我身边只剩下18块钱了。母亲一面数落，一面哭哭啼啼，可是父亲没说多少话。我把我们干的事情都交代了，只剩下一件事没说。这是我单独干和看到的事情。这就是我下面要写的事。它叫我心里不痛快，连夜里也在想。事情是这样的：

在萨拉托加，比尔达德给我们找了个小棚子，我们就睡在棚子里的干草堆上过夜。清早我们和黑人们一起吃早饭。晚上当看赛马的人散了以后，又和黑人一起吃晚饭。老家来的人多半待在正面看台和赌赛场上，他们从不出来到养马的地方溜达，只有临比赛前才到鞴马场转一转看看给马装鞍。在莱克星敦、切吉尔草原和咱们家乡别的赛马场，都有赛马前集中马匹的敞棚。在萨拉托加可不一样，这儿的马就在露天草坪上树荫下装鞍，那草坪和倍克斯镇银行家波洪家的前院一样，平坦光滑，美极了。马儿都激动不安，身上直冒汗，毛色油亮油亮的，可爱极了。人们走了出来，抽着雪茄骑着马，驯马员在场，马的主人也在场，这时你的心七上八下怦怦乱跳，简直气也透不过来。

然后在起跑线就位的号角响了。年轻的骑师们穿着丝绸的衣服策马跑了出来。你赶紧跑过去在围栏旁找个地方，和黑人们坐在一起。

我一直想当个驯马员或马主人，所以每次赛马之前总是担着被发现逮住送回家的风险，到鞴马场去观看。别的孩子们都不敢到那儿去，只有我一个人去。

我们是星期五那天到萨拉托加的。那场隆重盛大的默尔福障碍赛就定在下个星期三举行。这场比赛里有"半路飞"，也有"快如光"。天气晴朗，跑道结实，适合快速奔驰。比赛前那天晚上我怎么也睡不着。

原来这两匹马都是叫我看了就喉咙火辣辣的那种骏马。"半路飞"身体长长的，看起来不灵活，是一头骟了的公马。马的主人是我老家一个叫乔·汤姆生的小业主，他只有五六匹马。默尔福特障碍赛全程有一英里，"半路飞"起跑总是快不了，它慢腾腾地离开起跑线，跑到全程一半总是落下好大一截，半路上才开始飞跑起来。要是路程有一又四分之一英里的话，它就能甩掉所有的马领先跑到终点。

"快如光"可不一样，它是一匹种马，容易冲动，属于我们的家乡最大的农场——范里德农场；农场的主人是纽约的范里德先生。"快如光"就像一个你爱慕而又见不上面的姑娘一样，老是叫你惦念着。它浑身壮实，也挺漂亮，你瞅着它的头就想吻它一下。这匹马是杰利·蒂尔福德训练的。这个人认识我，好多次都对我挺好，比如让我走进马厩，挨近马的身边仔细观看啊什么的。那匹马真喜爱煞人了。你瞧它站在起跑线上是那么安详，不慌不忙的啊，其实它骨子里可是像火一样的燃烧。栅栏刚一吊起来，这马儿就像它的名字——快得如阳光似的嗖的一下射出去。你看着它跑心会悬起来，会感到难受。它一股劲儿地飞跑，像一只捕鸟猎犬似的。除了"半路飞"放开步子飞奔的时候以外，我从没见过像它那么快的。

驾！哎呀！我是多么渴望看这场比赛，看这两匹马同时飞奔啊！我又渴望又担心，咱这两匹马当中哪一匹败下阵来我都不愿意。我们以前还从没有送这么一对好马去参加同一次比赛呢。倍克斯镇的老人们都这么说，黑人们也这么说，确实是这样。

赛马前我到辔马场去看过。我朝"半路飞"看了最后一眼：它站在辔马场上，样子不怎么起眼。接着我就去看"快如光"。

它大显身手的日子到了。我一看见它就明白了。我把自己会被人发现的顾虑丢到九霄云外了，一直走到那匹马跟前。倍克斯镇上来的人都在那儿，可是除了杰利·蒂尔福德，谁也没有注意到我。他看见了我，于是就出了件事情，下面我就要对你谈起。

当时我站在那儿看那匹马，兴奋得要命。我也说不出是啥道理，反正我知道"快如光"心里是什么感觉。它很安静，让黑人们揉它的腿，让范里德先生亲自给它装鞍，但它的内心就像一股汹涌澎湃的洪水，就像尼亚加拉瀑布的水将要奔泻下来之前的一刹那。那匹马这会儿想的不是赛跑，它没有必要去想，它这会儿想的只是怎样捺住心里的火，等待赛跑的时刻到来。我知道它懂得这一点，我多少可以看出它心里的想法。它打算来一次惊人的赛跑，这个我是懂得的，它不想露一手，也不想表示自己的热情，它不蹦不跳，也不慌乱烦躁，只是在那儿等待。我懂得它的心情，它的教练杰利·蒂尔福德也懂得。我抬头一看，正好和他的目光碰上，我不由得心里一动。

我蓦地觉得我爱这个人就同我爱这匹马一样，因为我跟他算是想到一块儿去啦。这会儿我觉得除了那个人、那匹马和我，世界上好像什么也没有了。我哭了，杰利·蒂尔福德的眼睛也闪着泪花。接着我就离开鞴马场，到围栏那里等着看赛马。这匹马比我强，比我坚定沉着，现在我知道它比杰利也强得多，它比谁都要安静沉着。而真正去赛跑的就是它。

当然，"快如光"跑了第一名，打破了一英里赛马的世界纪录。假如我别的什么也没看见的话，至少这一点我是看到了。什么都不出我的意料。"半路飞"在起跑时落在后面，落下了好大一截，然后赶上来得了第二名。我早就料到它会这样的。将来总有一天，它也会创造世界纪录。在赛马方面，倍克斯镇是谁也打不败的。

我很镇静地观看赛马，因为我早知道这场比赛的结果。我很有把握。汉利·特纳、亨利·瑞伯克和汤姆·滕伯顿都比我心情激动。

一桩可笑的事情在我身上发生了。我一直在想着杰利·蒂尔福德驯马员，一直在想这场赛马中，他该是多么高兴啊。那天下午我喜欢他居然胜过我自己的父亲，我那样地想他，几乎把比赛中什么马儿都忘得干干净净。这是因为在比赛开始以前，他在鞴马场上站在"快如光"旁边的时候，我看到了他的眼神，我知道打"快如光"还是小马驹的时候，他就爱护它照看它，在它身上费尽心血。他教给它怎样奔跑，什么时候要耐着性子，而到了该使劲的时候就使出全身的劲儿，一步不让，决不退让。我知道对他来说，这就像母亲看着孩子干一件勇敢或惊人的事情一样。我还是破题儿第一遭对一个人有这么深厚的感情呢。

赛马后那天夜晚，我躲开了汤姆、汉利和亨利，我要单独行动，要是可能的话，我要和杰利·蒂尔福德谈谈心里话。于是出了件事，下面就谈到。

萨拉托加跑马场靠近这个镇的边上。这地方拾掇得可水灵，周围都种了树，那种四季常青的树，还有大片草地，什么东西都上了油漆，光光溜溜、漂漂亮亮的。绕过了跑马场你就会走上一条跑汽车的很板实的沥青路。沿着这条路往前走上几英里，你就遇到一条岔路通往一个院子，院里有栋怪里怪气的小农屋。

赛马后那天夜晚，我就是顺着那条路走的，因为我曾经看到杰利和另外几个人乘汽车往那条路上去。我也是瞎碰，并不指望会找上。我走了一段路，坐在一道篱笆旁边，想开了心思。他们是从这个方向来的，尽管我找不见杰利，我也尽可能和他接近些——在心理上跟他亲近。不知怎么一来，我很快就走上了那条岔路，走到那栋怪里怪气的农屋跟前。当时我只是因为感到孤零零的，所以，想看看杰利，就像你小时候黑夜里孤零零的想看看你的父亲，是一个道理。就在这时候，一辆汽车拐弯进了岔道。车里有杰利，有亨利·瑞伯克的父亲，有老家来的亚瑟·贝福德，有代夫·威廉斯，还有我不认识的另外两位。他们下了汽车就走进了那栋房子，只有亨利·瑞伯克的父亲没有进去，他跟他们争吵了，说他不想进去。那时候大约9点钟左右，可他们都喝醉了。那座怪里怪气的农屋是坏女人待的地方。确实是这样。我贴着一道篱笆，悄悄地掩身进了院子，从窗子往里张望。

这一看弄得我心里烦躁，我弄不懂是咋回事。屋子里尽是一些丑八怪的下贱女人，既不好看也不值得接近。她们也很猥琐，其中只有一个身材高高的，看起来有点像"半路飞"那匹阉马，但没有它那样干净利索。她的嘴巴硬嘁嘁怪难看的。她有一头红发。我什么都看得一清二楚，我在一扇敞开的窗子旁边，扒在一株玫瑰花老树上朝里张望。那些女人穿着宽松的衣服坐在一圈椅子上，那些男人走过来，有的就靠到女人们的怀里。这地方气味很难闻，讲话也很难听，孩子们冬天在倍克斯镇马房周围时常可以听到这种脏话，想不到女人在场也会有人讲这种脏话，真是下流难听极了。黑人是不愿意到这种地方去的。

我盯着杰利·蒂尔福德看。我对你讲过，就在"快如光"创造世界纪录的那次比赛中，我还以为他懂得那匹马在起跑线的心理，而对他怀着那么深厚的感情呢。

杰利在那坏女人屋子里夸下海口，说那匹马是由他杰利一手训练的，是他本人赢得了这项比赛，创造了世界纪录。我知道"快如光"是决不会这样夸耀自己的。杰利活像一个蠢材，睁着眼说瞎话，乱吹牛。我从来没有听过这样的蠢话。

接着，你猜他干了啥？他瞅着那女人，那个瘦溜溜的、嘴巴硬嘁嘁的、看上去像骗马"半路飞"可又没有那样干净利索的女人，嗬，他的眼睛发亮了，就像那天在鞴马场他看我和"快如光"的时候一样。我站在窗口——呸！但愿我没有离开跑马场，而是和马倌、黑人和马儿待在一起就好了。那个高高瘦瘦的，难看的臭女人站在我们中间，就像那天下午在鞴马场上"快如光"站在我们中间一样。

蓦然间，我恨起那个人来。我真想尖声喊出来，冲进那间房子，把他杀掉。我从来没有过这样的感觉。我浑身冒火，气得要发疯了，眼泪扑簌簌地流出来，拳头捏得紧紧的，指甲把手心都掐破了。

杰利的眼睛还是那么亮晶晶的，他挥动着手臂，然后走过去和那女人亲嘴。我悄悄地溜了，回到赛马场就往草铺上一躺，可是怎样也睡不着。第二天我叫小伙伴们一起回家，却一直没有提起我看到的事情。

打那时起我老是在想这件事。我弄不明白是咋回事。春天又来了，眼看我就16岁了。我和往常一样每天早晨都到跑马场去，我看到"快如光"和"半路飞"，还有一匹叫"轧轧响"的新马驹。我敢打赌它会把那两匹马都甩到后面的，但是有这种看法的只是我和两三个黑人罢了。

　　然而情况变了。在跑马场上，空气不那么清新了，闻起来也不那么香了。这都是因为像杰利·蒂尔福德那样做事情该有点分寸的人，居然在同一天里又观看"快如光"那样的马奔跑，又去和那么个下贱女人亲嘴。我弄不明白是咋回事。让他见鬼去吧！他这样做是为了啥？我老是想不透，看马也好，闻香味也好，听黑人们哈哈大笑也好，干什么都腻烦了。有时候我为这件事儿气得发疯，想找人干一架。这件事弄得我心里烦躁。他干这种事到底是为啥？我想知道为什么。

【美国】海明威

玉澄 译

印第安人营地①

今天清晨，做医生的父亲带着尼克，划了船，到印第安营地去，为一位难产的印第安女子接生。父亲也许本想让他了解新生命的降临，感受它所带来的喜悦。可是出乎意料，生之喜悦如此短暂，而与之对应的另一面——残忍可怕的死亡，却在尼克面前暴露无遗。在这一天，在这间印第安小屋里，就在同一张床的上下铺，生与爱、死与痛，近乎同时完成。就像一则关于生命轮回的寓言：一个鲜活的生命艰难到来的时刻，冰冷的死亡，其实早已经静立在一旁，不动声色地窥视着。这是在一个孩子面前应该掩饰，却又最终不能回避的真实。

一个新生命的降生，是如此艰难而痛苦：产妇尖声喊叫，要4个男人来按住才能停止挣扎。而与此同时的死亡，却这样沉默悄无声息：孩子的父亲在一旁，无声地割断了自己的喉管。从左耳到右耳之间，血往下流，形成了一个血泊。一旁静观的孩子后来发问：爸爸，死亡是不是也很艰难？

这是海明威的语言，他独有的简约有力而余韵不尽的风格。印第安男子的死因，尼克的心理，都没有过多地描述。然而对这位被誉为"一个词都不会浪费"的作家、这位象征主义大师的深意，后人多有揣度：关于新生儿父亲的死，除了说他对妻子的苦痛感同身受，以致不能承载之外；还有学者认为，两个闯入他们营地的白人的帮助，使这个印第安人感受到无能为力和屈辱。另外有人说尼克的父亲所表现出来的泰然自若，他在不使用麻醉剂的状况下对病人施行手术，尤其是当产妇是一位印第安女子的时候，这样轻松的态度和行为，具有种族主义甚至男性主义的倾向。

对于尼克，作为海明威早期作品的主人公，很多人认为他与作家此后作品中的人物一脉相承，已经具有某些他们身上冷漠而且坚韧的硬汉特质。这种冷漠，并非对他人境况的无动于衷，而是以沉默应对混乱不堪的外界的抵抗姿态，是在坚持严格的道德准则的情况下，不做任何没

---

① 选自《海明威短篇小说选》，上海译文出版社，1981年版。

有实质帮助的感情表露。具体表现在当尼克听着那个印第安女子的呼喊时，建议他的父亲使用麻醉剂；在接生的过程中，他并不敢看手术的进程，但是却一口应允了父亲做实习医生的建议；而且就在这个清晨，在观看了一场同样血肉淋漓的生与死之后，这个孩子竟凭着坚强的意念，相信自己永远不会死去。

学界的种种猜测，真知灼见也好，附会穿凿也罢，海明威本人都不置一词，对评论家们给予他的象征主义大师的称谓他更不以为然。然而，他自己提出的关于写作的冰山理论（文章如同海上漂移的冰山，读者所能看到的，只有八分之一，剩下的八分之七潜伏在水下，需要自己去感受领会和想象）似乎仍然在暗示我们进行深入思考的必要性。

海明威（1899～1961），美国小说家。主要作品有《老人与海》《永别了，武器》《丧钟为谁而鸣》。1954年获诺贝尔文学奖。

又一条划船拉上了湖岸。两个印第安人站在湖边等待着。

尼克和他的父亲跨进了船艄，两个印第安人把船推下水去，其中一个跳上船去划桨。那年轻的一个把营船推下了水，随即跳进去给乔治大叔划船。

两条船在黑暗中划出去。在浓雾里，尼克听到另一条船远远地在前面传来桨架的声响。两个印第安人一桨接一桨，不停地划着，掀起了一阵阵水波。尼克躺倒下去，偎在父亲的胳臂里。湖面上很冷。给他们划船的那个印第安人使出了大劲，但是另一条船在雾里始终划在前面，而且越来越赶到前面去了。

"上哪儿去呀，爸爸？"尼克问道。

"上那边印第安人营去。有一位印第安妇女病势很重。"

"噢。"尼克应道。

划到海湾的对岸，他们发现那另一条船已靠岸了。乔治大叔正在黑暗中抽雪茄烟。那年轻的印第安人把船推上了沙滩。乔治大叔给两个印第安人每人一支雪茄烟。

父子两个从沙滩走上去，穿过一片露水浸湿的草坪，跟着那个年轻的印第安人走，他手里拿一盏灯笼。接着他们进入了林子，沿着一条羊肠小道走去，小道的尽头就是一条伐木的大路。这条路向小山那边折去，到了这里就明亮得多，因为两旁的树木都已砍掉了。年轻的印第安人立停了，吹灭了灯笼，5个人一起沿着伐木大路往前走去。

他们绕过了一道弯，有一只狗汪汪地叫着，奔出来。前面，从剥树皮的印第安人住的棚屋里，有灯光透出来，又有几只狗向他们扑过来了。两个印第安人把这几只狗都打发回棚屋去。最靠近路边的棚屋有灯光从窗口透射出来。一个老婆子提着灯站在门口。

屋里，木板床上躺着一个年轻的印第安妇女。她正在生孩子，已经两天了，孩子还生不下来。营里的老年妇女都来帮助她、照应她。男人们跑到了路上，直跑到再听不见她叫喊的地方，在黑暗中坐下来抽烟。尼克，还有两个印第安人，跟着他爸爸和乔治大叔走进棚屋时，她正好又尖声直叫起来。她躺在双层床的下铺，盖着被子，肚子鼓得高高的。她的头侧向一边。上铺躺着她的丈夫。三天以前，他把自己的腿给砍伤了，是斧头砍的，伤势很不轻。他正在抽板烟，屋子里一股烟味。

尼克的父亲叫人放些水在炉子上烧，在烧水时，他就跟尼克说话。

"这位太太快生孩子了，尼克。"他说。

"我知道。"尼克说。

"你并不知道，"父亲说，"听我说吧。她现在正在忍受的叫阵痛。婴孩要生下来，她要把婴孩生下来。她全身肌肉都在用劲要把婴孩生下来。方才她大声直叫就是这么回事。"

"我明白了。"尼克说道。

正在这时候，产妇又叫了起来。

"噢，爸爸，你不能给她吃点什么，好让她不这么直叫吗？"尼克问道。

"不行，我没有带麻药，"他的父亲说道，"不过让她去叫吧，没关系。我听不见，反正她叫不叫没关系。"

那做丈夫的在上铺转个身靠着墙。

厨房间里那个妇女向大夫做了个手势，表示水热了。尼克的父亲走进厨房，把大壶里的水倒了一半光景在盆里。然后他解开手帕，拿出一点药来放在壶里剩下的水里。

"这半壶水要烧开，"他说着，就用营里带来的肥皂在一盆热水里把手洗擦了一番。尼克望着父亲的满是肥皂的双手互相擦了又擦。他父亲一面小心地把双手洗得干干净净，一面说道：

"你瞧，尼克，按理说，小孩出生时头先出来，但有时却并不这样。有时候并不是头先出来，那就要给大家添不少麻烦了。说不定我要给这位太太动手术呢。等会儿就可以知道了。"

大夫认为自己的一双手已经洗干净了，于是他进去准备接生了。

"把被子掀开，好吗，乔治？"他说，"我最好不碰它。"

过一会儿，他要动手术了。乔治大叔和三个印第安男人按住了产妇，不让她动。她咬了乔治大叔的手臂。乔治大叔说："该死的臭婆娘！"那个给乔治大叔划船的年轻的印第安人听了就笑他。尼克给他父亲端着盆，手术做了好长一段时间。

"瞧，是个男孩，尼克，"他说道，"做个实习大夫，你喜欢吗？"

尼克说，"好吧。"他把头转过去，不敢看他父亲在干什么。

"好吧，这就可以啦，"他父亲说着，把什么东西放进了盆里。

尼克看也不去看一下。

"现在，"他父亲说，"要缝上几针，看不看随便你，尼克。我要把切开的口子缝起来。"

尼克没有看。他的好奇心早就没有了。

他父亲做完手术，站起身来。乔治大叔和三个印第安男人也站立起来。尼克把盆端到厨房去。

乔治大叔看看自己的手臂。那个年轻的印第安人很有回味似的在笑着。

"我要在你那伤口上放些过氧化物，乔治。"大夫说。

他弯下腰去看看印第安产妇，这会儿她安静下来了，她眼睛紧闭，脸色灰白。孩子怎么样，她不知道——她什么都不知道。

"一清早我就回去，"大夫站起身来说，"到中午时分会有护士从圣依格那斯来，我们需要些什么东西她都会带来。"

这当儿，他的劲头来了，喜欢说话了，就像一场比赛后足球员在更衣室里的那股得意劲儿。

"这个手术真可以上医药杂志了，乔治，"他说，"用一把大折刀做剖腹产手术，再用9英尺长的细肠线缝起来。"

乔治大叔靠墙站着，看着他的手臂。

"噢，你是个了不起的人物，没错的。"他说道。

"该去看看那个洋洋得意的爸爸了。在这些小事情上做爸爸的往往最痛苦，"大夫说，"我得说，他倒是真能沉得住气。"

他把蒙着那个印第安人的头的毯子揭开来。他这么往上一揭，手湿漉漉的。他踏着下铺的床边，一只手提着灯，往上铺一看，只见那印第安人脸朝墙躺着。他把自己的喉管割断了，刀口子拉得好长，鲜血直冒，流成一大摊，他的尸体使床铺往下陷。他的头枕在左臂上，一把剃刀打开着，锋口朝上，掉在毯子上。

"快把尼克带出棚屋去，乔治。"大夫说。

其实用不到多此一举了。尼克正好在厨房门口，把上铺看得清清楚楚，那时他父亲正一手提着灯，一手把那个印第安人的脑袋轻轻推过去。

父子两个沿着伐木道走回湖边的时候，天刚刚有点亮。

"这次我真不该带你来，尼克，"父亲说，他做了手术后那种得意的劲儿全没了。"真是糟透了——拖你来从头看到底。"

"女人生孩子都得受这么大罪吗？"尼克问道。

"不，这是很少、很少见的例外。"

"他干吗要自杀呀，爸爸？"

"我说不出，尼克。他这人受不了一点什么的，我猜想。"

"自杀的男人是不是有很多呢，爸爸？"

"不太多，尼克。"

"女人呢，多不多？"

"难得有。"

"有没有呢？"

"噢，有的。有时候也有。"

"爸爸？"

"是呀。"

"乔治大叔上哪儿去呀？"

"他会来的，没关系。"

"死，难不难？爸爸？"

"不，我想死是很容易的吧。尼克。要看情况。"

他们上了船，坐了下来，尼克在船艄，他父亲划桨。太阳正从山那边升起来。一条鲈鱼跳出水面，河面上画出一个水圈。尼克把手伸进水里，跟船一起滑过去。清早，真是冷飕飕的，水里倒是很温暖。

清早，在湖面上，尼克坐在船艄，他父亲划着船，他满有把握地相信他永远不会死。

【英国】笛福

方原 译

登上孤岛①

一场意外使文明人鲁滨孙孤零零流落荒岛，回到了一无所有的原始时代。寻找食物、防范潜在的敌人、建造小屋，甚至后来的制造器具，鲁滨孙逐渐运用文明人特有的知识和荒岛仅有的资源改善自己的处境。虽然这一过程无比艰难，可是恶劣的环境和孤苦寂寞的生活都没有把他击垮。为了鼓励自己，他还将自己经历的祸与害、福与利加以比较，以一个灾难幸存者的姿态乐观振作，并且长存一线希望。二十八载沦落荒无人烟的孤岛，鲁滨孙没有饿死、冻死、变得疯狂，最终竟开发了这个小岛，人真的可以创造奇迹。自然是强大的，但人的生命力可以更强大——当人与自然为友而不是与自然为敌。

一个有趣的细节是：尽管自己的生活还很艰难，可是鲁滨孙一直在试图驯养一些什么，包括一只小山羊和几只鸽子。建设美好的物质家园，寻求精神上的安慰和温暖，正是人类文明的根本动因，是我们即使流落荒岛前途渺茫也不愿放弃的追求。

笛福（约1660~1731），英国小说家，代表作有《鲁滨孙飘流记》《辛格顿船长》等。

首先，我感到目前居住的地方不太合适。一则因离海太近，地势低湿，不大卫生；二则附近没有淡水。我得找一个比较卫生、比较方便的地方建造自己的住所。

我根据自己的情况，拟定了选择住所的几个条件：第一，必须如我上面所说的，要卫生，要有淡水；第二，要能遮阴；第三，要能避免猛兽或人类的突然袭击；第四，要能看到大海，万一上帝让什么船只经过，我就不至于失去脱险的机会，因为我始终存有一线希望，迟早能摆脱目前的困境。

我按上述条件去寻找一个合适的地点，发现在一个小山坡旁，有一片平地。

① 选自《鲁滨孙漂流记》，人民文学出版社，1959年版。

小山靠平地的一边又陡又直,像一堵墙,不论人或野兽都无法从上面下来袭击我。在山岩上,有一块凹进去的地方,看上去好像是一个山洞的进口,但实际上里面并没有山洞。

在这山岩凹进去的地方,前面是一片平坦的草地,我决定就在此搭个帐篷。这块平地宽不过100码,长不到200码。

若把住所搭好,这块平坦的草地犹如一块草皮,从门前起伏连绵向外伸展形成一个缓坡,直至海边的那块低地。这儿正处小山西北偏北处,日间小山正好挡住阳光,当太阳转向西南方向照到这儿时,也就快要落下去了。

搭帐篷前,我先在石壁前面画了一个半圆形,半径约10码,直径有20码。

沿这个半圆形,我插了两排结实的木桩;木桩打入泥土,仿佛像木橛子,大头朝下,高约5尺半,顶上都削得尖尖的。

两排木桩之间的距离不到6英寸。

然后,我用从船上截下来的那些缆索,沿着半圆形,一层一层地堆放在两排木桩之间,一直堆到顶上,再用一些两英尺半高的木桩插进去支撑住缆索,仿佛柱子上的横条。这个篱笆十分结实牢固,不管是人还是野兽,都无法冲进来或攀越篱笆爬进来。这项工程,花了我不少时间和劳力,尤其是我得从树林里砍下粗枝做木桩,再运到草地上,又一一把它们打入泥土,这工作尤其费力费时。

至于住所的进出口,我没有在篱笆上做门,而是用一个短梯从篱笆顶上翻进来,进入里面后再收好梯子。这样,我四面都受保护,完全与外界隔绝,夜里就可高枕无忧了。不过,我后来发现,对我所担心的敌人,根本不必如此戒备森严。

我又花了极大的力气,把前面讲到的我的全部财产,全部粮食、弹药武器和补给品,一一搬到篱笆里面,或者可以说搬到这个堡垒里来。我又给自己搭了一个大帐篷用来防雨,因为这儿一年中有一个时期常下倾盆大雨。我把帐篷做成双层的;也就是说,里面一个小的,外面再罩一个大的,大帐篷上面又盖上一大块油布。那油布当然也是我在船上搜集帆布时一起拿下来的。

现在我不再睡在搬上岸的那张床上了,而是睡在一张吊床上,这吊床原是船上大副所有,质地很好。

我把粮食和一切可能受潮损坏的东西都搬进了帐篷。完成这工作后,就把篱笆的出入口堵起来。此后,我就像上面所说,用一个短梯翻越篱笆进出。

做完这些工作后,我又开始在岩壁上打洞,把挖出来的土石方从帐篷里运到外面,沿篱笆堆成一个平台,约一英尺高。这样,帐篷算是我的住房,房后的山洞就成了我的地窖。

这些工作既费时又费力,但总算一一完成了。现在,我再回头追述一下其他几件使我煞费苦心的事情。在我计划搭帐篷打岩洞的同时,突然乌云密布,暴雨如注，雷电交加。在电光一闪，霹雳突至时，一个思想也像闪电一样掠过我的头脑，使我比对闪电本身更吃惊："哎哟，我的火药啊！"想到一个霹雳就会把我的火药全部炸毁时，我几乎完全绝望了。因为我不仅要靠火药自卫，还得靠其猎取食物为生。当时，我只想到火药，而没有想到火药一旦爆炸自己也就完了。假如真的火药爆炸，我自己都不知道死在谁的手里呢。

这场暴风雨使我心有余悸。因此，我把所有其他工作，包括搭帐篷、筑篱笆等都先丢在一边。等雨一停，我立刻着手做一些小袋子和匣子，把火药分成许许多多小包。这样，万一发生什么情况，也不致全部炸毁。我把一包包的火药分开贮藏起来，免得一包着火危及另一包。这件工作我足足费了两个星期的时间。火药大约有240磅，我把它们分成100多包。至于那桶受潮的火药，我倒并不担心会发生什么危险，所以我就把它放到新开的山洞里；我把这山洞戏称为我的厨房，其余的火药我都藏在石头缝里，以免受潮，并在储藏的地方小心地做上记号。

在包装和储藏火药的两星期中，我至少每天带枪出门一次。这样做可以达到三个目的：一来可以散散心；二来可以猎获点什么东西吃；三来也可以了解一下岛上的物产。第一次外出，我便发现岛上有不少山羊，使我十分满意。可我也发现这于我来说并非是件大好事。因为这些山羊胆小而又狡猾，而且跑得飞快，实在很难靠近它们。但我并不灰心，我相信总有办法打到一只的。不久我真的打死了一只。我首先发现了山羊经常出没之地，就采用打埋伏的办法来获取我的猎物。我注意到，如果我在山谷里，哪怕它们在山岩上，它们也准会惊恐地逃窜；但若它们在山谷里吃草，而我站在山岩上，它们就不会注意到我。我想，这是由于小羊眼睛生的部位，使它们只能向下看，而不容易看到上面的东西吧。因此，我就先爬到山上，从上面打下去，往往很容易打中。我第一次开枪，打死了一只正在哺小羊的母羊，使我心里非常难过。母羊倒下后，小羊呆呆地站在它身旁；当我背起母羊往回走时，那小羊也跟着我一直走到围墙外面。于是我放下母羊，抱起小羊，进入木栅，一心想把它驯养大。可是小山羊就是不肯吃东西，没有办法，我只好把它也杀了吃了。这两只一大一小的山羊肉，供我吃了好长一段时间，因为我吃得很省，我要尽量节省粮食，尤其是面包。

住所建造好了，我就想到必须要有一个生火的地方，还得准备些柴来烧。至于我怎样做这件事，怎样扩大石洞，又怎样创造其他一些生活条件，我想以后在适当的时候再详谈。

我开始认真地考虑自己所处的境遇和环境，并把每天的经历用笔详细地记录下来。我这样做，并不是为了留给后人看，因为我相信，在我之后，不会有多少人上这荒岛来；我这样做，只是为了抒发胸中的心事，每日可以浏览，聊以自慰。现在，我已开始振作起来，不再灰心丧气，因此，我尽量自勉自慰。我把当前的祸福利害——加以比较，以使自己知足安命。我按照商业簿记的格式，分"借方"和"贷方"，把我的幸运和不幸，好处和坏处公允地排列出来：

祸与害：

我流落荒岛，摆脱困境已属无望。

唯我独存，孤苦伶仃，困苦万状。

我与世隔绝，仿佛是一个隐士，一个流放者。

我没有衣服穿。

我无法抵御人类或野兽的袭击。

我没有人可以交谈，也没有人能解救我。

福与利：

唯我独生，船上同伴皆葬身海底。

在全体船员中，我独免一死；上帝既然以其神力救我一命，也必然会救我脱离目前的困境。

小岛虽荒凉，但我尚有粮食，不致饿死。

我地处热带，即使有衣服也穿不住。

在我所流落的孤岛上，没有我在非洲看到的那些猛兽。假如我在非洲沿岸覆舟，那又会怎样呢？

但上帝神奇地把船送到海岸附近，使我可以从船上取下许多有用的东西，让我终身受用不尽。

总而言之，从上述情况看，我目前的悲惨处境在世界上是绝无仅有的。但是，即使在这样的处境中，也祸福相济，有令人值得庆幸之处。我希望世上的人都能从我不幸的遭遇中取得经验和教训。那就是，在万般不幸之中，可以把祸福利害一一加以比较，找出可以聊以自慰的事情，然后可以归入账目的"贷方金额"这一项。

现在，我对自己的处境稍感宽慰，就不再对着海面望眼欲穿，希求有什么船只经过了。我说，我已把这些事丢在一边，开始筹划度日之计，并尽可能地改善自己的生活。

前面我已描述过自己的住所。那是一个搭在山岩下的帐篷，四周用木桩和缆索做成坚固的木栅环绕着。现在，我可以把木栅叫做围墙了，因为我在木栅外面用草皮堆成了一道两英尺来厚的墙，并在大约一年半的时间里，在围墙和岩壁之间搭了一些屋椽，上面盖些树枝或其他可以弄到的东西用来挡雨。因为，我发现，一年之中总有一段时间，大雨如注。

前面我也说过，我把一切东西都搬进了这个围墙，搬进了我在帐篷后面打的山洞。现在我必须补充说一下，就是那些东西起初都杂乱无章地堆在那里，以致占满了住所，弄得我连转身的余地都没有。于是我开始扩大和挖深山洞。好在岩石质地是一种很松的沙石，很容易挖，当我觉得围墙已加固得足以防御猛兽的袭击时，我便向岩壁右边挖去，然后再转向右面，直至把岩壁挖穿，通到围墙外面，做成了一个可供出入的门。

这样，我不但有了一个出入口，成了我帐篷和贮藏室的后门，而且有了更多的地方贮藏我的财富。

现在，我开始着手制造日常生活应用的一些必需家具了，譬如说椅子和桌子，没有这两样家具，我连世上一些最起码的生活乐趣都无法享受。没有桌子，我写字吃饭无以为凭，其他不少事也无法做，生活就毫无乐趣可言。

于是，我就开始工作。说到这里，我必须先说明一下，推理乃是数学之本质和原理，因此，如果我们能对一切事物都加以分析比较，精思明断，则人人都可掌握任何工艺。我一生从未使用过任何工具，但久而久之，以我的劳动、勤勉和发明设计的才能，我终于发现，我什么东西都能做，只要有适当的工具。然而，尽管我没有工具，也制造了许多东西，有些东西我制造时，仅用一把手斧和一把斧头。我想没有人会用我的方法制造东西，也没有人会像我这样付出无穷的劳力。

譬如说，为了做块木板，我先砍倒一棵树，把树横放在我面前，再用斧头把两面削平，削成一块板的模样，然后再用手斧刮光。确实，用这种方法，一棵树只能做一块木板，但这是没有办法的办法，我唯有用耐心才能完成，只有花费大量的时间和劳力才能做一块板；反正我的时间和劳动力都已不值钱了，怎么用都无所谓。

上面讲了，我先给自己做了一张桌子和一把椅子，这些是用我从船上运回来的几块短木板做材料制成的；后来，我用上面提到的办法，做了一些木板，沿着山洞的岸壁搭了几层一英尺半宽的大木架，把工具、钉子和铁器等东西分门别类地放在上面，以便取用。我又在墙上钉了许多小木钉，用来挂枪和其他可以挂的东西。

假如有人看到我的山洞，一定会以为是一个军火库，里面枪支弹药应有尽有。一应物品，安置得井然有序，取用方便。我看到样样东西都放得井井有条，而且收藏丰富，心里感到无限的宽慰。

在此期间，只要雨不大，我总要到树林里去寻找野味，并常有一些新的发现，可以改善我的生活。尤其是我发现了一种野鸽，它们不像斑尾林鸽那样在树上作巢，而像家鸽一样在石穴里作窝。我抓了几只小鸽子，想把它们驯养大。养倒是养大了，可一大就飞走了。想来也许我没有经常给它们喂食；事实上，我也没什么东西可喂它们。然而，我经常找到它们的窝，就捉些小鸽子回来，这种鸽子的肉非常好吃。

在料理家务的过程中，我发现还缺少许多许多东西；有些东西根本没办法制造，事实也确实如此。譬如，我无法制造木桶，因为根本无法把桶箍起来。前面我曾提到，我有一两只小桶；可是，我花了好几个星期的功夫还是做不出一只新桶来。我无法把桶底安上去，也无法把那些薄板拼合得不漏水。最后，我只好放弃了做桶的念头。

其次，我无法制造蜡烛，所以一到天黑就只得上床睡觉。

在这儿一般7点左右天就黑下来了。我记得我曾有过一大块蜜蜡，那是我从萨累的海盗船长手里逃到非洲沿岸的航程中做蜡烛用的，现在早已没有了。我唯一的补救办法是：每当我杀山羊时，把羊油留下来。我用泥土做成一个小盘子，经太阳暴晒成了一个小泥盘，然后把羊油放在泥盘里，再弄松麻绳后取下一些麻絮做灯芯。这样总算做成了一盏灯，虽然光线没有蜡烛明亮和稳定，但也至少给了我一点光明。

在我做这些事的时候，我偶尔翻到了一个小布袋。我上面已提到过，这布袋里装了一些谷类，是用来喂家禽的，而不是为这次航行供船员食用的。这袋谷子可能是上次从里斯本出发时带上船的吧。袋里剩下的一点谷类早已被老鼠吃光了，只留下一些尘土和谷壳。因为我很需要这个布袋，就把袋里的尘土和谷壳抖在岩石下的围墙边。当时，想必是我要用这布袋来装火药吧，因为，我记得我给闪电雷鸣吓坏了，急于要把火药分开包装好。

我扔掉这些东西，正是上面提到的那场大雨之前不久的事。扔掉后也就完了，再也没有想起这件事情。大约一个月之后，我发现地上长出了绿色的茎干。起初我以为那只是自己以前没有注意到的某种植物罢了。但不久以后，我看到长出了十一二个穗头，与欧洲的大麦，甚至与英国的大麦一模一样，这使我十分惊讶。

我又惊愕，又困惑，心里的混乱难以用笔墨形容。我这个人不信教，从不以宗教戒律约束自己的行为，认为一切出于偶然，或简单地归之于天意，从不去追问造物主的意愿及其支配世间万物的原则。但当我看到，尽管这儿气候不宜种谷类，却长出了大麦；何况我对这些大麦是怎么长出来的一无所知，自然吃惊不小，于是我想到，这只能是上帝显示的奇迹——没有人播种，居然能长出庄稼来。我还想到，这是上帝为了能让我在这荒无人烟的孤岛上活下去才这么做的。

想到这里，我颇为动情，禁不住流下了眼泪。我开始为自己的命运庆幸，这种世间少有的奇事，竟会在我身上发生。

尤其令我感到不可思议的是，在大麦茎干的旁边，沿着岩壁，稀稀落落长出了几枝其他绿色的茎干，显然是稻茎；我认得出那是稻子，因为我在非洲上岸时曾见过这种庄稼。

当时，我不仅认为这些谷类都是老天为了让我活命而赐给我的，并且还相信岛上其他地方一定还有。于是，我在岛上搜遍了我曾经到过的地方，每个角落，每块岩石边我都查看了一遍，想找到麦穗和稻秆，可是，再也找不到了。最后，我终于想起，我曾经有一只放鸡饲料的袋子，我把里面剩下的谷壳抖到了岩壁下。这一想，我惊异的心情一扫而光。老实说，我认为这一切都是极其平常的事，所以我对上帝的感恩之情也随之减退了。然而，对发生这样的奇迹，对意料之外的天意，我还是应该感恩戴德的。老鼠吃掉了绝大部分谷粒，而仅存的十几颗竟然没有坏掉，仿佛从天上掉下来似的，发生这样的奇迹难道不是天意又是什么呢？再说，我把这十几颗谷粒不扔在其他地方，恰恰扔在岩壁下，因而遮住了太阳，使其很快长了出来；如果丢在别处，肯定早就给太阳晒死了，这难道不是天意吗？

到了大麦成熟的季节，大约是6月底，我小心地把麦穗收藏起来，一颗麦粒也舍不得丢失。我要用这些收获的麦粒作种子重新播种一次，希望将来收获多了，可以用来做面包吃。后来，一直到第四年，我才吃到一点点自己种的粮食，而且也只能吃得非常节省这些都是后事，我以后自会交代。第一次播种，由于季节不对头，我把全部种子都损失了。因为我正好在旱季来临前播下去，结果种子根本发不了芽，即使长出来了，也长不好。这些都是后话。

除了大麦，另外还有二三十枝稻秆，我同样小心翼翼地把稻谷收藏起来，目的也是为了能再次播种，好自己做面包吃，或干脆煮来吃。因为后来我发现不必老是用烘烤的办法，放在水里煮一下也能吃，当然后来我也烤着吃。

【英国】毛姆

傅惟慈 译

月亮和六便士①

今天是这样一个乏善可陈的日子，看不出与昨天和前天有什么区别，大约明天也还会是这样。大街上的人们表情木然步调一致，行色匆匆地走向前方，前方是没有新意的明天，以及预约来临的杳无声息的消亡。这一天，思特里克兰德先生的妻子如往日一般得体而讨人喜欢，孩子们漂亮又可爱，证券交易所运作正常，身为证券经纪人，思特里克兰德先生拥有一份体面的工作。世界像一头优雅的巨兽，就这样冠冕堂皇地吞噬着鲜活的性灵和血肉，温柔又淡定地等待着思特里克兰德先生自投罗网。

可是，今天不一样了，寂静了17年的思特里克兰德先生竟然着魔发疯一般地抛妻弃子，为了一个烧灼他灵魂的声音："我要画画儿。"他说不然就只能在这平庸的生活里溺死。不论这声音是来自天国的救主、地狱的神魔还是自己内心的呐喊，他都决意让这种力量来主宰此后的生命，而不是世间的道德责任或者安逸享乐之类的别的什么。仿佛只有这样，当有一天他灵魂飞升，才知道自己真正完成了作为一个人的使命，真正地像一个人一样生活过。

面对世人，所有的责骂和罪名他都愿意坦然承担，并不求丝毫的理解和宽谅。面对艺术，面对创作的美和激情，生命算不得什么，爱情亦然。自己的生命、爱情算不得什么，他人的亦然，通通可以弃若敝屣。思特里克兰德先生最后在南太平洋中的塔西提岛，为自己的灵魂找到了最后的居所，然后贫病交加地凄然死去。然而他留下的作品无疑有着震慑人心的力量，这种力量甚至会超越了有涯的生命界限，超越了时间存在下去。这是美和艺术的价值，她会在一个人的肉身腐坏之后继续绽放不灭的精神光彩。

对于思特里克兰德先生来说，他无疑是终于得到了解脱，终于以激

月亮和六便士

107

---

① 选自《月亮和六便士》，外国文学出版社，1981年版。本文节选了主人公"人生蜕变的一刻"的相关内容。

情澎湃的方式完成了自己，从而得到灵魂的安宁。然而，这种艺术取向的价值观，这种天赐的才华，是不是就真的能够赋予他视世俗的温情如粪土，视他人的生命如草芥的权利，也许是我们仍然需要思考的问题。

毛姆（1874~1965），英国作家。代表作有《人性的枷锁》《刀锋》《月亮和六便士》等。《月亮和六便士》是以法国印象派画家保罗·高更（1848~1903）的生平为素材写成。

这会儿正是克里舍林荫路最热闹的时刻，只需要发挥一点儿想象力，就能够在过往行人中发现不少庸俗罗曼司中的人物。小职员和女售货员，宛如从巴尔扎克的小说中走出来的老古董，靠着人性的弱点赚钱糊口的一些行当的男女成员。在巴黎的一些贫穷地区，街道上总是人群熙攘，充满无限生机，使你血流激动，随时准备为你演一出意想不到的好戏。

"你对巴黎熟悉不熟悉？"我问。

"不熟悉。我们度蜜月的时候来过。以后我从来没有再来。"

"那你怎么会找到这家旅馆的？"

"别人介绍的。我要找一家便宜的。"

苦艾酒端上来了，我们一本正经地把水浇在溶化的糖上。

"我想我还是坦白对你讲我为什么来找你吧，"我有一些困窘地说。

他的眼睛闪闪发亮。

"我早就想迟早会有个人来的。阿美已经给我写了一大堆信来了。"

"那么我要对你讲的，不用我说你也知道得很清楚了。"

"她那些信我都没有看。"

我点了一支烟，为了给自己一些思索的时间。我这时候真不知道该怎样办理我承担下的这件差事了。我准备好的一套绝妙词令，哀婉的也罢，愤激的也罢，在克里舍林荫道上似乎都不合拍了。突然，思特里克兰德咯咯地笑起来。

"交给你办的事很叫你头疼，对不对？"

"啊，我不知道。"我回答。

"听我说，你赶快把肚子里的事说出来，以后咱们可以痛快地玩一个晚上。"

我犹豫不定。

"你想到过没有，你的妻子痛苦极了？"

"事情会过去的。"

他说这句话的那种冷漠无情我简直无法描摹。我被他这种态度搞得心慌意乱，但是我尽量掩盖着自己。我采用了我的一位亨利叔叔说话的语调；亨利叔叔是个牧师，每逢他请求哪位亲戚给候补副牧师协会捐款的时候总是用这种语调。

"我说话不同你转弯抹角，你不介意吧？"

他笑着摇了摇头。

"你这样对待她说得过去吗？"

"说不过去。"

"你有什么不满意她的地方吗？"

"没有。"

"那么，你们结婚17年，你又挑不出她任何毛病，你这样离开了她不是太岂有此理了吗？"

"是太岂有此理了。"

我感到非常惊奇，看了他一眼。不管我说什么，他都从心眼里赞同，这就把我的口预先钳住了。他使我的处境变得非常复杂，且不说滑稽可笑了。本来我预备说服他、打动他、规劝他、训诫他，同他讲道理，如果需要的话还要斥责他，要发一通脾气，要把他冷嘲热讽个够；但是如果罪人对自己犯的罪直认不讳，规劝的人还有什么事情好做呢？我对他这种人一点也没有经验，因为我自己如果做错了事总是矢口否认。

"你还要说什么？"思特里克兰德说。

我对他撇了撇嘴。

"没什么了，如果你都承认了，好像也没有什么要多说的了。"

"我想也是。"

我觉得我这次执行任务手腕太不高明。我显然有些冒火了。

"别的都不要说了，你总不能一个铜板也不留就把你女人甩了啊！"

"为什么不能？"

"她怎么活下去呢？"

"我已经养活她17年了。为什么她不能换换样，自己养活自己呢？"

"她养活不了。"

"她不妨试一试。"

我当然有许多话可以答辩。我可以谈妇女的经济地位，谈男人结婚以后公开或默认地承担的义务，还有许许多多别的道理，但是我认为真正重要的只有一点。

"你还爱她不爱她了？"

"一点儿也不爱了。"他回答。

不论对哪方面讲，这都是一件极端严肃的事，可是他的答话却带着那么一种幸灾乐祸、厚颜无耻的劲儿；为了不笑出声来，我拼命咬住嘴唇。我一再提醒自己他的行为是可恶的。我终于激起自己的义愤来。

"他妈的，你得想想自己的孩子啊。他们从来没有做过对不起你的事。他们不是自己要求到这个世界上来的。如果你这样把一家人都扔了，他们就只好流浪街头了。"

"他们已经过了不少年舒服日子了。大多数孩子都没有享过这么大的福。再说，总有人养活他们。必要的时候，麦克安德鲁夫妇可以供他们上学的。"

"可是，你难道不喜欢他们吗？你的两个孩子多么可爱啊！你的意思是，你不想再同他们有任何关系了吗？"

"孩子小的时候我确实喜欢他们，可是现在他们都长大了，我对他们没有什么特殊的感情了。"

"你简直太没有人性了。"

"我看就是这样的。"

"你一点儿也不觉得害臊。"

"我不害臊。"

我想再变换一个手法。

"谁都会认为你是个没有人性的坏蛋。"

"让他们这样想去吧。"

"所有的人都讨厌你、鄙视你，这对你一点儿都无所谓吗？"

"无所谓。"

他那短得不能再短的回答使得我提出的问题（尽管我的问题提得很有道理）显得非常荒谬。我想了一两分钟。

"我怀疑，如果一个人知道自己的亲戚朋友都责骂自己，他能不能心安理得地活下去。你准知道你就一点儿无动于衷吗？谁都不能没有一点儿良心，早晚你会受到良心谴责的。假如你的妻子死了，你难道一点儿也不悔恨吗？"

他并没有回答我的问题，我等了一会儿，看他是不是开口。最后我不得不自己打破沉寂。

"你有什么要说的？"

"我要说的只有一句：你是个大傻蛋。"

"不管怎么说，法律可以强迫你抚养你的妻子儿女，"我有些生气地驳斥说，"我想法律会提出对他们的保障的。"

"法律能够从石头里榨出油来吗？我没有钱，只有百十来镑。"

我比以前更糊涂了。当然，从他住的旅馆看，他的经济情况是非常窘迫的。

"把这笔钱花完了你怎么办？"

"再去挣一点儿。"

他冷静得要命，眼睛里始终闪露着讪笑，倒仿佛我在说一些愚不可及的蠢话

月亮和六便士

似的。我停了一会儿，考虑下面该怎么说。但是这回他倒先开口了。

"为什么阿美不重新嫁人呢？她年纪并不老，也还有吸引人的地方。我还可以推荐一下：她是个贤妻。如果她想同我离婚，我完全可以给她制造她需要的借口。"

现在该轮到我发笑了。他很狡猾，但是他谁也瞒不过，这才是他的真正目的呢。由于某种原因，他必须把自己同另外一个女人私奔的事隐瞒着，他采取了一切预防措施把那个女人的行踪隐藏起来。我斩钉截铁地说：

"你的妻子说，不论你用什么手段她也不同你离婚。她已经打定主意了。我劝你还是死了这条心吧。"

他非常惊讶地紧紧盯着我，显然不是在装假。笑容从他嘴角上消失了，他一本正经地说：

"但是，亲爱的朋友，我才不管她怎么做呢。她同我离婚也好，不离婚也好，我都无所谓。"

我笑了起来。

"噢，算了吧！你别把我们当成那样的傻瓜了。我们凑巧知道你是同一个女人一起走的。"

他愣了一下，但是马上就哈哈大笑起来。他笑得声音那么响，连坐在我们旁边的人都好奇地转过头来，甚至还有几个人也跟着笑起来。

"我看不出这有什么可笑的。"

"可怜的阿美。"他笑容未消地说。

接着，他的面容一变而为鄙夷不屑的样子。

"女人的脑子太可怜了！爱情。她们就知道爱情。她们认为如果男人离开了她们就是因为又有了新宠。你是不是认为我是这么一个傻瓜，还要再做一遍我已经为一个女人做过了的那些事？"

"你是说你不是因为另外一个女人才离开你妻子？"

"当然不是。"

"你敢发誓？"

我不知道为什么我这样要求他。我问这句话完全没有动脑子。

"我发誓。"

"那么你到底是为什么离开她的？"

"我要画画儿。"

我半天目不转睛地盯着他。我一点儿也不理解。我想这个人准是疯了。读者应该记住，我那时还很年轻，我把他看做是一个中年人。我除了感到自己的惊诧外什么都不记得了。

"可是你已经40了。"

"正是因为这个我才想，如果现在再不开始就太晚了。"

"你过去画过画儿吗？"

"我小的时候很想做个画家，可是我父亲叫我去做生意，因为他认为学艺术赚不了钱。一年以前我开始画了点儿画。去年我一直在夜校上课。"

"思特里克兰德太太以为你在俱乐部玩桥牌的时间你都是去上课吗？"

"对了。"

"你为什么不告诉她？"

"我觉得还是别让她知道好。"

"你能够画了吗？"

"还不成。但是我将来能够学会的。正是为了这个我才到巴黎来。在伦敦我得不到我要求的东西。也许在这里我会得到的。"

"你认为像你这样年纪的人开始学画还能够学得好吗？大多数人都是18岁开始学。"

"如果我18岁学，会比现在学得快一些。"

"你怎么会认为自己还有一些绘画的才能？"

他并没有马上回答我的问题。他的目光停在过往的人群上，但是我认为他什么也没有看见。最后他回答我的话根本算不上是回答。

"我必须画画儿。"

"你这样做是不是完全在碰运气？"

这时他把目光转到我身上。他的眼睛里有一种奇怪的神情，叫我觉得不太舒服。

"你多大年纪？23岁？"

我觉得他提这个问题与我们谈的事毫不相干。如果我想碰碰运气做一件什么事的话，这是极其自然的事；但是他的青年时代早已过去了，他是一个有身份有地位的证券经纪人，家里有一个老婆、两个孩子。对我说来是自然的道路在他那里就成为荒谬悖理的了，但是我还是想尽量对他公道一些。

"当然了，也许会发生奇迹，你也许会成为一个大画家。但你必须承认，这种可能性是微乎其微的。假如到头来你不得不承认把事情搞得一塌糊涂，你就后悔莫及了。"

"我必须画画儿。"他又重复了一句。

"假如你最多只能成为一个三流画家，你是不是还认为值得把一切都抛弃掉呢？不管怎么说，其他各行各业，假如你才不出众，并没有多大关系；只要还能过得去，你就能够舒舒服服地过日子；但是当一个艺术家完全是另一码事。"

"你他妈的真是个傻瓜。"他说。

"我不知道你为什么这么说，除非我这样把最明显的道理说出来是在干傻事。"

"我告诉你我必须画画儿。我由不了我自己。一个人要是跌进水里，他游泳游得好不好是无关紧要的，反正他得挣扎出去，不然就得淹死。"

他的语音里流露着一片热诚，我不由自主地被他感动了。我好像感觉到一种猛烈的力量正在他身体里面奋力挣扎；我觉得这种力量非常强大，压倒一切，仿佛违拗着他自己的意志，并把他紧紧抓在手中。我理解不了。他似乎真的让魔鬼附体了，我觉得他可能一下子被那东西撕得粉碎。但是从表面上看，他却平平常常。我的眼睛好奇地盯着他，他却一点也不感到难为情。他坐在那里，穿着一件破旧的诺弗克上衣，戴着顶早就该拂拭的圆顶帽，我真不知道一个陌生人会把他当作什么人。他的裤腿像两只口袋，手并不很干净，下巴上全是红胡子楂，一对小眼睛，撅起的大鼻头，脸相又笨拙又粗野。他的嘴很大，厚厚的嘴唇给人以耽于色欲的感觉。不成，我无法判定他是怎样一类人。

"你不准备回到你妻子那里去了？"最后我开口说。

"永远不回去了。"

"她可是愿意把发生的这些事全都忘掉，一切从头开始。她一句话也不责备你。"

"让她见鬼去吧！"

"你不在乎别人把你当作个彻头彻尾的坏蛋吗？你不在乎你的妻子儿女去讨饭吗？"

"一点也不在乎。"

我沉默了一会儿，为了使我底下这句话有更大的力量。我故意把一个个的字吐得真真切切。

"你是个不折不扣的混蛋。"

"成了，你现在把压在心上的话已经说出来了，咱们可以去吃饭了。"

两年又过去了，也许是三年，因为在塔希提，时间总是不知不觉地流逝过去，没有人费心去计算。但是最后终于有人给库特拉斯医生带来个信儿，说是思特里克兰德很快就要死了。爱塔在路上拦住一辆往帕皮提递送邮件的马车，请求赶车的人立刻到医生那里去一趟。但是消息带到的时候，医生恰巧不在家。直到傍晚他才听到这个信儿。天已经太晚了，他当天无法动身；他是第二天清早才启程去的。他首先到了塔拉窝，然后下车步行；这是他最后一次走7公里的路到爱塔家去。小路几乎已被荒草遮住，看来已经有好几年没有行人的足迹了。路很不好走，有时候他得跋涉过一段河滩；有时候他得分开长满荆棘的茂密的矮树丛。有好几次他不得不从岩石上爬过去，为了躲避挂在头顶树枝上的野蜂窝。密林里万籁无声。

最后他走到那座没有油漆过的木房子前面时，他长舒了一口气。这所房子现在已经破旧得不成样子，而且一片龌龊，不堪入目。迎接他的仍是一片无法忍受的寂静。他走到阳台上，一个小孩儿正在阳光底下玩儿，一看见他便飞快地跑掉了；在这个孩子的眼睛里，所有陌生人都是敌人。库特拉斯医生意识到孩子正躲在一棵树后面偷偷地看着他。房门敞开着。他叫了一声，但是没有人回答。他走了进去，他在另一扇门上敲了敲，仍然没有回答。他把门柄一扭便走进去。扑鼻而来的一股臭味几乎叫他呕吐出来。他用手帕堵着鼻子，硬逼着自己走进去。屋子里光线非常暗，从外面灿烂的阳光下走进来，一时他什么也看不见。当他的眼睛适应了室内的光线时，他吓了一大跳。他不知道自己走到什么地方来了，仿佛是，他突然走入了一个神奇的世界；朦朦胧胧中，他好像觉得自己正置身于一个原始大森林中，大树下面徜徉着一些赤身裸体的人。过了一会儿他才知道，他看到的是四壁上的巨大壁画。

"上帝啊，我不是被太阳晒昏了吧，"他喃喃自语道。

一个人影晃动了一下，引起他的注意，他发现爱塔正躺在地板上，低声呜咽着。

"爱塔，"他喊道，"爱塔。"

她没有理睬他。屋子里的腥臭味又一次差点儿把他熏倒，他点了一支方头雪茄。他的眼睛已经完全适应屋里的朦胧光线了。他凝视着墙上的绘画，心中激荡着无法控制的感情。他对于绘画并不怎么内行，但是墙上的这些画却使他感到激动。四面墙上，从地板一直到天花板，展开一幅奇特的、精心绘制的巨画，非常奇妙，也非常神秘。库特拉斯医生几乎连呼吸都停止了。他心中出现了一种既无法理解，又不能分析的感情。如果能够这样比较的话，也许一个人看到开天辟地之初就是怀着这种欣喜而又畏服的感觉的。这幅画具有压人的气势，它既是肉欲的，又充满无限热情。与此同时它又含着某种令人恐惧的成分，叫人看着心惊肉跳。绘制这幅巨作的人已经深入到大自然的隐秘中，探索到某种既美丽又可怕的秘密。这个人知道了一般人所不该知道的事物。他画出来的是某种原始的、令人震骇的东西，是不属于人世尘寰的。库特拉斯医生模模糊糊地联想到黑色魔法，既美得惊人，又污秽邪恶。

"上帝啊，这是天才。"

这句话脱口而出，只是说出来以后他才意识到自己是在下了一个评语。

后来他的眼睛落在墙角的一张草席上，他走过去，看到了一个肢体残缺、让人不敢正眼看的可怕的东西,那是思特里克兰德。他已经死了。库特拉斯医生运用了极大的意志力,俯身看了看这具可怕的尸骸。他突然吓得跳起来,一颗心差点儿跳到嗓子眼儿上;因为他感到身后边有什么东西。回头一看,原来是爱塔。不知道什么时候,爱塔已经站起来,走到他胳臂肘旁边,同他一起俯视着地上的死人。

"老天爷,我的神经一定出了毛病了,"他说,"你可把我吓坏了。"

这个一度曾是活生生的人,现在已经气息全无了;库特拉斯又看了看,便心情沉郁地掉头走开。

"他的眼睛已经瞎了啊。"

"是的,他已经瞎了快一年了。"

【中国】王朔

我的千岁寒①

　　自称"我是痞子"的王朔是个文坛"顽主"，他身上猴性十足，底色却是孩子气的顽与真。最初玩小说影视剧，一口当代北京文化青年与市民腔调混杂的京片儿绕弯了全国读者和观众的舌头。业界或贬其俗不可耐，或颂其开京派小说新风，王蒙赞其"躲避崇高"，青年粉丝对其顶礼膜拜，人人一口"痞子腔"。其后，王朔拳打脚踢，对文艺界大佬口诛笔伐，引发一场文坛小地震。再然后，玩过闹过之后，开始寻佛问道，于是有了这本《我的千岁寒》。寻佛问道，如果不能用生命亲证，不过是野狐禅。我们无法也无需评价王朔的生命状态，这是个人的事。然而文字面世，就成了公众的事，所以我们只看文字。当代大陆作家的文字大都太老实了，王朔此前的文字也因顽劣调侃而别开生面，这一回有些不同了。我们看见，王朔可以亵渎一切，但从没有亵渎文字本身，他对人世的顽与对文字的真一旦混血，诞生了白话文中的"野种"，一种肆无忌惮的狂欢的汉语。《我的千岁寒》，是基于《六祖坛经》的母本而重新叙写的广东樵夫惠能向黄梅五祖问法的故事。王朔自白："这部作品让汉语有了时态。全是文字的精华，要说美文这叫美文，这可是给高级知识分子看的。"这部作品的前三万字在语言上精彩纷呈，一地碎金，可惜写到中途难以为继，像是一部未完成的作品。这可能是一个新王朔在尝试转型前的挣扎萌芽状态，让读者有机会见证他对汉语的探索求变。他所说的佛理未必近道，他对文字的创意却可以让我们尝鲜。在东北二人转和网络短信绑架了大众口语的今天，汉语似乎正需要这样的狂欢气质和酒神精神来一次醍醐灌顶。本书节选了惠能从广东出发前往湖北，人在路上的数节。人在路上，在唐朝的山路上，这是一个很刺激想象力的题材。他说了什么似乎并不重要，而是看他怎么说。

　　王朔（1958年生），作家、编剧，有作品《动物凶猛》《无知者无畏》《我的千岁寒》等。

---

①选自《我的千岁寒》，作家出版社，2007年版。本文节选了开头部分。

25. 我妈坐在窗前扬着脸，月光在她脸膛上层层流动，像是在给她镀锡。

我说：去看一个朋友。

我说：朋友住得远。

我从那锡铸的脸上看到我的鼻梁——我的唇吻。每当我猜测我们之间的血亲关系时，我就在这张日见松垮的脸上找到把我拓成人类的模子。我们俩不能聊天，一聊就岔，岔都岔不在一枝儿上。已然最后一面了，还是没话。她是我最不能在她跟前说实话的人。不能说实话的情况有几路：瞎话现在太重要了，瞎话人命关天，暂时就瞒你一个。二一路，都知道，都不爱说，都挺脏的，谁说谁叫假懂事。她是第三路，把梦话当醒话听了，按梦话过了一辈子，也活过来了，老来自我感觉还可以，如果聊，她就是梦本人。如今她那么安详，最微不足道的实话都嫌残忍。

我们俩都是不需要别人的人，别人净给添乱了。我妈挂嘴边一句话就是：我一人挺好的。她比我硬，多一个人不想认识，一辈子没朋友。

我一见她天灵盖就飞起一句挺事儿逼的话轰不走：爱，感觉不到，就不是。

在我们唐朝，我们岭南边疆，我们新州，原始和人和猿和猴同在一片蓝天下，生命不息生生不息，我打你，我追着你坚强！我有多快你比我还要快！我天天打你，让你学得快——我打死你，怕你成祸害！——是教练。慈，是盼你日后头一个被狼拖走。孝，是一家大猴不让小猴活。——是自私。人口不算寿命，靠年年生维持。30就是老人了，老人和大象一个规矩，放屁夹不住了，就自己背上一小袋米走进丛林永远消失。——我们是那儿出来的，我们家没有父母在不远游、身体发肤受之父母什么什么之类的权力安排和伦常梯子。我和我妈，在心里，还是本着：自然法则就是道德。——这一条硬道理。

我妈当时，也就三十七八，已经觉得活够本了。这一晚，她到后半夜流了泪，说：很抱歉把你带到这个世上来。我把那锭银子拿出来，她说：很抱歉把你带到这个世上来。

26. 现在想人间，能让我想起来光线如雨的，都是人齐的时候，父母年轻，孩子矮小，今天还在远方。穿什么衣服不重要。好风水，就是该在的都能瞧得见。

一对人，生孩子，这是利己还是利他？给小孩一个机会，还是给自己一个机会？如果纯粹利他，我看就不必了——小孩要来谁都可以让他来。如果利己，更想给自己一个机会，吹捧母爱，就不必了。养儿防老，孰不道德，是克隆生物奴隶。

如果是意外——我看像。那就谁也不欠谁——话又说回来了，我怎么那么容易让人给生了？噢，我好好的，哐啷，给我生这三维空间了？你知道我正干吗呢？万一我正有事呢？万一我正赶什么呢？您这一截万一耽误了——我干吗呢原来正？

——我一定不是专为来这儿，这儿的事我都是到这儿才听说。事都不大，罗圈儿架，每圈下来都说没意义。这儿，拿电信的话讲，都是短信。——见过短的。别的不记得，就记得丢转儿。一下慢了，按球的转速算时间了。这差到哪儿去了？这几个球不瞒您说我原来还真没听说过，比他亮的有的是。那是谁把我引这儿来了？吸引力呀！宇宙拦截，量一定不小。还是我量本来不大，谁都能截我？

妈是重大关系人，还有爸。我不信我只是借他们的壳扮人——我为什么呀？可是我看不到更深远的联系。我妈等于已经告诉我了，她不为什么，她没目的，她很抱歉。

我爸，他为什么？如果只为让我游历一遍人间，我谢他了。这件事怎么就摊上他了？一个人的一生是为另一个人准备的，上一代是为下一代而生的，我不能接受这样的说辞。

——就是说如今我爸把白骨藏在新州的野土里只剩下牙，本人又去后面排队？

——就是说直到最后一代，地球崩溃这一天每个人都要死，意义才会与恐怖同时显现，要多恐怖有多恐怖。你们这儿管意义——为什么不直接叫恐怖呢？

—— 你们到底有事没有？—— 就是活好了这件事你们世世代代搞不定对吗？

——我也不认为，一个人能活，跟着跑的人多就叫意义。

——改变什么了？我见宇宙未见一粒星尘被生物抱住，生物盖楼，生物起飞，生物聪明了，生物把楼炸了，有什么感觉。

纯为我，你把地球整球给我，我都不要——我跃入星河。但是，我爸我妈，我找不到关系。

我妈说，我前边还有一哥，丢在北方。他为什么呀？合着我们一家搭上多少人，就为生出个我到处打听我为谁来？也是一颗催泪弹。——我这个有情众生。

现在听说四省之外有个人能和我聊聊。

27. 丘陵、村庄、丛林都在移动。太阳这只嫩蛋，天裹着就破不出溏心。云成了老大天上滚还贴着江岸滚追随船。滚到江回头被岸闪了全落水了，张牙舞爪袭船而来，千丝万缕散乱一水，淡淡抽絮，低低游飞，都成葱了，葱葱拔升，在乌青的天上重为苍然巨朵。巍峨追人，沦下一头细如狼毫的雨。一只大白鹅扑打着翅膀跳进江中，一个正在水里游泳的女子闻声回头，岸边石上摊得片片衣衫和一根浸在波浪里的捣衣杵。

江上有船家回头唱戏：若见大地奔走，生死重蹈，佛国净土或为铜岛；花在暗夜开，龙宫不挂龙袍，树俨然成墙，路断为铁道；家已了无痕印，你在空中领跑，银河胜景昏昏往事都在流转、颠倒，一幕开一幕，只是心思状告；你就该知道既无地方可去，也无神灵可以投靠。

岸上有人头马头在草木丛中一跃一跃跑，跑着跑着只剩一片葱茏。

再回头，本人已是耀眼江流中远远一个小人儿。

28. 凭貌山，东禅寺，累累草堂，前数进佛殿火光冲天，乱哄哄人声鼎沸，俨然红小兵破四旧。后排一片祥和，后排很像国画，跨院套跨院，小门抄小门，女墙乘着山势一路跳下跳上，蹬上一层石阶小柴门，推门见峡谷。

走到舍命不成崖不倒还要盘卧松——我将要去工作、吃茶、写诗的松木碓房前，脚外一脚，已是听如大军压地而来，见如乱巴掌一通狂扇的风世界。

山形陡峭，山势如梯，山松怪招迭出，山道上，一行小人儿气急败坏往上爬。

这壁河山已是轰轰烈烈，山峦泼酱，江川滑腻，平原一片蜡黄泛着腥腥灿然。

我还没到。——在路上。

29. 我背靠大海，从头上满堂白云翻卷走到头上满堂白云卷翻。

面向一望无际的甘蔗，甘蔗擂得我胸疼，走出林子我再也不要吃糖和嘬不完的渣儿了。我走过海黄云天的香蕉海岸，成摞成串的香蕉掉下来砸得我满脑袋包。香蕉皮海滩摔得我只好边爬边注意身后追上来的潮水，拿胸当滑板拿手当螃蟹8只爪拼命挠，走过海两百里了还撅着腚，小鸟以为是窗台。我再也不要吃膏泥、摸酱、黏、稀、稠了。

我走过暗无天日的龙眼沟，龙眼密密匝匝瞪着我，沟里猴子见人不说话光指指嗓子，走出沟我也没亮音儿了，满嘴燎泡一手掐着自己喉咙，再也不要吃长眼睛而且吃完扔地上眼睛更亮了回头就瞪你的——东西了。

我走入飘着酒香的广柑谷，广柑晃花了我的眼。脚下趟着长年无人采摘，自己熟，自己下地，自己烂——遍地吹泡儿发酵的广柑泥。走几步就脚下发酸，眼神发飘，脖子装弹簧，啄木鸟啄木我也跟着点头，忽然两只金脚看着很不习惯，后跟儿成翅膀也很不喜欢，轻巧睡过去完全没过程，头顶着树手抓着枝醒来很后怕。感觉暗中有人在拿辣臭制作栓剂，一有机会就往我鼻腔塞。拿我配嚼子，张嘴呼吸就让我试戴。两只耳朵辣得都竖起来了，风一飕全在尖儿上。眼泪越抹越止不住，好像我在跟自己动感情。

走进深谷我终于吐了，要扶着树一棵棵走，一棵棵吐，都是辣水儿，扶着树吐。见沟里小溪不敢过去，因为小溪是琥珀色的，几乎不动，糖浆一样迟滞地一弧一弧往下淌。溪底沉着一层栩栩如生的蜜蜂。溪边陈列着森森白骨，有人类，其他哺乳动物、鹰架子、爬虫脊椎，都是骷髅折断在溪前，犬牙年久浸在水中已被镀得金牙。还有一家子的，大脊椎带着小脊椎，一同散架在那里。一具上半身皮筒子还有一簇簇毛，下半身露出尾椎、骨盆、大小腿骨，两只后掌骨，各一圈趾骨，额头还有毛，还有眼皮，但眼睛是窟窿，龇牙咧嘴的大猩猩旁边，趴着一个肤色灰暗但是完整的人，一只胳膊垂下水，水动光动似乎手指也有动。

我手指插着鼻孔下去，指头立刻染香了，指缝间充满一股贞烈的流香，就是满山发酵的广柑泥太阳蒸馏，云冷却，风过滤，川流不息通过人体的感觉。就是这趟凛冽的味道搀在一起，直顶颅囟，整个人脸皮连脚气都松了一圈，轻了一轮，前胸醒，四肢醒，堵住寒毛孔的泥沙扑簌簌往脚上掉。

走到溪边，手舞足蹈，耸动鼻鼓，兀自沉浸在满脑迟钝的放松里。完全忘了来这儿的初衷，乐陶陶其实心怀鬼胎欣赏起溪边风景——那些白骨也纷纷精怪有趣。

瞅着琥珀滑面，看太阳在上流过，水像绸缎美丽。然后跪在美丽前，伸出自己探向绸缎。这时有湿手拍了我一下，我背换面如乒乓球拍子——立刻全是胶粒儿。

我都没力量回头，生怕再看见谁——还是看到了水中巨大的反面的自己：两手揪着土层两绺草，全人连嘴——唇还吹成小喇叭，全伸水面来了，流里流气似乎要跟水亲嘴；两只眼——满珠子得了意的坏美，框子下一潭皱纹，人很老，很旧，很脏。——全被放大了。

这得叫非常现吧？这得叫巨曝露吧？什么我就曝露了？就算是喝酒，喝好酒！值当跟脏旧木耳见水，发成——这朵花儿么？——回头我再掉水里。

我大——起身。瞅见旁边醉人已翻了个面儿，鼻孔朝上，皱着眉头，一肘挡着太阳，脖子枣红，像在沙滩日光浴。——一手刚从我背上滑落。

你干吗呢？醉人问。

来找你呀。我胡乱应道，一想不合适：路过路过。

路过上哪儿呀？路过就不打招呼了？路过就装看不见啊？

这不看见了么？这不过来了吗？我这时也是头沉眼涩腿杆细，心里还明白：一口不能喝了。拾起醉人一只胳膊怀抱着，迈田字步：赶紧着吧。

醉人被我扯一下，像表针从12点歪到1点：我躺会儿——你让我躺会儿。好容易躺会儿——我能躺会儿么？

你走不走？你不走我可走了。一前进——手里胳膊掉了。

你别唠叨，你能别老唠叨么？你现在越来越唠叨了。醉人很烦，胳膊上没袖子还一个劲往下胡撸袖子。上次你就把我搁这儿了，这次你又打算把我搁这儿——你到了跟我说说，你一天到晚赶什么？

赶聊天。我说。

谁你都聊，有什么可聊的？你先坐会儿你先跟我聊会儿。醉人一翻身嘴朝下话说得飞快沙子都喷出来了。

醉人说完挽留的话，露出要聊的意思，腿一抽筋儿，睡了。

我可真走了，不管你了，回头你可别说我没管你。一步跨出，话音儿未落，声儿犹在耳，反应从头至脚闪光圈儿环环转过全身：此人是我七世醉友！

每一世我们都赶一起同厢共醉。每一世都不曾醉到一命方休。每一世都是携手入席，相对把欢，大红大绿，大醉当中另一人已不知方向。

化身酒盅和一盘菜，醒来盘子舔光了。化身茶壶和酒碗，醒来茶壶让人端走了。化身玉壶和壶嘴儿，嘴儿磕石桌上玉豁了。化身一张清面四条腿，腿让人坐折了，面儿让人掀了。化身对联，上联字残了。化身墙和窗，依然是隔着清清楚楚，满墙窗影手去关窗却见花瞪人。化空潭沉月，人去捞月反被月惊醒。化酒本人，从此流成溪，香着睡去了。

我那一大步才在睡人脸旁轻轻放下。才要拣广柑，广柑只剩皮了；才要吃皮，皮成纤维——粉儿了；才要依树，树成松了；才要靠松，松成松柏了。坐草，草成灰，风吹——飞了。望云，云烟气冲——散了。望日，日落山。望落日，天转眼黑了。——晚天全是流星雨，一扫帚灯一扫帚灯射过头顶，断线珠子般落向山头那边。

我跪下喝琥珀溪里的酒，酒结冻儿；我挖冻儿，冻儿结冰；我拔出四条白糖挂霜胡萝卜，滑冰——我；冰——溶解于酒了。我一脚踏进窟窿，怎么脚下全是咔嚓脆响，还起蛾子？——酒，干巴儿了。

这时我后背感到月光烤，才回头月亮已行至眼前，白得见骨。我想上吊篮，又怕冻手。月亮已映入眼眶，果然冻眼。月亮都是碎冰，果然冰瞳孔。

满山谷广柑树翠绿，枝头站满果儿刷刷往下跳——这是谁请的巴西跳水队表演冰棍儿！天阴了又晴。酒溪干了又见亮儿了。我头发白了又黑了。指甲透了明了厚了饼干了又奶粉了。我香也醉了，味儿也吃了，该说的话也说多了，到这会儿，人睡了，就剩我一人——骇了。

我一手捧腮帮子，一手拿指头，蹲着，在睡人闭着的眼前沙沙写下五祖的地址：要找我上湖北。

我一扔手——噫！我在写字——不是说好我不会么？还得说酒能出人。再想写关心、不放心的话，又不会。还得说拼音文字好，心里想的，嘴能说出来，手也就跟着写出来了。跟谁反映呢？我只是不识字。

30. 翻过山头我再也不要看太阳。见过晃眼的我再也不要吃腥黄的。不要吃一瓣瓣往下撕，解渴，但是败火败大发了的——鱼片也歇菜吧。

唐朝的林子太大，果儿太杂。每段林子走进去我都不知道另一头穿出来的是个什么。磨石山漫坡黄草杉，本想紧爬两步就透亮，我爬了7个日落还在山下，我必须把每棵树峰都爬了。

大庾岭一株梅，我头刚靠上去马上入梦，一个粉红女子指着喊：行啦！别弄了！再弄该大了！该回不来了！粉红女子掩面泣下：你是不是已经回不来了？

我这边头颅一提，始知人被香死不是谣言。骑田岭半山毛麻棵子，我拣直走进去觉得里面似乎坐只猫，似乎坐只虎——果然是只虎，早就望着我——我能说面带微笑么？我心想着让路，眼珠一沉，沉老虎两坛竖着光锥的水晶体里去了。这一沉，就看到太阳滴溜溜落山，满山绿叶给打拍子，黄光出现轮盘，刀刀刨光，削出三维圆——美极了！三维圆硬朗如钻戒，立面摄光瑕不掩瑜，极为透彻地反映出我一塘惊诧未合的嘴，和塘里游的软舌头。飒，一过凉风洗脸。我夺拉眼皮想走。老虎大声叫我留下，流下口水准备与我赛跑。

虎轮刚驱动，眼前站着一只纯洁的鹿，虎又呆掉了。我转身要跑，面前一轮明月，也呆掉了。月亮照亮扬子江，虎的影子上月亮——虎站起来，俨然路易威登代言人。

鹿已躺在地上——单纯依旧。黄老斑斓伯伯趴在鹿身上张着嘴，像个孩子茫然望月。月霜把它变成一只白虎，眼中堆着雪。

我出林了。我下岭了。盲虎还叼着鹿张嘴发呆，牙上的血都黑了。

31. 出了韶关就一直沿着窄窄的山脊走，像歪歪扭扭走在刀背上一样。

沿着南岭山脉走向罗霄山脉，但是林子还很大，都是橘子树。好容易对面刀背过来个人，我就问：是湖南吧？猴一惊。

进了湖南就一路吃橘子。那时湖南没有辣椒，没有土豆，也没有番茄。别问我湖南人那会儿吃什么，我也不清楚。当年我过湖南，我必须向大家报告，湖南没人。

你算么，隋文帝治天下全国不过800万户，隋末大乱人口十去其九，经过贞观之治到高宗也不过380万户。江淮一带都是著名的人烟稀少，后来平定了高丽，将高丽民众38000户迁来充实，今天江苏人安徽人大脸的可能是韩民族来的，江淮以南，尤其山路上，谁还在呢？

和我们广东人生活方式差不多，知道饭是什么，但是都不怎么吃饭。我确实是老土，岳阳、长沙这些个大地方，要再等两个500年才听说，到今天也没去过。

说是纵横四省，其实对我来说一回事，都是山，上山下山，这座山到那座山。饿了，见圆的就拣，捏得破的就咬一口，一把一把薅路边灌木丛中的小浆果往嘴里塞。有一次一定是吃到花椒了，嘴麻了一路，进了村遇见人还瞠目结舌。

32. 渴了，趴地上吸泥坑满是孑孓的脏水，大便稀了又干了，尿黄了又绿了，走路捧着心，肚子老是疼的。累了困了，就蹲在路边顶张荷叶打会儿瞌睡，有脚步在身边停下，必须立刻醒。那时湖南有老虎，经常成群结队跟着我，也是赶路。有一天我腿有点瘸，一群老虎撵上我，伙同我走了一下午，身上味儿特大，但是一路没人敢惹。洞庭湖里有鳄鱼，从这座山到下座山之间，天气晴朗，可以看见它们往水里拖猪。那时的我，还以为中国是山国配点湖呢。

33. 我路过张家界时那里正在进行一场史书上没有记载的小战役。一支刚从北方调过来的诸兵种齐全的唐朝军团前去进剿当地不服从中央政府政令的少数民族部落。刚摆好战场，我就到了。头天我还和这个有着光荣历史，太原成军，参加过开国和抵抗突厥历次战役的老军团的一个掉队的老兵聊了一路。这兵是山西人，出来很多年了，只记得家里醋好喝，姑娘牙黄。口音都怪怪的，一会儿滋出唐山味儿了。

对过蜂拥下山迎战的是什么民族我也不熟，就瞧他们跟我们老家人一个风俗，打仗前先脱衣裳，跟要去一块洗澡似的。爱惜织物啊，当知一寸棉一厘纱来之不易衣裳太贵了。那时打仗跟打群架似的，也没听见敲鼓，一伙伙穿藤甲白汗衫的士兵从石笋后冒出来，与一群群画鬼脸屁沟勒布带的壮年汉子扭打在一起，互相捅刀子。溜溜看了一天，两边人还都站着，互相打不死，临合眼——困得实在睁不开，每条石头上石头下石头缝里还满是抱一块拳打脚踢的，抱一块啃的，裂肺大叫的。才上眼皮碰下眼皮，就一秒——感觉啊。再张眼，整个张家界只剩我一个人，月光下满地透着窟窿眼的尸体，刀全拔走了。

34. 由湘入赣，一路很僻静，树木长得很好，行人看见我都躲，以为我是赤手强盗，我也不想解释。我进一村讨水喝，遭到当地山民拘留，吊在村头寨门上迎着太阳烤我，有臭孩子还撒泡尿就来转我一圈，狗都围过来舔我滴的油。第二日半夜，麻绳断了，我砸一狼身上，它边号叫边跑，我也边号叫边跑。

我在庐山转了向，迷在成行的山岭中鬼打墙出不来，7个日落，一停下就看见迎客松，烦死我了。在一个群山环抱的小湖旁，我狂喊：倘有菩萨，就来救我；倘无菩萨，就让我沉入湖底！纵身跳进湖水。入水就觉得撞到一脸稀烂，第二下就踩着泥站起来，上半身凉飕飕的，油一样柔滑的水下一群小嘴儿围嘬我。

进了湖北我又走岔了路，一个可疑地蹲在路边草丛里迟迟不起来的妇女指示我跟着一条流速飞快的山溪走。那水清得没一条鱼，快起来像一匹刷得发亮的白马。我走了7个日落，峰越密，溪流越挥之不去、极尽悠长奔逸，深峡穷谷迎头风像冷水过身，激得我起一背奶头，什么东西左右砸腿，头发全立着，逢雨全背着。有个当年也在那条道上赶路，半途跟我打过一照面擦肩而过的朋友，改革开放后又在深圳见了，他说：你那时相儿够大的。

35.走脏了我就跳进溪中头朝下扣出个大字，一边用手搓泥一边顺水漂，看到金丝猴水中倒影才猛醒到了神农架。我在溪流拐弯处上了岸，哆嗦得只能双手抱自己蹲白天烤热的石头上。我一脚踩在泥浆里，留下一个冲击力十足的脚印，从此神农架有了野人的传说。

世界的影像

第一册
下编
人的故事

我从你出生的村庄里走来

我将在你摆满鲜花的坟茔里睡去

我从你走过的每一条道路上走过

我在你无数个狂喜悲伤的夜里不能成眠

我们是手足 是亲密无间的兄弟

以养育我们的山林河流的名义

以世间所有真理的名义 以爱的名义

我们被赐名为"人" 并且承诺世代相亲相敬

【中国】曹雪芹
脂砚斋 点评

秋爽斋偶结海棠社①

元妃省亲的事毕,宝玉连同姐姐妹妹们搬进了园子。适逢贾政出了门去做官。大观园里风物方好,清景难逢。正可谓:"风庭月榭,惜未宴集诗人;帘杏溪桃,或可醉飞吟盏。"

《红楼梦》以明清小说里鲜见的尊敬而且爱怜的笔法,塑造了诸多活色生香的女性形象。作者甫一开篇便言明要"使闺阁昭传,复可悦世之目",更以宝玉的口吻说:"女儿是水做的骨肉,男子是泥做的骨肉","凡山川日月之精秀只钟于女儿"。但见大观园这一幽微灵秀之境,云堆翠髻环佩铿锵,每一位女子都是一段诗、一幅画,描摹不尽的蛾眉颦笑风月情浓。

灯火摇曳,丝竹佳音。蘅芷清芬兰风蕙露,须蘅芜君叠写"淡极始知花更艳";有凤来仪翠竹幽窗,欠潇湘子诵吟"衰草寒烟无限情"。香茗回甘,笔墨书香,看众女子结社赋诗,才思灵动立意高洁,甚是可亲可爱。然由诗中感世伤身之处,念及诸人他日命途多蹇为欢几何,则又堪怜堪叹……是所谓"悲金悼玉的红楼梦",所谓"千红一窟(哭),万艳同杯(悲)"的灵慧女子的哀歌。

作为集中国古典小说之大成者,《红楼梦》运用了大量谐音、偈语、诗词曲赋、酒令灯谜、充满暗示隐喻情味的语言,通篇隐隐弥漫宿命的悲凉,纵然在乐极之时依然挥之不去的清冷岑寂。通读该书,中国字、中国文学的美有迹可寻。它在诗礼簪缨、鲜花著锦的繁盛时光里,也在"落了片白茫茫大地真干净"的悲凉之雾里,在恢宏博大的叙事风格,在含蓄隽永一唱三叹的爱情里,在至淳至美然而终于被无情摧毁了的性灵里,在雪芹先生青灯陋室批阅十载删改五次,却终于不能说完整的谜样的红楼故事里。

曹雪芹(1715?~1763?),清代小说家。名霑,字梦阮,号雪芹,又号

① 选自《红楼梦》第三十七、三十八回,脂砚斋评点本,齐鲁书社1994年版。本文有删节。

芹圃、芹溪。祖籍辽阳。祖先原为汉人，后入旗籍，为正白旗。从曹雪芹曾祖父曹玺开始，曹家三代四人相继担任江宁织造60多年。曹雪芹出生在南京，童年时代过了一段富贵荣华的生活。雍正五年（1727），曹雪芹之父曹頫被革职抄家。曹家从南京迁回北京，走向败落。曹雪芹晚年流落到北京西郊，生活穷困，靠朋友接济和卖画维持生计，十年磨一剑，创造文学巨著《红楼梦》。死后遗留下《红楼梦》前80回，今传后40回，一般认为是高鹗所续。而脂砚斋又是什么人？红学家一般认为"他"是作者的朋友，而周汝昌认为"她"是作者的妻子，并推断她就是《红楼梦》中史湘云的原型。原作流传的名称是《脂砚斋重评石头记》，这是定名。定名时曹雪芹还活着，这可能意味着曹雪芹同意把脂砚斋的书评作为这一部伟大著作的有机成分。

第三十七回

秋爽斋偶结海棠社　蘅芜苑夜拟菊花题

美人用别名，亦新奇花样，且韵且雅，呼去觉满口生香。起社出自探春意，作者已伏下回"兴利除弊"之文也。

此回才放笔写诗写词作札，看他诗复诗，词复词，札又札，总不相犯。

湘云，诗客也，前回写之。其今才起社后，用不寂不离闲人数语数折，仍归社中，何巧活之笔如此！

却说贾政出门去后，外面诸事不能多记。单表宝玉每日在园中任意纵性的旷荡，真把光阴虚度，岁月空添。这日正无聊之际，只见翠墨进来，手里拿着一副花笺送与他。宝玉因道："可是我忘了，才说要瞧瞧三妹妹去的，可好些了，你偏走来。"翠墨道："姑娘好了，今儿也不吃药了，不过是凉着一点儿。"宝玉听说，便展开花笺看时，上面写道：

娣探谨奉

二兄文几：前夕新霁，月色如洗，因惜清景难逢，讵忍就卧，时漏已三转，犹徘徊于桐槛之下，未防风露所欺，致获采薪之患。昨蒙亲劳抚嘱，复又数遣侍儿问切，兼以鲜荔并真卿墨迹见赐，何痌瘝惠爱之深哉！今因伏几凭床处默之时，因思及历来古人中处名攻利敌之场，犹置些山滴水之区，远招近揖，投辖攀辕，务结二三同志盘桓于其中，或竖词坛，或开吟社，虽一时之偶兴，遂成千古之佳谈。娣虽不才，窃同叨栖处于泉石之间，而兼慕薛、林之技。风庭月榭，惜未宴集诗人；帘杏溪桃，或可醉飞吟盏。孰谓莲社之雄才，独许须眉；直以东山之雅会，让余脂粉。若蒙棹雪而来，娣则扫花以待。此谨奉。

宝玉看了，不觉喜的拍手笑道："倒是三妹妹的高雅，我如今就去商议。"一面说，一面就走，翠墨跟在后面。刚到了沁芳亭，只见园中后门上值日的婆子手里拿着一个字帖走来，见了宝玉，便迎上去，口内说道："芸哥儿请安，在后门只等着，叫我送来的。"宝玉打开看时，写道是：

不肖男芸恭请

父亲大人万福金安！男思自蒙天恩，认于膝下，日夜思一孝顺，竟无可孝顺之处。前因买办花草，上托大人金福，竟认得许多花儿匠，直欲喷饭，真好新鲜文字。并认得许多名园。因忽见有白海棠一种，不可多得。故变尽方法，只弄得两盆。大人若视男是亲男一般，皆千古未有之奇文，初读令人不解，思之则喷饭。便留下赏玩。因天气暑热，恐园中姑娘们不便，故不敢面见。奉书恭启，并叩

台安。

男芸跪书接连二启，字句因人而施，诚作者之妙。

宝玉看了，笑道："独他来了，还有什么人？"婆子道："还有两盆花儿。"宝玉道："你出去说，我知道了，难为他想着。你便把花儿送到我屋里去就是了。"一面说，一面同翠墨往秋爽斋来，只见宝钗、黛玉、迎春、惜春已都在那里了。却因芸之一字工夫，已将诸艳请来，省却多少闲文。不然，必云如何请，如何来，则必至有犯宝玉，终成重复之文矣。

众人见他进来，都笑说："又来了一个。"探春笑道："我不算俗，偶然起个念头，写了几个帖儿试一试，谁知一招皆到。"宝玉笑道："可惜迟了，早该起个社的。"黛玉道："你们只管起社，可别算上我，我是不敢的。"迎春笑道："你不敢谁还敢呢？"必得如此，方是妙文。若也如宝玉说兴头话，则不是黛玉矣。宝玉道："这是一件正紧大事，大家鼓舞起来，不要你谦我让的。各有主意自管说出来大家平章。"这是正紧大事"已妙，且"平章"更妙的是宝玉的口角。宝姐姐也出个主意，林妹妹也说个话儿。"宝钗道："你忙什么，人还不全呢。"妙！宝钗自有主见，真不诬也。一语未了，李纨也来了，进门笑道："雅的紧！要起诗社，我自荐我掌坛。前儿春天我原有这个意思的。我想了一想，我又不会作诗，瞎乱些什么，因而也忘了，就没有说得。既是三妹妹高兴，我就帮你作兴起来。"看他又是一篇文字，分叙单传之法也。

黛玉道："既然定要起诗社，咱们都是诗翁了，先把这些姐妹叔嫂的字样改了才不俗。"看他写黛玉，真可人也。李纨道："极是，何不大家起个别号，彼此称呼则雅。未起诗社，先起别号。我是定了'稻香老农'，再无人占的。"最妙！一个花样。探春

舞蹈的灵魂

笑道："我就是'秋爽居士'罢。"宝玉道："居士、主人到底不恰，且又瘰赘。这里梧桐芭蕉尽有，或指梧桐芭蕉起个倒好。"探春笑道："有了，我最喜芭蕉，就称'蕉下客'罢。"众人都道别致有趣。黛玉笑道："你们快牵了他去，顿了脯子吃酒。"众人不解。黛玉笑道："古人曾云'蕉叶覆鹿'。他自称'蕉下客'，可不是一只鹿了？快做了鹿脯来。"众人听了都笑起来。探春因笑道："你别忙中使巧话来骂人，我已替你想了个极当的美号了。"又向众人道："当日娥皇、女英洒泪在竹上成斑，故今斑竹又名湘妃竹。如今他住的是潇湘馆，他又爱哭，将来他想林姐夫，那些竹子也是要变成斑竹的。以后都叫他作'潇湘妃子'就完了。"大家听说，都拍手叫妙。林黛玉低了头方不言语。<small>妙极，趣极。所谓"夫人必自侮，然后人侮之"，看因一谑便勾出一笑号来，何等妙文哉？另一花样。</small>李纨笑道："我替薛大妹妹也早已想了个好的，也只三个字。"惜春、迎春都问："是什么？"<small>妙文。迎春、惜春故不能答言，然不便置之不序，故插他二人问。试思近日诸豪宴集，雄语伟辩之时，座上或有一二愚夫不敢接谈，然偏好问，亦真可厌之事。</small>李纨道："我是封他'蘅芜君'了，不知你们如何？"探春笑道："这个封号极好。"宝玉道："我呢？你们也替我想一个。"<small>必有是问。</small>宝钗笑道："你的号早有了，'无事忙'三字恰当的很。"<small>真恰当，形容的尽。</small>李纨道："你还是你的旧号'绛洞花主'就好。"<small>妙极！又点前文。通部中从头至末，前文已过者恐去之冷落，使人忘怀，得便一点；未来者恐来之突然，或先伏一线：皆行文之妙诀也。</small>宝玉笑道："小时候干的营生，还提他作什么。"<small>报言如闻，不知大时又有何营生。</small>探春道："你的号多的狠，又起什么！我们爱叫你什么，你就答应着就是了！"<small>更妙！若只管挨次一个一个乱起，则成何文字？另一花样。</small>宝钗道："还得我送你个号罢。有最俗的一个号，却于你最当。天下难得的是富贵，又难得的是闲散，这两样再不能兼有，不想你兼有了，就叫你'富贵闲人'也罢了。"宝玉笑道："当不起，当不起，到是随你们混叫去罢。"李纨道："二姑娘、四姑娘起个什么号？"迎春道："我们又不大会诗，白起个号作什么？"<small>假斯文、守钱虏来看这句。</small>探春道："虽如此，也起个才是。"宝钗道："他住的是紫菱洲，就叫他'菱洲'；四丫头在藕香榭，就叫他'藕榭'就完了。"

李纨道："就是这样好。但序齿我大，你们都要依我的主意，管情说了大家合意。我们七个人起社，我和二姑娘、四姑娘都不会作诗，须得让出我们三个人去。我们三个各分一件事。"探春笑道："已有了号，还只管这样称呼，不如不有了。以后错了，也要立个罚约才好。"李纨道："立定了社，再定罚约。我那里地方大，竟在我那里作社。我虽不能作诗，这些诗人竟不厌俗客，我作个东道主人，我自然也清雅起来了。若是要推我作社长，我一个社长自然不够，必要再请两位副社长，就请菱洲、藕榭二位学究来，一位出题限韵，一位誊录监场。亦不可拘定了我们三个人不作，若遇见容易些的题目韵脚，我们也随便作一首。你们四个却是要限定的。若如此便起，若不依我，我也不敢附骥了。"迎春、惜春本性懒于诗词，又有薛、林在前，听了这话便深合己意，二人皆说"极是。"探春等也知此意，见他二人悦服，也不好强，只得依了。因笑道："这话也罢了，只是自想好笑，好好的我起了个主意，反叫你们三个来管起我来了。"宝玉道："既这样，咱们就往稻香村去。"李纨道："都是你忙，今日不过商议了，等我再请。"宝钗道："也要议定几日一会才好。"探春道："若只管会的多，又没趣了。一月之中，只可两三次才好。"宝钗点头道："一月只要两次就够了。拟定日期，风雨无阻。除这两日外，倘有高兴的，他情愿加一社的，或情愿到他那里去，或附就了来，亦可使得，岂不活泼有趣。"众人都道："这个主意更好。"

探春道："只是原系我起的意，我须得先作个东道主人，方不负我这兴。"李纨道："既这样说，明日你就先开一社如何？"探春道："明日不如今日，此刻就很好。你就出题，菱洲限韵，藕榭监场。"迎春道："依我说，也不必随一人出题限韵，竟是拈阄公道。"李纨道："方才我来时，看见他们抬进两盆白海棠来，倒是好花。你们何不就咏起他来？"_{真正好题，妙在未起诗社，先得了题目。}迎春道："都还未赏，先到作诗？"宝钗道："不过是白海棠，又何必定要见了才作。古人的诗赋，也不过都是寄兴写情耳。若都是等见了作，如今也没这些诗了。"_{真诗人语。}

迎春道："既如此，待我限韵。"说着，走到书架前抽出一本诗来，随手一揭，这首竟是一首七言律，递与众人看了，都该作七言律。迎春掩了诗，又向一个小丫头道："你随口说一个字来。"那丫头正倚门立着，便说了个"门"字。迎春笑道："就是门字韵，'十三元'了。头一个韵定要这'门'字。"说着，又要了韵牌匣子过来，抽出"十三元"一屉，又命那小丫头随手拿四块。那丫头便拿了"盆""魂""痕""昏"四块来。宝玉道："这'盆''门'两个字不大好作呢！"

侍书一样预备下四分纸笔，便都悄然各自思索起来。独黛玉或抚梧桐，或看秋色，或又和丫环们嘲笑。_{看他单写黛玉。}迎春又令丫环炷了一支"梦甜香"。原来这"梦甜香"只有三寸来长，有灯草粗细，以其易烬，故以此烬为限，如香烬未成便要罚。_{好香，专能撰此新奇字样。}

一时，探春便先有了，自提笔写出，又改抹了一回，递与迎春。因问宝钗："蘅芜君，你可有了？"宝钗道："有却有了，只是不好。"宝玉背着手，在回廊上踱来踱去，因向黛玉说道："你听，他们都有了。"黛玉道："你别管我。"宝玉又见宝钗已誊写出来，因说道："了不得！香只剩了一寸了，我才有了四句。"又向黛玉道："香就完了，只管蹲在那潮地下作什么？"黛玉也不理。宝玉道："可顾不得你了，好歹也写出来罢。"说着也走在案前写了。

李纨道："我们要看诗了，若看完了还不交卷是必罚的。"宝玉道："稻香老农虽不善作却善看，又最公道，_{理岂不公。}你就评阅优劣，我们都服的。"众人都道："自然。"于是先看探春的稿上写道：

咏白海棠，限门、盆、魂、痕、昏

斜阳寒草带重门，苔翠盈铺雨后盆。

玉是精神难比洁，雪为肌骨易销魂。

芳心一点娇无力，倩影三更月有痕。

莫谓缟仙能羽化，多情伴我咏黄昏。

次看宝钗的是：

珍重芳姿昼掩门，*宝钗诗全是自写身分，讽刺时事。只以品行为先，才技为末。纤巧流荡之词，绮靡秾艳之语。一洗皆尽，非不能也，屑而不为也。最恨近日小说中，一百美人诗词语气，只得一个艳稿。*

自携手瓮灌苔盆。

胭脂洗出秋阶影，

冰雪招来露砌魂。*看他清洁自厉，终不肯作一轻浮语。*

淡极始知花更艳，*好极！高情巨眼能几人哉？正"一鸟不鸣山更幽"也。*

愁多焉得玉无痕。*看他讽刺林、宝二人，省手。*

欲偿白帝凭清洁，*看他自己收到身上来，是何等身分。*

不语婷婷日又昏。

李纨笑道："到底是蘅芜君。"说着又看宝玉的，道是：

秋容浅淡映重门，七节攒成雪满盆。

出浴太真冰作影，捧心西子玉为魂。

晓风不散愁千点，*这句直是自己一生心事。*

宿雨还添泪一痕。*妙在终不忘黛玉。*

独倚画栏如有意，

清砧怨笛送黄昏。*宝玉再细心作，只怕还有好的。只是一心挂着黛玉，故平妥不警也。*

大家看了，宝玉说探春的好，李纨才要推宝钗这诗有身分，因又催黛玉。黛玉道："你们都有了？"说着提笔一挥而就，掷与众人。李纨等看他写道是：

半卷湘帘半掩门，*且不说花，且说看花的人，起得突然别致。*

碾冰为土玉为盆。*妙极！料定他自与别人不同。*

看了这句，宝玉先喝起彩来，只说"从何处想来！"又看下面道：

偷来梨蕊三分白，借得梅花一缕魂。

众人看了也都不禁叫好，说"果然比别人又是一样心肠。"又看下面道是：

月窟仙人缝缟袂，

秋闺怨女拭啼痕。*虚敲傍比，真逸才也。且不脱落自己。*

娇羞默默同谁诉，

舞蹈的灵魂

倦倚西风夜已昏。看他终结到自己,一人是一人口气。逸才仙品固让颦儿,温雅沉着终是宝钗。今日之作,宝玉自应居末。

众人看了,都道是这首为上。李纨道:"若论风流别致,自是这首;若论含蓄浑厚,终让蘅稿。"探春道:"这评的有理,潇湘妃子当居第二。"李纨道:"怡红公子是压尾,你服不服?"宝玉道:"我的那首原不好了,这评的最公。"话内细思,则似有不服先评之意。又笑道:"只是蘅、潇二首还要斟酌。"李纨道:"原是依我评论,不与你们相干,再有多说者必罚。"宝玉听说,只得罢了。

李纨道:"从此后我定于每月初二、十六这两日开社,出题限韵都要依我。这其间你们有高兴的,你们只管另择日子补开,那怕一个月每天都开社,我只不管。只是到了初二、十六这两日,是必往我那里去。"宝玉道:"到底要起个社名才是。"探春道:"俗了又不好,特新了,刁钻古怪也不好。可巧才是海棠诗开端,就叫个海棠社罢。虽然俗些,因真有此事,也就不碍了。"说毕大家又商议了一回,略用些酒果,方各自散去。也有回家的,也有往贾母、王夫人处去的。当下别人无话。一路总不大写薛、林兴头,可见他二人并不着意于此。不写薛、林,正是大手笔,独他二人长于诗,必使他二人为之则板腐矣。全是错综法。

宝玉回来,先忙着看了一回海棠,至房内告诉袭人起诗社的事。袭人也把打发宋妈妈与史湘云送东西去的话告诉了宝玉。宝玉听了,拍手道:"偏忘了他。我自觉心里有件事,只是想不起来,亏你提起来,正要请他去。这诗社里若少了他,还有什么意思!"袭人劝道:"什么要紧,不过玩意儿。他比不得你们自在,家里又作不得主儿。告诉他,他要来又由不得他;不来,他又牵肠挂肚的,没的叫他不受用。"宝玉道:"不妨事,我回老太太打发人接他去。"正说着,宋妈妈已经回来,回复道生受,与袭人道乏,又说:"问二爷作什么呢,我说和姑娘们起什么诗社作诗呢。史姑娘说,他们作诗也不告诉他去,急的了不的。"宝玉听了立身便往贾母处来,立逼着叫人接去。贾母因说:"今儿天晚了,明日一早再去。"宝玉只得罢了,回来闷闷的。

次日一早,便又往贾母处来催逼人接去。直到午后,史湘云才来,宝玉方放了心;见面时就把始末原由告诉他,又要与他诗看。李纨等因说道:"且别给他诗看,先说与他韵。他后来,先罚他和了诗:若好,便请入社;若不好,还要罚他一个东道再说。"史湘云道:"你们忘了请我,我还要罚你们呢。就拿韵来,我虽不能,只得勉强出丑。容我入社,扫地焚香我也情愿。"众人见他这般有趣,越发喜欢,都埋怨昨日怎么忘了他,遂忙告诉他韵。史湘云一心兴头,等不得推敲删改,一面只管和人说着话,心内早已和成,即用随便的纸笔录出,可见越是好文字,不管怎样就有了。越用工夫,越讲究笔墨,终成涂鸦。先笑说道:"我却依韵和了两首〔一〕,更奇!想前四律已将形容尽矣，一首犹恐重犯，不知二首又从何处着笔。好歹我却不知，不过应命而已。"说着递与众人。众人道："我们四首也算想绝了，再一首也不能了。你到弄了两首，那里有许多话说？必要重了我们。"一面说，一面看时，只见那两首诗写道：

其一

神仙昨日降都门，　落想便新奇，不落彼四套。

种得蓝田玉一盆。　好！"盆"字押得更稳，总不落彼三套。

自是霜娥偏爱冷，　又不脱自己将来形景。

非关倩女亦离魂。

秋阴捧出何方雪，　拍案叫绝，压倒群芳，在此一句。

雨渍添来隔宿痕。

却喜诗人吟不倦，

岂令寂寞度朝昏。　真好！

其二

蘅芷阶通萝薜门，

也宜墙角也宜盆。　更好！

花因喜洁难寻偶，

人为悲秋易断魂。

玉烛滴干风里泪，

晶帘隔破月中痕。

幽情欲向嫦娥诉，

无奈虚廊夜色昏。　二首真可压卷。　　诗是好诗，文是奇奇怪怪之文，总令人想不到。忽有二首来压卷。

众人看一句，惊讶一句，看到了，赞到了，都说："这个不枉作了海棠诗，真该要起海棠社了。"史湘云道："明日先罚我个东道，就让我先邀一社可使得？"众人道："这更妙了。"因又将昨日的与他评论了一回。

至晚，宝钗将湘云邀往蘅芜苑安歇去。湘云灯下计议如何设东拟题。宝钗听他说了半日，皆不妥当，却于此刻方写宝钗。因向他说道："既开社，便要作东。虽然是玩意儿，也要瞻前顾后，又要自己便宜，又要不得罪了人，然后方大家有趣。你家里你又作不得主，一个月通共那几串钱，你还不勾盘缠呢。这会子又干这没要紧的事，你婶子听见了，越发抱怨你了。况且你就都拿出来，做这个东道也是不够。难道为这个家去要不成？还是往这里要呢？"

一夕话提醒了湘云，倒踌蹰起来。宝钗道："这个我已经有个主意。我们当铺里有个伙计，他家田上出的很好的肥螃蟹，前儿送了几斤来。现在这里的人，从老太太起连上园里的人，有多一半都是爱吃螃蟹的。前日姨娘还说要请老太太在园

舞蹈的灵魂

里赏桂花吃螃蟹，因为有事还没有请呢。你如今且把诗社别题起，只管普通一请。等他们散了，咱们有多少诗作不得的。我和我哥哥说，要几篓极肥极大的螃蟹来，再往铺子里取上几坛好酒，再备上四五桌果碟，岂不又省事又大家热闹了。"湘云听了，心中自是感服，极赞他想的周到。宝钗又笑道："我是一片真心为你的话。你千万别多心，想着我小看了你，咱们两个就白好了。你若不多心，我就好叫他们办去的。"湘云忙笑道："好姐姐，你这样说，到多心待我了。凭他怎么糊涂，连个好歹也不知，还成个人了？我若不把姐姐当作亲姐姐一样看，上回那些家常话烦难事也不肯尽情告诉你了。"宝钗听说，便叫一个婆子来："出去和大爷说，依前日的大螃蟹要几篓来，明日饭后请老太太、姨娘赏桂花。你说大爷好歹别忘了，我今儿已请下人了。"*必得如此叮咛，阿呆兄方记得。*那婆子出去说明，回来无话。

　　这里宝钗又向湘云道："诗题也不要过于新巧了。你看古人诗中那些刁钻古怪的题目和那极险的韵了，若题过于新巧，韵过于险，再不得有好诗，终是小家气。诗固然怕说熟话，更不可过于求生，只要头一件立意清新，自然措词就不俗了。究竟这也算不得什么，还是纺绩针黹是你我的本等。一时闲了，到是于你我深有益的书看几章是正经。"

　　湘云只答应着，因笑道："我如今心里想着，昨日作了海棠诗，我如今要作个菊花诗如何？"宝钗道："菊花到也合景，只是前人太多了。"湘云道："我也是如此想着，恐怕落套。"宝钗想了一想，说道："有了，如今以菊花为宾，以人为主，竟拟出几个题目来，都是两个字：一个虚字，一个实字，实字便使用'菊'字，虚字就用通用门的。如此又是咏菊，又是赋事，前人也没作过，也不能落套。赋景咏物两关着，又新鲜，又大方。"湘云笑道："这却很好。只是不知用何等虚字才好？你先想一个我听听。"宝钗想了一想，笑道："《菊梦》就好。"湘云笑道："果然好。我也有一个，《菊影》可使得？"宝钗道："也罢了。只是也有人作过，若题目多，这个也夹的上。我又有了一个。"湘云道："快说出来。"宝钗道："《问菊》如何？"湘云拍案叫妙，因接说道："我也有了，《访菊》如何？"宝钗也赞有趣，因说道："越性拟出十个来，写上再来。"说着，二人研墨蘸笔，湘云便写，宝钗便念，一时凑了十个。湘云看了一遍，又笑道："十个还不成幅，越性凑成十二个便全了，也如人家的字画册页一样。"宝钗听说，又想了两个，一共凑成十二。又说道："既这样，越性编出他个次序先后来。"湘云道："如此更妙，竟弄成个菊谱了。"宝钗道："起首是《忆菊》；忆之不得，故访，第二是《访菊》；访之既得，便种，第三是《种菊》；种既盛开，故相对而赏，第四是《对菊》；相对而兴有馀，故折来供瓶为玩，第五是《供菊》；既供而不吟，亦觉菊无彩色，第六便是《咏菊》；既入词章，不可不供笔墨，第七便是《画菊》；既为菊如是碌碌，究竟不知菊有何妙处，不禁有所问，第八便是《问菊》；菊如解语，使人狂喜不禁，第九便是《簪菊》；如此人事虽尽，犹有菊之可咏者，《菊影》《菊梦》二首续在第十第十一；末卷便以《残菊》总收前题之盛。这便是三秋的妙景妙事都有了。"

湘云依说将题录出，又看了一回，又问"该限何韵？"宝钗道："我平生最不喜限韵的，分明有好诗，何苦为韵所缚。咱们别学那小家派，只出题不拘韵。原为大家偶得了好句取乐，并不为此而难人。"湘云道："这话很是。这样大家的诗还进一层。但只咱们五个人，这十二个题目，难道每人作十二首不成？"宝钗道："那也太难人了。将这题目誊好，都要七言律，明日贴在墙上。他们看了，谁作那一个就作那一个。有力量者，十二首都作也可；不能的，一首不成也可。高才捷足者为尊。若十二首已全，便不许他后赶着又作，罚他就完了。"湘云道："这倒也罢了。"二人商议妥贴，方才息灯安寝。要知端的，且听下回分解。

第三十八回

林潇湘魁夺菊花诗　薛蘅芜讽和螃蟹咏

湘云便取了诗题，用针绾在墙上。众人看了，都说："新奇固新奇，只怕作不出来。"湘云又把不限韵的原故说了一番。宝玉道："这才是正理，我也最不喜限韵。"林黛玉因不大吃酒，又不吃螃蟹，自令人掇了一个绣墩倚栏杆坐着，拿着钓竿钓鱼。宝钗手里拿着一枝桂花玩了一回，俯在窗槛上爬了桂蕊掷向水面，引的游鱼浮上来唼喋。湘云出一回神，又让一回袭人等，又招呼山坡下的众人只管放量吃。探春和李纨、惜春立在垂柳阴中看鸥鹭。迎春又独在花阴下拿着花针穿茉莉花。看他各人各式，亦如画家有孤笔独出，有攒三聚五，疏疏密密，直是一幅百美图。宝玉又看了一回黛玉钓鱼，一回又俯在宝钗傍边说笑两句，一回又看袭人等吃螃蟹，自己也陪他饮两口酒。袭人又剥一壳肉给他吃。

黛玉放下钓竿，走至座间，拿起那乌银梅花自斟壶来，写壶非写壶，正写黛玉。拣了一个小小的海棠冻石蕉叶杯。妙杯，非写杯，正写黛玉。"拣"字有神理。盖黛玉不善饮，此任兴也。丫环看见，知他要饮酒，忙着走上来斟。黛玉道："你们只管吃去，让我自斟，这才有趣儿。"说着便斟了半盏，看时却是黄酒，因说道："我吃了一点子螃蟹，觉得心口微微的疼，须得热热的喝口烧酒。"宝玉忙道："有烧酒。"便令将那合欢花浸的酒烫一壶来。伤哉，作者犹记矮䫘舫前以合欢花酿酒乎？屈指二十年矣！黛玉也只吃了一口便放下了。

宝钗也走过来，另拿了一只杯来，也饮了一口，便蘸笔至墙上把头一个《忆菊》勾了，底下又赘了一个"蘅"字。妙极，韵极！宝玉忙道："好姐姐，第二个我已经有了四句了，你让我作罢。"宝钗笑道："我好容易有了一首，你就忙的这样。"黛玉也不说话，接过笔来把第八个《问菊》勾了，接着把第十一个《菊梦》也勾了，也赘一个"潇"字。这两个妙题,料定黛玉必喜,岂让人作去哉?宝玉也拿起笔来,将第二个《访菊》也勾了,也赘上一个"绛"字。探春走来看看道:"竟没有人作《簪菊》,让我作这《簪菊》。"又指着宝玉笑道:"才宣过总不许带出闺阁字样来,你可要留神。"说着,只见史湘云走来,将第四第五《对菊》《供菊》一连两个都勾了,也赘上一个"湘"字。探春道:"你也该起个号。"湘云笑道:"我们家里如今虽有几处轩馆,我又不住着,借了来也没趣。"近之不读书暴发户,偏爱起一别号。一笑。宝钗笑道:"方才老太太说,你们家也有这个水亭,叫'枕霞阁',难道不是你的?如今虽没了,你到底是旧主人。"众人都道有理,宝玉不待湘云动手,便代将"湘"字抹了,改了一个"霞"字。又有顿饭工夫,十二题已全,各自誊出来,都交与迎春,另拿了一张雪浪笺过来,一并誊录出来,某人作的底下赘明某人的号。李纨等从头看起:

忆菊　　　　　　蘅芜君真用此号,妙极!

怅望西风抱闷思,蓼红苇白断肠时。

空篱旧圃秋无迹,瘦月清霜梦有知。

念念心随归雁远,寥寥坐听晚砧痴。

谁怜我为黄花病,慰语重阳会有期。

访菊　　　　　　怡红公子

闲趁霜晴试一游,酒杯药盏莫淹留。

霜前月下谁家种,槛外篱边何处秋。

蜡屐远来情得得,冷吟不尽兴悠悠。

黄花若解怜诗客,休负今朝挂杖头。

种菊　　　　　　怡红公子

携锄秋圃自移来,篱畔庭前故故栽。

昨夜不期经雨活,今朝犹喜带霜开。

冷吟秋色诗千首,醉酹寒香酒一杯。

泉溉泥封勤护惜,好知井迳绝尘埃。

对菊　　　　　　枕霞旧友

别圃移来贵比金,一丛浅淡一丛深。

萧疏篱畔科头坐,清冷香中抱膝吟。

数去更无君傲世,看来惟有我知音。

秋光荏苒休辜负,相对原宜惜寸阴。

供菊　　　　　　枕霞旧友

弹琴酌酒喜堪俦,几案婷婷点缀幽。

隔座香分三径露,抛书人对一枝秋。

137

霜清纸帐来新梦，圃冷斜阳忆旧游。
傲世也因同气味，春风桃李未淹留。

咏菊　　　　　潇湘妃子

无赖诗魔昏晓侵，绕篱欹石自沉音。
毫端蕴秀临霜写，口齿噙香对月吟。
满纸自怜题素怨，片言谁解诉秋心？
一从陶令平章后，千古高风说到今。

画菊　　　　　蘅芜君

诗馀戏笔不知狂，岂是丹青费较量。
聚叶泼成千点墨，攒花染出几痕霜。
淡浓神会风前影，跳脱秋生腕底香。
莫认东篱闲采掇，粘屏聊以慰重阳。

问菊　　　　　潇湘妃子

欲讯秋情众莫知，喃喃负手叩东篱。
孤标傲世偕谁隐，一样花开为底迟？
圃露庭霜何寂寞，鸿归蛩病可相思？
休言举世无谈者，解语何妨片语时。

簪菊　　　　　蕉下客

瓶供篱栽日日忙，折来休认镜中妆。
长安公子因花癖，彭泽先生是酒狂。
短鬓冷沾三径露，葛巾香染九秋霜。
高情不入时人眼，拍手凭他笑路旁。

菊影　　　　　枕霞旧友

秋光叠叠复重重，潜度偷移三径中。
窗隔疏灯描远近，篱筛破月锁玲珑。
寒芳留照魂应驻，霜印传神梦也空。
珍重暗香休踏碎，凭谁醉眼认朦胧。

菊梦　　　　　潇湘妃子

篱畔秋酣一觉清，和云伴月不分明。
登仙非慕庄生蝶，忆旧还寻陶令盟。
睡去依依随雁断，惊回故故恼蛩鸣。
醒时幽怨同谁诉，衰草寒烟无限情。

残菊　　　　　蕉下客

露凝霜重渐倾欹，宴赏才过小雪时。

舞蹈的灵魂

蒂有馀香金淡泊，枝无全叶翠离披。

半床落月蛩声病，万里寒云雁阵迟。

明岁秋风知再会，暂时分手莫相思。

众人看一首，赞一首，彼此称扬不已。李纨笑道："等我从公评来。通篇看来，各有各人的警句。今日公评：《咏菊》第一，《问菊》第二，《菊梦》第三，题目新，诗也新，立意更新，恼不得要推潇湘妃子为魁了；然后《簪菊》《对菊》《供菊》《画菊》《忆菊》次之。"宝玉听说，喜的拍手叫"极是，极公道！"黛玉道："我那首也不好，到底伤于纤巧些。"李纨道："巧的却好，不露堆砌生硬。"黛玉道："据我看来，头一句好的是'圃冷斜阳忆旧游'，这句背面傅粉。'抛书人对一枝秋'已经妙绝，将供菊说完，没处再说，故翻回来想到未折未供之先，意思深透。"李纨笑道："固如此说，你的'口齿噙香'句也敌的过了。"探春又道："到底要算蘅芜君沉着，'秋无迹'、'梦有知'，把个忆字竟烘染出来了。"宝钗笑道："你的'短鬓冷沾'、'葛巾香染'，也就把簪菊形容的一个缝儿也没了。"湘云道："'偕谁隐'、'为底迟'，真个把个菊花问的无言可对。"李纨笑道："你的'科头坐'、'抱膝吟'，竟一时也不能别开，菊花有知，也必腻烦了。"说的大家都笑。宝玉笑道："我又落第。难道'谁家种'、'何处秋'、'蜡屐远来'、'冷吟不尽'，都不是访，'昨夜雨'、'今朝霜'，都不是种不成？但恨敌不上'口齿噙香对月吟'、'清冷香中抱膝吟'、'短鬓'、'葛巾'、'金淡泊'、'翠离披'、'秋无迹'、'梦有知'这几句就是了。"总写宝玉不及，妙极！又道："明儿闲了，我一个人作出十二首来。"李纨道："你的也好，只是不及这几句新巧就是了。"

大家又评了一回，复又要了热蟹来，就在大圆桌子上吃了一回。宝玉笑道："今日持螯赏桂，亦不可无诗。全是他忙，全是他不及，妙极！我已吟成，谁还敢作呢？"说着，便忙洗了手提笔写出。且莫看诗，只看他偏于如许一大回诗后，又写一回诗，岂世人想的到的？众人看道：

持螯更喜桂阴凉，泼醋擂姜兴欲狂。

饕餮王孙应有酒，横行公子却无肠。

脐间积冷馋忘忌，指上沾腥洗尚香。

原为世人美口腹，坡仙曾笑一生忙。

黛玉笑道："这样的诗，要一百首也有。"看他这一说。宝玉笑道："你这会子才力已尽，不说不能作了，还贬人家。"黛玉听了，并不答言，也不思索，提起笔来一挥，已有了一首。众人看道：

铁甲长戈死未忘，堆盘色相喜先尝。

螯封嫩玉双双满，壳凸红脂块块香。

舞蹈的灵魂

多肉更怜卿八足，助情谁劝我千觞。

对斯佳品酬佳节，桂拂清风菊带霜。

宝玉看了正喝彩，黛玉便一把撕了，令人烧去，因笑道："我的不及你的，我烧了他。你那个很好，比方才的菊花诗还好，你留着他给人看。"宝钗接着笑道："我也勉强了一首，未必好，写出来取笑儿罢。"说着也写了出来。大家看时，写道是：

桂霭桐阴坐举觞，长安涎口盼重阳。

眼前道路无经纬，皮里春秋空黑黄。

看到这里，众人不禁叫绝。宝玉道："写得痛快！我的诗也该烧了。"又看底下道：

酒未敌腥还用菊，性防积冷定须姜。

于今落釜成何益，月浦空馀禾黍香。

众人看毕，都说这是食螃蟹绝唱，这些小题目，原要寓大意才算是大才，只是讽刺世人太毒了些。说着，只见平儿复进园来。不知作什么，且听下回分解。

【苏联】玛·茨维塔耶娃

苏杭 译

我的普希金①

在苏联诗人茨维塔耶娃（1892～1941）的人生里程上，普希金是那个一路走来陪伴她灵魂的人。普希金，当然是普希金，被群氓杀害的诗人，俄罗斯诗歌的太阳。他是广场上风雪中站立的塑像，是我在文字里结成的至亲——那种混杂了热爱、崇拜、理解和痛惜的感情。从六七岁开始，从我发现姐姐的书柜中静静躺着的全套《普希金文集》开始，我就开始了爱情。我不爱童话，我爱"达吉雅娜和奥涅金"，我爱"爱情"，而我后来知道，"假若没有普希金的达吉雅娜——也就不会有我"。还有，最重要的，我一生的心魂所系，从普希金的《致大海》，我明白了——诗歌才是人间"奔放不羁的元素"，是灵魂的裸舞狂欢。

有些事情其实从一开始就已经注定了，比如茨维塔耶娃不能是一个幸福的女人，她只能是一个诗人、一个永远不能停止被伤害的人；比如她将终生以诀别的孤独的方式去体味爱；比如她从来没有为黑暗的时代歌功颂德，而是在漫长的流亡生活里，饱受苦难和贫穷的摧残。所有这些从一开始，在她从烫金字的禁书里走向他的时候就已经不能再改变。在那样有如曙光初升的岁月里，她就注定了只能从诗歌、从普希金大海般的心胸里找到自己的回乡之路。

犹如我们所有人的祖母们和母亲们必读的长篇小说《简·爱》中的一章——开门见山，便是红房子的秘密②。

在红房子里有一个秘密的橱柜。

但是在谈到秘密的橱柜之前，有另一件东西，就是母亲的卧室里有一幅

舞蹈的灵魂

---

① 选自《老皮缅处的宅子》，中国文联出版社，2001年版。本文有删节。

② 在英国女作家夏洛蒂·勃朗特的长篇小说《简·爱》（1847）的开头，描写了一间无人居住的和恐怖的"红房子"里有神秘的幻影和沙沙声响。

画——《决斗》①。

　　白雪，黑糊糊的小树枝，两个黑糊糊的人架着第三个人向雪橇走去——还有另一个人背对着离去。被护送的人是普希金，离去的是丹特斯②。丹特斯向普希金挑起决斗，也就是说把他骗到雪地里来，在那里的黑糊糊的光秃秃的小树中间，把他杀死了。

　　我知道的关于普希金的第一件事，就是他被人杀死了。后来我得知，普希金是诗人，而丹特斯是法国人。丹特斯仇视普希金，因为自己不会写诗，于是向他挑起决斗，就是说，把他骗到雪地里来，在那儿用手枪打中肚子把他杀死了。就这样，3岁的我清清楚楚地知道，诗人有肚子，因此——我回忆起我曾经见过的所有诗人——我对于诗人这个常常填不饱的肚子，普希金被杀害时所射中的肚子的关心，并不亚于对他的心灵的关心。从普希金的决斗开始，在我心中便萌发了一种姊妹之情。我再说一点儿，在肚子这个词里，对我来说，具有某种神圣的东西，甚至一句普普通通的"肚子痛"，都会涌起战栗的同情心的波浪，激荡着我的身心，而这种同情心排除一切幽默。这一声枪响伤了我们大家的肚子。

　　至于贡恰罗娃③，根本不曾有人提起，关于她只是在我成年时才了解到的。过了一辈子，我要热诚地感谢母亲的这种缄默。小市民的悲剧具有神话般的伟大。是的，实质上，在这场决斗当中并不存在第三者。只有两个人：任何人和一个人。就是说是普希金的抒情诗中的永恒的人物：诗人和群氓。群氓这一次穿着近卫骑兵团军官制服，杀死了诗人。而贡恰罗娃，也像尼古拉一世一样，总是能够找到的。

　　"不，不，不，你只要自己想想看！"母亲说道，她完全没有自己想想这个你。"一个受了致命伤的人，在雪地里，却没有放弃射击！瞄准了，打中了，还自言自语说：好！"母亲流露出一种赞赏的声调，这种声调对她这个基督徒来说是很自然的："受了致命伤，鲜血流淌，却还原谅敌人！"扔掉手枪，伸出手去。——这番话显然地把普希金同我们大家一起带回到他那复仇和和解的故乡非洲，而且没有想，这会给这个4岁的、刚开始识字的我一辈子留下了什么样的教训——如果说不是复仇的，那么就是和解的教训。

　　母亲的卧室，黑白分明，没有一个花点，黑白分明的窗户：白雪和那些小树枝。黑白分明的画《决斗》，画上是在皑皑的白雪上干着黑暗的勾当：群氓杀害诗人的永世的黑暗的勾当。

　　普希金是我的第一个诗人，可是我的第一个诗人被杀害了。

舞蹈的灵魂

────────────

① 指俄国画家A.A.纳乌莫夫（1840~1895）的作品《普希金决斗》。

② 乔治·查理·丹特斯（1812~1895），杀害普希金的凶手，法国的君主主义者。1830年侨居俄国。

③ 纳塔利娅·尼古拉耶夫娜·贡恰罗娃（1812~1863），普希金的妻子。

从那时起，是的，从我亲眼看到纳乌莫夫的画里普希金被杀害的那时起，我的整个幼年、童年、少年每日、每时，不断地受到伤害。我把世界分成诗人的世界和众人的世界，我选择了诗人，选择诗人加以保护：保护诗人，免受众人的伤害，不管这些人穿什么服装叫什么名字。

普希金是黑人。普希金长着络腮胡子（嘿！只有黑人和年迈的将军们才有这种胡子），普希金的头发是竖着的，嘴唇外翻；眼睛像小狗儿的一样是黑色的，蓝巩膜——尽管他眼睛显然是浅色的，可是许多肖像上却是黑色的。（既然是黑人——当然是黑色的眼睛。）

普希金是一个如同亚历山大商场里那个黑人一样的黑人，那个黑人身旁有一只站立着的白熊，是永远枯竭的喷泉上方——我们和母亲时常去看看：喷水了吗？那些喷泉从来也不喷水，（他们干吗修建这个呢？）俄国诗人是黑人，诗人是黑人，而且诗人被杀害了。

（上帝啊，怎么会是这样呢！从前的和现在的诗人当中哪一个不是黑人，而哪一个诗人又没被杀害呢？）

然而就是在纳乌莫夫的《决斗》之前——因为每一种回忆都有它的前回忆，就像救火梯子一样，背对着下，不知道还有没有阶梯，好像总有似的，或者就像骤然出现的夜空，你在夜空中会不断发现一个又一个新的更高的和更远的星星——然而在纳乌莫夫的《决斗》之前还有另外一个普希金，就是在我还不知道普希金就是普希金的时候的那个普希金。普希金不是回忆，而是状态，普希金在纳乌莫夫的《决斗》之前永远而且从来都是朝霞；从朝霞里面生长出来，又进入它里面去，犹如一个游泳者划开水面，用双肩把朝霞拨开。——一个比所有的人都高大而且比所有的人都黝黑的黑人，低垂着头颅，手里拿着一顶帽子。

那个永远在雨中和雪下——啊，我多么爱看这双被积雪覆盖着的肩膀，被俄罗斯的全部大雪覆盖着的坚强的非洲人的肩膀！——那个永远用双肩擎着朝霞和暴风雪，无论是我到来还是离去，无论是我跑开还是跑来，手中永远拿着一顶礼帽屹立着的人，就叫作"普希金纪念像"。

普希金的纪念像是散步的目的地和终点站：从普希金的纪念像到普希金的纪念像。普希金的纪念像也是赛跑的目的地：看谁最先跑到普希金纪念像跟前。只有阿霞的保姆有时候由于糊涂而简化地说："我们到普希金那儿坐坐。"从而我总是像个学究似的加以纠正："不是到普希金那儿，而是到普希金纪念像那儿。"

然而红房子的秘密又是什么呢？啊，整座宅子都是秘密的，整座宅子全是秘密！

禁止打开的橱柜，禁止吃的果子。这个禁果是一本书，一本蓝里透紫的封面的大本书，斜着的烫金字——普希金文集。

瓦列里娅姐姐的橱柜里住着普希金，那个满头鬈发、眼珠儿炯炯有神的黑人。然而至于说眼珠儿——还有另一对炯炯有神的，镜子里我自己的绿色的眼睛。因为橱柜是骗人的、带镜子的：有两扇橱门，每扇门里都有我，如果鼻子正好对着两面镜子的分界线，那么不是出现两个鼻子，便是一个鼻子，简直认不出来了。

厚厚的普希金的作品我是在橱柜里阅读的，把鼻子伸进书里和格子里，差不多是在黑暗当中，几乎紧贴着，由于书顶着喉咙，那重量压得我真有点儿透不过气来，另外那蝇头小字距离较近，简直令人头晕目眩。我读普希金的作品是直接注入心胸，直接注入脑子里的。

长凳。长凳上坐着达吉雅娜。然后奥涅金来了，但是没有坐下，而她却站了起来。两个人都站着。只是他在说话，一个劲儿说，说了很久，而她一句话也没说。于是我懂了，红褐色的小猫，奥古斯塔·伊万诺夫娜，洋娃娃都不是爱情，而长凳，长凳上的她，然后他来了并且一个劲儿说，她却一句话也不说。——这才是爱情。

"穆霞，你最喜欢哪场歌剧？"歌剧结束时，母亲问。

"达吉雅娜和奥涅金。"

"什么？不是《水仙女》——那里有磨坊，还有公爵，还有树精？不是《罗格涅达》？"

"达吉雅娜和奥涅金。"

"怎么会这样呢？那部歌剧你什么也不懂？你在那里又能懂得什么呢？"

我默不做声。

母亲郑重其事地说：

"是的，就像我想的那样，你一句话也没听懂，6岁呀！可你在那里又能喜欢什么呢？"

"达吉雅娜和奥涅金。"

"你真是个蠢货，比十条毛驴还固执！（转过头来对走过来的校长亚历山大·列昂季耶维奇·佐格拉夫说）我知道她，一会儿坐上马车，一路上她对我所有问题都将重复一句话：'达吉雅娜和奥涅金！'带她来，真叫人扫兴。世界上任何一个孩子，在看过的歌剧当中，都不会喜欢'达吉雅娜和奥涅金'，都会喜欢《水仙女》，因为那是童话，容易理解。简直不知道，我该拿她怎么办！！！"

"可是穆先卡，你为什么喜欢'达吉雅娜和奥涅金'？"校长异常亲切地问道。

（我沉默不语，却满心想说：）"因为爱情。"

"她大概已经做了第七个梦！"娜杰日达·雅科夫列夫娜·勃留索娃，我们学校高年级的优秀女生走过来说；我这才第一次知道，有第七个梦，这是衡量梦和夜的深度的标准。

"穆夏，这是什么？"校长一边说，一边从我的手笼里掏出装到里面去的橘子，然后又不引人注意地（已经引起注意了！）装了进去，然后又掏了出来，又装了进去，又掏了出来……

然而我已经完全麻木了，呆立着，任何因为橘子而引起他和勃留索娃的微笑，以及母亲的任何可怕的目光都不能使我嘴角上流露出感激的笑容。在回家的路上——沉静的、深夜的、乘坐雪橇的路上，母亲训了起来：

"真丢人！！送给你橘子也不知道谢谢人家！真是个蠢货，才6岁，就爱上了奥涅金！"

母亲错了，我不是爱上了奥涅金，而是奥涅金和达吉雅娜（而也许对达吉雅娜爱得稍微深一些），是他们两个人一起，是爱情。我若不是同时爱上两个人（爱她爱得稍微深一些），不是爱他们两个人，而是爱他们的爱情，那么后来我连一篇自己的东西也写不出来。是爱情。

那张他们没有坐过的长凳，看来是注定他们的命运的。无论是当时，还是后来，我从来都不喜欢接吻，我总是喜欢离别。从来也不喜欢坐下来，总是喜欢各奔东西。我观看的第一场爱情的戏是没有爱情的；他不爱她（这一点我明白了），因此就没有坐下来，她爱他，因此就站起来了，他们一分钟也没有在一起，在一起什么也没做，做的是完全相反的事：他说话，她默不做声；他不爱她，她爱他；他走了，她留下了；所以要是拉开帷幕——她一个人站着，而也许又在坐着，因为她所以站着只是因为他站着呢，而然后她崩溃了，就这样一直坐下去。达吉雅娜在那条凳子上一直坐着。

我观看的第一场爱情的戏事先注定了我未来的一切，注定了我心中的不幸的、不是相互的、不能实现的爱情的全部激情。我恰恰是从那一刻起便不想成为一个幸福的女人，因此我注定没有爱情。

全部问题大概就在于他不爱她，而且只因为这样她才那样地爱他，而且只是为此，她才选择了他，而不是别人作为爱的对象，她心里知道，他不可能爱她。（这一点我现在才说出来，但是我当时就知道了，虽然当时就知道了，可现在才学会说出来。）一个人如果具有承担不幸的全由自己忍受的、单相思的爱情这样一种不祥的天赋，那他肯定是一个乐于逆来顺受的天才。

然而《叶甫盖尼·奥涅金》在我身上还预先注定了一件事，不是一件事，而是很多件事。如果说，我在后来的一生中，直到今天，总是第一个给人写信，第一个向人伸出一只手和两只手去，而且不怕别人议论——那只是因为，在我那有如曙光初升的岁月里，书中描写的、在烛光下躺着的、发辫凌乱搭在胸前的达吉雅娜，当着我的面曾经这样做过。而且如果说，后来，当人们离去（经常离去）的时候，我不仅没有随后把手伸过去，甚至连头都不曾转动的话，那么只是因为当时，在花园里，达吉雅娜像一座雕像一样曾经呆坐着。

这是大胆的一课，自尊的一课，忠贞的一课，命运的一课，孤独的一课。

各个民族中有哪一个民族会有这样的恋爱中的女主人公：大胆而又具有尊严，钟情而又百折不挠，有先见之明而又痴情。

可知道，在达吉雅娜的答复中，没有一丝报复的影子。因此才成其为十足的报复，所以奥涅金才"像遭到雷击一样"站立着。

所有的王牌都在她手里，能对他进行报复并且使他发疯，所有的王牌都能使他受到凌辱，把他踏进那条长凳下的土地里去，能让他和那个大厅的拼花地板取平，然而她只是失言说出了一句话"我爱您，干吗要伪装呢？"就把这一切勾销了。

干吗要伪装呢？为了占上风！而占上风又是为什么呢？然而达吉雅娜对此确实没有确切的答案，于是她又站立着，在大厅的令人着魔的圈子里，犹如当时在花园令人着魔的圈子里一样，在自己的爱情的孤独的令人着魔的圈子里，当时是一个没人理睬的女人，现在是一个人们梦寐以求的女人，无论是当时还是现在，都是一个含情脉脉的女人并且不能成为一个被爱的女人。

所有的王牌都在她的手里，但是她并不想打出去。

是的，是的，少女们，请你们首先倾诉衷肠，然后再倾听答复，而然后再嫁给那令人尊敬的受到伤害的人，然后再倾听表白并且不要屈尊俯就他们——于是你们就会比我们的另一个女主人公[①]更幸福千万倍——那个因为想要实现所有的愿望，到头来只有卧轨而别无他路的女主人公。

在充满愿望和实现愿望之间，在充满痛苦和缺少幸福之间，我的选择在一生下来和出生以前便已经确定了。

就这样，达吉雅娜不仅影响了我的整个一生，而且影响了我的生命的事实本身：假若没有普希金的达吉雅娜——也就不会有我。

因为女人们都是这样阅读诗人们的作品，而不是别的样子。

然而，具有典型性的是，母亲没有给我起名叫达吉雅娜，可能是，毕竟是怜悯

---

① 即托尔斯泰的长篇小说《安娜·卡列尼娜》中的女主人公。

了小女孩……

大海。我睁大眼睛望着。(18年以后,我就是这样睁大眼睛第一次望着勃洛克的[1]。)

黑色的矮小的岩石,上面高高地竖立着一根铁棍子。

"这是青蛙岩,"主人的红褐色头发的儿子沃洛佳匆忙地介绍说,"这是咱们的青蛙。"

从我这里到青蛙那里,有一点点,一点点非常洁净的、非常清亮的水,水底有小石子和小玻璃块儿(阿霞那样的)。

"这是岩洞,"沃洛佳看着自己的脚下,解释说,"也是咱们的岩洞,这里全归咱们——要想去,咱们就爬进去!不过你会摔跤的!"

我爬着爬着便摔了一跤,穿着一双俄罗斯式的笨重的矮勒皮鞋,穿一身笨重的像毛毡一样的褐色的连衣裙,一下子便摔到了水里(摔到水里,而不是海里),红褐色头发的沃洛佳把我拖了出来,把我皮鞋里的水倒出来,然后我便同皮鞋坐在一起,穿着连衣裙晾晒着——免得母亲知道。

阿霞和沃洛佳身上干干的,而且充满鄙视的,往"石板"上爬,往岩石的光滑的板岩壁上爬,站在松树下,从那里往下扔掉碎石片和松球。

我一边晒着一边看着:这会儿我看到在青蛙岩后边还有水,很多水,越远,越莽苍,这水以一条闪光的白色直线而结束——就是小小波浪上泛着的这些亮点形成的一条银白色的线。我全身都是咸的,皮鞋也是咸的。

大海是蔚蓝色的,是咸的。

于是我突然转过身去背对着它,用碎石片在岩石上刻下:

再见了,奔放不羁的元素!

诗很长,因此我从手能够得到的高处开始写,但是凭经验我知道,诗是那么长,任何一块岩石也写不下,而别的像这样平滑的岩石旁边又没有,于是我字写得越来越小,诗句挨得越来越近,最后几行已经成了蝇头小楷,而且我知道,波浪马上就要冲来,不允许你写完,这样一来愿望也就不能实现了。什么愿望?唉,去海边!就是说,任何愿望也没有了?但是,即便是没有愿望!我也应当在波浪袭来以前把它写完,在波浪袭来以前全部写完,而波浪已经出来了,我刚好署上了名字:

亚历山大·谢尔盖耶维奇·普希金

然而全被冲刷掉了,犹如被舌头舔掉一般,整个岩石又湿了,又成了光滑的板

---

[1] "第一次望着勃洛克",是在1920年5月20日勃洛克在莫斯科的诗歌朗诵会上。

岩，现在已经是黑色的了，就像那座花岗岩……

从我第一次见到大海起，我从来也没有爱过它，我如同大家一样，逐渐地学会了利用它，同它玩耍：捡起小石子，在它里边击水玩——简直就像一个幻想着伟大的爱情的少年，渐渐地学会利用机会。

如今，30多年过后，我发现：我的去海边原来是普希金的心胸，我是经常到普希金的心胸中去，和拿破仑，和拜伦，和喧嚣声，和击水声，和他的心灵的声浪在一起，自然，我在地中海时和青蛙岩在一起，可是后来在黑海，再后来在大西洋，这个心胸——我便认不出来了。

到普希金的心胸中去，到那蔚蓝色的明信片中去，到那融会了世界和大海的整个蔚蓝色的明信片中。

（确切说，到那个我自己的听觉发出声响的贝壳中。）

去海边就是：大海+普希金对大海的爱，大海+诗人，不！是诗人+大海，两个元素，关于这两个元素，鲍里斯·帕斯捷尔纳克是那样永志不忘地写道：

> 奔放不羁的元素的元素[①]
> 和诗歌的奔放不羁的元素——

同时他省略了或者暗示了第三个和唯一一个抒情的元素。

然而去海边也是大海对普希金的爱：大海是朋友，大海在呼唤和期待，大海担心普希金会忘记，普希金对它像对活人一样许诺着，而且又一次地许诺着。大海是相互交流的，是那种唯一的相互交流的机会——到达大海边缘去，并且越过大海的边缘，越过犹如幸福的爱情一样充实的，而不是空虚的边缘。

这样的大海，我的大海，我的和普希金的致大海的大海只能体现在纸上——和在内心里。

还有一点，普希金的大海是诀别的大海。一般人是不会这样与大海和人们相见的，却会这样永别。因为我是初次和大海见面，而普希金是和它永别，普希金对大海的丰富的感受，我又怎能一下子便会感受到呢。因为普希金当时是最后一次站在大海的上方。

我的大海——普希金的奔放不羁的元素的大海，是最后一面的最后一眼的大海。

是不是因为我在孩提时代多次亲手写过"再见了，奔放不羁的元素！"或者没有任何因由——我对一生中所有的事物都是以诀别，而不是相逢，以决裂，而不是汇合，不是为了生，而是为了死才爱上并且爱下去的。

舞蹈的灵魂

---

① 引自帕斯捷尔纳克致普希金的诗《主题与变奏曲，变奏曲Ⅰ，原变奏曲》（1918）。

而且，就完全另外一种意义来讲，我与大海的相见恰恰是与它的诀别，双重的诀别——与奔放不羁的元素的大海的诀别和与真正的大海的诀别；奔放不羁的元素的大海虽然在我面前并不存在，但是只要我转过身去背对着真正的大海，便能用白色的板岩在灰色的板岩上使它重现，而那真正的大海虽然在我面前存在，但是由于那第一个大海，我已经不可能爱它了。

我再说点儿：我幼年时代把元素与诗歌等同起来的无知，原来是远见："奔放不羁的元素。"原来是诗歌，而不是大海，是诗歌，就是说，是我永远也不能与之诀别的唯一的元素。

舞蹈的灵魂

149

【美国】伊莎多拉·邓肯

朱立人 刘梦菫 译

舞蹈是解放的艺术①

伊莎多拉·邓肯（1878～1927），现代舞蹈的先驱，将舞蹈从僵硬的技术中解放出来，使之成为呼唤心灵觉醒的肢体语言。让我们的精神自由地倾泻，灵魂完美地舒展，把"爱的信息——曾经使我那样痛苦的爱的信息，还有狂喜的感情"带给他们，找到通往无限欢乐的道路——这是舞蹈的初衷。柔和起伏的大地、甜美纯净的山林女神、奔腾不息的大海、孕育万物的春天、神秘美丽的大自然——这是舞蹈的灵感之源。还有卢梭、尼采、惠特曼、波提切里、罗丹、贝多芬、瓦格纳，甚至林肯，他们都是她的老师，她真正的朋友。他们用哲学、音乐、绘画和诗歌的语言，以博大超凡的灵魂给予她感召，与她一同舞蹈，展现人类精神没有羁绊地飞扬的魅力。

伊莎多拉·邓肯，她像南方寂寞的棕榈树那样舞蹈，像奥林匹亚山的女仙，像踏着露水采摘想象之花的孩子，像仿佛从来没有生活过那样舞蹈。这样的舞蹈，"使我们的思绪和精神回到混沌初开的远古时代，回到这个世界的黎明时分。那时候，人类伟大的灵魂在美丽的身体上找到自己的自由表达"。

我日日夜夜在工作室里潜心探索着一种舞蹈，它能够通过身体动作予人的精神以神圣的表现。我常接连几小时纹丝不动地站着，两手交叉地放在胸口，遮住太阳神经丛②。母亲见我呆若木鸡、精神恍惚地持续那么久，往往惊惶失措——不过我还是在思索着，后来终于发现了一切舞蹈动作的中心弹簧、原始动力的火山口、产生一切动作变异的统一体、舞蹈创造的幻觉反映——就从这发现中诞生了我那流派的理论基础。芭蕾舞学校教师教导学生说，这一弹簧位于后背的中心脊椎下端。芭蕾舞大师说，从这个轴心出发，胳膊、腿和躯干必须自由地活动，产

舞蹈的灵魂

---

① 选自《邓肯自传》，上海文艺出版社，1981年版。标题是借用邓肯的原话。

② 太阳神经丛，指最大交感神经丛及其主神经节，因为放射状神经而得名。

生关节活动的木偶人的效应。这种方法产生的动作是人工的、机械的，不足以表现人的灵魂。而我恰恰相反，寻找的是精神表现的源泉，由此流入人体的各个渠道，使人体洋溢闪烁不已的光辉，即反映心灵幻觉的离心力。好几个月之后，当我学会了把自己所有的力量集中到这个独一无二的中心上，就感觉到以后在听音乐的时候，音乐的光芒和颤动涌入内心这个独一无二的源泉——在那里它们反映为心灵的幻觉，不是大脑的反映，而是心灵的反映，从这个幻觉出发，我就能够在舞蹈中把音乐的光芒和颤动表现出来。我时常竭力向艺术家们阐述关于我的艺术这个最重要的基本原理。斯坦尼斯拉夫斯基在他的《我的艺术生活》中曾经提到过我向他讲述的这些话。

这个理论要用语言表达出来似乎是非常困难的，但当我在我的舞蹈训练班里，哪怕是在最幼小、最无知的孩子们面前说："用你的心灵来聆听音乐。现在，你一边聆听，一边是不是感受到有一个内在的自我在你的内心深处觉醒？——正是由于它的力量，你才昂首举臂，你才缓缓走向脚灯。"——她们都能领会。这种觉醒就是我所设想的那种舞蹈的第一步。

即使是年岁最小的孩子也懂得这个道理。从此以后，即使在她们走路的当儿，甚至在她们所有的动作中，都具有一种精神力量和优雅风姿：并非身体结构产生的任何动作所固有，也不是从头脑中创造出来的。这就是为什么我那舞蹈学校里幼小的孩子也能够在特罗卡第罗剧院或大都会歌剧院的广大观众面前显示出只有伟大的艺术家才拥有的磁铁般的吸引力。可是当她们长大之后，在我们的物质文明的反作用下，这种力量就离开了她们——于是她们就失去了灵感。

童年和青年时期的特殊环境，使这种力量在我内心中发展到很高的程度，而在一生的各个时期里，我能够排除外界的一切干扰而独自生活在这种力量之中。因此当在为获得世俗的爱情而进行了一次次相当可悲的尝试之后，我立即改弦易辙，回到这种力量上来。

这时，我也幻想着要发现一种原始动作，由此自然而然地产生一系列动作而无需意志力量，只是作为原始动作的下意识反应。我已经在几个主题上把这样的一个动作发展成为一系列不同的动作——例如"害怕"这个原始动作，随后是由"烦恼"情绪起始产生的一种自然反应，由此自然产出一种悲伤的舞蹈，或者一种爱恋的动作。由此展开，就像蓓蕾初绽那样，舞蹈者将流射四散，犹如扑鼻的馨香。

这些舞蹈没有现成的音乐，但它们本身却像是从某种无声的音乐节奏中创造出来的。在我进行的研究中，最初试图表达肖邦的序曲，也曾学习格鲁克的音乐。母亲孜孜不倦地为我一遍又一遍地弹奏《奥菲乌斯》的整个音乐，直到窗户

舞蹈的灵魂

上曙光闪耀。

卢浮宫和国立图书馆是使我们快乐的源泉，此刻我又发现了第三个：歌剧院的可爱的图书馆。那里的管理员对我的研究工作亲切地表示关心，不管什么样的书籍，只要是关于舞蹈的，关于希腊音乐和戏剧艺术的，都搬出来让我随意选用。我便聚精会神地阅读上自古埃及、下至当代的一切有关舞蹈艺术的书籍，随读随记，专门抄录在笔记本上。但是，在我完成了这个工程浩大的实验之后，才知道我能够求教的舞蹈大师只有3人：让-雅克·卢梭（《爱弥儿》）①、沃尔特·惠特曼和尼采。

自从在展览会上观赏了罗丹的作品之后，他的艺术天才总是萦绕在我的心头。有一天，我到大学路上他那工作室，去向罗丹参拜，好似神话中的普赛克②去寻找山洞里的潘神③，不过我不是向爱神爱罗斯，而是向艺术之神阿波罗问路。

罗丹的身材矮小粗壮，健壮有力，须发丰美。他的作品寓伟大于简雅。有时他低声吟哦着他的塑像的名字，不过我们可以感觉到，名字对于他是没有什么意思的。他时常伸手去抚摸那些塑像。当时我想大理石在他的手下大概是像熔化的铅一般了吧。最后他两手攥住一小块黏土揉捏的时候，呼吸也急促了，热流从他内心奔涌而出，好似火炉在熊熊燃烧。不一会儿便捏成了一个女人的胸部，仿佛在他的手指下悸动。

他搀着我的手，坐了马车到我的工作室来。我急忙换上舞衣，把安德烈·博尼埃为我翻译的德阿克里特④的一首牧歌跳舞给他看：

> 潘神恋爱着艾柯，
> 而艾柯恋爱着萨蒂尔……

接着，我停下来把那套创造新舞蹈的理论讲给他听。但是不久就发觉他并没有在听我讲，而是垂下眼睑注视着我，两眼闪闪发光，接着脸上的表情就像在他面前的是他的作品。他向我走过来，伸手抚摸我的脖子和胸部，捏了我的胳膊，

舞蹈的灵魂

---

① 《爱弥儿》系卢梭表现其教育思想的小说。

② 普赛克（Psyche），古典神话中人的灵魂的体现者。在后来的古典文学中，她是一位美丽的少女，引起维纳斯（美神）的嫉妒，派其子丘比特（爱神）去激起她爱最丑的人，但丘比特自己却爱上了她，后来由于众姐妹的嫉妒破坏而遗弃了她。普赛克去找丘比特，历尽艰辛，终于永不分离。

③ 潘神（God Pan），希腊神话中畜牧及繁殖之神，后为自然之神。其形为半人半羊，后来的希腊艺术把它表现为一个头上长角的青年牧人。潘神喜欢山、洞和荒凉之地。希腊人相信该神在中午睡觉，不可惊动。

④ 德阿克里特（Theoeritus，或Theokritos，约前325~约前267），一译忒俄克里托斯，古希腊诗人，牧歌之创始者。

又滑过我的臀部和我赤着的腿和脚。他开始按摩我的全身，就像揉捏泥巴一样。同时他身上发出热焰，我烧焦了，我熔化了。我当时整个的心愿就是要把自己的一切都献给他。是的，要不是由于我所受的教养使我害怕起来，我真会这样做的。我躲闪开去，急忙把外衣披在舞衣上，把他打发走，而他还莫名其妙哩。

两年以后，我从柏林回到巴黎，才又见到了他。以后若干年中，他一直是我的良师益友。

就在那时，我创制了一种浴衣，后来变得很流行。那是一种用最好的中国纱罗制成的淡蓝色的舞服，大开胸，肩上有小吊带，裙子恰好齐膝盖上面，裸着腿，赤着脚。因为在那个时代里，妇女们下水游泳时还惯穿一身从头包到脚的黑衣服，从膝盖到脚踝是裙子，黑色长统袜子，黑色游泳鞋子，你可以清楚地想象到我的创造引起了怎样的轰动。费迪南德大公时常去跳水桥上散步，用观剧用的小望远镜瞄着我，用完全听得见的声音咕哝着说："Aeh, wie schön ist diese Duncan. Ach; wunder schön! Diese Frühlingzeit is nicht so schön wie sie."[1]

在那个阿巴沙的别墅里，窗前有一棵棕榈树。这是我第一次看到生长在温带的棕榈树。我时常注视它的叶子在清晨的和风中颤动，从这种颤动中我创造了一种胳膊、手和指头的轻微抖动的舞蹈动作，这种动作以后却被模仿我的人滥用了，因为他们忘了追溯其根源，不去观察棕榈树的颤动，先受之于内，再形之于外。每当我向着这棵棕榈树久久凝视的时候，一切艺术思念全都离开了我，我脑中只浮现出海涅的生动诗句：

南方有一棵寂寞的棕榈树……

我和伊丽莎白从阿巴沙来到慕尼黑。那时慕尼黑的整个生活都集中于"艺术家之家"，当时一群著名的大师——卡尔巴赫[2]、伦巴赫[3]、斯塔克[4]等人，每天晚上都在此聚会，喝着上好的慕尼黑啤酒，谈论哲学和艺术。格罗斯想安排我首次在那儿演出，伦巴赫和卡尔巴赫也这么想，只是斯塔克坚持认为舞蹈对于像"艺术家之家"这样一个艺术殿堂来说，颇为不合。于是，一天上午我到斯塔克家去拜访，想说服他相信我的艺术的价值。我在他的工作室里脱下衣服，穿上图尼克跳舞给他看，然后不停地给他讲我的神圣使命，讲舞蹈作为一种艺术的可能性，

---

① 德语："瞧，邓肯多么漂亮！真是好看极了，就是春天也没有这样美！"

② 卡尔巴赫（Karlbach），德国画家。

③ 伦巴赫（Lembach, Franz Von, 1836~1904），德国画家。

④ 斯塔克（Stuck, Franz Von, 1863~1928），德国版画家。

舞蹈的灵魂

一连讲了4个小时。后来他常对朋友们说，他一生中从来没有这样惊讶过。他说，好像觉得林中仙女突然从奥林匹亚山上下来，从另一个世界来到他的眼前。自然，他表示赞同，而我在"艺术家之家"的首次演出成为这个城市多年来轰动一时的艺林盛事。

后来我在凯姆学院表演舞蹈，学生们简直发了狂。一夜接着一夜，他们把我马车上的马解下来，由他们拉着车游街，并在我的敞篷马车两边唱着学生歌曲，擎着火炬欢呼跳跃。他们经常一连数小时聚集在我住的旅馆窗户下面唱歌，直到我把花朵和手帕扔给他们，每人抢着每人分一点掖在帽子里。

一天晚上，他们把我簇拥到学生的咖啡馆，把我抬起来，从一张桌子到另一张桌子跳舞。他们通宵唱歌，不断重复着唱道："伊莎多拉，伊莎多拉。人生是多么美！"这天晚上的事情第二天在报上发表的时候，全城的规矩人为之骇然。其实，这不过是一次极其天真无邪的"淘气"而已，虽则他们在黎明时送我回家的路上，把我的衣服和披肩都撕成了碎片，给拿去戴在帽子里面。

我永远也忘不了穿越蒂罗尔山，然后顺着阳坡下山，走向翁布里亚平原的情景。

我们在佛罗伦萨下了火车，接连几个星期到处漫游，心花怒放，看遍了美术馆、公园和橄榄园。在那段时间，是波提切利①吸引了我这个年轻人的想象。一连好几天，我坐在波提切利的名画——《春天》前面。这幅名画启发了我的灵感，使我创作了一个舞蹈，其中我努力体现由它提供的那些柔和的、奇妙的动作。铺满鲜花的大地柔和起伏，山林女神站成圆圈，和风之神凌空飞翔，全部围绕着中心人物；她一半是阿佛洛狄特，一半是圣母玛丽亚，用一个意味深长的手势象征春天孕育万物。

我在这幅画的前面坐看了好几个钟头，倾心于它。一位好心的老管理员给我搬来一张凳子，怀着好奇饶有兴趣地观察着我崇敬的表情。我一直坐在那里，果然我真正看到鲜花成长，画中赤露的腿跳起舞来，身体扭动起来，而欢乐的使者来到我面前。于是我想："我一定要把这幅画编成舞蹈，把爱的信息，曾经使我那样痛苦的爱的信息——春天，孕育万物的春天，带给他人。一定要通过舞蹈把这种狂喜的感情带给他们。"

闭馆时间到了，我仍然在画前滞留，希望通过这个美丽瞬间的神秘色彩，去发现春天的真谛。我觉得，生活迄今为止一直都是一场笨拙的、盲目的探索；我思忖着："倘若我能够找到这幅画的秘密，就可以给别人指出一条通向丰富多彩的生活、通向无限欢乐的道路。"记得我当时对生活的看法很像一个带着良好意愿

① 波提切利（Sandro Botticelli, 1444~1510），意大利画家。

舞蹈的灵魂

参加战争的人，他受了重伤，回顾既往，说出了这样的话："为什么我不应该去传播福音，拯救他人免受这类残杀？"

在佛罗伦萨面对波提切利的名画《春天》沉思的结果就是这样，后来我尝试把这幅画编成一个舞蹈。啊，甜蜜的、半隐半显的异教徒生活，在这里，阿佛洛狄特通过仁慈而更为温柔的圣母的形象闪亮显露；在这里，阿波罗像圣徒塞巴斯蒂安来到初抽嫩枝的树林。这一切如恬静的欢乐暖流涌进我的心房，迫切地渴望把这一切表现为我的舞蹈——我称它为《未来之舞》。

那天晚上到达了戴上紫罗兰花冠的雅典城。拂晓，我们满怀崇敬之情，两腿颤抖，战战兢兢地沿着雅典娜神庙的台阶攀登。登上高处，觉得以往的我像一件杂色斑驳的外衣从我身上脱落，似乎我从来没有生活过，似乎在现在长长的呼吸中，对纯洁之美的初次凝视中，我刚刚降生于人间。

太阳从彭特里库斯山那边升起。山显得出奇的洁净，它的大理石两侧在阳光下闪闪发光，壮丽巍峨。我们登上了神庙入口处最后一级台阶，凝望着在晨曦中闪耀的神庙，不约而同地屏息无语，彼此稍稍保持着距离。因为这里是美，神圣的美，不允许以言语来亵渎，它使我们心里感到说不出的惶恐。现在不能再喊叫，也不能再拥抱了，每个人都找到了顶礼膜拜的最好的位置，一连几个钟头都处于狂热的沉思之中，人人战栗，身体发软。

在《唐豪塞》首场公演时，我穿的透明的图尼克把我舞蹈着的身体各个部分暴露无遗，这样置身于芭蕾舞演员套着粉红色紧身衫的大腿中间，就造成了相当的骚乱。最后，连可怜的瓦格纳夫人也失去了勇气，派她的一个女儿把一件白色无袖女衫送到化妆室来，央告我把它穿在我用作服装的薄薄披纱下面。但是我丝毫不动摇，要按照自己的方式穿服装和跳舞，否则干脆不跳。

"您会看到的，要不了多少年，您的酒神祭女和花似的少女们都会像我这样装束打扮的。"我这一预言，后来真的应验了。

但在当时，一般人对于我这双漂亮的大腿议论纷纷，争论激烈：我裸露光滑发亮的皮肤究竟是否合乎道德，应不应该用可恶的肉色丝质紧身衫把它遮盖起来。我多次大声疾呼，竭力剖白，说肉色紧身衫是多么鄙俗不雅，而赤裸的人体，当它是为美丽的思想所灌注的时候，又是多么美丽和纯洁无邪。

就这样，我被大家看成是十足的异教徒，同那些十足的庸人们进行了斗争。但是，我这个异教徒即将被从圣芳济崇拜中所产生的狂热的爱征服，而且根据银号角的礼仪，宣布举起圣杯。

有一天日场，罗斯福总统出人意料亲临包厢，来看我的演出。看来他很喜欢

舞蹈的灵魂

我的演出，每一个节目演完之后都带头鼓掌。后来他在给一位朋友的信中写道：

> "这些部长从伊莎多拉的舞蹈中能找到什么害处呢？在我看来，她像是一个跳着舞穿过晨曦沐浴的花园，采摘想象之花的天真无邪的孩子。"

报纸援引的罗斯福总统这段话，使那些说教者们大为羞愧，而大大地帮助了我们的巡回演出。

艺术杂志编者玛丽·范东·罗伯茨欣喜若狂地说出了以下一段话：

> "当伊莎多拉·邓肯翩翩起舞的时候，人们的精神仿佛回到了远古时代，世界初创的时代。那时候，人们以形体之美作为自由表现伟大灵魂的手段，运动的韵律和声音的韵律融合为一，人体的动作与风和海洋的运动协调一致，女人手臂的姿势犹如玫瑰花瓣的开放，而她的脚在草地上踩踏，犹如树叶飘然落地。当宗教的、爱情的、爱国的、牺牲的或者欲望的整个热情，合着古弦琴、竖琴或者铃鼓节奏表现出来的时候，当男男女女在他们的家庭炉旁和神的面前，或者走出家门在森林中和在海边，身上充满了生命的欢乐，以宗教式的狂热跳起舞来的时候，那就必然是：人类灵魂的每一个强烈的、巨大的或者美好的冲动，都从精神倾泻出来而化为身体，与宇宙的节奏和谐一致，完美无瑕。"

一切美好的艺术都是来自人类的精神，不需要任何外表虚饰。在我们那所学校里，没有华丽的服饰，没有装饰，只有从灵感充溢的人类灵魂里流露出来的美，还有作为这种美的象征的身体；而且，如果我的艺术在这里对你们有所启发的话，我希望它教给你们的就是这一点。美是需要寻找的，在孩子们身上就可以找到：在他们的眼睛的光辉里，在他们伸展出来做各种可爱动作的美丽小手之中。你们已经看见，她们手拉着手走过舞台，比通常坐在这儿包厢里的任何一位老太太、小姐身上的珠宝钻翠要漂亮得多。她们就是我的珍珠和钻石；别的我什么也不需要。让孩子们美丽、自由、强壮有力吧！把艺术给人民，人民需要它。伟大的音乐再也不能只供少数有文化的人娱乐，它应该无代价地给予大众：他们需要它，就像需要水和面包，因为那是人类精神上的美酒。

【俄国】列夫·托尔斯泰
周扬 译

安娜·卡列尼娜①

美丽迷人的安娜，政府要员的夫人，仪态端庄的皇室后裔。如果她不小心爱了谁，甚至要收归作裙下之臣，都没有什么不妥，事实上这正是当时所谓上流社会的风俗之一，连丈夫都可以默许；只是错在她不该在社交场合有失体面地对情人流露了关怀，而且甚至要为这感情，跟冰冷的家庭和虚伪的生活做彻底的决裂。世人说前者叫做富有浪漫的情趣，而后者是冒天下之大不韪的不检点和放荡。这个社会原谅了虚伪和谎言，原谅了偷情和不忠实，可是从不放过一个诚实面对自己内心的人，不放过一个正面挑战规则的异类。

能不能得到幸福，她所向往的感情又是不是真的像金子一样可贵，安娜不知道。看着心爱的人翻下马来的时候她大约没有这样的思考，她再不能宁静也不能假装。她说："我爱他，我是他的情妇……随便你怎么处置我吧。"生命苍白而且短暂，终将像蜡烛一样熄灭，可是曾经有那样的时刻，爱情真诚无欺，灵魂绽放光彩。

安娜·卡列尼娜，作为一个背弃了母亲和妻子天职的女性，作者对她的态度非常复杂和矛盾，正如托翁的世界观、他对于伦理道德和人的本性之间种种问题的思考一样复杂和矛盾，可以看到反复求索思辨的痕迹。在创作之初作者将安娜设计为一个失足女性的形象予以鞭笞，让她受到良心的折磨，并且赋予她卧轨自尽的凄惨命运。然而在写作的过程中，托翁逐渐放弃了审判者立场，转而对笔下的人物施予了深广的同情和理解，他后来选择和安娜站在一起，甚至动情地说：安娜就是我。

其实谁又能审判她呢，这个要在泥沼里采摘花朵的生机勃勃的灵魂？有谁不曾在感情和责任之间犹疑徘徊找不到方向？谁不愿握住仅有的一点激情的花火，即使那也许仅仅是肉欲的幻影？谁又不是在荒诞空虚的生活里灰心失望苦苦追索一条光明的出路？安娜·卡列尼娜，她也与

157

① 选自《安娜·卡列尼娜》第二部28、29节，第七部31节，人民文学出版社，1956年版。

我们站在一起，是我们之中单纯真挚的一个。她不知道真爱这样东西是否能够长久地存在，可是她认定那值得倾尽了生命的所有去追寻。

列夫·托尔斯泰（1828~1910），俄国作家，文学巨人。代表作有《安娜·卡列尼娜》《复活》《战争与和平》等。他习惯用极度怜悯的语调对人的灵魂做深刻拷问，始终保持着人道主义的温情与宽容。

阿列克谢·亚历山德罗维奇到赛马场的时候，安娜已经坐在亭子里贝特西旁边，所有上流社会的人们齐集在这个亭子里。她老远就看见了她丈夫。两个男子，丈夫和情人，是她生活的两个中心，而且不借助外部感官，她就感觉到他们近在眼前。她远远地就感觉到她丈夫走近了，不由得注视着他在人群中走动的姿影。她看见他向亭子走来，看见他时而屈尊地回答着谄媚的鞠躬，时而和他的同辈们交换着亲切而漫不经心的问候，时而殷勤地等待着权贵的青睐，并脱下他那压到耳边的大圆帽。她知道他的这一套。而且在她看来是很讨厌的。"只贪图功名，只想升官，这就是他灵魂里所有的东西，"她想，"至于高尚理想，文化爱好，宗教热忱，这些不过是飞黄腾达的敲门砖罢了。"

从他朝妇女坐的亭子眺望的眼光（他一直望着她的方向，但是在海洋一样的绢纱、丝带、羽毛、阳伞和鲜花中认不出他的妻子来），她知道他在寻找她，但是她故意不去注意他。

"阿列克谢·亚历山德罗维奇！"贝特西公爵夫人叫他，"我相信您一定没有看见您的夫人；她在这里呢。"

他露出冷冷的微笑。

"这里真是五光十色，不免叫人目迷五色了，"他说着，向亭子走去。他对妻子微微一笑，就像丈夫和妻子刚分离一会又见面应有的微笑那样，然后上前招呼公爵夫人和旁的熟人，给每人以应得之份——那就是说，和妇人们说笑，同男子们亲切寒暄。下面，靠近亭子，站着一位阿列克谢·亚历山德罗维奇所尊敬的、以其才智和教养而闻名的侍从武官。阿列克谢·亚历山德罗维奇和他攀谈起来。

在两场赛马之间有一段休息时间，因此没有什么东西妨碍谈话。侍从武官反对赛马。阿列克谢·亚历山德罗维奇反驳他，替赛马辩护。安娜听着他那尖细而抑扬顿挫的声调，没有遗漏掉一个字，而每个字在她听来都是虚伪的，很刺耳。

当4俄里障碍比赛开始的时候，她向前探着身子，目不转睛地盯着弗龙斯基，看他正走到马旁，跨上马去，同时她听着她丈夫讨厌的、喋喋不休的声音。她为弗龙斯基提心吊胆，已经很痛苦，但是更使她痛苦的却是她丈夫那带着熟悉语气的尖细声音，那声音在她听来好像是永不休止。

"我是一个坏女人，一个堕落的女人，"她想，"但是我不喜欢说谎，我忍受不了虚伪，而他（她的丈夫）的食粮——就是虚伪。他明明知道这一切，看到这一切，假使他能够这么平静地谈话，他还会感觉到什么呢？假使他杀死我，假使他杀死弗龙斯基，我倒还会尊敬他哩。不，他需要的只是虚伪和体面罢了，"安娜暗自说，并没有考虑她到底要求她丈夫怎样，她到底要他做怎样一个人。她也不了解阿列克谢·亚历山德罗维奇今天使她那么生气，话特别多，只是他内心烦恼和不安的表现。就像一个受了伤的小孩跳蹦着，活动全身筋肉来减轻痛苦一样，阿列克谢·亚历山德罗维奇也同样需要精神上的活动来不想他妻子的事情，一看到她，看到弗龙斯基和经常听到人提起他的名字就不能不想起这些事情。正如跳蹦对一个小孩是自然的一样，聪明畅快地谈话在他也是自然的。他说："士官骑兵赛马的危险是赛马必不可少的因素。假如说英国能够炫耀军事历史上骑兵最光辉的业绩的话，那就完全是因为它在历史上发展了人和马的这种能力。运动在我看来，是有很大价值的，而我们往往只看到表面上最肤浅的东西。"

"这不是表面的，"特维尔斯基公爵夫人说，"他们说有一个士官折断了两根肋骨哩。"

阿列克谢·亚历山德罗维奇浮上素常的微笑，露出了牙齿，但是再也没有表示什么。

"我们承认，公爵夫人，那不是表面的，"他说，"而是内在的。但是问题不在这里，"于是他又转向那位一直在和他认真谈话的将军说："不要忘了那些参加赛马的人都是以此为业的军人，而且我们得承认每个行业都有它不愉快的一面。这原属军人的职责。像斗拳、西班牙斗牛之类的畸形运动是野蛮的表征。但是专门的运动却是文明的表征。"

"不，我下次再也不来了；这太令人激动了！"贝特西公爵夫人说，"不是吗，安娜？"

"这是刺激的，但是人又舍不得走，"另一个妇人说，"假使我是一个罗马妇人的话，我是不会放过一次格斗表演的。"

安娜一句话没有说，尽拿着她的望远镜，老盯住一个地方。

这时，一位高大的将军穿过亭子。阿列克谢·亚历山德罗维奇中止谈话，急忙地、但是庄严地立起身来，向将军谦卑地鞠躬。

"您不参加赛马吗？"将军跟他开玩笑说。

"我参加的竞赛可更难呢，"阿列克谢·亚历山德罗维奇恭敬地回答。

虽然这回答毫无意思，将军却显出好像从富于机智的人口里听到机智的回答那样一副神情，细细地品尝着话中的风趣①。

"有两方面，"阿列克谢·亚历山德罗维奇继续说，"演员和观众两方面；我

---

① 原文为法语。

承认，爱看这种东西正是观众文化程度很低下的铁证，但是……"

"公爵夫人，打赌吧！"从下面传来了斯捷潘·阿尔卡季奇朝贝特西说话的声音，"您赌谁赢呢？"

"安娜和我都赌库佐夫列夫，"贝特西回答。

"我赌弗龙斯基。一副手套吧？"

"好的！"

"多么好看呀，可不是吗？"

当周围有人谈话的时候，阿列克谢·亚历山德罗维奇沉默了一会，但是随即又开口了。

"我同意，但是需要勇气的运动不是……"他继续着。

但是正在这时骑士们出发了，于是一切的谈话都停止了。阿列克谢·亚历山德罗维奇也静默下来，每个人都站起来，把视线转向小河。阿列克谢·亚历山德罗维奇对于赛马并不感兴趣，所以他没有看骑士们，只是用他那疲倦的眼睛心不在焉地打量着观众。他的眼光停在安娜身上了。

她的脸色苍白而严峻。显然除了一个人以外，什么人，什么东西也没有看见。她的手痉挛地紧握着扇子，她屏住呼吸。他望了望她，连忙回过头去，打量着别人的面孔。

"但是这里这位妇人和旁的妇人都很兴奋呢；这是非常自然的啊，"阿列克谢·亚历山德罗维奇自言自语。他极力想要不看她，但是不知不觉地他的目光被吸引到她身上去了。他又观察了她的脸，竭力想不看出那明显地流露在那上面的神情，可是终于违反了他自己的意志，怀着恐怖，他在上面看出了他不愿意知道的神色。

库佐夫列夫在小河旁第一个堕下马来使所有的人都激动起来，但是阿列克谢·亚历山德罗维奇在安娜苍白的、得意的脸上却清楚地看出了，她所注视的人并不是跌下马的那一个。当马霍京和弗龙斯基越过了大栅栏之后，在他们后面的一个士官跌下马来，受了重伤，而一阵恐怖的叹息声在全体观众中间掠过去时，阿列克谢·亚历山德罗维奇看出安娜甚至都没有注意到这些，她好容易才明白她周围的人们在谈什么。但是他更频频地、执拗地注视着她。安娜虽然全神贯注在飞驰的弗龙斯基身上，却感觉到她丈夫的冷冷的眼光在旁边盯着她。

她回过头来，询问般地望了他一眼，微微皱着眉，又回过头去。

"噢，我才不管哩！"她像在对他这样说，就再也没有望过他一眼了。

这场赛马是不幸的，在参加比赛的17个士官中有半数以上堕马，受了伤。到比赛将要终结的时候，每个人都很激动，因为沙皇不高兴，大家就更激动了。

　　大家都大声地表示不满，大家都在重复不知谁说出来的一句话："只差和狮子角斗哩，"而且大家都感到恐怖，因此当弗龙斯基翻下马来，安娜大声惊叫了一声时，并没有什么稀奇之处。但是后来安娜的脸上起了一种实在有失体面的变化。她完全失去控制。她像一只笼中的鸟儿一样乱动起来，一会起身走开，一会又转向贝特西。

　　"我们走吧，我们走吧！"她说。

　　但是贝特西没有听见。她弯着身子，正跟走到她面前的一位将军说话。

　　阿列克谢·亚历山德罗维奇走到安娜面前，殷勤地把胳臂伸给她。

　　"我们走吧，假使你高兴的话，"他用法语说。但是安娜正在听将军说话，没有注意到她丈夫。

　　"听说他也摔断了腿，"将军说，"真是太糟糕了。"

　　安娜没有回答她丈夫，她举起望远镜，朝弗龙斯基堕马的地方眺望；但是离那地方那么远，而且那么多人拥挤在那里，她什么都看不见。她放下望远镜，正待起身走开，但是正在这时一个士官骑马跑来，向沙皇报告了消息。安娜向前探着身子倾听。

　　"斯季瓦！斯季瓦！"她叫她的哥哥。

　　但是她的哥哥没有听见。她又起身预备走。

　　"我再一次把胳臂伸给你，假使你要走的话，"阿列克谢·亚历山德罗维奇说，触了触她的手。

　　她厌恶地避开他，没有望着他的脸，回答说：

　　"不，不，不要管我，我要留在这里。"

　　她这时看到从弗龙斯基出事的地点一个士官正穿过赛马场朝亭子跑来。贝特西向他挥着手帕。

　　士官带来了骑者没有受伤，只是马折断了脊背的消息。

　　一听到这消息，安娜就连忙坐下，用扇子掩住脸。阿列克谢·亚历山德罗维奇看到她在哭泣，她不仅控制不住眼泪，连使她的胸膛起伏的呜咽也抑制不住了。阿列克谢·亚历山德罗维奇用身子遮住她，给她时间来恢复镇静。

　　"我第三次把胳臂伸给你，"他过了一会之后向她说。安娜望着他，不知道说什么好。贝特西公爵夫人来解围了。

　　"不，阿列克谢·亚历山德罗维奇，我邀安娜来的，我答应了送她回去。"贝特西插嘴说。

　　"对不起，公爵夫人，"他说，客气地微笑着，但是坚定地望着她的眼睛。"我看安娜身体不大舒服，我要她跟我一道回去。"

　　安娜吃惊地环顾了一下四周，顺从地站起身来，挽住她丈夫的胳臂。

"我派人到他那里去探问明白，就来通知你。"贝特西低声对她说。

当他们离开亭子的时候，阿列克谢·亚历山德罗维奇照常和他遇见的人们应酬，而安娜也要照常寒暄应酬；但是她完全身不由己了，像在梦中一样挽住她丈夫的胳臂走着。

"他跌死了没有呢？是真的吗？他会不会来呢？我今天要不要去看他？"她想着。

她默默地坐上她丈夫的马车，他们默默地从马车群里驶出去。阿列克谢·亚历山德罗维奇虽然看见了这一切，却还是不让自己考虑他妻子的实际处境。他只看见了外表的征候。他看见了她的举动有失检点，认为提醒她是自己的职责。不过单提这件事，不说别的，在他是非常困难的。他张开嘴，想要对她说她举动不检，但是不由自主地说了一句完全另外的话。

"说起来，我们大家多么爱好这些残酷的景象啊！"他说，"我看……"

"什么？我不明白。"安娜轻蔑地说。

他被激怒了，立刻说出他想要说的话。

"我不能不对你说。"他开口了。

"现在我们一切都要说穿了！"她想，感到恐惧。

"我不能不对你说今天你的举动有失检点。"他用法语对她说。

"我的举动什么地方有失检点？"她大声说，迅速地掉转头来，正视着他的眼睛，但已经不带着以前那种有所隐瞒的快活神色，而是带着一种坚定的神色，她很费力地想借此把她感到的恐怖隐藏起来。

"注意。"他指着马车夫背后开着的窗子说。

他起身把窗子关上。

"你觉得我什么地方有失检点？"她重复说。

"一个骑手出了事的时候，你没有能够掩盖住你的失望的神色。"

他等待她回答；但是她却沉默着，直视着前方。

"我曾要求你在社交场中一举一动都要做到连恶嘴毒舌的人也不能够诽谤你。有个时候我曾说过你内心的态度，但是现在我却不是说那个。现在我说的只是你外表的态度。你的举动有失检点，我希望这种事以后不再发生。"

他说的话她连一半都没有听进去，她在他面前感到恐惧，而心里却在想着弗龙斯基没有跌死是不是真的。他们说骑手没有受伤，只是马折断了脊骨，他们说的是他吗？当他说完的时候，她只带着假装的嘲弄神情微微一笑，并没有回答，因为她没有听见他说了什么。阿列克谢·亚历山德罗维奇开始大胆地说了，但是当他明白地意识到他所说的话时，她感到的恐怖也感染了他。他看见她的微笑，他心里产生了一种奇怪的错觉。

"她在嘲笑我疑心太重哩。是的,她马上就会对我说她以前对我说过的话:说我的猜疑是无根据的,是可笑的。"

在全部真相即将揭露的时刻,他最希望的是她还会像以前一样嘲笑地回答说他的猜疑是可笑的、毫无根据的。他所知道的事是这样可怕,以致他现在什么都愿意相信了。但是她脸上的惊惶而又忧郁的表情,现在看样子连欺骗也不会了。

"也许我错了,"他说,"假如是那样的话,就请你原谅我吧。"

"不,你没有错,"她从容地说,绝望地望着他的冷冷的面孔,"你没有错。我绝望了,我不能不绝望。我听着你说话,但是我心里却在想着他。我爱他,我是他的情妇,我忍受不了你,我害怕你,我憎恶你……随便你怎样处置我吧。"

她仰靠在马车角落里,突然呜咽起来,用两手掩着脸。阿列克谢·亚历山德罗维奇没有动,直视着前方。但是他的整个面孔突然显出死人一般庄严呆板的神色,而这神色直到他们到了别墅都没有变化。快到家的时候,他回过头转向她,还是带着同样的神色。

"很好!但是我要求你严格地遵守外表的体面直到这种时候,"他的声音发抖了,"直到我采取适当的措施来保全我的名誉,而且把那办法通知你为止。"

他先下车,然后扶她下了车。在仆人面前,他紧紧握了握她的手,又坐上马车,驶回彼得堡去。

他走后不一会,贝特西公爵夫人的仆人来了,给安娜送来一封短信。

"我差人到阿列克谢那里去探问他的健康情况,他回信说他很好,没有受伤,只是感到失望。"

"这样,他会来了,"她想,"我把一切都对他讲明了,这是多么好的一件事情啊。"

她看了看表。她还得等3个钟头,回忆起他们最后一次会面的详细情节使她的血沸腾起来。

"哎呀,多么光明啊!这是可怕的,但是我爱看他的脸,我爱这奇幻的光明……我的丈夫!啊!是的……哦,谢谢上帝!和他一切都完了。"

铃响了,几个青年匆匆走过去,他们既丑陋,又无礼,但却非常注意他们给人的印象;彼得穿着号衣和长统靴,面孔呆板,一副蠢相,也穿过候车室,来送她上火车。两个大声喧哗着的男人沉默下来,当她在月台上走过他们身边的时候,其中的一个人对另外那个人低声议论了她几句,自然是些下流的话。她登上火车的高踏板,独自坐在一节空车厢的套着原先是洁白、现在却很肮脏的椅套的弹簧椅上。她的手提包放在身边,被座位的弹簧颠得一上一下。彼得带着一脸傻笑,举起他那镶着金边的帽子,在车窗跟前向她告别;一个冒失的乘务员砰的一声把门关上，并且闩上锁。一个裙子里撑着裙箍的畸形女人（安娜在想象中给那女人剥掉了衣服，看见她的残疾的形体不禁毛骨悚然起来）和一个堆着假笑的女孩子，跑下去。

"卡捷琳娜·安德列耶夫娜什么都有了，姑姑！①"那小女孩喊着说。

"还是个小孩子，就已经变得怪模怪样，会装腔作势了，"安娜想。为了不看见任何人，她连忙立起身来，在空车厢对面的窗口坐下。一个肮脏的、丑陋的农民，戴着帽子，帽子下面露出一缕缕乱蓬蓬的头发，走过窗口，弯腰俯在车轮上。"这个丑陋的农民似乎很眼熟，"她想。回忆起她的梦境，她吓得浑身发抖，走到对面的门口去。乘务员打开门，放进一对夫妇来。

"夫人想出去吗？"

安娜一声不答。乘务员和进来的人们都没有注意到她那面纱下的脸上的惊惶神色。她走回她的角落里，坐下来。那对夫妇在她对面坐下，留心地，偷偷地打量着她的服装。安娜觉得他们两夫妇都是令人憎恶的。那位丈夫请求她允许他吸支烟，他分明不是想吸烟，而是想和她攀谈。得到她的许可以后，他就用法语对他妻子谈起来，谈一些他宁可抽烟，也不大情愿谈论的无聊事情。他们装腔作势地谈着一些蠢话，只不过是为了让她听听罢了。安娜清清楚楚地看出来，他们彼此是多么厌倦，他们彼此又有多么仇视。像这样可怜的丑人儿是不能不叫人仇恨的。

听到第二遍铃响了，紧接着是一阵搬动行李、喧哗、喊叫和笑声。安娜非常明白，任何人也没有值得高兴的事情，因此这种笑声使她很痛苦，她很想堵住耳朵不听。终于第三遍铃响了，火车头拉了汽笛，发出哐啷响声，挂钩的链子猛然一牵动，那个做丈夫的在身上画了个十字。"问问他这么做是什么意思，倒是蛮有趣的，"安娜想，轻蔑地盯着他。她越过那妇人，凭窗远眺，望着月台上那些来送行、仿佛朝后面滑过去的人。安娜坐的那节车厢，在铁轨接合处有规律地震动着，轰隆轰隆地开过月台，开过一堵砖墙、一座信号房、还开过一些别的车辆；在铁轨上发出轻微的当声的车轮变得又流畅又平稳了；窗户被灿烂的夕阳照着，微风轻拂着窗帘。安娜忘记了她的旅伴们；随着车厢的轻微颤动摇晃着，呼吸着新鲜空气，安娜又开始沉思起来：

"我刚才想到哪里了呢？我想到简直想象不出一种不痛苦的生活环境；我们生来就是受苦受难的，这一点我们都知道，但是却都千方百计地欺骗着自己。但是就是你看清真相的时候，你又有什么办法呢？"

"赐予人理智就是使他能够摆脱苦难。"那个太太用法语挤眉弄眼地咬着舌头说，显然很得意她这句话。

这句话仿佛回答了安娜的思想。

———————
① 原文为法语。

"摆脱苦难。"安娜心里暗暗地重复说。瞥了一眼那位面颊红润的丈夫和他瘦骨嶙峋的妻子，她看出来那个多病的妻子觉得自己受到误解，她丈夫欺骗了她，因此使她自己起了这种念头。安娜把目光转移到他们身上，仿佛看穿了他们的来历和他们心灵的隐秘。但是这一点意思也没有，于是她又继续思索起来。

"是的，我苦恼万分，赋予我理智就是为了使我能够摆脱；因此我一定要摆脱。如果再也没有可看的，而且一切看起来都让人生厌的话，那么为什么不把蜡烛熄了呢？但是怎么办呢？为什么这个乘务员顺着栏杆跑过去？为什么下面那辆车厢里的那些年轻人在大声喊叫？为什么他们又说又笑？这全是虚伪的，全是谎话，全是欺骗，全是罪恶！……"

在火车进站的时候，安娜夹在一群乘客中间下了车，好像躲避麻风病患者一样避开他们，她站在月台上，极力回忆着她是为什么到这里来的，她打算做些什么。以前看起来可能办到的一切，现在却那样难以理解，特别是在这群闹嚷嚷的不让她安静一下的讨厌的人中间。有时脚夫们冲上来，表示愿意为她效劳；有时年轻人们从月台上走过去，鞋后跟在地上咯咯地响着，一边高谈阔论，一边凝视着她；有时又遇见一些给她让错了路的人。回想着如果没有回信她就打算再往下走，她拦住一个脚夫，打听有没有一个从弗龙斯基伯爵那里带了信来的车夫。

"弗龙斯基伯爵？刚刚这里还有一个从那里来的人呢。他是来接索罗金公爵夫人和她女儿的。那个车夫长得什么模样？"

她正在对那个脚夫讲话的时候，那个面色红润、神情愉快、穿着一件挂着表链的时髦蓝外套、显然很得意那么顺利就完成了使命的车夫米哈伊尔，走上来交给她一封信。她撕开信，还没有看，她的心就绞痛起来。

"很抱歉，那封信没有交到我手里。十点钟我就回来。"弗龙斯基字迹潦草地写道。

"是的，果然不出我所料！"她含着恶意的微笑自言自语。

"好，你回家去吧，"她轻轻地对米哈伊尔说。她说得很轻，因为她的心脏急促的跳动让她透不过气来。"不，我不让你折磨我了，"她想，既不是威胁他，也不是威胁她自己，而是威胁什么迫使她受苦的人，她顺着月台走过去，走过了车站。

两个在月台上踱来踱去的使女，扭过头来凝视她，大声地评论了几句她的服装。"质地是真的，"她们在议论她身上的花边。年轻人们不让她安静。他们又凝视着她的面孔，不自然地又笑又叫地走过她身边。站长走上来，问她是否要到什么地方去。一个卖克瓦斯的孩子目不转睛地盯着她。"天啊，我到哪里去呢？"她想，沿着月台越走越远了。她在月台尽头停下来。几个太太和孩子来迎接一个戴眼镜的绅士，高声谈笑着，在她走过来的时候沉默下来，紧盯着她。她加快脚步，从他们身边走到月台边上。一辆货车驶近了，月台震撼起来，她觉得自己好像又坐在火车里了。

突然间回忆起她和弗龙斯基初次相逢那一天被火车轧死的那个人，她醒悟到她该怎么办了。她迈着迅速而轻盈的步伐走下从水塔通到铁轨的台阶，直到匆匆开过来的火车那儿才停下来。她凝视着车厢下面，凝视着螺旋推进器、锁链和缓缓开来的第一节车的大铁轮，试着衡量前轮和后轮的中心点，和那个中心点正对着她的时间。

"到那里去！"她自言自语，望着投到布满砂土和煤灰的枕木上的车辆的阴影，"到那里去，投到正中间，我要惩罚他，摆脱所有的人和我自己！"

她想倒在和她拉平了的第一辆车厢的车轮中间。但是她因为从胳臂上往下取小红皮包而耽搁了，已经太晚了；中心点已经开过去。她不得不等待下一节车厢。一种仿佛她准备入浴时所体会到的心情袭上了她的心头，于是她画了个十字。这种熟悉的画十字的姿势在她心中唤起了一系列少女时代和童年时代的回忆，笼罩着一切的黑暗突然破裂了，转瞬间生命以它过去的全部辉煌的欢乐呈现在她面前。但是她目不转睛地盯着开过来的第二节车厢的车轮，车轮与车轮之间的中心点刚一和她对正了，她就抛掉红皮包，缩着脖子，两手扶着地投到车厢下面，她微微地动了一动，好像准备马上又站起来一样，扑通跪下去了。同一瞬间，一想到她在做什么，她吓得毛骨悚然。"我在哪里？我在做什么？为什么呀？"她想站起身来，把身子仰到后面去，但是什么巨大无情的东西撞在她头上，从她的背上碾过去了。"上帝，饶恕我的一切！"她说，感觉得无法挣扎……一个正在铁轨上干活的矮小农民，咕噜了句什么。那枝蜡烛，她曾借着它的烛光浏览过充满了苦难、虚伪、悲哀和罪恶的书籍，比以前更加明亮地闪烁起来，为她照亮了以前笼罩在黑暗中的一切，噼啪响起来，开始昏暗下去，永远熄灭了。

【法国】普鲁斯特

李恒基 译

鲜花与少年①

时光不能留住，年华不能再现。然而记忆，那些无法消退的往事，依然可以以你想要的方式重新被拼贴被感受，一如他们当年的样子，就好像那一天的松维尔花园：田野、青春、鲜花、少女，在一个少年鲜嫩的心田，不可遏止地萌发出美和幸福的期待。

那一天菖蒲花和勿忘我开得正好，那一天桃红的山楂花在我内心唤起晦暗的感情。而那个小姑娘，她真的沿着花篱扶疏的小径向我走来。我望着她，用目光捕捉她的躯体，却不能掠走她的灵魂。我甚至没有说些话来让她伤心，迫使她能够记得我。而我后来是怎么样流着泪与山楂树告别，作为对一段感情的唯一见证，我又怎么样对着它许下日后探看的承诺，都是她无从知道的了。这些往事，已经那样遥远，可是没有被摧毁。它们停留在模糊又漫长的时间的另一端，等待有一天，敏感又多情的心灵去逐行逐句地捡拾。

这些往事，纵然他们依然清晰恍如昨日，而我其实并不能完全了解，那些让人深深迷恋不能忘怀的，究竟是那样美丽的秋日的田野、绚烂的花朵、和暖的风；还是在那样的风景里，理应到来的一位温柔妩媚的姑娘；又或者我所热爱的，仅仅是一份关于在那样的风景里走出一位妩媚姑娘来给我温暖和安慰的美好幻觉和纯真欲念。

不知道普鲁斯特的长句是否带给你艰难的阅读体验，事实上不止句式，《追忆逝水年华》全书的长度也堪称文学史上的绝响，漫长繁复得像整个弥漫在记忆里的生命。也许只有放缓节奏，才能体会作者仿佛无穷尽的感受和描述能力。在许多年之后，他用温和的，绵延不绝的声音开始追忆：那一天，在松维尔，丁香花刚好开过……

普鲁斯特（1871～1922），法国小说家，意识流小说大师。孱弱的体质使他自幼敏感，爱以幻想和观察喂养自己的心灵，以毕生精力创作7卷

① 选自《追忆逝水年华》第一卷，译林出版社，1996年版。

本文学巨著《追忆似水年华》。他一生写作都在追求一件事情：寻找失去的时间。

我们在栅墙外停了一会儿。丁香花已盛极而衰。有几株依然托出精致的花团，像一盏盏鹅黄色的吊灯，但枝叶间许多部分的花朵，虽然一星期前还芳香如潮，如今却已萎蔫、零落、枯黄、干瘪，只像一团团香气已消的泡沫。我的外祖父指点着对我的父亲说，自从他同斯万先生在斯万太太去世的那天在这里一起散步以来，这园内的景物哪些依旧如故，哪些已经改换模样。他抓住机会又把那天散步的经过讲了一遍。

我们的眼前是一条两边种植着旱金莲的花径，它在阳光的直射下向高处伸展，直达宅门。右面则相反，花园在一片平地上铺开。被周围的大树覆盖的池塘虽是当年斯万老先生雇人开挖出来的，但这花园中最着斧凿痕迹的部分也只是对自然的加工；有几处天然特色始终在它们的范围内保持着独特的权威，它们置身于花园就像置身于没有经过加工的自然环境中一样，公然挑出自己本来就有的特色。展示这些天然特色极需一个僻静的环境，而在人工点缀之上它们自有一种孤幽的意韵：例如花径下的人工池塘边，两行交相栽植的勿忘我和长春花组成一顶雅致的蓝色花冠，箍住了水光潋滟的池塘的前额，菖蒲像轩昂的王公挥落它们的宝剑，一任它们统治水域的权杖上紫色、黄色的零落的百合花徽，散落在泽兰和水毛茛的头上。

斯万小姐的远行使我失去了有幸在花径一见她的倩影的可怕的机缘。不能结识这样一位享有殊荣、与贝戈特为友、能同贝戈特一起参观各处教堂的少女，应算是有幸抑或不幸呢？因为若与她相遇，自惭形秽的我必受到她的轻视；可是，由于她不在，我虽生平第一次得到静观当松维尔园内景色的机会，却只觉得了无情趣。对我的外祖父和我的父亲来说，情况倒似乎相反，他们也许觉得女主人们不在反给整个庄园增添宜人的气氛，使它具有难得的美（犹如登山之日巧遇万里无云的好天气），因而今天到这边来散步就格外适时。我真盼望他们的算计落空，突然出现奇迹，让斯万小姐陪伴着她的父亲双双来到我们的眼前，使我们不及躲避，只好同她结识。这时我忽然发现草丛里有只篮子被遗忘在一根钓鱼竿的旁边，鱼竿上的鱼漂还浮在水面。我赶紧设法转移我的外祖父和我的父亲的注意，生怕他们发现她可能在家的些许迹象。不过，斯万倒曾经跟我们说过，他这回出门有点不合时宜，因为家里有人住着。那么说，这鱼竿可能是哪位客人放的。花径间听不到有人走动的声音。一只不见踪影的鸟不知在丈量哪棵树的梢头，它千方百计地要缩短白昼的长度，用悠长的音符来探测周遭的僻静，但它从僻静中得到的却只是调门一致的反响，使周遭更安定、更寂静，仿佛它本来力求使一瞬间消逝得更快, 结果反使那一瞬间无限延长了。天空变得凝滞, 阳光径直射下, 让人想躲也躲不开; 小昆虫们无休止地骚扰平静的水面, 沉睡的池水一定梦见了想象中的弥漫无际的漩涡, 仿佛在迅速地把软木鱼漂拖进倒映在水中的那片悄然的天空, 从而更增长我初见鱼漂时的惶惑之感。鱼漂几乎垂直地浮在水面, 似乎随时都会沉入水中, 我已经顾不得自己既想结识斯万小姐又怕见她的双重心情, 考虑是否该去告诉她鱼已上钩。这时, 已经走上通往田野小路的我的外祖父和我的父亲惊讶地发现我没有跟在后面便转身叫我, 我只得赶上前去。我觉得小路上掠过一股山楂花的香味。疏篱像一排教堂被堆积的繁花覆盖得密密匝匝, 成了一座巨大的迎圣台; 繁花下面, 阳光像透过彩绘玻璃窗似的把一方光明照到地上; 如胶似漆的芳香萦绕着繁花组成的圣台, 我的感觉就如跪在供奉圣母的祭台前一样。花朵也像盛装的少女, 一个个若无其事地捧出一束熠熠生辉的雄蕊; 纤细的花蕊辐射开去, 像火焰式风格的建筑的肋线, 这类线条使教堂的祭廊的坡级平添光彩, 也使彩绘窗上的竖梁格外雄健, 而那些绽开的花蕊更有如草莓花的洁白的肉质花瓣。相比之下, 几星期之后, 也要在阳光下爬上这同一条小路的、穿着一色粉红的紧身衣衫、一阵轻风便可催开的蔷薇, 将会显得多么寒伧、多么土气啊!

　　我虽流连在山楂花前, 嗅着这无形而固定的芳香, 想把它送进我不知所措的脑海, 把它在飘动中重新捉住, 让它同山楂树随处散播花朵的、洋溢着青春活力的节奏相协调——这节奏像某些音乐一样, 起落不定——而且山楂花也以滔滔不绝的芳香给我以无穷的美感, 但它偏偏不让我深入其间, 就同那些反复演奏的旋律一样, 从不肯深入到曲中的奥秘处。我暂且扭身不顾, 用更新鲜的活力迎向花前。我纵目远望, 一直望到通往田野的陡坡; 那陡坡在花篱以外, 一株迷失路津的丽春花和几茎懒洋洋地迟开的矢车菊, 以稀稀落落的花朵, 像点缀一幅挂毯的边缘似的点缀着那片陡坡, 挂毯上疏朗的林野图案一定显得格外精神吧; 而更为稀疏的花朵像邻近村口的孤零零的房舍宣告村落已近似的, 告诉我那里有无垠的田野, 起伏着滚滚的麦浪, 麦浪之上是暖嗖的白云。而在田野边缘孤然挺立的丽春花, 凭借一堆肥沃的黑土, 高举起迎风燃烧的火炬。我一见到它心头便怦然跳动, 就像远游的旅人在一片洼地瞅见嵌缝工正在修理一艘曾经触礁的船只, 还没有见到大海便情不自禁地喊一声: "大海!"

　　然后, 我又把眼光落到山楂花前, 像观赏杰作似的, 总以为暂停凝视之后再回头细看才更能领略它的妙处。但是, 尽管我用手挡住周围的东西, 只给眼前留下山楂花的情影, 但花朵在我内心所唤起的感情却依然晦暗不清, 浑浑噩噩, 苦于无法脱颖而出, 去与花朵结合。那些山楂花无助于我廓清混沌的感情, 我又无法仰仗别的花朵。这时, 我的外祖父给了我这样一种愉快, 其感觉好比我们看到我们所偏爱的某位画家的一幅作品, 它同我们所熟悉的其他作品大不一样; 或者我们忽然被人指引，看到那么一幅油画，过去我们只见过它的铅笔草图；或者听到那么一首配器华丽的乐曲，过去我们只听过它的钢琴演奏。外祖父指着当松维尔的花篱叫我，他说："你是爱山楂花的，看看这株桃红色的刺山楂，多漂亮！"确实，这是棵刺山楂，但它是桃红色的，比白色的更美。它也穿了一身节日盛装，是真正的节日盛装啊！只有宗教节日才算真正的节日，不像世俗节日随便由谁胡乱定在某一天，既无节可庆，基本上又无庆可言的；然而，它那身打扮更富丽，因为层层叠叠缀满枝头的花朵，使满树像洛可可风格的花哨的权杖，没有一处不装点得花团锦簇，而且，更因为这些花是"有色"的，所以根据贡布雷的美学观点，它们的质地更为优良，这从市中心广场各家商店乃至于加米杂货铺的售价贵贱即可窥其一斑：桃红色的饼干不是比别的饼干贵些么。我自己也一样；认为抹上红色果酱的干酪更值钱，其实这无非是他们答应把捣烂的草莓浇在干酪上面罢了。而眼前的这株山楂偏偏选中了这样一种食品的颜色，这样一种使节日盛装更加艳丽的颜色（因为它让节日盛装显得品位更高雅）。这类颜色因为艳丽，在孩子们看来，仿佛格外美丽，也正因为如此，他们才觉得比别的颜色更充满生气，更自然，即使他们认识到颜色本身既不能解馋，也不会被裁缝选作衣料。自不待言，看到这些山楂花，我除了更加惊喜之外，同看到白色的山楂花一样，分明地感觉到它的喜气洋洋中并无丝毫的娇揉造作，没有人为加工的痕迹，全是大自然自发的流露，那种天真可掬之态，可与村中为在街旁搭一张迎圣祭台而奔忙的女商人，把满树堆砌，弄得既豪华又有乡土气的颜色过于娇艳的花朵相比。树冠的枝梢，像遇到盛大节日供在祭台上的，外面裹着纸质花边的一盆盆盆栽玫瑰，细长的梢头缀满了千百颗淡红的蓓蕾。有的已含苞初绽，好比一盏桃红色的石杯，让人绰约地看出杯心的一点殷红。它们比花朵本身更透出刺山楂的特殊的精神和不可违拗的品性。它不论在哪里发芽，不论在哪里开花，只能是桃红色的；它挤在花篱之间跟盛装的姑娘跻身于只穿家常便服、不准备外出的妇女们之中一样；它已经为迎接"玛丽月"作好一切准备，甚至仿佛已经成为庆典的一部分；它穿着鲜艳的浅红色盛装，那样光采奕奕，笑容可掬——这株信奉天主的、娇美可爱的小树啊！

花篱扶疏间，可以隐约看到园内有一条花草夹道的小径，除茉莉、三色堇和韭叶兰之外，还有紫罗兰打开了它们的钱包，像科尔多瓦①的古老的皮件散播着芳香，颜色近似凋谢的玫瑰；一条长长的水管盘旋在砾石铺就的台阶上，扎满小孔的喷头在香气被水润透的鲜花的上面垂直地展开一面由彩色水珠组成的棱镜般的团扇。忽然，我惊得无法动弹了，仿佛眼前的景象不仅呈现于我们的视觉，还要求我们以整个身心来作更深入的感应。一位头发黄得发红的少女，显然刚散步归来，她手里拿着一把花铲，仰着布满雀斑的脸在看我们。她的黑眼珠炯炯闪亮，由

① 科尔多瓦：西班牙城市，以生产皮件著称。

于我当时不会、后来也没有学会把一个强烈的印象进行客观的归纳，由于我如同人们所说的，没有足够的"观察力"以得出眼珠颜色的概念，以致在很长一段时期内，每当我一想到她，因为她既然是黄头发，我便把记忆中的那双闪亮的眼睛想当然地记成了蓝色。结果，也许她若没有那样一双让人乍一见无不称奇的黑眼睛，我恐怕还不至于像当年那样地特别钟情于她的那双被我想成是蓝色的黑眼睛呢。

我望着她，我的目光起先不是代替眼睛说话，而只是为我的惊呆而惶惑的感官提供一个伏栏观望的窗口，那目光简直想扑上去抚摸、捕捉所看到的躯体，并把它和灵魂一起掠走；接着，我担心我的外祖父和我的父亲随时都可能发现她，会叫我过去，让我离开她，于是我的目光不自觉地变得蛮横起来，硬是强迫她注意我，认识我！她却把目光朝前一看又往边上一瞟，看到了我的外祖父和我的父亲。她一定认为我们不值一理，所以她扭过脸去，冷淡而傲慢地侧身，使自己的容颜不留在我们的视线之内。但是我的外祖父和我的父亲并没有看见她，他们在继续往前走；于是她斜眼朝我望来。她没有特别的表情，甚至显得视而不见，但眉宇间有一种含而不露的微笑，两眼盯着我看。据我所掌握的有关礼貌方面的知识，她那种表情只能被认为是肆无忌惮的蔑视；她同时又做了个不体面的手势，根据我记忆中的那些交际标准解释，公然向不认识的人做出这种手势，只有一个含义，那就是故意侮慢。

"快啊，希尔贝特，快来，你在干什么呢？"一位我从来没有看见过的太太，穿着一身白色的衣裙，用权威的口吻，尖声地叫道。离她不远，还有一位我不认识的先生，身穿斜纹便装，盯着我看；他那对眼珠子简直像要从眼眶里蹿出来似的；小姑娘顿时收敛了笑容，拿着铲子走开了，也没有回头看我，她显得那么听话，那么有城府，让人捉摸不透。

就这样，希尔贝特的名字传到了我的耳畔，简直像符咒一般，刹那间把一个模糊不清的形象变成了一个活生生的人，也许有一天还能使我重新见到她。就这样，这名字传了过来，就像绿色的喷水管中喷出的水珠，那样尖利、那样沁人心脾地洒在茉莉和紫丁香的花丛之上；它用纯洁的空气渗透它所经过的地区，并以缤纷的虹彩笼罩那个地区，它还以它所指的那位姑娘的神秘生活，把那个地区隔绝起来，成为有幸同她一起生活、一起旅游的人们专有的禁地；这一声呼唤在山楂花下，在我的肩头，表明了他们亲密的关系，表明他们同她、同她神秘的生活是亲密无间的，我更觉痛心，因为我无法进入那个神秘的天地。

有那么一小会儿（当时我们正在走开去，我的外祖父悄声说"斯万也怪可怜的，他们让他扮演什么角色！故意把他打发走，让她好跟夏吕斯厮混，那男的就是夏吕斯，我认得！还有那个小姑娘，也参与进这类丑事当中！"）我忽然产生如下的印象：希尔贝特的母亲口气那么厉害，她都不敢顶嘴，说明她并非高不可攀，也得听命于人；这个印象减轻了一点我的痛苦，给了我些许希望，也使我的爱恋之情有所收敛。但是，这种爱恋之情很快又在我的内心升腾起来，仿佛是一种反应，我的受到委屈的心想通过这一反应来同希尔贝特并起并坐，或者把她也贬到同样的水平。我爱她，我后悔当时没有来得及想到什么妙语气气她，让她伤心，迫使她记得我。我觉得她很美，所以我恨不能转身回去，耸耸肩膀对她喊一声："您真丑，瞧您这怪样，叫我恶心！"然而，我没有这样做，只是走开了，心里留下了这个红头发、皮肤上布满红色雀斑、手里拿着一把铲子、笑着向我投来呆板而隐含深意的目光的少女的形象，并把它作为我这样年龄的孩子因无法违拗自然法则而不能得到的某种幸福的首例。她的名字在我和她一起听到呼喊的那片桃红色的山楂花下留下了芳香，这名字的魅力还将征服同它接近的一切；我的外祖父母有幸结识并没齿不忘的她的祖父母，崇高的经纪人的职业，以及她在巴黎居住的香榭丽舍大街的那个令人断肠的地区，都因与她有关而增光添彩。

我的姨妈没有去看桃红色山楂花堆艳叠锦的花篱，但是，我每次都要问我的长辈：她会不会去？她从前是不是常去松维尔？我想方设法抓住机会让他们提到斯万小姐的父母和祖父母，因为他们在我的心目中跟神仙一样伟大。斯万这个姓对我简直具有神话般的色彩，我跟我的长辈聊天的时候，我如饥似渴地盼望他们提到这个姓氏。虽然我自己不敢把它叫出口，但是我拐弯抹角地引导他们触及同希尔贝特和她的家族有点关系。甚至牵涉到她本人的一些话题，好让我感到离她不至于太远。我有时会突然迫使父亲开口，譬如说，我假装以为外祖父的职务早就是我们家祖传的行业，或者假装以为莱奥妮姨妈想要去看的那座花篱是在公家的地界内，我的父亲就会纠正我的说法，告诉我："不对，这个职务原先是由斯万的父亲承担的，那座花篱在斯万家的花园里。"于是，我不得不狠狠地吸一口气，因为斯万这个姓，沉重地压在我心中永远铭记的那个部位，使我透不过气来，每当我听到它，总觉得它比别的一切更丰满；它之所以特别有分量，是因我每次都早已在心中呼唤过千遍万遍。它引起我一种快感；我深感愧疚的是竟敢向我的长辈们索取这种快感。由于这种快感如此巨大，他们得耗费许多精力才能使我得到，而他们并不能得到补偿，因为对于他们来说，这并无快乐可言。所以，我往往转移话题。出于谨慎，也出于顾忌。但是，当他们一说出斯万两字，我赋予这个姓氏的种种特殊的诱惑力又都活跃起来。那时，我突然感到，我的长辈们对它的魅力也不能无所感触，他们甚至站到了我的立场，发现我的着迷之处，不仅不责怪我，甚至同我共鸣，我简直就像把他们征服、把他们带坏似的感到无比内疚。

那一年，我的父母比往常早得多地决定了回巴黎的日子，动身的那天早晨，为了照相，他们给我卷了头发，并小心翼翼地给我戴了一顶我从未戴过的帽子，给我穿了一件丝绒的外套。我的母亲到处找我，终于在与松维尔相接的小陡坡上找到了我。当时我正流着眼泪。搂住了长满尖刺的树枝在向山楂树告别，而且，我跟悲剧中的王妃那样，只觉得无用的衣饰是不堪忍受的负担，把我的头发做成堆在额前的小鬈鬈，实在是多此一举。我并不感恩，反而恨恨地扯掉卷发纸，把它们同我的那顶崭新的帽子一起踩在脚下。我的母亲并没有因为我流泪而感动，她看到我的帽子被踩扁了，我的外套给糟蹋了，不禁叫出声来。我听不见她的叫喊，只顾哭着说道："我可怜的小山楂树啊，不是你们使我伤心，逼我走。你们从来也不让我痛苦！所以我将永远爱你们。"我一面擦着眼泪，一面对它们许愿说，我长大之后，决不像别人那样荒唐地过日子，即使在巴黎，遇到春天，我也不去拜客，不去听那些无聊的敷衍，而是要到乡下来探望第一批开花的山楂树。

我们去梅塞格利丝那边散步时，一走进田野，就再也离不开田野了。风好像通过一条无形的小路，无时无刻不把田野吹遍，我觉得风是贡布雷独有的神仙。每年，我们一到贡布雷，为了切实感受一下我确已身临其地，我总要登高去寻觅风的足迹。它在犁沟里跑着，叫我跟在后面追赶，在梅塞格利丝那边，在那片鼓鼓溜溜的、几十里都不见沟壑的平原上，风总在人们的身边吹拂。我听说斯万小姐经常去朗市住几天，虽然离这儿有几十里之遥，由于中间没有阻隔，距离也就相对地缩短了。炎热的下午，我看到那同一股轻风从极目处吹来，把远方的麦梢压弯，然后像起伏的波浪驰遍寥廓的田野，接着它暖暖呼呼地、悄声细语地伏到我脚下的野草丛中。我与她共有的这一片平原仿佛使我们更接近，把我们联结在一起。我当时想，这股轻风曾从她的身边吹过，风的悄声细语传来了她的某些消息，只是我听不懂罢了。所以，风吹拂过我的跟前时我拥抱了它。左边有一个村庄，叫尚比欧村（本堂神甫称它为Campus Pagani——异教庄）。右边，在一片麦田的上面，遥遥可见圣安德烈教堂的两座钟楼，雕琢得很精致，颇有乡土风味，它们也跟麦穗似的，尖尖翘翘，瓦片蜂窝般地一格格紧扣成行，像正在变黄的麦粒。

那年秋天，我觉得散步特别开心，因为我总是读了好几个钟头的书之后才出去散步的。整整一上午，我坐在大厅里读书，读得感到累了，我就把苏格兰大氅往肩上一披，出门散步去。我的身子经过长时间的静止，积累了充沛的活力，需要像被撒出手的陀螺一样，在转悠中消耗积聚的能量。房舍的外墙，松维尔的花篱，鲁森维尔森林中的树木，蒙舒凡背后的灌木丛，都受到我的雨伞或手杖的抽打，都听到我的欢快的喊叫。这些喊叫，只是一些模糊的感触，还没有在光明中找到归宿，它们等不及得到缓慢而困难的澄清，宁可找一条立即宣泄的捷径。我们对内心的感情所作的所谓的表白，其实大多不过使我们借以解脱，让我们的感受以一种模糊的形式从我们的内心释放出来，而模糊的形式根本不能使我们认识到感受的真谛。当我试图总结一下我在梅塞格利丝那边究竟有何所得，我从意外的景色或者起码引起我感奋的原因中间究竟得到多少细小的新发现时，我不禁想起那年秋天，我散步走到蒙舒凡身后那片灌木丛生的山坡附近，第一次惊讶地发现我们的印象和我们习惯的表白之间有多不协调。我兴高采烈地同风雨搏斗了一个小时之后，来到了蒙舒凡池边一座瓦片覆顶的小屋前，那是凡德伊先生家的园丁放置园艺工具的小屋。太阳又重新露头，它的金色的光辉经过暴雨的洗涤，鲜亮地闪耀在天边，闪耀在枝头、小屋的墙上，以及依然湿润的瓦片和屋脊上。一只母鸡在屋脊上漫步。吹拂而过的风把生长在墙缝里的野草一片片拉平，母鸡身上的羽毛也全都竖立起来，像一簇没有感觉的、轻飘飘的东西似的，听凭来风直吹到羽毛的根部。阳光又使池水像镜子一样反照出池边的景物，小屋的屋顶在水面上形成一块桃红色的斑纹，过去我还从来不曾注意到有这样一块斑纹。我发现水面和墙面泛起苍白的微笑，同天空的微笑遥相呼应；我不禁激动万分，举起我已经收好的雨伞，啧啧地叫好。同时，我感到我不应该只限于叫出含义不清的啧啧声，而应该把我欣喜的根由弄明白。

也是在那一次，我才知道同样的激动并不同时以预定的顺序在每一个人身上产生。这得多谢一位路过的农民；当时他脸色已经不很痛快，我手舞足蹈，差一点把雨伞打到他的脸上，他的脸色就更阴沉了。我高兴地说："好天气，是不是，出来走走真痛快。"他的反应却很冷淡。后来，每当我看了半天书，有兴致想找人聊聊的时候，我所盼望同我聊聊的朋友总是谈兴已过，但愿别人让他安心看书。倘若我孝心勃发，想到我的父母，并决定做点最能博得他们欢心的事，他们总偏偏在那个时候指责我早已忘记的一件过错，他们偏偏赶在我打算扑上去吻他们的当口对我横加训斥。

有时候，除了孤独给予我的激动外，还有另一种我无法判明的兴奋心情，那是由一种欲望引起的，我盼望眼前突然出现一位农家女子，好让我拥进怀里。在许多完全不同的思绪中间，突然萌生这样的念头，而且我都来不及确切地弄清它的来龙去脉，只觉得随之而来的快感不过是一切思绪所给予我的快感的一种升华。那时我所想到的一切——覆盖着瓦片的屋顶在水面上形成的桃红色的倒影，墙缝里的野草，我早就想去看看的鲁森维尔的村落，森林里的树木，教堂的钟楼，都由于我内心感受到那种新的激荡而具有进一步的价值。因为我认为正是这一切激起了我快感的升华，它像一股强劲的、神秘莫测的顺风，鼓满了我的风帆，仿佛要把我更快地送进一切的怀抱。但是，盼望有姑娘出现的念头对于我来说固然给妖娆的自然增添某种回肠荡气的魅力，反之，大自然的魅力也让少女过于局限的妩媚得到了扩展。仿佛树木的婀娜也体现了姑娘的美，仿佛远眺所见的自然风光,鲁森维尔的村落,我那年所读过的书,都各有自己的精魂,而那精魂要由姑娘的一吻来传递给我似的,我的想象一经触及我的肉体感受,便取得了蓬勃的活力,它像电流传遍我想象所及的每一个角落,于是我的欲望再也没有局限了。在大自然的怀抱中浮想联翩时经常有这种情况,那时习惯的作用暂时中断,我们对事物的抽象概念也都被抛到一边。我们由衷地相信我们所在的那个地方,生命别具一格,自有它独特的个性,所以,我的欲望所召唤的姑娘对我来说并不是这类人物的一般典型,并不只是女性,而是这片土地的必然的、自然的产物。因为,在那时,凡身外之物,无论大地还是生灵,我都觉得格外可贵,格外重要,具有格外真实的生气;它们在成人的心目中就没有这么可贵、这么真实。而大地呀,生灵呀,那时与我紧紧相连。我想要见到梅塞格利丝或鲁森维尔的农家女,想要见到巴尔贝克的渔家女,正同我想见到梅塞格利丝的风光、巴尔贝克的景物一样。如果我随心所欲地改变她们所处的环境,那么她们可能给予我的愉快就会变得不那么真实,我甚至会对这种愉快失去信任。在巴黎结识一位巴尔贝克的渔家女或一位梅塞格利丝的农家女,简直就像得到我在海滩上从未见过的贝壳,收下一篮我在树林里没有遇到的蕨草,等于把环境给予我的愉快从她给予我的愉快中剔除,然而我想象中的她是被自然美景所簇拥的。倘若我在鲁森维尔的森林中徜徉,却碰不到一位可以拥抱的农家姑娘,那就无法认识森林隐秘的宝藏,无法认识它深层的美。我想象中只见那位姑娘周身披满树叶的投影,她在我的心目中本身就是一株当地生长的植物,只是在品位上比其他植物更高级,她的结构可以使我更深入地领略到当地的气息。我之所以那么轻易地认准这一点(而且相信她为了使我体会更深而给予我的爱抚也是别具一格的。除了她之外,别的姑娘不可能让我体会到那样的愉快),因为我在很长的一段时期内还很幼稚,还没有把赢得各种女人的心、从不同的女人那里得到的愉快加以抽象,还没有把这种愉快概括成一个普遍适用的概念:把不同的女人只看做取得同一愉快的工具,彼此可以任意变换。可是当时,我思想中的这种愉快甚至不是孤立地、与其他事物无关地、自成一格地存在着的,既没有为追求女人而追求的目的,也没有事先感到心乱如麻之类的经验。好似一想到它就能唾手可得;把它称作愉快倒不如称作姑娘的魅力更妥帖;因为我考虑的不是自己,而是如何超脱自己。这种暗自期待的、内在的、隐秘的快感,只在某些时候达到高潮,那就是当我们身旁的哪位姑娘含情脉脉地看着我们,吻我们,引起了我们另外的愉快的时候,那种愉快在我们的感觉中,尤其像一种感激涕零的冲动,感激她的由衷的善意,感激她对我们令人心醉的惠顾;我们把这种善意、这种青睐比作恩典,比作使我们得到满足的幸福。

唉!我枉然地恳求鲁森维尔的塔楼,就像请求我唯一的知心朋友似的,请它让村里的姑娘到我的身边来,因为我在贡布雷家中楼上那间充满菖蒲花芳香的房间内，在那扇半掩半启的格子窗中间，只见到那座钟楼的塔影，我把最初在我内心萌动的种种欲念，都告诉了它；我本像探险的旅行家或者绝望得要自杀的人一样，在做出壮烈举动之前不免踌躇再三，而终于心灰意懒，想从自身中另辟蹊径，却又自以为面临山穷水尽的绝境；忽然，我发现，除了垂到我眼前的那株野生的黑加仑树的枝叶外，还有这样一条像蜗牛行迹似的大自然的脚印。而现在我哀求它，它却不予理睬。我白白地把我眼前的一大片田野盯住不放，我用我的眼光挤压这片田野，想从中挤出一位姑娘来，结果枉费精神。我虽然可以一直走到圣安德烈教堂的门廊下去碰运气，但是我从来只有跟外祖父一起去的时候，才能有把握地遇到农家姑娘，而那时又无法跟她交谈。我心神不定地盯住远方一棵树的树干，盼望从树后走出一位姑娘来；被我目光搜索的远方却始终不见人迹。天色渐暗，我无望地把注意力紧紧地贴住这片贫瘠的土壤，这片枯竭的大地，仿佛要从中吸出可能隐藏着的生灵；我不再兴高采烈，而是恼恨万分地敲打着鲁森维尔森林里的树木，从这些树木间不会走出什么活人来了，仿佛它们只是画在一片环形画布上的形象。我虽然不愿意在没有拥抱到我那么盼望拥抱的姑娘之前就甘心回家，但我毕竟不得不返回贡布雷；我无可奈何地认识到；半路上意外邂逅的可能性是微乎其微的。再说，即使半路上遇到她，我敢同她攀谈么？我想，她或许会把我当作疯子；我不再相信我在那几次散步中所产生的不现实的欲念会得到别人的共鸣，不再相信这样的欲念在我的内心之外仍是真实的。我只觉得这是我的气质的产物，是纯主观的、无能的、幻觉的创造。这些欲念与大自然、与现实没有任何联系，于是现实失去了它的一切魅力和意蕴，只成了我的实际生活的一个沿袭的框架，正等于坐在车厢里的旅客为了消磨时间看一本小说，车厢就是那本小说的幻想世界的框架。

【中国】余华

在细雨中呼喊①

在14岁的这一年,生活展示了完全不一样的面貌。一个男孩步入了青春期。

成长的道路上,让人不知所措的真实接踵而来,所有的人都无处藏身。我们恐惧又茫然,我们根本一无所知,我们在黑暗中战栗,在恐惧中触摸至乐,欲望像潮水一样来临势不可挡,对美的憧憬闪亮了梦境却又旋即破灭。因为禁忌而神秘,因为无知而恐惧,因为压抑而冲动,因为快乐而战栗,青春期的黑暗正在吞噬着我们,竹子拔节的喜悦让位于蛹虫化蝶的痛苦。而少年纯朴的友情拯救了我们,一种男孩子之间深厚得近乎恋情的友谊带来短暂的温情和及时的慰藉。我们磕磕碰碰,我们彼此温暖,我们相伴成长。

余华(1960年生),中国当代作家。作品《在细雨中呼喊》《许观三卖血记》《活着》分别展示了童年、壮年、老年的人生体验,帮助读者在自己身上把握生命的历史。

我14岁的时候,在黑夜里发现了一个神秘的举动,从而让我获得了美妙的感受。那一瞬间激烈无比的快乐出现时,用恐惧的方式来表达欢乐。此后接触到战栗这个词时,我的理解显然和同龄的人不太一样了,而开始接近歌德的意图。这位已经死去的德国老人曾经说过:

——恐惧与颤抖是人的至善。

当我最初在那些沉沉黑夜越过激动不安的山峰,进入一无所有的空虚之后,发现自己的内裤有一块已经湿润时,不禁惊慌失措。最早来到的惊慌还没有引起我对自己行为的指责,只是纯粹地对于生理的恐惧。最开始我将那一块湿润理解为尿的流出,无知的我所感到羞愧的,还不是那种举动的不可见人,我为自己这个年龄竟还遗尿而忐忑不安,同时也有怀疑疾病来到的慌乱。尽管如此,出于那

---

① 选自《在细雨中呼喊》第二章战栗,南海出版公司,1999年版。

一瞬间身体激动不安的渴望，我一次次不由自主地重复了这欢乐的颤抖。

我在14岁那个夏天的中午走出家门，走向城里的学校时，灿烂的阳光却使我脸色苍白。就是在那样的时刻，我将要进行一个羞耻的行为，我要解开黑夜流出物之谜。我那时的年龄，已经无法让所有一切都按照被认为是正确的准则行事，内心的欲望开始悄悄地主持了我一部分言行。已经有一些日子了，我渴望知道那流出的究竟是什么。这样的行为无法在家中完成，我所能选择的只能是中午时刻学校的厕所，那时厕所将会空无一人。那个破旧不堪的厕所在我此后的回想里使我浑身发抖，以至很长一段时间里，我都被迫指责自己在最丑陋的地方完成了最丑陋的行为。现在我已经拒绝了这样的自我指责，我当初对厕所的选择让我看到了自己无处藏身的少年。这样的选择是现实强加于我，而非出于自愿。

我不愿意描述当时令人难以忍受的环境，就是想到苍蝇胡乱飞舞时的嗡嗡声和外面嘈杂响亮的蝉鸣，就足以使我紧张不安了。我记得自己离开厕所，走过阳光下的操场时，感到四肢无力。最新的发现所带给我的，是迷茫之后的不知所措。我走进对面的教室楼，是希望自己能在空无一人的教室里躺下来，然而我却惊慌地看到一个女同学在教室里做作业，女同学安宁的神态蓦然让我感到自己深重的罪恶。我不敢走入教室，站在走廊的窗口无限悲哀，我不知道自己接下去该干什么，仿佛末日已经来临。随后我看到一个上了年纪的清洁女工，挑着木桶走入了我刚才离开的厕所。这情形使我全身发抖。

后来随着对身体颤抖的逐渐习惯，我在黑夜来临以后不再那么惧怕罪恶。我越来越清楚自己干些什么时，对自己的指责在生理的诱惑面前开始显得力不从心。黑夜的宁静总是给予我宽容和安慰。我疲惫不堪即将入睡的那一刻，眼前出现的景象，往往是某件色彩鲜艳的上衣在浅灰的空气中缓缓飘过。那个庄严地审判着自己的声音开始离我远去。

然而清晨我一旦踏上上学之路，沉重的枷锁也就同时来到。我走近学校时，看到那些衣着整洁的女同学不由面红耳赤。她们的欢声笑语在阳光下所展示的健康生活，在那时让我感到前所未有的美好，自身的肮脏激起了我对自己的愤恨。最使我难受的是她们目光里的笑意偶尔掠过我的眼睛，我除了胆战心惊，已经无权享受被女孩目光照耀时的幸福与激动。这种时候我总是下定决心改变自己，而黑夜来临之后我又重蹈覆辙。那些日子里，我对自己的仇恨表现为软弱地走开，在下课的间隙里走到一个无人的地方呆呆站着。我避开了内心越来越依恋的朋友苏宇，我认为自己不应该有这么美好的朋友，当看着一无所知的苏宇向我友好走来时，我伤心地走向了另一端。

我的生命在白昼和黑夜展开了两个部分。白天我对自己无情的折磨显得那么正直勇敢，可黑夜一旦来到我的意志就不堪一击了。我投入欲望怀抱的迅速连我自己都大吃一惊。那些日子里我的心灵饱尝动荡，我时常明显地感到自己被撕成了两半，我的两个部分如同一对敌人一样怒目相视。

欲望在黑夜里一往无前，那一刻我越来越需要女人形象的援助。我绝对不是想玷污谁而实在是没办法。我选中了那个名叫曹丽的女同学。这个在夏天里穿着西式短裤来到学校的漂亮女孩，让那些在生理上快速走向成熟的男同学神魂颠倒，他们对她暴露在阳光下的大腿赞不绝口，听到他们的窃窃私语，对女性肉体还缺乏真正敏感的我惊讶不已。我十分不解的是他们为何不赞美她的脸，她的脸在我当初看来有着无与伦比的美丽，只有她的笑容才能让我感到甜蜜无比。她成了我黑夜时不可缺少的想象伙伴。尽管我对她身体的注意远不如其他男孩那么实际，我也同样注意到了她的大腿，腿上散发出来的明亮光泽使我微微颤抖，但我最为热爱的依然是她的脸。她说话时的声音在任何地方传来都将使我激动不安。

就这样黑夜降临后，美丽的曹丽便会在想象中来到我的身旁。我从没有打过她肉体的坏主意，我们两人总是在一条无人的河边走啊走啊，我伪造着她说的话，以及她望着我的眼神，最为大胆的时候我还能伪造她身上散发出来的气息，那种近似于清晨草地的气息。唯一一次出格的想象是我抚摸了她迎风飘起的头发。后来当我准备摸她脸时，我突然害怕了，我警告自己：不能这样。

虽然我有效地阻止了自己对曹丽那张甜蜜脸蛋的抚摸，白昼来到后我还是感到自己极为下流地伤害了她，使我一跨进学校就变得提心吊胆。我的目光不敢注视她，我的听觉却无法做到这一点，她的声音随时都会突然而至，让我既感幸福又痛苦不堪。有一次她将一个纸团掷向一个女同学时，无意里击中了我。她不知所措地站在了那里，然后在男女同学的哄笑里满脸通红地坐下去，低头整理自己的书包。她当初不安的神态深深震动了我，一个微不足道的纸团会使她如此羞怯，我夜晚对她的想象就不能不算肮脏了。可是没过多久，她就完全变了。

我多次发誓要放弃对曹丽的暗中伤害，我试着在想象里和另外一个姑娘交往，然而总是没过多久曹丽的形象迅速取而代之。我所有的努力都使我无法摆脱曹丽，那些日子我能给予自己安慰的，是我虽然一次次在想象里伤害她，可她依然那么美丽，她的身体在操场上跑动时依然那么活泼动人。

我在自我放纵同时又是自我折磨中越陷越深时，比我大两岁的苏宇注意到了我脸上的憔悴和躲避着他的古怪行为。那时候不仅见到曹丽是对自己巨大的折磨，就是见到苏宇，我也会羞愧不已。苏宇在铺满阳光的操场上走动时文静的姿态，显露了纯洁和一无所求的安宁。我的肮脏使我没有权利和他交往下去。下课时，我不再像往常那样走到高中年级的教室去看望苏宇，而是独自走到校旁的池塘边，默默忍受自己造成的这一切。

苏宇到池塘边来过几次，第一次的时候他非常关心地问我究竟出了什么事，苏宇关切的声音使我当初差点落泪。我什么都没说，一直看着水面的波纹。此后苏宇来到后不再说什么，我们站在一起默默无语地等待上课铃响，然后一起离开。

苏宇无法知道我当初内心所遭受的折磨，我的神态使苏宇产生了怀疑，怀疑我是不是开始厌烦他了。此后苏宇变得小心谨慎，他不再到池塘旁来看望我。我们之间一度亲密的友情从那时产生了隔膜，同时迅速疏远了。有时在学校路上相遇，我们各自都显得有些紧张和不安。我是在那个时候注意到郑亮的，这个全校最高大的学生开始出现在苏宇身旁。郑亮发出洪亮的笑声和举止文雅的苏宇站在操场一边亲热地交谈。我哀怨的目光看到了郑亮站在应该是我的位置上。

我品尝起了失去友情的滋味，苏宇这么快就和郑亮交往上使我深感到不满。但和苏宇相遇时，苏宇眼中流露出的疑惑和忧伤神色还是深深打动了我，燃起了我和苏宇继续昔日友情的强烈愿望。可是在黑夜的罪恶里越陷越深的我，一旦要这样做时却困难重重。那些日子白昼让我万分恐惧，阳光灿烂的时刻我对自己总是仇恨无比。这种仇恨因为苏宇的离去而越加强烈。于是那个上午我决定将自己的肮脏和丑恶去告诉苏宇。这样做一方面是为了给予自己真正的惩罚，另一方面也是要向苏宇表明自己的忠诚。我可以想象苏宇听我说完后的惊恐表情，苏宇显然无法想到我竟如此丑恶。

可是那天上午当我勇敢地把苏宇叫到池塘边，并且将这勇敢保持到把话说完，苏宇脸上没有丝毫惊恐，而是认真地告诉我：

"这是手淫。"

苏宇的神态使我大吃一惊。我看到了他羞怯的笑容，他平静地说：

"我也和你一样。"

那时候我感到眼泪夺眶而出，我听到自己怨声说道：

"你为什么不早告诉我。"

我永远难忘和苏宇站在池塘旁的这个上午，因为苏宇的话，白昼重新变得那么美好，不远处的草地和树木在阳光下郁郁葱葱，几个男同学在那里发出轻松的哈哈大笑，苏宇指着他们告诉我：

"他们在晚上也会的。"

不久之后的一个晚上，那是冬天刚刚过去的晚上，我和苏宇还有郑亮三个人，沿着一条寂静的街道往前走。这是我第一次晚上和苏宇在一起，我记得自己双手插在裤袋里，我还没有从冬天的寒冷里反应过来，直到发现裤袋里的手开始出现热汗，我才惊讶地问苏宇：

"是不是春天来了？"

那时我15岁了，与两个比我高得多的朋友走在一起，对我来说是难以忘记的时刻。当时苏宇走在我的右边，他的手一直搭在我的肩上。郑亮走在右侧，郑亮是第一次与我交往。当苏宇亲热地将我介绍给郑亮时，郑亮并没有因为我的矮小而冷落我，他显得很高兴地对苏宇说："他还用介绍吗？"

那个晚上郑亮给我留下了深刻的印象，郑亮高大的身影在月光里给人以信心十足的感觉，他在往前走去时常常将手臂挥舞起来。就是在这样的时刻，我们三个人悄悄谈论起手淫。话题是由苏宇引起的，一向沉默寡言的苏宇突然用一种平静的声音说起来，使我暗暗吃惊。多年之后我重新回想这一幕时，我才明白苏宇的真正用意。那时我还没有完全摆脱由此带来的心灵重压，苏宇这样做是为了帮助我。事实上也是从那时以后，我才彻底轻松起来。当初三个人说话时的神秘声调，直到现在依然让我感到亲切和甜蜜。

郑亮的态度落落大方，这个高个的同学这样告诉我们：

"晚上睡不着觉的时候，这么来一下很灵。"

郑亮的神态让我想到自己几天以前还在进行着的自我折磨，从而使我望着他的目光充满了羡慕。

尽管那个晚上给予我轻松自在，可后来郑亮无意中的一句话，却给我带来了新的负担。郑亮说那话时，并不知道自己是在表达一种无知，他说：

"那种东西，在人身上就和暖瓶里的水一样，只有这么多。用得勤快的人到了30多岁就没了，节省的人到了80岁还有。"

郑亮的话使我陷于对生理的极度恐怖的紧张之中。由于前一段时间过于挥霍，我在黑夜里时刻感到体内的那种液体已经消耗完了。这种恐怖使我在进行未来生活憧憬时显得忧心忡忡。尤其是对爱情的向往，因为心理的障碍，我不仅无法恢复昔日的甜蜜想象，反而对自己日后的孤独越来越确信无疑。有一个晚上，当我想到自己成为一个步履蹒跚的老人，在冬天的雪地里独自行走时，我为自己的凄惨悲伤不已。

后来的许多黑夜，我在夜晚的举动不再是猎取生理上的快感，而逐渐成为生理上的证明。每一次试验成功后，赋予自己的安慰总是十分短暂，接踵而至的仍然是恐慌。我深知自己每一次证明所担的风险，我总是感到体内最后的液体已在刚才流出。那时我对自己刚刚完成的证明就会痛恨和后悔。可是没出三天，对体内空虚的担忧，又使我投入到证明之中。我身体的成长始终在脸色苍白里进行着，我经常站在南门的池塘旁，看自己在水中的形象。我看到了瘦削的下巴和神情疲惫的眼睛在水里无力地漂动，微微的波浪让我看到自己仿佛满脸皱纹。尤其是天空阴沉的时刻，会让我清晰地目睹到一张阴郁和过早衰老的脸。

直到20岁时，我才知道正确答案。那时我正在北京念大学，我认识了一位当

麦田里的守望者

181

时名声显赫的诗人。这是我认识的第一位名人，他随便和神经质的风度，使我经常坐车两个小时到城市的另一端，为了只是和他交谈几分钟。运气好的时候，我可以和他谈上一小时。尽管我去了三次后他仍然没有记住我的名字，可他那亲切的态度和对同行尖刻的嘲弄，让我并不因此感到难受。他在高谈阔论的同时，也可以凝神细听我冗长的发言，而且不时在他认为是错误的地方出来加以纠正。

在这位年届40的单身诗人那里，我经常会遇上一些神态各异的女人，体现了这位诗人趣味的广阔。随着我们之间交往的不断深入，有一次我小心翼翼地提醒他是不是该结婚了。我对他隐私的侵犯并没让他恼怒，他只是随便地说：

"干吗要结婚？"

那时我局促不安，我完全是出于对自己崇敬的人的关心才继续说：

"你不要把那东西过早地用完。"

我羞羞答答说出来的话，使他大吃一惊，他问：

"你怎么会有这样的想法？"

于是我将几年前那个夜晚郑亮的话复述给了他。他听后发出震耳欲聋的大笑，我无法忘记他当时坐在沙发里缩成一团时的愉快情景。后来他第一次留我吃了晚饭，晚饭是他下楼去买了两袋方便面组成的。

15岁那年春天，有一天中午洗澡后换衣服时，我发现自己的身体出现了奇怪的变化。我看到了下腹出现了几根长长的汗毛，使我还在承受那个黑夜举动带来的心理重压时，又增加了一层新的恐慌。那几根纤细的东西，如同不速之客突然来到我光滑的身体上。我当初目瞪口呆地看着它们很久，我找不到合适的态度来对待它们，只是害怕地感到自己的身体已经失去过去的无忧无虑。

当我穿越阳光走向学校时，四周的一切都展示着过去的模样，唯有我的身体变了。一种丑陋的东西那时隐藏在我的短裤里，让我走去时感到脚步沉重不堪。虽然我讨厌它们，可必须为它们保守秘密，因为我无法否认它们是我身体的一部分。

随后不久，我腿上的汗毛也迅速生长。我是在夏天脱下长裤时发现这一点的，当我穿着短裤去上学，腿上明显的汗毛因为无处躲藏，让我感到自己狼狈不堪。只要有女同学的目光向这里望来，我就会坐立不安。尽管第二天我就将腿上明显起来的汗毛全部拔去，可我总是担心曹丽已经看到它们了。

那时班上有位个子最高的同学，他腿上的汗毛已经黑乎乎了，可他依然暴露着它们若无其事地走来走去。有一段时间我常常为这位同学担忧，当我偶尔发现女同学的目光注视着他腿上的汗毛时，这种担忧就变成了针对自己的忐忑不安。

在暑假即将来到的一个中午，我很早就来到学校。那时教室里几个女同学的高声说笑，使我缺乏足够的胆量走进去。直到现在，当一个屋里全是女性或者陌生人时，让我独自进去依然是一件可怕的事。那么多目光同时注视着我，我将惊慌失措。当时我是打算立刻走开的，可我听到了曹丽的声音，她的笑声紧紧攥住了我。然后我听到她们问曹丽喜欢哪个男同学，她们的大胆使我吃了一惊。更使我吃惊的是曹丽并不因此害羞，她回答的声音流露出明显的喜悦，她要她们猜一猜。

我当初的紧张使我的呼吸变得断断续续。她们说出了一串人名，有苏杭也有林文，这些名字都和我无关，她们对我的遗忘引起了我的忧伤。与此同时，曹丽的全部否认给予了我短暂的希望。很快当一个声音说出那位拥有黑乎乎大腿的同学时，曹丽立刻承认了。我听到她们共同发出的放声大笑，在笑声里一个声音说：

"我知道你喜欢他什么？"

"喜欢什么？"

"他腿上汗毛。"

曹丽的申辩使我后来很长时间里都对这个世界迷惑不解。她说他是男同学中最像成年人的。

我默默离开教室，我在独自走去时，曹丽放肆的笑声总是追踪着我。刚才的情景与其说让我悲哀，不如说是让我震惊。正是那一刻，生活第一次向我显示了和想象完全不一样的容貌。那位高个的同学，对自己腿上汗毛毫不在乎的同学，写作文时错字满篇，任何老师都不会放过对他的讥讽，就是这样一位同学，却得到了曹丽的青睐。恰恰是我认为丑陋的，在曹丽那里则充满魅力，我一直走到校旁的池塘边，独自站立很久，看着水面漂浮的阳光和树叶，将对曹丽的深深失望，慢慢转化成对自己的怜悯。这是我一生里第一次美好向往的破灭。

第二次的破灭是苏宇带给我的，那就是关于女人身体的秘密。当时我对女性的憧憬由来已久，可对其生理一无所知。我将自己身上最纯洁的部分全部贡献出来，在一片虚空中建立了女性的形象。这个形象在黑夜里通过曹丽的脸出现，然而离性的实际始终十分遥远。那时的夜晚，我常常能看到美丽无比的女性形体在黑暗的空中飞舞。

这是从那本摆在苏宇父亲书架上的精装书籍开始的。对苏宇来说精装书籍他十分熟悉，可他对这本书的真正发现还是通过了苏杭。他们离开南门以后一直住在医院的宿舍楼里，苏宇和苏杭住楼下，他们父母住在楼上。父母给这对兄弟每天必须完成的任务是，用拖把打扫地板。最初的几年苏杭负责打扫楼下，他不愿意提着拖把上楼，这无疑会增加工作的难度。后来苏杭突然告诉苏宇以后楼上归他打扫。苏杭没有陈述任何理由，他已经习惯了对哥哥发号施令。苏宇默默无语地接受了苏杭的建议，这个小小的变动没有引起他的注意。苏杭负责楼上以后，每天都有两三个同学来到家中，帮助苏杭在楼上拖地板。于是在楼下的苏宇，便经常听到他们在楼上窃窃私语，以及长吁短叹的怪声。有一次苏宇偶尔闯进去后，才了解到精装书籍的秘密。

此后苏宇和我相见时常常神色忧郁，他和我一样，对女人的憧憬过于虚幻，实际的东西一下子来到时，使他措手不及。我记得那个晚上我们在街上安静地走动，后来站在了刚刚竣工的水泥桥上，苏宇心事重重地望着水面上交织在一起的月光和灯光，然后有些不安地告诉我：

"有件事你应该知道。"

那个晚上我的身体在月光里微微颤抖，我知道自己即将看到什么了。苏杭对我的忽视，使我对那张彩色图片的了解一直推延至今。很长一段时间里，我都对自己那次选择站岗而后悔莫及。

第二天上午，我坐在苏家楼上的椅子里，那是一把破旧的藤椅，看着苏宇从书架上抽出那本精装书籍。他向我展示了那张彩色图片。

我当初第一个感觉就是张牙舞爪。通过想象积累起来的最为美好的女性形象，在那张彩色图片面前迅速崩溃。我没有看到事先预料的美，看到的是奇丑无比的画面，张牙舞爪的画面上明显地透露着凶狠。苏宇脸色苍白地站在那里，我也同样脸色苍白。苏宇合上了精装书籍，他说：

"我不应该给你看。"

彩色图片将我从虚幻的美好推入实际的赤裸中去，苏宇也得到了同样的遭遇。虽然我将自己美丽的憧憬仍然继续了一段时间，可我常常感到憧憬时已经力不从心了。

当我再度想象女性时，已经丧失了最初的纯洁，彩色图片把我带入了实际的生理之中。我开始了对女性的各种想象。虽然我极其害怕地感到堕落正在迅速来到，可纯粹的生理欲望又使我无法抗拒。随着年龄的增长，我看女性的目光发生了急促的变化，我开始注意起她们的臀部和胸部，不再像过去那样只为漂亮的神情和目光感动。

我16岁那年秋天的时候，城里的电影放映队时隔半年后又来到了南门。那时乡村夜晚的电影是盛大的节日，邻村的人都在天黑前搬着凳子赶来。许多年来，队长的座位始终盘踞在晒场的中央，多年不变。我一直记得天黑时队长拿着一根晾衣服的竹竿，耀武扬威地走到晒场的神态。他坐下后，长长的竹竿就斜靠在肩上。只要前面一有人挡住他的视线，也不管那人是谁，他就将竹竿伸过去在那人脑袋上敲打一下。队长用竹竿维护他视野的宽敞。

孩子们一般是坐到银幕反面，看着电影里的人物用左手开枪，用左手写字。我小时候就是银幕反面的观众，我16岁这年没再到反面去观看电影。那一次邻村一个20来岁的姑娘站了我的前面，我至今都不知道这姑娘是谁。当时的拥挤使我来到了她的身后，我的目光就是擦过她的头发抵达银幕的。刚开始我很平静，是她头发上散发出来的气味使我逐渐不安起来，那种暖烘烘带着肉体气息的气味一阵阵袭击着我。接着一次人群的挤动，我的手触到了她的臀部，那一次短暂的接触使我神魂颠倒。诱惑一旦出现就难以摆脱，尽管我害怕不已，还是将手轻轻碰了上去。姑娘没有反应，这无疑增加了我的勇气。我将手掌翻过来，几乎是托住了她的臀部。那一刻只要她的身体稍一摆动，我就会立刻逃之夭夭。她的身体僵直如木头般纹丝未动，我的手感受到了她的体温，从而让我手上接触到的部分越来越烫。我轻轻移动了几下，姑娘仍然没有反应。我当时扭回头去看看，看到了自己身后站着一个高出一头的男人。接下去我以出奇的胆量在姑娘臀部上捏了一把，姑娘这时格格笑了起来。她的笑声在电影最为枯燥的时候蓦然响起，显得异常突出。正是这笑声使我逐渐递增的胆量顷刻完蛋。我当初挤出人群后，起先还装得漫不经心，没走几步我就坚持不下去了，我拼命地往家中跑去，慌张使我躺到床上后依然心脏乱跳。那一刻只要一有脚步声接近家门，我就会浑身发抖，仿佛她带着人来捉拿我了。电影结束后，纷乱走来的脚步更加让我胆战心惊。当父母和哥哥都躺到床上去后，我仍在担心着那位姑娘会找上门来。直到睡眠来到后，我才拯救了自己。

高中的最后一年，苏宇生理上趋向成熟以后，他开始难以抵挡欲望的猛烈冲击，其激烈程度与后来升入高中的我不相上下。他对女性的渴望，使他在一个夏天的中午，走向了在我们当初看来是可怕的身败名裂。那个中午他在一条僻静的胡同里，看到一个丰满的少妇走来时，竟然浑身颤抖不已。那一刻欲望使他失去了控制自己的能力，他昏头昏脑走向那位少妇时，根本不知道自己会抱住她，直到她发出惊恐的喊叫，挣脱以后拼命奔跑，他才渐渐意识到自己刚才干了什么。

苏宇为此付出了惨重的代价，他被送去劳动教养一年。送走的前一天，他被押到了学校操场的主席台上，胸前挂着一块木牌，上面写着——

流氓犯苏宇

我看到几个熟悉的男女同学，手里拿着稿纸走上台去，对苏宇进行义正词严的批判。

我是很晚才知道这些的。那天上午课间休息，我像往常那样朝苏宇的教室走去时，几个高年级的同学向我喊道：

"你什么时候去探监？"

当时我并不知道这话的意思，我走到苏宇坐的那个窗口，看到郑亮在里面神色严峻地向我招招手。郑亮出来后告诉我：

"苏宇出事了。"

然后我才知道全部的事实，郑亮试探地问我：

"你恨苏宇吗？"

那时我眼泪夺眶而出，我为苏宇遭受的一切而伤心，我回答郑亮：

"我永远不会恨他。"

我感到郑亮的手搭在了我的肩上，我就随郑亮走去。刚才向我喊叫的几个人那时又喊了起来：

"你们什么时候去探监？"

我听到郑亮低声说：

"别理他们。"

后来我看到苏杭站在操场的西端，正和林文一起，向我的那些同学灌输急功近利的人生观。苏杭丝毫没有因为哥哥出事而显露些许不安，他嗓音响亮地说：

"我们他娘的全白活了，我哥哥一声不吭地把女人都摸了一遍。明天我也去抱个女人。"

林文则说："苏宇已经做过人了，我们都还不能算是做人。"

半个月以后，苏宇被推光了头发站在台上，那身又紧又短的灰色衣服包着他瘦弱的身体，在阴沉的天空下显得弱不禁风。苏宇突然被推入这样的境地，即便早已知道，我依然感到万分吃惊。他低着头的模样使我心里百感交集。我的目光时刻穿越众多的头颅去寻找郑亮的眼睛，我看到郑亮也常常回过头来望着我。那一刻只有郑亮的心情和我是一样的，我们的眼睛都在寻求对方的支援。批斗会结束后，郑亮向我打了手势，我立刻跑了过去。郑亮说：

"走"。

那时苏宇已被押下台，他要到街上去游走一圈。很多同学都跟在后面，他们嘻嘻哈哈显得兴奋不已。我注意到了苏杭，不久前对哥哥的出事还满不在乎，这时他却独自一人垂头丧气地走向另一端，显然批斗会的现实给了他沉重打击。游斗的队伍来到大街上时，我和郑亮挤了上去。郑亮叫了一声：

"苏宇。"

苏宇像是没有听到似的低着头往前走去，我看到郑亮脸色涨红，一副紧张不安的样子。我也叫了一声：

"苏宇。"

叫完后我立刻感到血往上涌，尤其是众多的目光向我望来，我一阵发虚。这一次苏宇回过头来，向我们轻松地笑了笑。

苏宇当初的笑容让我们大吃一惊，直到后来我才明白他为何微笑。那时的苏宇看上去处境艰难，可他却因此解脱了心灵重压。他后来告诉我：

"我知道了父亲当时为什么会干出那种事。"

　　我和郑亮在苏宇出事后的表现，尤其是最后向苏宇道别的喊叫，受到了老师的无情指责，并惩罚我们每人写一份检查。在他们看来，我们对苏宇的流氓行为不仅不气愤，反而给予同情的表现，证明了我们是没有犯罪行为的流氓。有一次放学回家时，我听到了几个女同学在后面对我的评价：

　　"他比苏宇更坏。"

　　我们坚持不写检查，无论老师如何威胁，当我们见面时，都自豪地告诉对方：

　　"宁死不写。"

　　不久后郑亮就显露了沮丧的神情，郑亮当时鼻青眼肿的模样使我吃了一惊，他告诉我：

　　"是我父亲打的。"

　　随后郑亮说：

　　"我写了检查。"

　　我听了这话十分难受，告诉郑亮：

　　"你这样对不起苏宇。"

　　郑亮回答："我也是没办法。"

　　我转身就走，同时说："我永远不会写。"

　　现在想来，我当初的勇敢在于我没有家庭压力。孙广才那时正热衷于在寡妇的雕花木床里爬上爬下，我的母亲在默默无语里积累着对寡妇的仇恨。只有孙光平知道我正面临着什么，那时的孙光平已经寡言少语，就在苏宇出事的那天，我哥哥的脸遭受了那个木匠女儿瓜子的打击。当我遭到高年级同学取笑时，我看到远处的哥哥心事重重地望着我。

　　我不知道那些日子为何会仇恨满腔，苏宇的离去，使我感到周围的一切都变得那么邪恶和令人愤怒。有时候坐在教室里望着窗玻璃时，我会突然咬牙切齿地盼着玻璃立刻粉碎。当一个高年级的同学带着挑衅的神态叫住我：

　　"喂，你怎么还不去探监？"

　　他当时的笑容在我眼中是那样的张牙舞爪，我浑身发抖地挥起拳头，猛击他的笑容。

　　我看到他的身体摇晃了一下，随后我的脸就遭受了重重一击，我跌坐在地。当我准备爬起来时，他一脚蹬在我胸口，一股沉闷的疼痛使我直想呕吐。这时我看到一个人向他猛扑过去，可随即这人也被打翻在地，我认出了是苏杭。苏杭在这种时候挺身而出，使我不由一怔；从地上爬起来的苏杭又扑了过去，这次苏杭抱住了他的腰，两人滚倒在地。苏杭加入鼓舞了我的斗志，我也迅速扑了上去，拼命按住他乱蹬的腿，苏杭则按住他的两条胳膊。我在他腿上咬了一口后，苏杭又在他肩膀上咬了一口，疼得他嗷嗷乱叫。然后我和苏杭互相看了一眼，也许是因为激动，我们两人都哭了起来。在那个下午，我和苏杭响亮地哭泣着，用头颅捶打那个高年级同学被按住的身体。

因为苏宇的缘故，我和苏杭开始了短暂的友谊。苏杭手握一把打开的小刀，和我一起杀气腾腾地在学校里走来走去，他向我发誓：谁要再敢说一句苏宇的坏话，他就立刻宰了那个人。

也许是时过境迁，没人会长久地去记着苏宇，我们没再受到挑衅，从而也没再得到巩固我们友谊的机会。总之当我们凶狠地对待这个世界时，这个世界突然变得温文尔雅了。是仇恨把我和苏杭联结在一起，仇恨一旦淡漠下去，我和苏杭的友谊也就逐渐散失。

苏宇劳动教养回来后，我见到他的机会就少了。那时郑亮高中已经毕业，苏宇经常和郑亮在一起。我只有在晚上进城才能见到苏宇，我们在一起时依然和过去一样很少说话，可我渐渐感到苏宇对我的疏远。他说话的声调还是有些羞怯，但他对话题的选择已不像过去那么谨慎。他会直截了当地告诉我，他当时抱住那个少妇时的感受，苏宇说这话时脸上流露出了明显的失望，那一瞬间他突然发现，实际的女性身体与他想象中的相去甚远，他告诉我：

"和我平常抱住郑亮肩膀时差不多。"

苏宇当初目光犀利地望着我，而我则是慌乱地扭过脸去。我不能否认苏宇这话刺伤了我，正是苏宇这句话，使我对郑亮产生了嫉妒。

后来我才明白过来，当初的责任在于我。苏宇回来以后，我从不向他打听那里的生活，担心这样会伤害苏宇。恰恰是我的谨慎引起了他的猜疑。他几次有意将话题引到那上面，我总是慌忙地躲避掉。直到有一个晚上，我们沿着河边走了很久以后，苏宇突然站住脚问我：

"你为什么从来不问我劳教时的生活？"

苏宇的脸色在月光里十分严峻，他看着我让我措手不及。然后他有些凄楚地笑了笑，说道：

"我一回来，郑亮马上就向我打听了，可你一直没问。"

我不安地说："我没想到要问。"

他尖锐地说："你心里看不起我。"

虽然我立刻申辩，苏宇还是毅然地转过身去，他说：

"我走了。"

看着苏宇躬着背在河边月光里走去时，我悲哀地感到苏宇是要结束我们之间的友情。这对我来说是无法接受的，我走了上去，告诉他我在村里晒场上看电影时，捏一个姑娘的事。我对苏宇说：

"我一直想把这事告诉你，可我一直不敢说。"

苏宇的手如我期待的那样放到了我的肩上，我听到他的声音极其柔顺地来到耳中：

"我劳教时，总担心你会看不起我。"

后来我们在河边的石阶上坐下来，河水在我们脚旁潺潺流淌。我们没有声音地坐了很久，苏宇说：

"有句话我要告诉你。"

我在月光下看着苏宇，他没有立刻往下说，而是仰起了脸，我也抬起头来。我看到了斑斓的夜空，月亮正向一片云彩缓缓地漂去。我们宁静地看着月亮在幽深的空中飘浮，接近云彩时，那块黑暗的边缘闪闪发亮了，月亮进入了云彩。苏宇继续说：

"就是前几天告诉你的，我抱住女人时的感受——"

苏宇的脸在黑暗里模糊不清，但他的声音十分明朗。当月亮钻出云彩时，月光的来到使苏宇的脸蓦然清晰，他立刻止住话题，又仰起脸看起了夜空。

月亮向另一片云彩靠近过去，再度钻入云层后，苏宇说道：

"其实不是抱住郑亮的肩膀，是抱住你的肩膀。我当时就这样想。"

我看到苏宇的脸一下子明亮起来，月光的再次来到让我看清了苏宇生动的微笑。苏宇的微笑和他羞怯的声音，在那个月光时隐时现的夜晚，给予了我长久的温暖。

【美国】塞林格

施咸荣 译

麦田里的守望者①

　　我从来就没有喜欢过潘西学校，那里面全是伪君子和卑鄙的家伙。我看到历史老师对着校长令人作呕的谄媚笑容；看到一个老家伙在厕所的门板上找自己的名字以纪念他所谓最快乐的学生生活，还给了我许多假模假式的人生忠告；我看到同学之间那种混账的秘密团体，因为害怕他不得不加入他们；看到一个瘦小的孩子摔死在水泥地上，他穿着我的窄领运动衫满身是血。

　　这是霍尔顿16岁的世界的样子，他抽烟、说流畅的脏话、歪戴着鸭舌帽、觉得自己很酷。在所有这些虚伪里戏谑，在戏谑里渐渐孤独，渐渐没有一个人陪伴……那是我们共有的逃课和反叛的年纪。是我们对世界反抗挣扎得最剧烈的年纪，也是我们对世界爱得最真纯的年纪。"爱之深，故责之也苛"，16岁的霍尔顿想要对乏味虚假的世界骂两句脏话，然后决然的甩手离去，可是他对像菲苾一样的这些孩子又是如此的细致动情。他希望做一个"麦田的守望者"，要抓住每一个懵然无知朝悬崖边奔跑的小孩，守住这些两颊潮红气喘吁吁的孩子，给世界守住一个有寄托的未来。金黄的麦田，在文化史上是一个经典的意象。摇曳着麦浪的土地，象征着人类单纯又丰饶美好的希望。

　　塞林格（1919~2010），美国小说家。作品有《麦田里的守望者》《九故事》等。

　　我回来的时候，她倒是把枕头从头上拿掉了——我知道她会的——可她尽管仰卧着，却依旧不肯拿眼看我。等我走到床边坐下的时候，她竟把她的混账脸儿转到另一边去了。她真跟我他妈的绝交了。就像潘西击剑队那样对待我，在我把所有那些混账圆头剑丢在地铁上以后。

　　"老海士尔·威塞菲尔怎样啦？"我说，"你写了什么关于她的新故事没有？

---

① 选自《麦田的守望者》第22章，译林出版社，1998年版。本文节选了有关"袒露理想"的文字。

你上次寄给我的那个就放在我的手提箱里。手提箱寄存在车站里。那故事写得挺不错。"

"爸爸会要你的命。"

嘿，她有了什么念头，真是念念不忘。

"不，他不会的。他至多再痛骂我一顿，然后把我送到那个混账的军事学校里去。他至多这样对付我。可是首先，我甚至都不会在家。我早就到外地去了。我会到——我大概到科罗拉多的农场上去了。"

"别让我笑你了。你连马都不会骑。"

"谁不会？我当然会骑。我确实会骑。他们在约摸两分钟之内就可以把你教会，"我说，"别去揭它了。"她还在揭她胳膊上的胶布。"谁给你理的发？"我问她。我刚注意到她理的头发式样混账极了。短得要命。

"不要你管，"她说。她有时候很能怄人。她的确很能怄人。"我揣摩你又是哪门功课都不及格，"她说——非常怄人。说起来还真有点儿好笑。她有时候说起话来很像个混账教师，而她还只是个很小的孩子哩。

"不，不是的，"我说，"我的英文及格了。"接着，我一时高兴，就用手在她的屁股上戳了一下。她侧身躺着，正好把屁股撅得老高。她的屁股还小得很哩。我戳得并不重，可她想要打我的手，只是没打着。

接着她突然说："哦，你干吗要这样呢？"她是说我怎么又给开除了。她这么一说，又让我心里难过起来。

"哦，天哪，菲苾，别问我了。人人都问我这问题，真让我烦死啦，"我说，"有100万个原因。这是个最最糟糕的学校，里面全是伪君子。还有卑鄙的家伙。你这一辈子再也没见过那么多卑鄙的家伙。比方说，你要是跟几个人在谁的房间里聊天，要是又有别的什么人要进来，而来的又是个傻里傻气的、王八样的家伙，那就谁也不会给他开门。人人都把自己的房门锁起来，不让别人进来。他们还有他妈的那种混账的秘密团体，我自己也是胆子太小，不敢不加入。有个王八样的讨人厌的家伙，名叫罗伯特·阿克莱的，很想加入。他一直想加入，可他们不让。只是因为他像个王八，讨人厌。我甚至都不想谈它。那真是个糟糕透顶的学校。你相信我的话好了。"

老菲苾一声不响，可她在仔细听。我一看她的后脑勺就知道她是在仔细听。只要你跟她说些什么，她总是仔细听着。好笑的是，有一半时间她都懂得你他妈的在说些什么。她的确懂得。

我继续谈老潘西里的事。我不知怎的兴致上来了。

"教职员里虽有那么一两个好教师，可连他们也都是假模假式的伪君子，"我说，"就拿那个老家伙斯宾塞先生说吧。他太太老请你喝热巧克力什么的，他们为人的确挺不错。可他上历史课的时候，只要校长老绥摩进来在教室后面一坐下，你再瞧瞧他的那副模样儿。老绥摩总是在上课的时候进来，在教室后面坐那么半个小时左右。他大概算是微行察访什么的。过了一会儿，他就会坐在那儿打断老斯宾塞的话，说一些粗俗的笑话。老斯宾塞简直连命都不要了，马上露出满面笑容，吃吃地笑个不停，就好像绥摩是个混账王子什么的。"

"别老是咒骂啦。"

"你见了准会呕出来，我发誓你一定会，"我说，"还有，在'返校日'那天。他们有那么个日子，叫'返校日'，那天所有在1776年左右打潘西毕业出去的傻瓜蛋全都回到学校来了，在学校里到处走，还带着自己的老婆孩子什么的。可惜你没看见那个约摸50岁的老家伙。你猜他干了什么，他一径来到我们房间里敲我们的门，问我们是不是能让他用一下浴室。浴室是在走廊的尽头——我真他妈的不知道他干吗要来问我们。你知道他说了些什么？他说他想看看他自己名字的缩写是不是还在一扇厕所门上。他约摸在90年前把他妈的那个混账傻名字的缩写刻在一扇厕所门上，现在他想看看那缩写是不是还在那儿。因此我跟我的同房间的那位一起陪着他走到浴室里，他就在一扇扇厕所门上找他名字的缩写，我们不得不站在那儿陪着他。在整个时间里他还滔滔不绝地跟我们讲着话，告诉我们说在潘西念书的那段时间怎样是他一辈子中最快乐的日子，他还给我们许许多多有关未来的忠告。嘿，他真让我心里烦极了！我倒不是说他是个坏人——他不是坏人。可是不一定是坏人才能让人心烦——你可以是个好人，却同时让人心烦。要人心烦很容易，你只要在哪扇门上找自己名字的缩写，同时给人许许多多假模假式的忠告——你只要这样做就成。我不知道。说不定他要不是那么呼噜呼噜直喘气，情形也许会好些。他刚走上楼梯，累得呼噜呼噜直喘气，他一边在门上找自己名字的缩写，一边直喘气，鼻孔那么一张一合的十分可笑，一边却还要跟我和斯特拉德莱塔讲话，要我们在潘西学到尽可能多的东西。天哪，菲芯！我解释不清楚。我就是不喜欢在潘西发生的一切。我解释不清楚。"

老菲芯这时说了句什么话，可我听不清。她把一个嘴角整个儿压在枕头上，所以我听不清她说的话。

"什么？"我说，"把你的嘴拿开。你这样把嘴压在枕头上，我听不清你说的话。"

"你不喜欢正在发生的任何事情。"

她这么一说，我心里不由得更烦了。

"我喜欢。我喜欢。我当然喜欢。别说这种话。你干吗要说这种话呢？"

"因为你不喜欢。你不喜欢任何学校。你不喜欢千百万样东西。你不喜欢。"

"我喜欢！你错就错在这里——你完完全全错在这里！你他妈的为什么非要

说这种话不可？"我说。嘿，她真让我心里烦极了。

"因为你不喜欢，"她说，"说一样东西让我听听。"

"说一样东西？一样我喜欢的东西？"我说，"好吧。"

问题是，我没法集中思想。有时候简直很难集中思想。

"一样我非常喜欢的东西，你是说？"我问她。

可她没回答我。她躺在床的另一边，也斜着眼看我。她离开我总有那么1000英里。"喂，回答我，"我说，"是一样我非常喜欢的东西呢，还光是我喜欢的东西？"

"你非常喜欢的。"

"好吧，"我说。不过问题是，我没法集中思想。我能想起的只是那两个拿着破篮子到处募捐的修女。尤其是戴着铁边眼镜的那个。还有我在爱尔克敦·希尔斯念书时认识的那个学生。爱尔克敦·希尔斯的那个学生名叫詹姆士·凯瑟尔，他说了另外一个十分自高自大的、名叫菲尔·斯戴比尔的学生一句不好听的话，却不肯收回他的话。詹姆士·凯瑟尔说他这人太自高自大，给斯戴比尔的一个混账朋友听见了，就到斯戴比尔跟前去搬弄是非。于是斯戴比尔带了另外6个下流的杂种，走进詹姆士·凯瑟尔的房间，锁上那扇混账房门，想叫他收回他自己所说的话，可他不肯收回。因此他们跟他动起手来。我甚至都不愿告诉你他们怎么对待他的——说出来实在太恶心了——可他依旧不肯收回他的话，那个老詹姆士·凯瑟尔。可惜你没见过他这个人，他长得又瘦又小，十分衰弱，手腕就跟笔管那么细。最后，他不但不肯收回他的话，反而打窗口跳出去了。我正在洗淋浴什么的，连我也听见他摔在外面地上的声音。可我还以为是什么东西掉在窗外了，一架收音机或者一张书桌什么的，没想到是人。接着我听见大伙儿全都涌进走廊奔下楼梯，因此我穿好浴衣也奔下楼去，看见老詹姆士·凯瑟尔直挺挺地躺在石级上面。他已经死了，到处都是牙齿和血，没有一个人甚至敢走近他。他身上还穿着我借给他的那件窄领运动衫。那些到他房间里迫害他的家伙只是给开除出学校。他们甚至没进监牢。

我当时能想到的就是这一些。那两个跟我一块儿吃早饭的修女，还有那个我在爱尔克敦·希尔斯念书时认识的学生詹姆士·凯瑟尔。好笑的是，我跟詹姆士·凯瑟尔甚至都不熟，我老实告诉你说。他是那种极沉默的人。他跟我一起上数学课，可他坐在教室的另一头，平时从来不站起来背书，或者到黑板上去做习题。学校里有些人简直从来不站起来背书或者到黑板上去做习题。我想我跟他唯一的一次谈话，就是他来向我借那件窄领运动衫。他向我开口的时候，我吃惊得差点儿倒在地板上死了。我记得我当时正在盥洗室里刷牙，他过来向我开口了。他说他的堂兄要来找他，开汽车带他出去。我甚至都不知道他知道我有一件窄领运动衫。我只知道点名时候他的名字就在我前面。凯伯尔，罗；凯伯尔，威；凯瑟尔；考尔菲德——我还记得很清楚。我老实跟你说，我当时差点儿没肯把我的运动衫借给他。原因是我跟他不太熟。

"什么？"我跟老菲苾说。她跟我说了些什么，可我没听清楚。

"你连一样东西都想不出来。"

"嗯，我想得出来。嗯，我想得出来。"

"呃，那你说出来。"

"我喜欢艾里，"我说，"我也喜欢我现在所做的事。跟你一起坐在这儿，聊聊天，想着一些玩艺儿——"

"艾里已经死啦——你老这么说的！要是一个人死了，进了天堂，那就很难说——"

"我知道他已经死啦！你以为我连这个也不知道？可我依旧可以喜欢他，对不对？不可能因为一个人死了，你就从此不再喜欢他，老天爷——尤其是那人比你认识的那些活人要好1000倍。"

老菲苾什么话也没说。她要是想不起有什么好说的，就他妈的一句话也不说。

"不管怎样，我喜欢现在这样，"我说，"我是说就像现在这样。跟你坐在一块儿，聊聊天，逗着——"

"这不是什么真正的东西！"

"这是真正的东西！当然是的！他妈的为什么不是？人们就是不把真正的东西当东西看待。我他妈的对这都腻烦透啦。"

"别咒骂啦。好吧，再说些别的。说说你将来喜欢当个什么。喜欢当一个科学家呢，还是一个律师什么的。"

"我当不了科学家。我不懂科学。"

"呃，当个律师——跟爸爸一样。"

"律师倒是不错，我揣摩——可是不合我的胃口，"我说，"我是说他们要是老出去搭救受冤枉的人的性命，那倒是不错，可你一当了律师，就不干那样的事了。你只是挣许许多多钱，打高尔夫球，打桥牌，买汽车，喝马提尼酒，摆臭架子。再说，即便你真的出去救人性命了，你怎么知道这样做到底是因为你真的要救人性命呢，还是因为你真正的动机是想当一个红律师，只等审判一结束，那些记者什么的就会全向你涌来，人人在法庭上拍你的背，向你道贺，就像那些下流电影里演出的那样？你怎么知道自己不是个伪君子？问题是，你不知道。"

我说的那些话老菲苾到底听懂了没有，我不敢十分肯定。我是说她毕竟还是个小孩子。不过她至少在好好听着。只要对方至少在好好听着，那就不错了。

"爸爸会要你的命。他会要你的命。"她说。

可我没在听她说话。我在想一些别的事——一些异想天开的事。"你知道我将来喜欢当什么吗？"我说，"你知道我将来喜欢当什么吗？我是说将来要是能他妈的让我自由选择的话？"

"什么？别咒骂啦。"

"你可知道'你要是在麦田里捉到了我'那首歌吗？我将来喜欢——"

"是《你要是在麦田里遇到了我》！"老菲苾说。"是一首诗。罗伯特·彭斯写的。"

"我知道那是罗伯特·彭斯写的一首诗。"

她说得对。那的确是《你要是在麦田里遇到了我》。可我当时并不知道。

"我还以为是《你要是在麦田里捉到了我》呢，"我说，"不管怎样，我老是在想象，有那么一群小孩子在一大块麦田里做游戏。几千几万个小孩子，附近没有一个人——没有一个大人，我是说——除了我。我呢，就站在那混账的悬崖边。我的职务是在那儿守望，要是有哪个孩子往悬崖边奔来，我就把他捉住——我是说孩子们都在狂奔，也不知道自己是在往哪儿跑，我得从什么地方出来，把他们捉住。我整天就干这样的事。我只想当个麦田里的守望者。我知道这有点异想天开，可我真正喜欢干的就是这个。我知道这不像话。"

老菲苾有好一会儿没吭声。后来她开口了，可她只说了句："爸爸会要你的命。"

"他要我的命就让他要好了，我才他妈的不在乎呢，"我说着，就从床上起来，因为我想打个电话给我的老师安多里尼先生，他是我在爱尔克敦·希尔斯时候的英文教师，现在已经离开了爱尔克敦·希尔斯，住在纽约，在纽约大学教英文。"我要去打个电话，"我对菲苾说，"马上就回来。你可别睡着。"我不愿意她在我去客厅的时候睡着。我知道她不会，可我还是叮嘱了一番，好更放心些。

我正朝着门边走去，忽听得老菲苾喊了声"霍尔顿！"，我马上转过身去。

她直挺挺地躺在床上，看去漂亮极了。"我正在跟那个叫菲丽丝·玛格里斯的姑娘学打嗝儿，"她说，"听着。"

我仔细听着，好像听见了什么，可是听不出什么名堂来。"好。"我说。接着我出去到客厅里，打了个电话给我的老师安多里尼先生。

195

【苏联】伊萨克·巴别尔

戴骢 译

我的第一只鹅①

　　一个戴眼镜的书生——战地记者"我"来到哥萨克骑兵军中，遭到粗鲁的士兵羞辱。为了证明自己不是文弱书生，壮着胆子去踩死了房东老太婆的一只鹅，于是被士兵接纳认同。用欺侮更柔弱的人的方式来证明自己的力量，对于同是柔弱者的"我"，是一种痛苦，以至于梦中心在滴血。战争年代生存的残酷让人变形，故事的背景是：1920年，苏维埃红军中具有传奇色彩的哥萨克第一骑兵军进攻波兰，随军记者伊萨克·巴别尔，26岁，戴着眼镜，身材不高，为了隐藏自己犹太人的身份，化名"狂暴"。历史上，信奉东正教的哥萨克多次屠杀犹太人。在进军途中，他目睹了骑兵虐杀波兰犹太人的丑恶行径，在日记中管波兰犹太人叫"我的人民"，而称哥萨克"是一群有纪律的野兽"。作者一边激赏哥萨克骁勇善战的男子汉气概，从小说开头对"师长"的崇敬可以看出；一边对自己的犹太身份倍感痛苦，他渴望从自己的躯壳中逃出来，变成另一个人——犹太人的天敌哥萨克人，从一个弱者变为一个强者。然而，小说中，"我"的行为，只是从一个弱者，变成了一个施虐者，而不是强者，所以他痛苦。而对于作者而言，这是持续一生的痛苦。

　　伊萨克·巴别尔（1894～1940），生于俄国犹太人聚集地敖德萨，被高尔基器重的少年天才。1917年志愿服役，1920年随红军第一骑兵军出征波兰，据此经历撰写成代表作《骑兵军》。1937年被诬称"间谍"被捕，1940年被杀害。后人评价，他是与卡夫卡、海明威同等分量的作家。

　　六师师长萨维茨基远远望见我，便站了起来，他身躯魁伟健美得令我惊叹，他站起身后，他紫红色的马裤、歪戴着的紫红色小帽和别在胸前的一大堆勋章，把农家小屋隔成了两半，就像军旗把天空隔成两半一样。他身上散发出一股香水味和肥皂凉爽发甜的气味。他两条修长的腿活像两个给齐肩套在锃光瓦亮的高

_____

① 选自《骑兵军》，人民文学出版社，2005年。

筒马靴内的姑娘。

他朝我笑了笑，用马鞭敲了下桌子，把参谋长刚开始口授的那道命令拿了过来。这道命令是下达给团长伊凡·切斯诺科夫的，令他率所部朝丘古诺夫-多勃雷沃特卡方向进发，与遭遇之敌交火，并歼灭之……

"……我将此项歼敌任务，"师长亲自动笔写下去，把一张纸都涂满了，"一并交由切斯诺科夫全权负责，而我则有权将其就地枪毙，您，切斯诺科夫同志，与我同在前线作战已非一月，对此当不会质疑……"

六师师长签了个带花尾的名字，将命令扔给了他的勤务兵，随后把他那双灰色的眼睛转向我，只见快乐在他那双眼睛里欢跳。

我将暂调我来师部的调令递呈给他。

"执行命令！"师长说，"执行命令，你想把你安排到哪儿都行，除了前沿。你有文化吗？"

"有，"我回答说，对他青春的铁和花深为羡慕，"是彼得堡大学法学副博士……"

"原来是喝墨水的，"他笑了起来，大声说，"还架着副眼镜。好一个臭知识分子！……他们也不问一声，就把你们这号人派来了，可这儿会把戴眼镜的整死的。怎么，你要跟我们住上一阵子？"

"住上一阵子。"我回答说，便跟着设营员去村里找个下处住下。

设营员把我的小箱子扛在肩上。我面前是环形村道，黄不棱登的，像南瓜。天上，奄奄一息的太阳正在吐出粉红色的气息。

我们走近一排排绘有彩色花纹的原木搭成的农舍，设营员停下来，突然面带歉意地微笑着说：

"我们这儿专拿戴眼镜的开涮，劝阻不了。功劳再大的人在这儿也会气得肺都炸裂。您呀，去搞一个女太太，档次越高的越好，那就能取得战士们的好感……"

他捎着我的箱子迟迟疑疑地走到我紧跟前，又倒退一步，心一横，跑进了第一个院场。哥萨克们正坐在干草上相互修面。

"喂，战士们，"设营员一边打招呼，一边把我的箱子放到地上，"根据萨维茨基同志的命令，你们必须接纳这个人住在这儿，不得对他动粗，因为这是个一心想做学问的人……"

设营员脸涨得通红，头也不回地走了。我举起手来向哥萨克们敬礼。一个蓄有亚麻色垂发，长有一张漂亮的梁赞人脸庞的小伙子走到我的箱子前，一把提起箱子，扔出院外，然后掉过身子，把屁股冲着我，放出一串臊人的响声。

"零零号大炮，"一个年纪较大的哥萨克朝他喊道，放声笑了起来，"叫逃跑的尝尝味道……"

那小伙子就这么一点儿并不高明的伎俩，施展完了，便走开了。于是我趴在地上，把散得一地的手稿和几件破衣服放回箱子，拎到院场的另一边。农舍旁砖砌的行军灶上，锅里正在煮猪肉，热气腾腾的，像是从远方故乡的村子里飘来的炊烟，勾起了我孤身在外、饥肠辘辘的乡愁。我把干草铺在坏掉了的箱子上，权作枕头，躺到地上，打算把《真理报》上登载的列宁在共产国际第二次代表大会上的讲话看完。夕阳从锯齿状的山冈后边照射着我，哥萨克们在我脚边走来走去，那个小伙子没完没了地拿我取笑，也不觉得累。我爱不释手的文句沿着荆棘丛生的小道朝我走来，却怎么也走不到我身边。于是我把报纸撂下，朝正在门廊下搓线的女房东走去。

"女掌柜的，"我说，"我要吃东西……"

老婆子抬起她那双半瞎了的眼睛的暴眼珠，朝我看了一下，又垂了下去。

"我说同志，"她沉默了一会儿，说，"一提吃的事儿，我宁愿上吊。"

"他妈的，"我气呼呼地咕噜着，朝老婆子当胸就是一拳，"你敢跟我说这种话……"

我掉过头去，看到不远处撂着一把别人的马刀。有只端庄的鹅正在院场里一边踱着方步，一边安详地梳理着羽毛。我一个箭步蹿上前去，把鹅踩倒在地，鹅头在我的靴子下咔嚓一声断了，血汩汩地直往外流。雪白的鹅颈横在粪便里，死鹅的翅膀还在扑棱。

"他妈的！"我一边说，一边用马刀拨弄着鹅，"女掌柜的，把这鹅给我烤一烤。"

老婆子半瞎的眼睛和架在上边的眼镜闪着光，她拿起鹅，兜在围裙里，向厨房走去。

"我说同志，"她沉默了一会儿，说，"我宁愿上吊，"说罢，带上门走了进去。

院场里，哥萨克们已围坐在他们的锅前。他们像一群祭司，笔直地坐着，一动也不动，而且谁都没看鹅一眼。

"这小子跟咱们还合得来，"其中一个议论我说，挤了挤眼睛，舀起一匙肉汤。

哥萨克们像相互尊重的庄户人那样斯斯文文地吃着晚饭，我用沙子擦净马刀，走到大门外，又回到院场里，心里十分痛苦。月亮像个廉价的耳环，挂在院场的上空。

"老弟，"哥萨克的头头苏罗夫科夫突然对我说，"你的鹅还没烤熟前，先坐下来跟我们一块吃点儿吧……"

他从靴筒里掏出一把备用的匙,递给我。我们喝光了自煮的肉汤,吃光了猪肉。

"报上都说些什么?"那个蓄有亚麻色垂发的小伙子一边问我,一边给我腾出了一块地方。

"列宁在报上说,"我一边掏出《真理报》,一边回答道,"贫乏遍及我们各个方面……"

于是我像个亢奋的聋子那样扯直嗓门,把列宁的讲话念给哥萨克们听。

夜晚用它苍茫的被单将我裹在提神醒脑的湿润之中,夜晚把它慈母的手掌按在我发烫的额头上。

我朗诵着,欣喜若狂,捕捉着隐于列宁直率的讲述中的弦外之音。

"真理能让不管什么样的鼻孔通气,"我念完报后,苏罗夫科夫说道,"要把真理从一大堆杂七杂八的东西里挑出来别提有多难,可他就像鸡啄米那样一啄一个准儿。"

苏罗夫科夫这话是指列宁,他是师部直属骑兵连的排长,后来我们到干草棚去睡觉。6个人睡在一起,挤作一团取暖,腿压着腿,草棚顶上尽是窟窿眼,任星星钻进棚内。

我做了好多梦,还梦见了女人,可我的心却叫杀生染红了,一直在呻吟,在滴血。

【法国】罗曼·罗兰

傅雷 译

约翰·克利斯朵夫①

克利斯朵夫不是贝多芬，但他是贝多芬式的英雄。十卷本长篇小说《约翰·克利斯朵夫》，说的是一名穷孩子成长为音乐家的故事，一名凡人修炼为圣者的故事，一个平凡的生命可以拥有的壮阔的历史。克利斯朵夫说出了我们心中的欲求，仿佛在代替我们经受苦难、交友、恋爱、创造与自我超越。这是一本杰出的青春小说，这里有人——一个不甘平庸的人，一个忠于良知的人，一个审视生命的人，他的强健的魂魄和历经波折的奋斗史激励着一代代青年。1924年，北大法文系学生敬隐渔有意翻译这部小说，致函罗曼·罗兰，作者回信说："唯愿我的克利斯朵夫帮助你们在中国造成这个新人的模范，这样的人在世界各地已始创形了！愿他给你们青年的朋友，就如给你一样，替我献一次多情的如兄如弟的握手。"小说扉页的题赠是："献给各国受苦、奋斗而必战胜的自由灵魂。"这是一曲献给人间青春生命的战歌，献给人类的奋斗者的壮歌。

"正视着人间的苦难——然后放声大笑！"——这便是约翰·克利斯朵夫。本文节选了克利斯朵夫作为反叛的青年音乐家初登乐坛的故事。像所有朝气蓬勃的青年一样，蔑视一切的权威，批评一切的业界陋习，毫不留情地清扫道路，呼唤清新的空气。然后，当他登台亮相，一切的成功势力立即对他全面合围，凶狠反击。这是创造者在前进道路上必然遭遇的挫败。克利斯朵夫的这次受挫只是此后的人生无数挫败的开篇，他没有丧失锐气，而是从生命的美好中获取超越苦难的能量，生命有多长，创造之路就有多长，他逆风而行，一步步攀上精神世界的峰巅。

罗曼·罗兰（1866~1944）法国作家、音乐评论家。他要让世人"呼吸英雄的气息"，一生塑造巨人英雄，有《贝多芬传》《米开朗琪罗传》《托尔斯泰传》等名人传记，有《约翰·克利斯朵夫》等长篇杰作。1915年，因"他的文学作

---

① 选自《约翰·克利斯朵夫》卷四，人民文学出版社，1983年版。本文节选了主人公"独自面对社会，第一次试图发出自己的声音"的相关内容。

品中的高尚理想和他在描绘各种不同类型人物所具有的同情和对真理的热爱"获诺贝尔文学奖。他用诚恳的文风、热情的文字刻画在时代风浪中，为追求正义、光明而勇往直前的知识分子形象。他自己的一生也在为争取人类自由、民主与光明奔走呼唤。

　　他第一篇评论披露的时候，在这个人心麻木的小城里好似一块大石头掉在鸭塘里。题目叫做：音乐太多了！

　　"音乐太多了，吃的东西太多了，喝的东西太多了！大家不饥而食，不渴而饮，不需要听而听，只是为了狼吞虎咽的习惯。这简直和斯特拉斯堡的鹅一样。这民族竟是害了贪食症。你给他随便什么都可以。瓦格纳的《特里斯坦》也好，《赛金根的吹号手》也好，贝多芬也好，玛斯加尼也好，赋格曲也好，两拍子的军队进行曲也好，阿唐、巴赫、普契尼、莫扎特、马斯涅，都好。他连吃什么东西都不知道，只要有得吃。甚至吃了也不觉得快乐。瞧瞧他在音乐会里的神气罢。有人还说什么德国式的狂欢！其实什么叫做欢乐他们就不知道：他们永远是狂欢的！他们的狂欢和他们的悲哀一样是像雨水般随便流的：贱如泥土的欢乐，没有精神也没有力。他们愣头傻脑地笑着，几小时地吸收声音，声音，声音。他们一无所思，一无所感，只像一些海绵。真正的欢乐与真正的痛苦——力——决不会像桶里的啤酒般流上几小时的。它掐住你的咽喉，使你惊心动魄地慑服，以后你不会再想要别的：你已经醉了！

　　"音乐太多了！你们糟蹋自己，糟蹋音乐。你们糟蹋自己是你们的事；可是音乐，别胡来了罢！我不许你们糟蹋世界上的美，把圣洁的和声跟恶浊的东西放在一只篮里，把《帕西法尔》的《序曲》插在《联队女儿》的幻想曲和萨克管的四重奏中间，或是把贝多芬的柔板跟美洲土人舞乐或雷翁加伐罗的无聊作品放在一起。你们自命为世界上最大的音乐民族，你们自命为爱音乐。可是爱哪一种音乐呢？好的还是坏的？你们不论好坏都同样地拍手喝彩。你们先挑一下行不行？究竟要哪一种？你们不知道，不愿意知道：你们怕决定，怕闹笑话……你们这种谨慎小心，替我见鬼去罢！——你们说，你们在一切偏见之上，是不是？——其实你们是被压在一切偏见之下……"

　　于是他引了高特弗里德·凯勒的两句诗——那是一个苏黎世的布尔乔亚，他的光明磊落，勇于战斗的态度，本地风光的生辣的气息，是克利斯朵夫非常爱好的：

　　　　"得意扬扬自命为超乎偏见之上的人，
　　　　　其实是完全在偏见之下。"

他又继续写道："你们应当有勇气保持你们的真！应当有勇气不怕显得丑！假如你们喜欢恶劣的音乐，就痛痛快快地说出来。把你们的本相拿出来。把你们灵魂上的不清不楚的胭脂花粉统统抹掉罢，用水洗洗干净罢。多少时候你们没有在镜中照照你们这副丑相了呢？让我来照给你们看罢。作曲家、演奏家、乐队指挥、歌唱家，还有你们，亲爱的听众，你们可以彻底明白你们是什么东西了……你们爱做什么人物都可以，但至少要真！要真，哪怕艺术和艺术家因之而受到损害也没关系！假使艺术不能和真理并存，那么就让艺术去毁灭罢！真理是生，谎言是死。"

这番激烈的血气方刚的话，再加那种不雅驯的态度，自然使大家叫起来了。可是对于这篇每个人都包括在内而没有一个人清清楚楚受到攻击的文字，谁也不愿意认为针对自己。每个人都是，都自以为，自称为真理的朋友，所以那篇文章的结论决不致受人非难。人家不过讨厌它的语气，一致认为失态，尤其是出之于一个半官方艺术家之口。一部分的音乐家开始骚动了，愤懑地抗议了：他们料到克利斯朵夫决不会这样就算了的。另外一批人自以为更聪明，去恭维克利斯朵夫有勇气，可是对他以后的文字也同样在那里惴惴不安。

抗议也好，恭维也好，结果总是一样。克利斯朵夫已经冲了出去，什么都拦不住他了；而且依着他早先说的话，作家和演奏家都免不了受到攻击。

第一批开刀的是乐队指挥。克利斯朵夫决不限于对指挥乐队的艺术作一般性的讨论。他把本城或邻近诸城的同事一一指出姓名，或者用着极明白的隐喻，令人一望而知说的是谁。譬如，每个人都能认出那个毫无精神的宫廷乐队指挥，阿洛伊·洪·范尔奈，小心谨慎的老人，一身载满了荣誉，什么都害怕，什么都要敷衍，不敢对乐师们有何指摘，只知道俯首帖耳地跟着他们的动作。除了有过20年的声誉，或至少经过学士院的什么大老盖过官章的作品以外，他决不敢把新作随便排入节目。克利斯朵夫用着挖苦的口吻恭维他的大胆，称赞他发现了加德、德沃夏克、柴可夫斯基；恭维他的乐队演奏准确，节拍不差毫厘，表现得细腻入微，他提议在下次音乐会中可以替他把车尔尼的《速度练习曲》配成器乐来演奏，①又劝他不要过于疲劳，过于热情，得保重身体。——再不然，克利斯朵夫对他指挥贝多芬《英雄交响曲》的作风发出愤怒的叫喊：

"轰啊！轰啊！给我轰死这些家伙罢！……难道你们全不知道什么叫做战斗，什么叫做对于人类的荒谬与野蛮的战斗——还有那个一边欢笑一边把它们打倒在脚下的力吗？嘿，你们怎么会知道呢？它所攻击的就是你们！你们的英勇是在于能够听着，或忍着呵欠而演奏贝多芬的《英雄交响曲》——（因为这个曲子使你们

---

① 车尔尼为19世纪钢琴家兼作曲家，所作尤多为学生练习指法用的曲子。《速度练习曲》为此种练习曲之一。

厌烦……那么老实说出来罢,说那个曲子使你们厌烦,厌烦得要死!)——你们的英勇还有什么表现?大概是光着脑袋,驼着背,忍着过路风而恭迎什么大人物吧。"

对于这些音乐院的长老演奏过去的名作时所用的"古典"风格,他只嫌冷嘲热讽的字不够用。

"古典!这句话把什么都包括了。自由的热情,像学校的课本一样被删改修正了!生命,这片受着长风吹打的广大的平原——也给关在古典学院的院子中间!一颗颤动的心的犷野威武的节奏,被缩成钟锤的摆动,安安静静地,规规矩矩地,按着四拍子前进,在重拍上加强一下!……你们要把大海装入小玻璃缸,放些金鱼,才能鉴赏大海。你们要把生命扼杀之后才懂得生命。"

他对这般他称为"打包匠"式的乐队指挥固然不客气。但对"马戏班骑师"式的名指挥尤其严厉——他们周游各地,教人家欣赏他们手舞足蹈的姿势,爬在大名家的背上显本领,把人尽皆知的作品弄得面目全非,难于辨识,在贝多芬的《第五交响曲》中表现他们的身手矫捷。克利斯朵夫把他们当作卖弄风情的老妇,走江湖的吉普赛人,走绳索的卖技者。

演奏家也是给他嘲弄的好材料。他批判他们卖弄手法的音乐会时,声明自己是外行,说这些机械的练习是属于工艺学院的范围的:时间的长短、音符的数目、耗费的精力等等,只有画成图表才能显示,才能估量它们的价值。有时,一个著名的钢琴家堆着笑脸,头歪掉在眼角上,在两小时的音乐会中解决了技术上最大的困难,克利斯朵夫说他根本还不能把莫扎特的一曲简单的行板弹得像个样。——当然,他并非不知克服困难的乐趣。他自己也体味过来:这是人生一乐。但只看见作品的物质的一方面,认为艺术上的英勇壮烈就只有这一点,那他觉得又丑恶又可耻了。什么"钢琴之狮"、"钢琴之豹",他都不能原谅。——同时他对那般在德国很出名的老学究也不大客气,因为他们苦心孤诣要保存名作的原文,便加意压制思想的奔放,并且像汉斯·冯·彪洛夫那样,表演一阕热情的奏鸣曲的时候,简直像教大家上一堂朗诵台词的课程。[①]

歌唱家们也有挨骂的份儿。克利斯朵夫对于他们粗俗笨重的歌唱和内地式的浮夸的腔派,心中真有千言万语要说。这不但因为他记得和那位蓝衣太太的争执,而且许多使他受罪的表演更加强了他的恨意。他竟说不清他的眼睛跟耳朵哪一样更难受。至于舞台面的恶俗,服装的难看,颜色的火暴等等,克利斯朵夫因为缺少比较的材料,还不能充分地批评。他所厌恶的,尤其在于人物、举动、态度的粗俗,歌唱的不自然,演员的不能感染剧中人的精神,漠不关心地从一个角色换

---

① 汉斯·冯·彪洛夫(1830~1894),为德国19世纪最大的钢琴家和指挥家之一,此处批评其演技,系作者本人亲聆以后的评语。

唱另一个角色，只要音域相仿。那些身发财发，好不得意的妇人，不管是唱伊索尔德是唱卡门，只知道卖弄自己。安福太斯居然变了费加罗！①……但克利斯朵夫感觉得最清楚的，当然是歌唱的恶劣，特别是以旋律的美为主的古典作品。德国已经没人会唱18世纪末期的那种完美的音乐，也没人肯费心去研究了。格路克和莫扎特的清朗明净的风格，与歌德的一样，好似浴着意大利的阳光的，到韦伯已经染上狂乱颤动的气息而开始变质，到梅亚贝尔又给笨重的漫画手法变得可笑，而到瓦格纳风靡一世的时候更被完全压倒了。尖声怪叫的女武神在希腊的天空飞过。斯堪的纳维亚的神话掩蔽了南国的光明。现在再没有人想到唱音乐，只想到唱诗。细节的疏忽，丑恶的地方，甚至错误的音符，都被认为无关宏旨，借口说唯有作品的全体才重要，唯有思想才重要②……

"思想！好，就谈思想罢。仿佛你们是懂得思想的！……可是不管你们懂不懂，至少得尊重思想所挑选的形式。第一得让音乐成其为音乐！"

而德国艺术家自命为对于表情与深刻的思想的关心，在克利斯朵夫看来简直是开玩笑。表情吗？思想吗？是的，他们到处都用上了——到处，而且是一律的。一双羊毛靴子，跟一座米开朗琪罗的雕像，他们一样的会在其中找到思想——不多也不少。不论演奏哪一个作家，哪一件作品，用的老是同样的精力。在多数人心目中，音乐的要素只是音量，只要不是杂声而是音乐的声音就得了。德国人对唱歌的兴趣那么浓，其实只是为了声带经过了运动以后的快感。主要是尽量地鼓起气来，尽量地放射出去，要有力，持久，按着拍子。克利斯朵夫称赞某个有名的女歌唱家，说可以送她一纸健康证书。

他吆喝了艺术家还不算，更要从台上跳到台下，把那些张着嘴巴看他开刀的群众教训一顿。群众被他呵斥之下，觉得啼笑皆非。那真要令人呼冤叫屈了，因为他们一向很留神，不加入任何艺术论战，小心翼翼地跟一切棘手的问题都站得老远，而且唯恐自己犯错误，所以对一切都拍手叫好。但克利斯朵夫认为拍手就是他们的罪状！……对恶劣的作品拍手吗？——那已经该死了！可是克利斯朵夫更进一步，说他们最不应该对伟大的作品拍手。

"轻薄的家伙！你们想教人相信你们竟这样热烈吗？……得了罢！这恰恰证明完全相反。要拍手，等热闹的结束来的时候再拍手罢，那些段落原来是像莫扎

---

① 伊索尔德为瓦格纳歌剧《特里斯坦与伊索尔德》中的女主角，卡门为法国比才所作歌剧《卡门》的女主角。两部作品的风格，女主角的性格，完全不同。安福太斯为瓦格纳歌剧《帕西法尔》中的角色，费加罗为莫扎特歌剧《费加罗的婚礼》中的角色，性质迥异，声部亦不同（一为男中音，一为男低音）。

② 以上一段均系批评瓦格纳歌剧对近代音乐的不良影响。瓦格纳对歌剧另有一套理论，意欲融音乐、诗歌、哲学、神话、戏剧于一炉。而其歌剧的歌唱风格亦另辟蹊径，此处即攻击此种风格的弊病。

特说的为'驴子耳朵'写的。①在这儿，你们尽管尽兴吧：人家是准备你们大叫大嚷的，那也是音乐会中应有的一套。可是在贝多芬的《弥撒祭乐》以后鼓掌……你们不是该死吗！……那明明是最后之审判。荣耀归主那一章，②惊心动魄的气势像海洋上的狂风暴雨，大力士般的猛烈的意志好比一阵飓风，忽然停在云端里，双手攀着深渊，然后又奋力向太空飞去……狂风怒号。在最惊险的关头，突然来了一段转调，一种抖动的声音透过乌云从天上直落到颜色惨白的海上，像一片光。这是到了结束的阶段。死神那种疯狂的飞翔冷不防停了下来，它的翅膀被三道闪电钉住了。③周围的一切还在发抖，迷糊的眼睛还在发花。心志忐地跳着，气息仅属，四肢瘫痪……而最后一个音符还在振动的时候，你们已经在高兴了，乐了，你们叫着，笑着，议论纷纷，拍手了！……难道你们一无所见，一无所闻，一无所感，一无所悟吗？一个艺术家的痛苦为你们原来只是一出戏，认为贝多芬临终的血泪给描写得非常精细！你们对耶稣上十字架竟喊着'再来一次！'这个超凡入圣的人在痛苦中挣扎了一辈子，结果只给你们这批愚夫愚妇消磨一个钟点！"

这样，他无意之间诠释了歌德的两句名言；不过他没有达到歌德那种清明高远的境界罢了：

"大众把崇高伟大当作游戏。要是他们看到了崇高伟大的面目，那就连望一望的勇气也没有了。"

克利斯朵夫还不肯就此罢休。热情冲动之下，他跳过了群众，像一颗炮弹似的去轰那个圣坛，那个禁地，那个庸才俗物的避难所——批评界了。他把同业骂得体无完肤……

赶到谁都知道克利斯朵夫连一个后台也没有了的时候，他立刻发觉自己的敌人多得出乎意料。凡是被他直接间接中伤过的人，不问是个人受到批评的，或是思想与识见受到指摘的，都马上对他反攻，加倍地报复。至于一般的群众，当初克利斯朵夫振臂疾呼，想把他们从麻痹状态中唤醒过来的人，现在看着这个想改造舆论，惊扰正人君子的好梦的狂妄的青年受到教训，也不禁暗暗称快，克利斯朵夫掉在水里了。每个人都拼命把他的头揿在水底下。

他们并不是一齐动手的。先由一个人来试探虚实，看见克利斯朵夫不还手就加紧攻势。然后别的人跟着上前，然后大队人马蜂拥而来。有些人把这种事看做

---

① 神话载，弗里基弥达斯因不喜阿波罗所奏的竖琴，被阿波罗将其耳朵变成驴耳。今以此语喻不懂音乐的人。

② 贝多芬的《弥撒祭乐》共分五大颂曲：（一）吾主怜我，（二）荣耀归主，（三）我信我主，（四）圣哉圣哉，（五）神之羔羊。而第二部《荣耀归主》本身又分成三章，以下所描写的是第一章的境界。

③ 所谓三道闪电系指第一章将结束时由大号用特别加强的声量（fff）奏出的三个和弦。

有趣的玩艺儿，好似小狗喜欢在漂亮地方放屁：那都是些外行的新闻记者，好比游击队，因为一无所知，只把胜利的人捧一阵，把失败的骂一顿，教人忘掉克利斯朵夫，另外一批却搬出他们的原则来作猛烈的攻击。只要一经他们的手，世界上就可以变得寸草不留：那是真正的批评界，致人死命的批评界。

幸而克利斯朵夫是不看报的。几个忠实的朋友特意把诬蔑最厉害的几份报寄给他。可是他让它们堆在桌上，不想拆阅。最后有一篇四周用红笔勾出的文字引起了他的注意；原来说他所作的歌像一头野兽的咆哮，他的交响曲是疯人院里的出品，他的艺术是歇斯底里的，他的抽风似的和声只是遮掩他心灵的枯索与思想的空虚。那位很知名的批评家在结论里说：

"克拉夫脱先生从前以记者的身份写过些东西，表现特殊的文笔与特殊的口味，在音乐界中成为笑谈。当时大家好意劝他还是作他的曲子为妙。他的近作证明那些劝告虽然用心甚好，可并不高明。克拉夫脱先生只配写写那种文章。"

看了这一篇，克利斯朵夫整个上午不能工作；他又去找别的骂他的报纸，预备把失意的滋味饱尝一下。可是鲁意莎为了收拾屋子，老喜欢把所有散在外面的东西丢掉，那些报纸早给她烧了。他先是生气，随后倒也安慰了，把那份留下来的报递给母亲，说这一份也早该一起扔在火里的。

可是还有使他更难受的侮辱呢。他寄给法兰克福一个有名的音乐会的一阕四重奏，被一致地否决了，[①]而且并不说明理由。科隆乐队有意接受的一阕序曲，在他空等了几个月之后也给退回来，说没法演奏。但最难堪的打击是出于当地的某音乐团体。指挥于弗拉脱是个很不差的音乐家，但和多数的指挥一样，一点没有好奇心；他有那种当指挥的特有的惰性：凡是已经知名的作品，他可以无穷尽地重复搬弄，而一切真正新颖的艺术品却被视为洪水猛兽，避之唯恐不及。他永不厌倦地组织着贝多芬、莫扎特，或是舒曼的纪念音乐会：在这些作品里头，他只要让那些熟悉的节奏把自己带着跑就是了。反之，现代的音乐就教他受不住。但他不敢明白承认，还自命为能够赏识有天才的青年；实际是这样的：假如人家给他一件仿古的作品——仿一件50年前算是新的作品——他的确极表欢迎，甚至会竭力教大众接受。因为这种东西既不妨害他演奏的方式，也不会扰乱大众感受作品的方式。可是一切足以危害这美妙的方式而要他费力的作品，他都深恶痛绝。只要开辟新路的作家一天没有成名，他鄙薄的心就一天不会消失。假使这作家有成功的希望，他的鄙薄就一变而为憎恨——直到作家完全成功的那一天为止。

克利斯朵夫当然谈不到有成功的希望，那才差得远呢。所以他间接知道于弗拉脱先生很愿意演奏他的作品，不禁大为诧异。这位指挥是勃拉姆斯的好朋友，

---

① 凡作家投寄新作于音乐团体请其演奏时，当先由乐队董事会投票表决。

也是被克利斯朵夫在杂志上痛诋过的别的几个音乐家的朋友，因此克利斯朵夫更觉得他的表示出乎意外。但他自己是好人，以为他的敌人也像他一样的宽宏大度。他猜想他们是看到他受到攻击，特意要表示他们决不作小心眼儿的报复：想到这点，他竟为之感动了。他送了一阕交响诗给予弗拉脱，附了一封情辞恳切的信。对方教乐队秘书复了信，措辞冷淡，可是很有礼貌，声明他的曲子已经收到，但照会章规定，作品在公开演奏之前必须提交乐队先行试奏。章程总是章程：克利斯朵夫当然没有话说。而且这纯粹是种手续，免得一般讨厌的鉴赏家多所议论。

两三个星期以后，克利斯朵夫接到通知，说他的作品快要试奏了。照规矩，这种试奏是不公开的，连作家本人也不能旁听。事实上所有的乐队都容许作家到场，他只是不公然露面罢了。每个人都知道他在这儿，而每个人都装作不知道。到了那天，一个朋友来把克利斯朵夫带进会场，拣着一个包厢坐下。他很奇怪地发觉，这个不公开的预奏会居然差不多会客满，至少在楼下：大批的时髦朋友，有闲阶级，批评家，都在那里叽叽呱呱，非常兴奋。乐队照例是装做不知道有这些人的。

开场是勃拉姆斯采用歌德《冬游哈尔茨山》里的一段所作的狂想曲，有女低音独唱和男声合唱，由乐队伴奏的。克利斯朵夫早就讨厌这件作品的浮夸的感伤情调，以为这或许是勃拉姆斯党一种挺客气的报复，因为他从前很不恭敬地批评过这个曲子，特意强迫他听一遍。他想到这点不由得笑了，而听到以后又紧接着被他攻击过的两个别的作家的东西，他认为更有意思了：可见他猜得不错，他们的用意不是很显明了吗？他一边装着鬼脸，一边想这究竟是挺公平的斗争：他虽不欣赏那音乐，可很能欣赏这种玩笑。群众对着勃拉姆斯和同一派的作品热烈鼓掌的时候，克利斯朵夫也俏皮地附和几下。

终于轮到克利斯朵夫的交响曲了。乐队和听众之间都有人向他的包厢瞟几眼，证明大家知道他在场。他尽量地躲起来。他等着，心跳得很厉害。音乐像河水般悄悄地集中在一处，但等指挥的棍子一动就马上决破堤岸：在这种情形之下，每个作曲家都会觉得惴惴不安。他自己还从来没听到这个作品演奏的效果。他所幻想的生灵究竟是什么面目呢？声音又是怎么样的呢？他觉得它们在他心中轰轰地响；他靠在音响的深渊之上浑身哆嗦，急于要知道出来的是什么。

出来的却是一种无名的东西，一片不成形的混沌。明明是支撑高堂大厦的结实的梁柱，出来的可是没有一组站得住的和弦，它们相继瓦解，好似一座只有断垣残壁的建筑物，除了灰土瓦砾之外，一无所有。克利斯朵夫竟不敢相信奏的是他的作品。他找不到他思想的线条和节奏，根本认不出自己的思想了：只觉得它嘟嘟囔囔，摇摇晃晃，好比一个扶墙摸壁的醉鬼；他羞死了，仿佛自己就在当众表现这副醉鬼的模样。他明知他写的不是这种东西，可是没用：一个荒唐的代言人把你的话改头换面地变了样，你自己也会当场糊涂起来，弄不清你对这种荒谬的情形应不应当负责。至于群众，他们可不理会这些：他们相信表现的人，歌唱的人，相信他们听惯的乐队，正如相信他们读惯的报纸一样：他们是决不会错的；要是他们说了荒唐的话，一定是作者荒唐。这一回群众尤其不会起疑，因为他们原来就要相信作者可笑。克利斯朵夫还以为指挥也觉察到这种混乱的情形，会教乐队停下来重新开始的。各种乐器都失去了联络。圆号插进来的时候，落后了一拍子，又继续吹了好几分钟，才若无其事地停下来倒去口水。有几段双簧管的部分竟消灭得无影无踪。哪怕是最精细的耳朵也没法找到乐思的线索，甚至不能想象它有什么线索可言。变化很多的配器法，幽默的穿插，都给恶俗的演奏变得可笑了。作品显得荒谬绝伦，简直是一个白痴，是一个完全不懂音乐的人开的玩笑。克利斯朵夫扯着自己的头发，竟想跑出去阻断乐队的演奏；可是陪着他的朋友把他挡住了，说指挥先生自会辨别出演奏的错误而全部纠正的——何况克利斯朵夫根本不该出头露面，他的指责只有把事情弄得更糟。他把克利斯朵夫硬留在包厢里。克利斯朵夫听他摆布，只是把拳头敲着自己的脑门；而每次听到一段太不像话的表演，就又愤怒又痛苦地咕噜几声："孽障！孽障！……"他一边呻吟，一边咬着手不让自己叫出来。

那时除了错误的音符，群众也开始骚扰，有了声音。先还不过是一种震颤的音浪；不久克利斯朵夫分明听到他们在笑了。乐师给他们暗示，有几个竟老实不客气表示忍俊不禁。群众明白了作品真的可笑时，便捧腹大笑起来，全场的人都乐死了。赶到一个节奏很强的主题又在低音提琴上出现，而给表现得特别滑稽的时候，大家更乐不可支。只有指挥一个人在喧闹声中不动声色地继续打着拍子。

曲子终于奏完了——（世界上最得意的事也要结束的）——那才轮到大众开口。他们高兴之极，闹哄了好几分钟。有的怪声嘘叫，有的大喝倒彩；更俏皮的人却喊着"再来一次！"花楼中有人用男低音摹仿那个可笑的主题。别的捣乱分子跟上来争奇斗胜。还有人嚷着："欢迎作家！"——这些风雅人士好久没有这样的乐了。

等到喧闹声稍微静了一些，乐队指挥若无其事地把大半个脸对着群众，可是仍装作不看见群众——（因为乐队是始终认为没有外人在场的）——向乐队做了一个记号表示他要说话。有人嘘了一声，全场静默了。他又等了一忽儿才用着清楚、冷酷、斩钉截铁的声音说：

"诸位，我一定不会让这种东西奏完的，要不是为了把胆敢侮辱勃拉姆斯大师的那位先生给大家公断一下的话。"

说完了，他跳下指挥台，在大众的欢呼声中走了出去。掌声继续到一两分钟之久，但他竟不再出场。乐队里的人开始散了。群众也只能走了。音乐会已经告终。

大家总算过了一天快乐的日子。

克利斯朵夫已经出了包厢。他一看见指挥走下台，便立刻冲出去，三脚两步地奔下楼，要去打指挥的嘴巴。陪他来的朋友在后面追着，想拦住他。克利斯朵夫把他一推几乎跌下楼梯——（他很有理由相信这位朋友也是做这个圈套的一分子）——还算是于弗拉脱的运气，也是克利斯朵夫的运气，后台的门关着，尽管他用拳头乱敲也敲不开。而群众已经从会场里出来，克利斯朵夫不得不赶快溜了。

他当时的情形真是没法形容：他漫无目的地走着，舞动着手臂，骨碌碌地转着眼珠，大声地自言自语，活像一个疯子；愤慨与狂怒的叫声越来越响了。街上差不多没有什么人。音乐会场是上年在城外新盖的；克利斯朵夫不知不觉穿过荒地，向郊外走去；荒地上东一处西一处有几所板屋和正在建造的屋子，四周都有篱垣。他心中起了杀性，竟想把那个侮辱他的人杀死……可是即使杀了他，那些百般耻笑他的人——他们笑声至今还在他耳朵里响着——会把兽性改掉一点吗？他们人数太多了，简直无法可想；他们在多少事情上都意见分歧，但在侮辱他压迫他的时候却联合起来了。那不止是误解，而且还有一股怨毒在里头。他究竟在什么地方得罪了他们呢？他心中的确藏着些美妙的东西，教人愉快教人幸福的东西；他想说出来，让别人一同享受，以为他们也会像他一样的快乐。即使他们不能欣赏，至少也得感激他的好意，充其量可以用友好的态度指出他错误的地方；但他们因之而怀着恶意取笑他，把他的思想歪曲，诬蔑，踩在脚下，把他变成小丑来制他死命，真是从何说起！他气愤之下，把人家的怨毒格外夸大了，过分地当真了：其实那般庸碌的人压根儿没有什么当真的事。他嚎啕大哭地嚷着："我什么地方得罪了他们呢？"他闭住了气，觉得自己完了，像童年第一次看到人类凶恶的时候一样。

这时他向周围和脚下看了看，原来他走到了磨坊邻近的小溪旁边，几年以前父亲淹死的地方。投水自杀的念头立刻在他脑中浮起，他想马上往下跳了。

正当他站在岸上，俯瞰着清澈恬静的水光感到幻惑的时候，一只很小的鸟停在近边的树枝上开始唱起来，唱得非常热烈。他不声不响地听着。水在那里喁语。开花的麦秆在微风中波动，簌簌作响；白杨萧萧，打着寒噤。路旁的篱垣后面，园中看不见的蜜蜂散布出那种芬芳的音乐。小溪那一边，眼睛像玛瑙般的一头母牛在出神。一个淡黄头发的小姑娘坐在墙沿上，肩上背着一只轻巧的稀格的藤篓，好似天使张着翅膀，她也在那儿幻想，把两条赤裸的腿荡来荡去，哼着一个全无意义的调子。远远的，一条狗在草原上飞奔，四条腿在空中打着很大的圆圈……

克利斯朵夫靠在一株树上，听着，望着春回大地的景象；这些生灵的和平与欢乐的气息把他感染了……他忘了一切……突然他拥抱着美丽的树，把腮帮贴着树干。他扑在地下，把头埋在草里，浑身抽搐地笑了，快乐之极地笑了。生命的美，生命的温情，把他包裹了，渗透了。他想道：

"为什么你这样的美，而他们——人类——那样的丑？"

可是不管这些！他爱生命，觉得自己永远会爱生命，无论如何不会跟它分离的了。他如醉若狂地拥抱着土地，拥抱着生命：

"我抓住你了！你是我的了。他们决不能把你抢走的。他们爱怎办就怎办罢！便是要我受苦也无妨！……受苦，究竟还是生活！"

【爱尔兰】詹姆斯·乔伊斯

安知 译

阿拉比①

爱尔兰的冬天寒冷刺骨，紫色的夜空、昏黄的街灯、棚屋里和野孩子们的战斗，在这回荡我们喊叫声的长街上，停驻了"我"初次的爱恋。那被街灯照亮的棕色衣裳、美好的曲线、搁在栏杆上的手，还有白色镶边的裙摆勾勒出的少女。"我"不知道怎么和她说话，"我"在暗处凝视她，在周末的傍晚，在五颜六色的大街上，在酒鬼和苦力们熙来攘往尖叫咒骂的时候，在所有不能让人浪漫和想象的场合，在祈祷和唱赞美诗的时候，思念她，默念她的名字热泪盈眶。她像是"我"手里的一个圣器，让"我"在人群中安然穿行，感受着秘密而且温柔的幸福。

阿拉比，是从她的口中说出的阿拉伯集市的名字。"这个词的音节在静寂中回响，弥漫着迷人的东方气息"，让"我"长时间地期待和激动。可是怎么会是这样，这面目模糊的人们、黑沉沉的大厅，就是"我"的阿拉比、爱人口中的圣地、让"我"寄托了无限希望和想象的美好所在吗？哪里是闪亮的灯火，哪里又有让人沉溺的气息？大厅里灯火渐熄，集市已是收摊的时分。"我"第一次来到这个阿拉伯集市，似乎是替她而来，似乎是为了爱情而来，可是，"我"来了，"我"看了，却不知道要寻找什么，购买什么，"我"突然失去了来到集市的目的。女孩几句随口的搭讪，刺激"我"登上火车、穿过寒冬、奔赴这全然陌生之地。今天夜里，"我"闯入了同样陌生的一片感情领域，勇敢而鲁莽，"我"因为茫然若失而痛苦，因为不知所措而羞愧，"我"被自己制造的爱的幻象所嘲弄。

詹姆斯·乔伊斯（1882~1941），爱尔兰小说家、诗人，被认为是"意识流小说之父"。作品有短篇小说集《都柏林人》、长篇小说《青年艺术家画像》《尤利西斯》《为芬尼根守灵》等。其中《尤利西斯》由于将意识流手法发挥到极致，被世界文坛公认为"文学天书"。

---

① 选自《乔伊斯文集·都柏林人》，四川文艺出版社，1995年版。

北理奇蒙德街有一头不能通行，在基督兄弟学校的学生们放学回家的那段时间外，平常都很寂静。街的尽头，有一幢没有住人的两层楼房，它同一块方地上比邻的房子相隔。仿佛有着像样的住户般，街上的其他房屋全都低沉着褐色的面孔，相互逼视。

我们以往的房客，一个教士，就死在这房子的后客厅中。因为长时期关闭着，所有的房间都发散着一股霉味。厨房后，堆放废物的房间里，丢满了乱七八糟的废纸。在那儿，我翻检出几本书页卷曲而潮湿的平装书：瓦尔特·司各特的《修道院长》，还有《虔诚的圣餐者》和《维道克回忆录》。末一本最让我喜爱，因为那些书页发黄的缘故。屋后有一个荒芜的花园，园中央有一棵苹果树，四周围是几株零落的灌木；在其中一株下面，我发现了死者房客留下的生了锈的自行车打气筒。那是个好心肠的教士，在遗嘱中，他将存款全都捐给了各种慈善机构，家具给了他妹妹。

到了冬天，昼短夜长，还没等到吃完晚餐，夜幕就已降临，一幢一幢的房屋在我们上街玩耍时，全都变得阴森可怖。夜空在头顶之上幻化出一片紫罗兰色，同街灯的微光遥相呼应。刺骨的寒气使我们只有不停地玩，直到全身都暖和起来。寂静的街心里回荡着我们的喊叫声。在我们蹿进屋后黑暗而泥泞的巷道时，遭到了棚屋中那群野孩子劈头盖脸的攻击；于是我们跑向幽暗阴湿的花园后门口，那里的每一个灰坑都散发着难闻的气味。随后我们又到了漆黑的充满马粪味的马厩里。那儿马夫梳着马，或敲击着马具，发出铿锵的声音。当我们返回街道时，一家家厨房里透出来的灯光，已把这一带照得雪亮。如果正巧这时我的叔叔从街角拐过，我们便到暗处藏着，直到他进了家门。如果曼根的姐姐来到门口的石阶上，招呼弟弟回家去吃茶点，我们就躲在暗中，看着她对街道东张西望。我们等在那儿，看她是站着不走呢，还是回到房中去。如果她一直站在那儿，我们就只得走出暗处，无可奈何地来到曼根家的台阶前。她等在那儿，灯光透过半掩的房门，映现出她的身影。在服从她之前，她弟弟总会首先对她进行一番嘲弄，我则在栅栏上靠着瞧她。她的身体一旦移动，衣服便会跟着摇摆起来，柔软的辫子左右飘动。

每个早晨，我睡在前厅的地板上，望着她家的门。我老是拉下百叶窗，只露出不到一英寸的缝隙，这样别人就没法瞧见我。她一走到台阶上，我的心就跳个不停。我冲进过道，将书抓起就跑，紧紧地跟在她身后。我紧盯住她穿着棕色衣服的身形。到岔路口时，我就快步超过她。每个早晨都是这样。除了随意地打声招呼，我从来没有同她讲过话。但她的名字总让我鼠里鼠气地激动。

甚至在最不能让人浪漫和想象的场合，她的形象也总是陪伴着我。每到周末傍晚时分，为了帮姑妈提包，我就得陪着她上街去采购东西。在五颜六色的大街上穿来穿去，被酒鬼和讨价还价的婆娘们挤来挤去，喧闹声包围了我们：苦力们在咒骂，猪颊肉旁站立着的守望的伙计们在尖叫，卖艺者浓重的鼻音在街头唱赞美唐纳万·罗沙①的《大家都来》，或是一支感叹国家动乱的歌谣。这些噪音汇聚到一起，成为一副众生相，让我对生活的感受得以集中到一点上：似乎觉得自己手捧圣餐杯，正从一群仇敌中安然穿过。有时，在做祷告或唱着赞美诗时，毫无理由地，我嘴里会脱口说出她的名字，我常常为此而泪盈双眼（自己也不知是为了什么）。有时，一种突发的激情涌自心底，流进胸中。我很少去想结果。我甚至说不清是否会同她说话，如果说话，又该如何对她倾诉我茫然的爱慕之情。这时，我的身体就像一架竖琴，而她的容貌则宛如那拨弄着琴弦的纤纤柔指。

有一天，薄暮之时，我踅到死过教士的后客厅里，那是一个漆黑的雨夜，屋子里异常沉寂。穿过破碎的玻璃窗，我听见正密密麻麻地洒向土地、针尖般尖锐的雨点在湿透的花坛上不断跳荡。远处，闪烁着一盏街灯，或者是某家人窗口里透出的光。我对自己不能将一切都看清而暗自庆幸。我的所有感官仿佛都想隐藏起来，我感到自己就要失去知觉，于是紧紧地合拢双手，以至于双手颤抖起来，同时喃喃低语："啊，爱！啊，爱！"

终于她对我说话了。她一开口，我就呆住了，慌乱不堪中，不知道该说些什么。她问我是否到阿拉比②去。我忘了当时是怎么回答她的。她说那里的集市该会有多丰富，她很想去那。

"为什么不去呢？"我问。

她不停地将手腕上戴的银镯子转动着，说她去不了，因为女修道院这一周要做静修。她弟弟那会儿正同两个男孩在抢帽子。我在栅栏前独自站着，她靠在一根栏杆的尖端上，低头挨近我。在门的对面，街灯的光投射过来，照亮了她白嫩的脖颈的曲线，照亮了她披垂的头发，也照亮了她放在栏杆上的手臂。她的腿稍稍有些叉开，从容不迫地站立着，灯光使她衣服的一边清晰无比，正好将她衬裙的白色镶边映照出来。

"你可真应该去看一看。"她说。

"如果我去，"我说，"我一定为你带些什么。"

从那个晚上起，无数蠢笨的怪念头出现在我的白日梦和夜半的梦中！那段乏味的时日但愿能在出发前很快地过去。学校里的功课让我烦躁。每当夜晚和白天在寝室或教室里读书时，总会在我和书本中闪现出她的形象。Araby（阿拉比）这个词的音节在静寂中悄悄回响，我的心灵沉溺其中，到处都漫延着那迷人的东方气息。我提出让我周末晚去阿拉比的集市。这要求让姑妈大为吃惊，她疑心我

---

① 唐纳万·罗沙（1831~1915）为爱尔兰政治鼓动家与作家，曾是革命的文艺团体"凤凰社"领导者之一；1871年以后移居美国。

② 为阿拉伯古名。这里指以此命名，具有浓郁东方色彩，类似于阿拉伯集市的百货商场。

同共济会①有何牵连。在课堂上，我什么问题也回答不了。我看着老师的脸由慈和而严肃。他说，希望你不要变懒了。整日里我神思恍惚。生活中必须做的事让我腻烦，因为它们让我的愿望难以很快实现，所以在我看起来，它们就像儿戏，单调而让人生厌的儿戏。

周末早晨，我跟姑父说，晚上我要去集市。他正手忙脚乱地在衣帽架前找帽刷子，于是毫不经意地说：

"好吧，孩子，我知道了。"

因为他在过道里呆着，我就去不了前厅，没法趴在窗口眺望了。我愤愤然离开家里，慢慢地朝学校走去。空气刺骨般阴冷，我心中一阵阵地起伏不平。

回家去吃饭时，姑父还没回来。时间早着呢。我坐在那儿看钟，滴答滴答的钟声使我心绪烦乱。于是便走出那房间，通过楼梯来到了楼上。那些空房间高大而开敞，寒冷而阴森，却让我感到毫无拘束，我歌唱着，从此一房间跑向彼一房间。从正面的玻璃窗向外望，我见到了正在街上玩儿的伙伴们。隐隐约约地听得见他们的喊声。我将前额贴在冰凉的窗玻璃上，看着她住的那栋暗淡的房子。大约过了一小时，我仍在那儿站着，什么也没见到，只在想象中看见了她身着那棕色的衣裳，街灯的辉光朦胧地照亮了曲线的脖子，放在栏杆上的手，以及裙子下摆的镶边。

我下楼时，见当铺老板的遗孀默塞尔太太在火炉边坐着。不知她为了何种虔诚的目的，这长舌妇最喜欢去搜罗用过的邮票。我无奈地陪她吃茶点，忍受着她的嚼舌。该吃晚饭的时间已超出了一小时，姑父仍没回来。默塞尔太太起身说：对不起，不能再等了，已经8点过钟，她不想在外呆久了，她受不了夜晚的风。在她走后，我握着双拳在房子里走来走去。姑妈说：

"上帝啊，今晚也许不能去看集市了，还是改天吧。"

9点，我突然听到了姑父的弹簧锁钥匙开过道门的声音。跟着是他的自言自语，以及衣架被他的大衣挂上去时压得晃荡的声音。我猜得出这些声音代表什么。晚饭吃了一半时，我向他要到集市去的钱。他对这事已忘记得干干净净了。

"这时人们都上床，睡了一觉了。"他说。

我没有笑。姑妈大声地说：

"还不快将钱给他？！他已等得够久了！"

他说把这事儿忘记了，非常地抱歉。然后又说，他对那句老话很欣赏："只知工作而不知玩耍，任何孩子都要变傻。"他又问我是到哪儿去，我就又讲了一次，

_____

① 这是一种古老的互助性质的秘密社团，在欧美各地分支甚众。此一社团的反天主教倾向，使爱尔兰人对之反感，因爱尔兰人主要是天主教徒。

于是他问我是否知道《阿拉伯人告别骏马》①。在我走出厨房时，他正准备给姑妈背诵那个故事的开场白哩。

我紧紧地捏着一枚两先令钱币②，大踏步地沿白金汉宫走向火车站。街上挤满了买东西的人，煤气灯亮得有如白昼，这情景提醒快去集市。在一辆火车空荡荡的三等车厢里，我坐了下来。火车老是不开，让人等得心焦，许久之后才缓慢地驶出车站，爬行在沿途倒塌的房屋中间，驶过了一条闪闪发光的河流。在威斯兰罗车站，有一大群乘客，想挤进车厢门。列车员说，这是直达集市的专列，才将他们挡了回去。我独自坐在空车厢里。几分钟后，火车在一个临时用木头搭起的月台旁停了下来。下车后我来到街上。光线照着一只钟，我看了看：9点50分。矗立在我眼前的大建筑物上，那诱人的名字闪闪发亮。

我用了很久也没能找到只需6便士就可以进去的入口。我害怕集市关门，于是迅速穿过一道旋转门，将一先令交给一个神情疲乏的看门人。我发现来到了一所大厅里，周围绕着它的是只有其一半高的游廊。大部分摊位都打烊了。大半个厅堂黑沉沉的。我产生了一种阒寂感，犹如置身于礼拜后的教堂之中。我怯生生地走向商场中央。那儿还有营业的摊子，围着一些人；彩灯在一块布帘上拼成了"乐声咖啡馆"③几个字。两个男人正数着一只托盘中的钱币。我倾听着它掉落在盘中发出的叮当声。

我费尽心思，才想起自己为何到这儿来，便随意走到一家用棚子搭就的摊位前，看着那些瓷做的花瓶和印花茶具。摊位前有个女郎，正与两个年轻的先生在说笑，我听出了他们的英国口音，模模糊糊地听着他们的交谈。

"噢，我还从未说过那样的事。"

"哎，你当然说过。"

"不，绝对没有！"

"难道说她没有说过？"

"啊，这真是……胡说。"

那女郎见了我，便走过来问我准备买什么东西。她的声音听上去冷冰冰的，就像为了完成任务。我惶恐地看着两排大坛子，它们在摊位的两边竖立着，就像东方的卫士；我低声说道：

"不买，谢谢。"

那女郎挪动了一下花瓶，便回到了两个年轻人身边。他们又说起了同一个话题。那女郎回头看了我一两次。

① 爱尔兰现代诗人凯洛琳·诺登的诗篇。

② 英国19世纪末发行的货币，印着维多利亚女王的头像及其盔甲的图形。原文是弗罗令（florin）。

③ 一种有音乐伴奏或要举行音乐会的咖啡馆。原文为法语。

　　就像真对她的那些东西恋恋不舍一样，我在她的摊位前逗留着，虽然心中雪亮，这样呆下去毫无意义。最后，我慢吞吞地从那儿走开，沿集市中央的小道离去。我把两个便士丢到口袋中，让它跟里面一枚6便士的硬币碰响。接着，长廊尽头传来了熄灯的喊声，大厅里顿时漆黑一团。

　　我抬头注目黑暗，眼睛里燃烧着痛苦和愤怒。我感到自己是一个可怜虫，正受着虚荣心的驱使和愚弄。

【法国】玛格丽特·杜拉斯

王道乾 译

情人①

　　蜿蜒流淌的湄公河。没有季节的土地。在热带潮湿的空气里,堤岸的情人向她走来,有一点胆怯,正如她所料想的那样。其实她早已经知道,此后的堕落和欢愉,她15岁的身体将在情人的爱抚中绽放然后颓败,这是势所必然,她早已经知道。城市的声音近在咫尺,在那样声嘶力竭的悲哀的喧嚣里,我们洗浴、亲吻、用身体寻找那不可言喻的温柔的深渊。我们牢记这黄昏、晦暗的房间,牢记情人的面容和名字,好在日后的悲苦里牢记永恒。我们终于不能远离悲苦,蚀骨的欢爱之后是更漫长的虚无和绝望。然后在时光中我们迅速地老去,从相遇的那一刻就开始老去,疲惫不堪。

　　而她究竟是不是曾经爱过他,是不是用了前所未有的爱情来爱着他。这个白人女孩甚至从来不曾言说的爱,那种她不理解、不能也不知道怎么说的爱,是不是也一样地消失于时光之中。只在离别之后,在横越大洋的邮轮上,在黑夜开始时分,在投向大海的乐声中,在她无声的哭泣里,她才重新发现他、找到他。可是我们不再相见,不给自己希望。此后,只有永远不能抵达的距离和与生俱来的悲戚,无边无际的回忆。然后,有一天,当我老了,你走来告诉我,你更爱我备受摧毁的面容。这是杜拉斯诗一般的、反复无常的语言,她的支离破碎的故事。她说陈述真相是不可能的,"即使想说,也无从说起"。她说我们是情人,我们不能停止不爱。如此而已。

　　玛格丽特·杜拉斯(1914~1996),法国作家。从小生活在法属殖民地越南,父母都是教师,18岁回到法国。她在晚年(70岁高龄时)创作带有自传色彩的小说《情人》,述说一个贫穷的白人少女与一个富有的中国青年相遇在越南的绝望的爱情故事,获得1984年龚古尔文学奖。

爱情谜语

217

---

① 选自《情人》,上海译文出版社,1997年版。本文是浓缩式节选本。

　　我已经老了，有一天，在一处公共场所的大厅里，有一个男人向我走来。他主动介绍自己，他对我说："我认识你，永远记得你。那时候，你还很年轻，人人都说你美，现在，我是特为来告诉你，对我来说，我觉得现在你比年轻的时候更美。那时你是年轻女人，与你那时的面貌相比，我更爱你现在备受摧残的面容。"

　　这个形象，我是时常想到的，这个形象，只有我一个人能看到，这个形象，我却从来不曾说起。它就在那里，在无声无息之中，永远使人为之惊叹。在所有的形象之中，只有它让我感到自悦自喜，只有在它那里，我才认识自己，感到心醉神迷。

　　太晚了，太晚了，在我这一生中，这未免来得太早，也过于匆匆。才18岁，就已经是太迟了。在18岁和25岁之间，我原来的面貌早已不知去向。我在18岁的时候就变老了。我不知道是不是所有的人都这样，我从来不曾问过什么人。好像有谁对我讲过时间转瞬即逝，在一生最年轻的岁月、最可赞叹的年华，在这样的时候，那时间来去匆匆，有时会突然让你感到震惊。衰老的过程是冷酷无情的。我眼看着衰老在我颜面上步步紧逼，一点点侵蚀，我的面容各有关部位也发生了变化，两眼变得越来越大，目光变得凄切无神，嘴变得更加固定僵化，额上刻满了深深的裂痕。我倒并没有被这一切吓倒，相反，我注意看那衰老如何在我的颜面上肆虐践踏，就好像我很有兴趣读一本书一样。

　　我的面容已经被深深的干枯的皱纹撕得四分五裂，皮肤也支离破碎了。它不像某些娟秀纤细的容颜那样，从此便告毁去，它原有轮廓依然存在，不过，实质已经被摧毁了。我的容颜是被摧毁了。

　　对你说什么好呢，我那时才15岁半。

　　那是在湄公河的轮渡上。

　　在整个渡河过程中，那形象一直持续着。

　　我才15岁半，在那个国土上，没有四季之分，我们就生活在唯一一个季节之中，同样的炎热，同样的单调，我们生活在世界上一个狭长的炎热地带，既没有春天，也没有季节的更替嬗变。

　　这就是那次渡河过程中发生的事。那次渡河是在交趾支那①南部遍布泥泞、盛产稻米的大平原，即乌瓦洲平原永隆②和沙沥之间从湄公河支流上乘渡船过去的。

　　我从汽车上走下来。我走到渡船的舷墙前面。我看着这条长河。我的母亲有时对我说，我这一生还从来没有见过像湄公河这样美、这样雄伟、这样凶猛的大

----

　　① 前法属殖民地印度支那分为三个部分，即北部的东京地区，中部的安南地区和南部的交趾支那。交趾支那包括柬埔寨洞里萨湖以下，兼有老挝部分地区，西贡为其首府。

　　② 永隆在湄公河（前江）南岸，与沙沥相去不远。

河，湄公河和它的支流就在这里汹涌流过，注入海洋，这一片汪洋大水就在这里流入海洋深陷之处消失不见。这几条大河在一望无际的平地上流速极快，一泻如注，仿佛大地也倾斜了似的。

汽车开到渡船上，我总是走下车来，即使在夜晚我也下车，因为我总是害怕，怕钢缆断开，我们都被冲到大海里去。我怕在可怕的湍流之中看着我生命最后一刻到来。激流是那样凶猛有力，可以把一切冲走，甚至一些岩石、一座大教堂、一座城市都可以冲走。在河水之下，正有一场风暴在狂吼，风在呼啸。

我身上穿的是真丝的衣衫，是一件旧衣衫，磨损得几乎快透明了。那本来是我母亲穿过的衣衫，有一天，她不要穿了，因为她觉得这件裙衫色泽太鲜，于是就把它给我了。这件衣衫不带袖子，开领很低，是真丝通常有的那种茶褐色。这件衣衫我还记得很清楚。我觉得我穿起来很相宜，很好。我在腰上扎起一条皮带，也许是我哪一个哥哥的一条皮带。那几年我穿什么样的鞋子我记不清，只记得几件常穿的衣服。多数时间我赤脚穿一双帆布凉鞋。我这是指上西贡中学之前那段时间。自此以后，我肯定一直是正式穿皮鞋的。那天我一定是穿的那双有镶金条带的高跟鞋。那时我穿的就是那样一双鞋子，我看那天我只能是穿那双鞋。是我母亲给我买的削价处理品。我是为了上中学才穿上这样一双带镶金条带的鞋的。我上中学就穿这样一双晚上穿的带镶金条带的鞋。我本意就是这样。只有这双鞋，我觉得合意，就是现在，也是这样，我愿意穿这样的鞋，这种高跟鞋还是我有生以来第一次穿，它好看，美丽，以前我穿那种平跟白帆布跑鞋、运动鞋，和这双高跟鞋相比都显得相形见绌，不好看。

在那天，这样一个小姑娘，在穿着上显得很不寻常，十分奇特，倒不在这一双鞋上。那天，值得注意的是小姑娘头上戴的帽子，一顶平檐男帽，玫瑰木色的，有黑色宽饰带的呢帽。

她戴了这样的帽子，那形象确乎暧昧不明，模棱两可。

这样一个戴呢帽的小姑娘，伫立在泥泞的河水的闪光之中，在渡船的甲板上孤零零一个人，臂肘支在船舷上。那顶浅红色的男帽形成这里的全部景色，是这里唯一仅有的色彩。在河上雾蒙蒙的阳光下，烈日炎炎，河两岸仿佛隐没不见，大河像是与远天相接。河水滚滚向前，寂无声息，如同血液在人体里周流。在河水之上，没有风吹动。渡船的马达是这片景色中发出的唯一声响，是连杆损坏的赤膊旧马达发出的噪音。还有各种不同的声音从远处阵阵传送过来。其次是犬吠声，从隐蔽在薄霭后面的村庄传出来的。小姑娘自幼就认识这渡船的艄公，艄公向她笑着致意，向她打听校长夫人、她的母亲的消息。他说他经常看见她在晚上搭船渡河，说她常常到柬埔寨租让地去。小姑娘回答说母亲很好。渡船四周的河水齐着船沿，汹涌地向前流去，水流穿过沿河稻田中停滞的水面，河水与稻田里的静水不相混淆。河水从洞里萨、柬埔寨森林顺流而下，水流所至，不论遇到什么都被卷去。不论遇到什么，都让它冲走了，茅屋，丛林，熄灭的火烧余烬，死鸟，死狗，淹在水里的虎、水牛，溺水的人，捕鱼的饵料，长满水风信子的泥丘，都被大水裹挟而去，冲向太平洋，连流动的时间也没有，一切都被深不可测、令人昏眩的旋转激流卷走了，但一切仍浮在河流冲力的表面。

那个风度翩翩的男人从小汽车上走下来，吸着英国纸烟。他注意着这个戴着男式呢帽和穿镶金条带的鞋的少女。他慢慢地往她这边走过来。可以看得出来，他是胆怯的。开头他脸上没有笑容。一开始他就拿出一支烟请她吸。他的手直打颤。这里有种族的差异，他不是白人，他必须克服这种差异，所以他直打颤。她告诉他说她不吸烟，不要客气，谢谢。她没有对他说别的，她没有对他说不要啰嗦，走开。因此他的畏惧之心有所减轻。所以他对她说，他以为自己是在做梦。她没有答话。也不需要答话，回答什么呢。她就那么等着。这时他问她：那么你是从哪儿来？她说她是沙沥女子小学校校长的女儿。他想了一想，他说他听人谈起过校长夫人，她的母亲，讲到她在柬埔寨买的租地上运气不佳，事情不顺利，是不是这样？是的，是这样。

他一再说在这渡船上见到她真是不寻常。一大清早，一个像她这样的美丽的年轻姑娘，就请想想看，一个白人姑娘，竟坐在本地人的汽车上，真想不到。

他对她说她戴的这顶帽子很合适，十分相宜，是……别出心裁……一顶男帽，为什么不可以？她是这么美，随她怎样，都是可以的。

她看看他。她问他，他是谁。他说他从巴黎回来，他在巴黎读书，他也住在沙沥，正好在河岸上，有一幢大宅，还有蓝瓷栏杆的平台。她问他，他是什么人。他说他是中国人，他家原在中国北方抚顺。你是不是愿意让我送你到西贡，送你回家？她同意了。他叫司机把姑娘的几件行李从汽车上拿下来，放到那部黑色小汽车里去。

中国人。他属于控制殖民地广大居民不动产的少数中国血统金融集团中一员。他那天过湄公河去西贡。

那样的形象早在他走近站在船舷前面白人女孩子之前就已经开始形成，当时，他从黑色小汽车走下来，开始往她这边走过来，走近她，当时，她就已经知道他心有所惧，有点怕，这，她是知道的。

从一开始，她就知道这里面总有着什么，就像这样，总有什么事发生了，也就是说，他已经落到她的掌握之中。所以，如果机遇相同，不是他，换一个人，他的命运同样也要落在她的手中。同时，她又想到另一件事，就是说，以后，那个时间一定会到来，到时对自己担负的某些责任她也是决不可规避的。她明白，这件事决不可让母亲知道，两个哥哥也决不能知道，这一点在那一天她就已经考虑到了。她上了那部黑色的小汽车，她心里很清楚，这是她第一次避开她家做的事，由此开始，这也就成了永远的回避。从此以后，她发生什么事，他们是再也不会知道了。有人要她，从他们那里把她抢走，伤害她，糟蹋她，他们是再也不会知道了。不论是母亲，或是两个哥哥，都不会知道了。他们的命运从此以后也是注定了。坐在这部黑色小汽车里真该大哭一场。

现在，这个孩子，只好和这个男人相处了，第一个遇到的男人，在渡船上出现的这个男人。

这一天，是星期四，事情来得未免太快。以后，他天天都到学校来找她，送她回宿舍。后来，有一次，星期四下午，他到宿舍来了。他带她坐车走了。

到了堤岸①。这里与连接中国人居住的城区和西贡中心地带的大马路的方向相反，这些美国式的大马路上电车、人力车、汽车川流不息。下午，时间还早。住在寄宿学校的女学生规定下午休息散步，她逃脱了。

那是城内南部市区的一个单间房间。这个地方是现代化的，室内陈设可说是速成式的，家具都是现代式样。他说：我没有去选一些好的家具。房间里光线暗暗的，她也没有要他打开百叶窗。她有点茫然，心情如何也不怎么明确，既没有什么憎恶，也没有什么反感，欲念这时无疑已在。对此她并不知道。昨天晚上，他要求她来，她同意了。到这里来，不得体，已经来了，也是势所必然。她微微感到有点害怕。事实上这一切似乎不仅与她期望的相一致，而且恰恰同她的处境势必发生的情势也相对应。她很注意这里事物的外部情况，光线，城市的喧嚣嘈杂，这个房间正好沉浸在城市之中。他，他在颤抖着。起初他注意看着她，好像在等她说话，但是她没有说话。于是他僵在那里再也不动了，他没有去脱她的衣服，只顾说爱她，疯了似的爱她，他说话的声音低低的。随后他就不出声了。她没有回答他。她本来可以回答说她不爱他。她什么也没有说。突然之间，她明白了，就在一刹那之间，她知道：他并不认识她，永远不会认识她，他也无法了解这是何等的邪恶。为了诱骗她，转弯抹角弄出多少花样，他，他还是不行，他没有办法。独有她懂得。她行，她知道。由于他那方面的无知，她一下明白了：在渡船上，她就已经喜欢他了。他讨她欢喜，所以事情只好由她决定了。

她对他说：我宁可让你不要爱我。即便是爱我，我也希望你像和那些女人习惯做的那样做起来。他看着她，仿佛被吓坏了，他问：你愿意这样？她说是的。说到这里，他痛苦不堪，在这个房间，作为第一次，在这一点上，他不能说谎。他对她说他已经知道她不会爱他。她听他说下去。开始，她说她不知道。后来，她不说

① 堤岸：距西贡有两公里，中国人聚居区。

话，让他说下去。

他说他是孤独一个人，就孤零零一个人，再就是对她的爱，这真是冷酷无情的事。她对他说：她也是孤独一个人。还有什么，她没有讲。他说：你跟我到这里来，就像是跟任何一个人来一样。她回答说，她无法知道，她说她还从来没有跟什么人到过一个房间里。她对他说，她不希望他只是和她说话，她说她要的是他带女人到他公寓来习惯上怎么办就怎么办。她要他照那样去做。

外面，白日已尽。从外面的种种声响，行人越来越多，越来越杂沓，可以听得出来。这是一个寻欢作乐的城市，入夜以后，更要趋向高潮。现在，夕阳西下，黑夜已经开始了。

这床与那城市，只隔着这透光的百叶窗，这布窗帘。没有什么坚固的物质材料把我们同他人隔开。他们不知道我们的存在。我们，我们可以察觉他们的什么东西，他们发出的声音，全部声响，全部活动，就像一声汽笛长鸣，声嘶力竭的悲哀的喧嚣，但是没有回应。

房间里有焦糖的气味侵入，还有炒花生的香味，中国菜汤的气味，烤肉的香味，各种绿草的气息，茉莉的芳香，飞尘的气息，乳香的气味，烧炭发出的气味。这里炭火是装在篮子里的，炭火装在篮中沿街叫卖，所以城市的气味就是丛莽、森林中偏僻村庄发出的气息。

恍惚之间，我看见他身上穿着一件黑色浴衣。他坐在那里，在喝威士忌，抽烟。

他告诉我：我刚才睡着了，他洗了一个澡。我刚才只是恍惚觉得有些睡意。他在矮矮的小桌上点起了一盏灯。

我突然转念在思忖这个人，他有他的习惯，相对来说，他大概经常到这个房间来，这个人大概和女人做爱不在少数，他这个人又总是胆小害怕，他大概用多和女人做爱的办法来制服恐惧。我告诉他我认为他有许多女人，我喜欢我有这样的想法，混在这些女人中间不分彼此，我喜欢我有这样的想法。我们互相对看着。我刚刚说的话，他理解，他心里明白。相互对视的目光这时发生了质变，猛然之间，变成虚伪的了，最后转向恶，归于死亡。

我叫他过来，我说，他必须再抱我。他移身过来。英国烟的气味很好闻，贵重原料发出的芳香，有蜜的味道，他的皮肤透出丝绸的气息，带着丝绸的果香味，黄金的气味。他是诱人的。我把我对他的这种欲望告诉他。他对我说再等一等。他只是说着话。他说从渡河开始，他就明白了，他知道我得到第一个情人后一定会是这样，他说我爱的是爱情，他说他早就知道，至于他，他说我把他骗了，所以像我这种人，随便遇到怎样一个男人我都是要骗的。他说，他本人就是这种不幸的证明。我对他说，他对我讲的这一切真叫我高兴。他变得十分粗鲁，他怀着绝望的心情，扑到我身上，咬我的胸，咬我不成形的孩子那样的乳房，他叫着，骂着。强烈的快乐使我闭上了眼睛。我想：他的脾性本是如此，在生活中他就是这样做的，也是这样爱的，如此而已。他那一双手，出色极了，真是内行极了。我真是太幸运了，很明显，那就好比是一种技艺，他的确有那种技艺，该怎么做，怎么说，他不自知，但行之无误，十分准确。他把我当作妓女，下流货，他说我是他唯一的爱，他当然应该那么说，就让他那么说吧。他怎么说，就让他照他所说的去做，就让肉体按照他的意愿那样去做，去寻求，去找，去拿，去取，很好，都好，没有多余的渣滓，一切渣滓都经过重新包装，一切都随着急水湍流裹挟而去，一切都在欲望的威力下被冲决。

城市的声音近在咫尺，是这样近，在百叶窗木条上的摩擦声都听得清。声音听起来就仿佛是他们从房间里穿行过去似的。我在这声音、声音流动之中爱抚着他的肉体。大海汇集成为无限，远远退去，又急急卷回，如此往复不已。

他身上有一种基本的美雅他并不知道，我代他讲了。

现在已经是黄昏时分。他对我说：将来我一生都会记得这个下午，尽管那时我甚至会忘记他的面容，忘记他的姓名。我问自己以后是不是还能记起这座房子。他对我说：好好看一看。我把这房子看了又看。我说这和随便哪里的房间没有什么两样。他对我说，是，是啊，永远都是这样。

我再看看他的面孔，那个名字也要牢记不忘。我又看那刷得粉白的四壁，开向热得像大火炉的户外的窗上挂着的帆布窗帘，通向另一个房间和花园的另一扇有拱顶的门，花园在光天化日之下，花木都被热浪烤焦了，花园有蓝色栅栏围住，那栅栏就和湄公河岸上沙沥列有平台的大别墅一模一样。

这里是悲痛的所在地，灾祸的现场。他要我告诉他我在想什么。我说我在想我的母亲，她要是知道这里的真情，她一定会把我杀掉。我见他挣扎了一下，动了一动。接着他说，说他知道我母亲将会怎么说，他说：廉耻丧尽。他说，如果已经结婚，再有那种意念他决不能容忍。我注意看着他。他也在看我，他对这种自尊心表示歉意。他说：我是一个中国人。我们笑了。我问他，像我们，总是这样悲戚忧伤，是不是常有的事。他说这是因为我们在白天最热的时候做爱。他说，事后总是要感到心慌害怕的。他笑着。他说：不管是真爱还是不爱，心里总要感到慌乱，总是害怕的。他说，到夜晚，就消失了，暗夜马上就要来临。我对他说那不仅仅因为是白天，他错了。我说这种悲戚忧伤本来是我所期待的，我原本就在悲苦之中，它原本就由我而出。我说我永远是悲哀的。我说我小的时候拍过一张照片，从照片上我就已经看到这种悲哀。我说今天这份悲哀，我认出它是与生俱来，我几乎可以把我的名字转给它，因为它和我那么相像，那么难解难分。今天，我对他说，这种悲哀无异也是一种安舒自在，一种沦落在灾祸中的安乐，这种灾祸我母亲一直警告我，那时她正在她那荒凉空虚的一生中啼号哭叫，孤苦无告。我告诉他：母亲对我讲的一切，我还不太理解，但是我知道，这个房间是我一直期待着的。我这样诉说着，并不需要回答。我告诉他说，我母亲呼唤的东西，她相信那就是上帝派来的使者。她呼号叫唤，她说不要等待什么，不要期待任何人，任何国家，任何上帝。他看着我，听着我这样说，眼光一刻也不曾离开我，我说话的时候，他看着我的嘴，我没有穿衣服，赤身在外，他抚摩着我，也许他没有听，有没有听我不知道。我说我并不想搞出祸事来，我觉得那是一个个人的问题。我向他解释，靠我母亲的工资吃饭穿衣，总之活下去，为什么偏偏这么难。我说着说着说不下去了。他问：那你怎么办？我告诉他：反正我在外面，不在家里，贫穷已经把一家四壁推倒摧毁，一家人已经被赶出门外，谁要怎么办就怎么办。胡作非为，放荡胡来，这就是这个家庭。所以我在这里和你搞在一起。他压在我身上，猛烈冲撞。我们就这样僵在那里不动了，在外面的城市喧嚣声中呻吟喘息。那闹声我们还听得见。后来，我们就什么也听不见了。

吻在身体上，催人泪下。也许有人说那是慰藉。在家里我是不哭的。那天，在那个房间里，流泪哭泣竟对过去、对未来都是一种安慰。

暗夜透过百叶窗来到了。嘈杂声有增无减。闹声响亮刺耳，不是低沉的。路灯发红的灯泡亮起来了。

我们从公寓走出来。我依旧戴着那顶有黑饰带的男帽，穿着那双镶金条带的鞋，嘴唇上搽着暗红唇膏，穿着那件绸衫。我变老了。我突然发现我老了。他也看到这一点，他说：你累了。

人行道上，人群杂沓，十分拥挤，人流或急或缓向四面八方涌去，有几股人流推挤出几条通道，就像无家可归的野狗那样肮脏可厌，像乞丐那样盲目又无理性，这里是一群中国人。在当今那繁荣兴旺的景象中我又看到了他们，他们走路的方式从容不迫。在人声嘈杂中，孤身自立，可以说，既不幸福，也不悲戚，更无好奇之心。向前走去又像是没有往前走，没有向前去的意念，不过是不往那边走而从这里过就是了。他们既是单一孤立的，处在人群之中对他们说又从来不是孤立的，他们身在众人之间又永远是孑然自处。

他不善于表达他的感情，只好采取模仿的办法。我发现，要他违抗父命而爱我娶我、把我带走，他没有这个力量。他找不到战胜恐惧去取得爱的力量，因此他总是哭。他的英雄气概，那就是我，他的奴性，那就是他的父亲的金钱。

我们又到公寓去了。我们是情人，我们不能停止不爱。

有时，我不回寄宿学校。我在他那里过夜，睡在他的身边。我不愿意睡在他

爱情谜语

的怀抱里，我不愿意睡在他的温暖之中。但是我和他睡在同一个房间、同一张床上。有时，我也不去上课，晚上我们到城里去吃饭。他给我洗澡，冲浴，给我擦身，给我冲水，他又是爱又是赞叹，他给我施脂敷粉，他给我穿衣，他爱我，赞美我。我是他一生中最最宠爱的。我如遇到别的男人，他就怕，这样的事我不怕，从来不怕。

堤岸的情人，对这个正当青春期的小小白种女人一厢情愿甚至为之入迷。他每天夜晚从她那里得到的欢乐要他拿出他的时间、他的生命相抵。他几乎没有什么话可以对她说了。也许他认为他讲给她听的有关她的事、有关他不理解、不能也不知怎么说的爱，她根本就不可能理解。也许他发觉他们从来就不曾有过真正的交谈，除非夜晚在那个房间里哭泣呼叫之中曾经相呼相应。是的，我相信他并不知道，他发现他是不知道。

他注目看着她，他闭上眼也依然还在看她。他呼吸着她的面容，他呼吸着眼前的一个孩子，他两眼闭着呼吸着她的呼吸，吸取她身上发出的热气。这身体的界限渐渐越来越分辨不清了。这身体和别的人体不同，它不是限定的，它没有止境，它还在这个房间里不断扩大，它没有固定的形态，时时都在形成之中，也不仅仅在他所见的地点存在，同时也存在于别的地方。它展现在目力所及之外，向着运动，向着死延伸而去，它是柔韧多变的，它在欢乐中启动，整体随之而去，就像是一个大人，到了成年，没有恶念，但具有一种令人恐惧的智能。

我注意看他把我怎样，他以我为用，我从来没有想到竟可以这样做，他的所为已经超出我的希求，却又与我的身体固有的使命相吻合。这样，我就变成了他的孩子。对于我，他也变成了另一种物。在他本人之外，我开始认识他的皮肤、他的性器官，有着无可言状的温柔甘美。另一个男人的阴影应该也在这个房间里出现，这是一个年轻的谋杀犯的阴影，但是我还不认识他，在我眼中，还有待于显现。一个年轻的猎手的阴影大概也从这房间里走过，但这个幻影，是的，我认识他，他有时也在欢乐中出现。关于他，我对他说过，对堤岸的这个男人，我的情人，我对他说过，我对他讲过他的身体，他的性器官，也讲过那不可言喻的温柔，也讲过在森林和有黑豹出没的河口一带河流上他是何等勇猛。一切都在迎合他的欲望，让他把我捕捉而去，让他要我。我变成了他的孩子。每天夜晚，他和他的孩子都在做爱。有时，他害怕，突然，他担心她的健康，他发现她会死去，会失去她；这样的意念在他心中闪过。突然间他又希望，她真是那样柔弱，因此，有时，他还是怕，非常害怕。她的这种头痛病也使他害怕，头痛发作，她变得面无人色，僵死在那里，眼上敷着浸水的布巾。还有这种厌恶情绪，甚至厌恶生命，厌恶感一出现，她就想到她的母亲，她无端哭叫，想到不能改变世事，不能让母亲生前得到快乐，不能把害母亲的人都杀死，因为愤恨而哭泣。他的脸紧偎着她的面颊，吸取她的泪水，把她紧紧抱住，疯狂地贪求她的泪，她的愤怒。

他抱着她就像抱着他的孩子一样。也许他真是在抱着他的孩子。他戏弄他的孩子的身体，他把它放转来，让它覆盖在自己的脸上、口唇之上、眼睛上。当他开始这样做的时候，她继续追随他所采取的方向，听之任之。是她，突然之间，是她要求他，她并没有说什么，他大声叫她不要说话，他吼叫着说他不想要她了，不要和她在一起。又一次碰僵了。他们彼此封锁起来，沉陷在恐惧之中，随后，恐惧消散，他们在泪水、失望、幸福中屈服于恐惧。

漫长的黄昏，相对无言。在送她回寄宿学校的黑色汽车里，她头靠在他的肩上。他紧紧抱着她。他对她说，法国来的船快要到了，将要把她带走，把他们分开。行车途中，他们都不说话。有时他叫司机开车到河岸去兜一圈。她睡着了，精疲力竭，紧紧偎依在他身上。他吻着她，他的吻唤醒了她。

邮船的发动机停了，由拖轮拖着，一直拖到湄公河河口近西贡那里的海湾有港口设施的地方，这里是抛锚系缆所在，这里叫做大河，即西贡河，邮船就沿着西贡河溯流而上。船在这里停靠8天。当各类船只停靠在码头上，法国也就在那里了。人们可以上船去吃法国式的晚餐，跳舞，对我母亲来说，那未免过于昂贵了，而且，对她来说，也无此必要。不过，和他一起，和堤岸的情人一起，是可以去的。他所以不去，是因为同一个这么年轻的白人姑娘一起去，怕被人看见，他没有这样说，但她是知道的。

他仍然每天都要到堤岸的公寓去。他仍然按习惯那样，在一个时期他仍然按老习惯那样做，用双耳瓮积存清水给我洗浴，再把我抱上床。他还是紧靠着我，睡在我身边，不过他已经变得无能为力了。离别的日期尽管为时尚远，但是分别一经确定下来，他对于我，对我的肉体，就什么也不能了。这种情况是突然发生的，他并不知道。他的肉体对这个即将离去，叛离而去的女人已经无所欲求。他说：我再也不能得到你了，我自以为还能，但是办不到了。他说他已经死了。他对我微笑着，非常温柔地表示歉意的笑，他说也许再也不会有了。我问他是不是想。他那么笑了一笑，他说：我不知道，现在，大概是想。在沉痛之中，柔情依然还在。这种痛苦，他没有说，一个字也不曾提起。有时，他的脸在战栗，牙齿咬紧，双目紧闭。他闭起眼睛所见到的种种形象，他始终没有说过。也许可以说他喜欢这样的痛苦，他喜爱这种痛苦就像过去爱我一样，十分强烈，甚至爱到宁可为之死去也说不定，可是现在他宁愿要痛苦甚于得到我。有几次他说他愿意爱抚我，因为他知道我渴望得到爱抚，他说当快乐出现的时候他也很想注意看看我。他那样做了，同

爱情谜语

时也在注意看我，他还叫着我，就像叫他的孩子一样。我们约定，谁也不看谁，但是不可能，过去也不可能。每天傍晚我都在学校门前他的黑色汽车里看到他，羞耻早已抛到九霄云外去了。

开船的时刻到了，三声汽笛长鸣，汽笛声拖得很长，声音尖厉，全城都可以听到，港口上方，天空已经变成黑魆魆一片。

当轮船发出第一声告别的汽笛鸣声，人们把跳板撤去，拖轮开始把它从陆地拖引开去，离岸远了，这时，她也哭了。她虽然在哭，但是没有流泪，因为他是中国人，也不应为这一类情人流泪哭泣。也没有当着她的母亲、她的小哥哥的面表示她心里的痛苦，什么表示也没有，就像他们之间惯常所有的情形那样。他那黑色长长大大的汽车停在那里，车前站着穿白制服的司机。车子离法国邮船公司专用停车场稍远一点，孤零零地停在那里。车子的那些特征她是熟知的。他一向坐在后面，他那模样依稀可见，一动不动，沮丧颓唐。她的手臂支在舷墙上，和第一次在渡船上一样。她知道他在看她。她也在看他；她是再也看不到他了，但是她看着那辆黑色汽车急速驶去。最后汽车也看不见了。港口消失了，接着，陆地也消失了。

旅途中，船正在横越大洋，有一天深夜，有一个人死了。她现在已经不能明确知道是不是这一次旅行或另一次旅途中发生的事。头等舱酒吧间有一些人在玩牌，在这些玩牌的人中有一个年轻人，这年轻人打牌打到一定的时间，一言不发，把牌放下，走出酒吧间，穿过甲板，匆匆跑去，纵身一跃跳下海去。船正在快速航行，待船停下来，尸体已不知去向。

写到这件事，不，她并没有亲自见到这条船，而是在另一个地方，她听人讲过这个故事。那是在沙沥。那个青年，就是沙沥地方长官的儿子。她也认识他，他也在西贡中学读书。她还记得，他身材高大，和蔼可亲，面呈棕色，戴一副玳瑁边眼镜。人们在他的房舱里什么也没有发现，一封信也没有留下。他的年纪，倒是留在记忆里了，真可怕，也是17岁。船在第二天黎明又起航了。最可怕的就是这一点，船竟自远去。太阳升起，大海茫茫，决定放弃搜寻。永远的离弃，分离。

还有一次，也是在这次航行途中，也是在大洋上，同样，也是在黑夜开始的时候，在主甲板的大客厅里，有人奏出肖邦圆舞曲，声音极为响亮，肖邦圆舞曲她是熟知的，不过那是按照自己的理解，也曾学过几个月，想学会它，但是始终没有学好，不能准确弹奏，所以后来母亲同意她放弃学琴。那是已经消失在许许多多黑夜中的一夜，一个少女正好也是在这条船上，正好是在那一夜，在明亮放光的天宇下，又听到肖邦那首乐曲，声音是那么响亮，这一切是确定无疑的，是发生了这样的事。海上没有风，乐声在一片黑暗在大船上向四外扩展，仿佛是上天发出的一道命令，也不知与什么有关，又像是上帝降下旨意，但又不知它的内容是什么。

爱情谜语

227

这少女直挺挺地站在那里，好像这次该轮到她也纵身投到海里自杀，后来，她哭了，因为她想到堤岸的那个男人，因为她一时之间无法断定她是不是曾经爱过他，是不是用她所未曾见过的爱情去爱他，因为，他已经消失于历史，就像水消失在沙中一样，因为，只是在现在，此时此刻，从投向大海的乐声中，她才发现他，找到他。

就像后来通过小哥哥的死发现永恒一样。

在她的四周，人们正在沉睡，覆盖在音乐之下，但是他们并没有被音乐唤醒，他们在静静地睡着。少女在想她所见到的这一夜，也许是印度洋上最平静的一夜。

战后许多年过去了，经历几次结婚，生孩子，离婚，还要写书，这时他带着他的女人来到巴黎。他给她打来电话：是我。她一听那声音，就听出是他。他说：我仅仅想听听你的声音。她说：是我，你好。他是胆怯的，仍然和过去一样，胆小害怕。突然间，他的声音打颤了。听到这颤抖的声音，她猛然在那语音中听出那种中国口音。他知道她已经在写作，他曾经在西贡见到她的母亲，从她那里知道她在写作。对于小哥哥，既为他，也为她，他深感悲戚。后来他不知和她再说什么了。后来，他把这意思也对她讲了。他对她说，和过去一样，他依然爱她，他根本不能不爱她，他说他爱她将一直爱到他死。

诺弗勒堡-巴黎

1984年2～5月

爱情谜语

228

【英国】夏洛蒂·勃朗特

祝庆英 译

简·爱①

是什么让我在暮色渐深的果园里要从你身边仓皇逃走，又是什么让我在将与你分隔两地的时候掩面哭泣，是什么把我们身体的某处紧紧联结，一经分离那根弦绷断就要椎心疼痛流出血来。在这万籁俱寂、新月初升的时刻，有月桂和七叶树作证，"要是上帝赐予我一点美和一点财富，我就要让你感到难以离开我，像我现在难以离开你一样"。可是，即使这样，即使是这样，我的爱人，如果你不能像爱着一个平等的灵魂那样爱我，如果你不能爱这个隐藏在贫苦、低微、矮小、并不美丽的躯壳下的受难的灵魂——尽管她曾经独立于身份财富和容貌之外与你忘情地唱和，那就让她像个绝望的人那样离开，到远隔海峡的爱尔兰去，到再听不到你呼唤的地方去。

"等到我们都经过了坟墓，站在上帝面前，你会知道我们是平等的"，这是19世纪的平民女子简·爱的声音，虽然历经苦难疲惫不堪而且两手空空，可是坚强独立，还有任谁也不能剥夺的尊严，就是上帝赐予我们的最后的礼物。

爱情，也许是幻梦、是劫难、是漫无边际的距离和绝望。然而这最深最远的苦痛里，藏着真爱的模样。如果你见过一次，饮过一滴幸福的琼浆，如果走遍荆棘的道路，可以在爱人的怀里融化一瞬。那么即使是在漫长得好像没有尽头的悲哀里，在泪水里，也可以看见天堂。

夏洛蒂·勃朗特（1816～1855），英国女作家，代表作《简·爱》有自传色彩。

明媚的仲夏照耀着英格兰；天空如此明净，太阳如此灿烂，在我们这波涛围绕的地方，难得有一个这样好的天气，现在却接连很多天都这样。仿佛有一群意大利天气，像欢快的过路鸟从南方飞来，栖息在阿尔比恩②的悬崖上。干草已经收

---

① 选自《简·爱》第二十三章，上海译文出版社，1996年版。本文节选了主人公"爱的表白"的文字。

② 阿尔比恩（Albion）：英格兰或不列颠的旧称。

了进来；桑菲尔德周围的田地一片青翠，已经收割过了；大路让太阳晒得又白又硬；树木郁郁葱葱，十分茂盛；树篱和树林枝繁叶密，色泽浓重，和它们之间满地阳光的明亮的牧草地形成很好的对比。

在施洗约翰节①前夕，阿黛勒在干草小径采了半天野草莓。采累了，太阳一下去她就睡了。我看着她睡着，然后离开她，到花园里去。

那是24小时中最可爱的一个小时——"白天已将它炽热的火耗尽"，露水清凉地降落在喘息的平原和烤焦的山顶上。在太阳没披上华丽的云彩就朴素地沉落的地方，铺展着一片庄严的紫色，在一个小山峰上方的一点上，红宝石和炉火般的光辉正燃烧着，高高地远远地扩散开去，变得柔和再柔和，覆盖了半个天空。东方有它自己的悦目的湛蓝的美，还有它自己的谦逊的宝石，一颗徐徐升起的孤独的星；它不久就要以月亮自豪，可是现在月亮还在地平线下面。

我在铺道上散了一会儿步；可是一阵淡淡的、熟悉的香味——雪茄烟味——从一扇窗子里飘了出来。我看见图书室的窗打开了有一手宽光景；我知道可能有人从那儿窥视，所以我就走开，到果园去。庭园里再没有哪个角落比这儿更隐蔽，更像伊甸园。这儿树木葱茏，鲜花盛开，一边由一堵高墙把它和院子隔开，另一边由山毛榉林荫道像屏障似的把它和草坪分开。尽头是一道坍塌的篱笆，这是唯一把它和孤寂的田野分开的东西；一条蜿蜒的小路通向篱笆，路两边是月桂树，路的那一头是一棵大七叶树，树的根部有一圈座位。在这儿，可以漫步而不让人看见。在这样蜜露降落、这样万籁俱寂、这样暮色渐浓的时候，我觉得我仿佛可以永远在这树荫下徘徊下去；但是初升的月亮把月光倾泻在比较开阔的地方，我受了引诱，正穿过园里较高的花丛和果林的时候，我的脚步却被阻止了——不是被声音，不是被景象，而是再一次被一阵警告性的香味阻止了。

香蔷薇，青蒿，茉莉，石竹，玫瑰都早已把芳香作为晚间祭品奉献出来了；这股新的香味既不是灌木香又不是花香，而是——我很熟悉——罗切斯特先生的雪茄的香味。我回过头来听听。我看见果实正在成熟的树木。我听见夜莺在半英里以外的树林子里歌唱。看不见什么走动的人影，也听不见任何走近的脚步；可是那香味却越来越浓；我得赶紧逃走。我从通灌木丛的小门走去，却看见罗切斯特先生正在走进来。我往旁边一闪，躲到常春藤的隐蔽处，他不会待久，他会很快就回去，只要我坐着不动，他绝不会看见我。

可是不——黄昏对他来说跟对我来说一样可爱，而这个古老的花园也是一样迷人。他信步往前走去，一忽儿拉起醋栗树枝，看看大得像梅子似的累累果实；一忽儿从墙上摘下一颗熟了的樱桃；一忽儿又朝花簇弯下身去，不是去闻闻它的香味，就是去欣赏花瓣上的露珠。一只大飞蛾嗡嗡地从我身边飞过，停在罗切斯

---

① 6月24日。

特先生脚边的植物上,他看见了它,弯下腰去仔细看看。

"现在他背朝着我,"我想,"他又专心看着;我轻轻地走,也许可以溜掉,不让他发现。"

我踩着小径边上的草丛走,免得沙砾的沙沙声坏了我的事。他就站在离我将经过的地方一两码远的花坛间;飞蛾显然把他吸引住了。"我可以很安全地走过去了。"我心里想。月亮还没有升得很高,正把他的影子长长地投在地上。我刚跨过他的影子,他就头也不回地悄悄地说:

"简,来看看这个家伙。"

我没弄出声音;他背后又不长眼睛,难道他的影子有感觉吗?我一开始吓了一跳,然后就朝他走过去。

"看看它的翅膀,"他说,"它有点叫我回想起西印度的昆虫;在英国不大看见这么大、这么鲜艳的夜游神;哪!它飞了。"

飞蛾飞走了。我也羞怯地往后退;可是罗切斯特先生跟着我,我们走到小门跟前的时候,他说:

"回来;这么可爱的夜晚,坐在屋里真太可惜了;在这种日落紧接月出的时刻,肯定没有人会想去睡觉。"

这是我的一个缺点:虽然我的舌头有时候能很快答话,可是有时候它却可悲地让我找不到借口;这种失职总是发生在紧要关头,在特别需要一句脱口而出的话或者一个理由充足的借口来摆脱痛苦僵局的时候。我不想在这样一个时刻单独跟罗切斯特先生一起在幽暗的果园里散步;可是我又找不出一个理由让我提出要离开他。我拖着脚步跟在后面,苦苦思索着,要想出一个脱身的办法;但是他本人,看上去却那么泰然自若,而且还那么严肃,我反而因为自己感到慌乱而变得害羞了;如果有现存的或者未来的罪过,那罪过似乎只是在我这一边;他的心灵没有意识到,而且很平静。

"简,"我们走上月桂小径,慢慢地朝坍塌的篱笆和七叶树的方向闲荡过去,他说,"桑菲尔德在夏天是个可爱的地方,是不是?"

"是的,先生。"

"你一定相当依恋这所房子了吧!——你这个善于欣赏大自然的美,而且依恋器官特别发达的人?"

"我的确依恋它。"

"虽然我不理解是怎么回事,但是我看得出,你还对那个笨孩子阿黛勒,甚至对头脑简单的太太菲尔费克斯,都相当关心吧?"

"是的,先生;两个人我都爱;只是方式不同。"

"离开她们你会感到难受吧?"

"是的。"

"可惜！"他说，叹了口气，停了一会儿。"在尘世间，事情就是这样，"他立刻又接着说；"刚在一个可爱的休息处安定下来，就有一个声音把你叫起来，要你再往前走，因为休息的时间已经过了。"

"我得往前走吗，先生？"我问，"我得离开桑菲尔德吗？"

"我相信你得离开，简。我很抱歉，简妮特，可是我真的相信你得离开。"

这是个打击，可是我没有让它把我打垮。

"好吧，先生，往前走的命令一来，我就可以走。"

"现在已经来了——我今晚就下命令。"

"这么说你是要结婚啰，先生？"

"完—全—对——一点—也—不错；凭着你平时的敏锐，你一下子就猜中了。"

"快了吗，先生？"

"很快，我的——就是说，爱小姐；你一定记得，简，我或者谣传第一次把我的打算明白告诉你时的情况吧，当时我说我打算把我这老单身汉的脖子伸到神圣的套索中去，说我打算进入神圣的结婚阶段——把英格拉姆小姐拥抱在怀里，总之（她是很大的一抱；可这是题外话——像我的美丽的布兰奇这样的宝贝，你是不可能嫌多的），呃，就像我刚才说的——听我说呀，简！你不是回过头去寻找更多的飞蛾吧？那只是一只瓢虫，孩子，'正飞回家去'。我想提醒你，是你带着你那使我敬重的审慎，带着适合你那责任重大的、从属的地位的预见、细心和谦逊先对我说：如果我娶了英格拉姆小姐，那你跟小阿黛勒最好马上离开。这个建议里面包含着对我爱人性格的诽谤，这我且不谈；的确，在你远离我的时候，简妮特，我将努力把它忘掉；我将只注意其中的明智；这种明智我已经作为我的行动准则。阿黛勒必须上学校；而你，爱小姐，得找一个新的职位。"

"行，先生，我将马上登广告；在这期间，我想——"我打算说，"我想我可以待在这儿，等我给自己另外找到一个住所再走。"可是我停了下来，觉得不能冒险说一句长长的句子，因为我的声音已经不大听指挥了。

"再过一个月光景，我就要当新郎了，"罗切斯特先生继续说；"在这段时间里，我将亲自留心给你找个职位和住所。"

"谢谢你，先生；我很抱歉，给——"

"啊，不必道歉！我认为一个下属像你这样好地尽了责任，她就有一种权利要求她的雇主给予任何一点他很容易给的帮助；说真的，我已经从我未来的岳母那儿听说，有一个在我看来挺合适的位置，是在爱尔兰的考诺特的苦果山庄，教狄奥尼修斯·奥高尔①太太的5个女儿；我想你会喜欢爱尔兰的；听说那儿的人都

----

① 奥高尔原文是O'Gall。gall在英语中可以解释为"苦的东西"。

很热心。"

"路很远，先生。"

"没关系——像你这样有见识的姑娘不见得会反对旅行和路远吧。"

"旅行倒没什么，就是路远；再说，还隔着海——"

"和什么隔着海，简？"

"和英格兰，和桑菲尔德，还和——"

"呃？"

"和你，先生。"

我这话几乎是不由自主地说出来的；而且，同样没经过自由意志的批准，我的眼泪也夺眶而出了。然而，我没哭得让他听见；我避免抽泣。一想到奥高尔太太和苦果山庄就叫我的心都寒了；更使我寒心的是，想到似乎注定了要把我同现在跟我一起散步的主人隔开的海水和波涛；最使我寒心的是想起更辽阔的海洋——那隔在我同我自然而然地、不可避免地爱着的人中间的财产、地位和习俗。

"路很远，"我又说。

"的确很远；你到了爱尔兰考诺特的苦果山庄，我就再也看不到你了，简，这是完全肯定的。我决不去爱尔兰，我自己不大喜欢这个国家。我们是好朋友，简，是不是？"

"是的，先生。"

"朋友们在离别的前夕，总喜欢在一起度过余下的一点儿时间。来吧——趁那边天空里的星星开始进入闪耀生活的时候，我们安安静静地谈谈旅行和离别吧，谈它半个小时左右。这儿是棵七叶树，它的老根这儿有凳子。来吧，虽然注定了我们以后再也不能一块儿坐在这儿，我们今晚就安安静静地在这儿坐坐吧。"他使我坐下，他自己也坐了下来。

"到爱尔兰去路很远，简妮特，我很抱歉叫我的小朋友去作这样令人厌倦的旅行；不过，我不能安排得更好了，那又有什么办法呢？你觉得你跟我有点相似么，简？"

这一次我没敢答话，我心里很激动。

"因为，"他说，"我有时候对你有一种奇怪的感觉——特别是，像现在这样，你靠近我的时候。我左边肋骨下的哪个地方，似乎有一根弦，和你那小身体同样地方的一根类似的弦打成了结，打得紧紧的，解都解不开。要是那波涛汹涌的海峡和两百英里左右的陆地把我们远远地隔开，我怕那根联系的弦会绷断；我有一种紧张的想法，到那时候我内心就会流血。至于你——你会忘了我吧。"

"这我永远也不会，先生，你知道——"我说不下去了。

"简，你听到那夜莺在树林子里唱歌吗？听！"

我一边听一边抽抽搭搭地哭了起来；我再也抑制不住我忍住的感情；我不得不屈服；剧烈的痛苦使我从头到脚都在哆嗦。等我说出话来，那也只是表示一个强烈的愿望，说我但愿我从没被生出来，但愿我从没来到桑菲尔德。

"就因为你离开它觉得难受吗？"

由我心里的痛苦和爱情激起的剧烈感情，正在要求成为主宰，正在挣扎着要支配一切；主张有权占优势，要克服、生存、上升、最后统治；是的——还要说话。

"离开桑菲尔德我感到痛苦，我爱桑菲尔德——我爱它，因为我在那里过着丰富、愉快的生活，至少过了短短的一个时期。我没有受到践踏。我没有被弄得僵化。我没有被埋在低劣的心灵中，没被排斥在同光明、活力、崇高的一切交往之外。我曾经面对面地同我所尊敬的人，同我所喜爱的人——同一个独特、活跃、宽广的心灵交谈过。我已经认识了你，罗切斯特先生；感到自己非从你这儿被永远拉走不可，真叫我害怕和痛苦。我看到非走不可这个必要性，就像看到非死不可这个必要性一样。"

"你在哪儿看到了必要性？"他突然问。

"哪儿？先生，是你把它放在我面前的。"

"什么形状的？"

"英格拉姆小姐的形状；一个高贵和美丽的女人——你的新娘。"

"我的新娘！什么新娘？我没有新娘啊！"

"可是你会有的。"

"对——我会有！——我会有！"他咬紧牙齿。

"那么我得走了——你自己亲口说的。"

"不，你得留下！我发誓——这个誓言会被遵守的。"

"真的，我得走！"我有点恼火了，反驳说。"你以为我会留下来，成为你觉得无足轻重的人吗？你以为我是一架自动机器吗？一架没有感情的机器吗？能让我的一口面包从我嘴里抢走，让我的一滴活水从我杯子里泼掉吗？你以为，因为我穷、低微、不美、矮小，我就没有灵魂没有心吗？你想错了！——我的灵魂跟你的一样，我的心也跟你的完全一样！要是上帝赐予我一点美和一点财富，我就要让你感到难以离开我，就像我现在难以离开你一样。我现在跟你说话，并不是通过习俗、惯例，甚至不是通过凡人的肉体——而是我的精神在同你的精神说话；就像两个都经过了坟墓，我们站在上帝脚跟前，是平等的——因为我们是平等的！"

"因为我们是平等的！"罗切斯特先生重复了一遍——"就这样，"他又说，一把抱住我，把我搂在怀里，把他的嘴唇贴在我的嘴唇上，"就这样，简！"

"是的，就这样，先生，"我接着说，"然而不能这样，因为你是个结了婚的人——或者说等于结了婚，娶了一个低于你的，你并不同情的，我不相信你真正爱的女人，因为我看到过和听到过你嘲笑她。我瞧不起这种结合；所以我比你好——让我走！"

"去哪儿，简？去爱尔兰吗？"

"对——去爱尔兰。我已经把我心里的话说出来了，现在上哪儿都行。"

"简，安静点，别这么挣扎，像个在绝望中撕碎自己羽毛的疯狂的野鸟似的。"

"我不是鸟；没有罗网捕捉我；我是个有独立意志的自由人；我现在就要运用我的独立意志离开你。"

我再作了一次努力就自由了，我笔直地站在他面前。

"你的意志将决定你的命运，"他说，"我把我的手、我的心和我的一切财产的分享权都奉献给你。"

"你在演一出滑稽戏，我看了只会发笑。"

"我要你一辈子都在我身边——做我的第二个自己和最好的人间伴侣。"

"对于那种命运，你已经作出了你的选择，那就得遵守。"

"简，安静一会儿；你太激动了；我也要安静一下。"

一股风顺着月桂小径吹来，哆嗦着从七叶树的树枝间穿过去，刮走了——刮到渺茫的远方——消失了。夜莺的歌是这一时刻唯一的声音，我听着听着又哭了起来。罗切斯特先生一声不响地坐着，温柔而认真地看着我。他沉默了一会儿，最后说：

"到我身边来，简，让我们作些解释，彼此谅解吧。"

"我永远也不会再到你身边去；现在我已经给拉走，不能回来了。"

"可是，简，我是把你作为我的妻子叫你过来的，我打算娶的只是你。"

我不吭声，我想他是在取笑我。

"来吧，简——过来。"

"你的新娘拦在我们中间。"

他站起来，一步就走到我面前。

"我的新娘在这儿，"他说，又把我拉向他，"因为和我平等的人，和我相似的人在这儿。简，你愿意嫁给我吗？"

我还是没有回答，还是在挣脱他，因为我还不相信。

"你怀疑我吗，简？"

"完全怀疑。"

"你不信任我？"

"一点也不信任。"

"在你的眼睛里，我是个撒谎者吗？"他热切地说，"小怀疑论者，你会相信

爱情谜语

235

的。我对英格拉姆小姐有什么爱情呢？没有，这你是知道的。她对我有什么爱情呢？没有，正如我煞费苦心证实了的。我让一个谣传传到她耳朵里。说我的财产连人家猜想的三分之一都不到，在这以后，我就去看看效果怎么样；她和她的母亲都很冷淡。我不愿——我不能——娶英格拉姆小姐。你——你这奇怪的——你这几乎不是人间的东西！——我爱你像爱自己的生命一样。你——尽管你穷、低微、矮小、不美——我还是要请求你接受我作为你的丈夫。"

"什么，我！"我禁不住叫了起来；看到他的认真——特别是他的鲁莽——我开始相信他的真诚，"在世界上除了你以外——如果你是我的朋友的话——没有一个朋友的我，除了你给我的以外没有一个先令的我？"

"你，简。我必须使你成为我自己的——完全是我自己的。你愿意成为我的吗？说愿意，快。"

"罗切斯特先生，让我看看你的脸；朝着月光。"

"干吗？"

"因为我想看看你得脸，转身！"

"哪，你会发现它不见得比一张涂满了字、揉皱了的纸更容易看懂。看吧，不过要快，因为我难受。"

他的脸非常激动也非常红，五官露出强烈的表情，眼睛里闪出奇异的光芒。

"哦，简，你在折磨我！"他嚷道，"你用那搜索的，但是忠诚而宽大的眼神在折磨我！"

"我怎么会折磨你呢？如果你是诚挚的，你的求婚是真的话，那我对你的感情只能是感激和忠诚——它们决不会折磨人。"

"感激！"他嚷了起来；然后又发疯似的补充说——"简，快答应我。说爱德华——叫我的名字'爱德华'——我愿意嫁给你。"

"你当真吗？——你真的爱我吗？——你是真心实意地希望我做你的妻子吗？"

"是的，要是必须有一个誓言才能满足你，那我就起誓。"

"好吧，先生，我愿意嫁给你。"

"叫我爱德华——我的小妻子！"

"亲爱的爱德华！"

"上我这儿来——现在完全上我这儿来吧，"他说。于是把他的脸颊贴在我的脸颊上，在我的耳旁用他那最深沉的声调补充说："使我幸福吧——我将使你幸福。"

"上帝饶恕我！"不一会他又接着说，"不要让别人来干涉我。我得到她了，我要守住她。"

"没有人来干涉，先生。我没有亲戚来阻挠。"

"没有——那最好了，"他说。如果我爱他不是这样深的话，我会认为他的狂喜的语调和神情是野蛮的；但是坐在他的身旁，从离别的噩梦中醒来——被唤入结合的乐园中——我想到的只是源源而来任我畅饮的幸福。他一再问我，"你快活吗，简？"我一再回答，"是的。"随后他低声说道，"是会赎罪的——这是会赎罪的。我不是发现她没有朋友，既冷清又没有安慰吗？我不是要保卫她，爱护她和安慰她吗？难道我的心里没有爱情，我的决心中没有坚贞吗？那是会在上帝的法庭上赎罪的。我知道我的创造者是同意我这样做的。至于世间的评判——我可以不管。人们的意见——我可以蔑视。"

但是那个夜晚变得怎样了呢？月亮还没有落下，我们就已经完全在阴影里了，虽然我和我的主人离得很近，我却几乎看不见他的脸。七叶树在折腾着，呻吟着，是什么使它这么痛苦呢？狂风在月桂树的小径上呼啸，急速地从我们头上吹过。

"我们该进去了，"罗切斯特先生说，"天气变了。不然，我可以和你一直坐到天亮，简。"

"我也可以和你一直坐到天亮。"我心里想，我也许会这样说出来，但是一道强烈的青色电光从我注视着的云里闪出来，接着是一阵噼啪的爆裂声和近处的一阵隆隆雷声，我只想着把我那双给照得眼花缭乱的眼睛靠在罗切斯特先生的肩头上藏起来。

大雨倾泻下来。他催我走上小径，穿过庭院，到房子里去；但是在跨过门槛以前，我们就已经淋得透湿了。罗切斯特先生在大厅里给我卸下披巾，把我松散的头发上的水抖掉。这时候，菲尔费克斯太太从她的房间里出来。开始我并没有看见她，罗切斯特先生也没有看见。灯正点着，时钟敲了12下。

"赶快脱下你的湿衣服，"他说，"在你走以前，晚安——晚安，我亲爱的！"

他不断吻我。我离开他的怀抱，往上看的时候，看到那寡妇站着，脸色苍白，严肃而且吃惊。我只是对她笑了笑，就跑上楼去。"以后再解释吧。"我想。然而，在走到我的卧室的时候，我却想，她会暂时误解她所见到的这件事，我心头不由得感到一阵剧痛。但是，欢乐马上就抹掉了其他一切感觉。在两小时的暴风雨中，尽管风在呼啸，雷声又近又沉，电光猛烈地闪个不停，雨像瀑布般地倾注，我却并不感到害怕，也不感到恐惧。在这期间，罗切斯特先生到我门前来过三次，问我是否平安，是否安宁；这就是安慰，这就是足以应付一切事情的力量。

早晨，在我起床以前，小阿黛勒跑来告诉我，果园尽头的那棵大七叶树在夜里让雷打了，劈去了一半。

【中国】鲁迅 许广平

两地书①（32则）

　　这里选摘的是新近首次披露的未经修改的《两地书》原信，保留了许多鲜明的情感细节。《两地书》是鲁迅和许广平的通信集，记录了他们点点滴滴的感情历程。鲁迅在自序中说："以这一本书为自己纪念，并且留赠我们的孩子。"最初的最初，是女子师范二年级的许广平执弟子之礼，以一封信向鲁迅先生陈述了对学校及社会的不满，以及作为那个时代青年的苦闷。鲁迅先生的复信亲切真诚，对于个人与社会的深入剖析坦然无欺。此外更有一层关怀和温情在字里行间暗暗涌动。不然鲁迅说到自己"寿终正寝"这样的话，许广平怎么会想到父兄的死，进而深感悲哀了；许广平自比"废物"，鲁迅又怎么会说她"该打"了。然后，从各自戏谑而亲密的称呼，以及对对方形象的描述，透露了师生间的思想共鸣向恋人的情感共鸣渐渐深化的消息。后来书信的第二集，厦门——广州，与第一集时隔一年有余，可以看到两人又走近了许多，甚至相约了一同南下。这期间他们谈到些好吃的东西，互相在书信中插图详细告知对方自己的住所结构，许广平织了件毛绒背心，鲁迅信誓旦旦地要对班上的女学生"目不斜视"。

　　情人之间层层叠叠的话，外人看来大约不免琐碎，然而更多了些真实的温暖。我们也因而看到鲁迅这位文学巨匠的另一面，为他在苦行的斗士的生活之外能够得到一份平常的感情而欣慰。作为包办婚姻的受害者，鲁迅需要极大的勇气，才能喊出"我也可以爱"这样的心声。十年相濡以沫的感情，好像暗夜里一盏不灭的灯火，源自生命深处的力量，增添孤独者在长路上行走的勇气。鲁迅先生后来说："我要好好地为中国做点事，才能对得起你。"这是这段爱情最后指向的地方。为我们的国家做点事，这是两人共同的愿望，他们鸿雁往来的初衷。因为爱你，延及世人，更希望这个世界也成为美好的所在。因为爱你，所以希望自己可以是一个更好的

---

　　① 选自首次披露的《两地书·原信——鲁迅与许广平往来书信集》，中国青年出版社2005年版。

人，更正直无私也更坚强，这样才配得上你付出的所有弥足珍贵的关怀和爱情。

鲁迅（1881～1936），原名周树人，字豫才。浙江绍兴人。中国白话文学的奠基者，新文化运动的启蒙思想家。许广平（1898～1968），广东南海人。1917年考入天津北洋女子师范学校。"五四"时期，是当时天津女界爱国同志会会刊《醒狮》周刊编者之一。1923年考入北京女子高等师范学校国文系，与鲁迅有师生之谊，后成为鲁迅夫人。鲁迅去世后，搜集、保存了鲁迅的大量文稿，1938年在胡愈之、蔡元培、郑振铎等人帮助下出版了《鲁迅全集》。1945年与马叙伦、王绍鏊等发起成立中国民主促进会。

一九二五年　北京

（一）

鲁迅先生：

现在执笔写信给你的，是一个受了你快要两年的教训，是每星期翘盼着希有的，每星期三十多点钟中一点钟小说史听讲的，是当你授课时，坐在头一排的坐位，每每忘形地直率地凭其相同的刚决的言语，在听讲时好发言的一个小学生。他有许多怀疑而愤懑不平的久蓄于中的话，这时许是按抑不住吧，所以向先生陈诉。

……苦闷之果是最难尝的，虽然食过苦果之后有点回甘，然而苦的成分太重了！也容易抹煞甘的部分，在饮过苦茶之后，细细的吮吮嘴唇皮虽然有些儿甘香，但总不能引起人好食苦茶——药——的兴味，除了病的压迫，人是绝对不肯无故去寻苦茶喝的！苦闷之不能免掉，或者如同疾病的不能免掉一般——除了毕生抱疾——但是疾病不是时时刻刻在身边的，而苦闷则总比爱人还来得亲切，总时刻地不招即来，挥之不去。先生！有什么法子在苦药中加点糖分？有糖分是否即绝对不苦？

先生！你虽然很果决的平时是，但我现在希望你把果决的心意缓和一点，能够拯拔得一个灵魂就先拯拔一个！先生呀！他是如何的"惶急待命之至"！敬候
撰安！

谨受教的一个小学生许广平
十一，三，十四年

他虽则被人视为学生二字上应加一"女"字，但是他之不敢以小姐自居也如同先生之不以老爷少爷自命，因为他实在不佩〔配〕居小姐的身分地位，请先生不要怀疑。一笑。

（二）

广平兄：

今天收到来信，有些问题恐怕我答不出，姑且写下去看。

……我再说我自己如何在世上混过去的方法，以供参考罢——

一、走"人生"的长途，最易遇到的有两大难关。其一是"岐〔歧〕路"，倘若墨翟先生，相传是恸哭而返的。但我不哭也不返，先在岐〔歧〕路头坐下，歇一会，或者睡一觉，于是选一条似乎可走的路再走，倘遇见老实人，也许夺他食物充饥，但是不问路，因为我知道他并不知道的。如果遇见老虎，我就爬上树去，等它饿得走去了再下来，倘它竟不走，我就自己饿死在树上，而且先用带子缚住，连死尸也决不给它吃。但倘若没有树呢？那么，没有法子，只好请它吃了，但也不妨也咬它一口。其二便是"穷途"了，听说阮籍先生也大哭而回，我却也像岐〔歧〕路上的办法一样，还是跨进去，在刺丛里姑且走走，但我也并未遇到全是荆棘毫无可走的地方过，不知道是否世上本无所谓穷途，还是我幸而没有遇着。

二、对于社会的战斗，我是并不挺身而出的，我不劝别人牺牲什么之类者就为此。欧战的时候，最重"壕堑战"，战士伏在壕中，有时吸烟，也唱歌，打纸牌，喝酒，也在壕内开美术展览会，但有时忽向敌人开他几枪。中国多暗箭，挺身而出的勇士容易丧命，这种战法是必要的罢。但恐怕也有时会迫到非短兵相接不可的，这时候，没有法子，就短兵相接。

总结起来，我自己对于苦闷的办法，是专与苦痛捣乱，将无赖手段当作胜利，硬唱凯歌，算是乐趣，这或者就是糖罢。但临末也还是归结到"没有法子"，这真是没有法子！

以上，我自己的办去〔法〕说完了，就是不过如此，而且近于游戏，不像步步走在人生的正轨上（人生或者有正轨罢，但我不知道），我相信写了出来，未必于你有用，但我也只能写出这些罢了。

鲁迅
三月十一日

（三）

鲁迅先生吾师左右：

当我打开信封，抽出那红线的白纸，打开笺面第一行那三个字中，看见贱名之后紧贴一个"兄"字，的确！先生吾师，原谅我太愚小了！我值得而且敢配当"兄"吗？不！不！……绝无此勇气而且更无此斗胆当吾师先生的"兄"的；先生之意何居？弟子乌得而知也。不曰"同学"不曰"弟"而曰"兄"，游戏欤——游戏欤？此鲁迅先生之所以为"鲁迅先生"吾师也欤？！

……

小学生许广平谨上

三月十五日

（四）

广平兄：

这回要先讲"兄"字的讲义了。这是我自己制定，沿用下来的例子，就是：旧日或近来所识的朋友，旧同学而至今还在来往的，直接听讲的学生，写信的时候我都称"兄"。其余较为生疏，较需客气的，就称先生，老爷，太太，少爷，小姐，大人……之类。总之我这"兄"字的意思，不过比直呼其名略胜一筹，并不如许叔重先生所说，真含有"老哥"的意义。但这些理由，只有我自己知道，则你一见而大惊力争，盖无足怪也。然而现已说明，则亦毫不为奇焉矣。

……社会上千奇百怪，无所不有；在学校里，只有捧线装书和希望得到文凭者，虽然根柢上不离"利害"二字，但是还要算好的。中国大约太老了，社会里事无大小，都恶劣不堪，像一只黑色的染缸，无论加进什么新东西去，都变成漆黑，可是除了再想法子来改革之外，也再没有别的路。我看一切理想家，不是怀念"过去"，就是希望"将来"，对于"现在"这一个题目，都交了白卷，因为谁也开不出药方。其中最好的药方，即所谓"希望将来"的就是。

"将来"这回事，虽然不能知道情形怎样，但有是一定会有的，就是一定会到来的，所虑者到了那时，就成了那时的"现在"。然而人们也不必这样悲观，只要"那时的现在"比"现在的现在"好一点，就很好了，这就是进步。

这些空想，也无法证明一定是空想，所以也可以算是人生的一种慰安，正如信徒的上帝。我的作品，太黑暗了，因为我只觉得"黑暗与虚无"乃是"实有"，却偏要向这些作绝望的抗战，所以很多着偏激的声音。其实这或者是年龄和经历的关系，也许未必一定的确的，因为我终于不能证实：惟黑暗与虚无乃是实有。所以我想，在青年，须是有不平而不悲观，常抗战而亦自卫，荆棘非践不可，固然不得不践，但若无须必践，即不必随便去践，这就是我所以主张"壕堑战"的原因，其实也无非想多留下几个战士，以得更多的战绩。

鲁迅

三月十八日

（十三）

鲁迅师：

"秘密窝"居然探险（？）过了！归来的印象，觉得在熄灭了的红血的灯光，而默坐在那间全部的一面满镶玻璃的室中时；偶然出神地听听雨声的滴答；看看月光的幽寂；在枣树发叶结果的时候，领略它风动叶声的沙沙，和打下来熟枣的勃勃；再四时不绝的"个多个多！""戈戈""戈戈""戈"的鸡声，晨夕之间，或者负手在这小天地中徘徊俯仰，这其中定有一番趣味，是味为何？——在丝丝的浓烟卷〔圈〕中曲折的传入无穷的空际，升腾，分散，是消灭？！是存在？！（小鬼向来不善推想和描写，幸恕唐突！）

……

小鬼许广平

四月十六晚

（二十二）

广平兄：

……我现在愈加相信说话和弄笔的都是不中用的人，无论你说话如何有理，文章如何动人，都是空的。他们即使怎样无理，事实上却著著〔着着〕得胜。然而，世界岂真不过如此而已么？我还要反抗，试他一试。

鲁迅

五月十八日

（二十三）

鲁迅师：

……读吾师"世界岂真不过如此而已么？我还要反抗，试他一试"的几句，使血性易起伏的青年如小鬼者，顿时在冰冷的煤炉上加起煤炭，红红地在燃烧。然而这句话是为对小鬼而说的么？恐怕自身也当同样的设想吧！但别方面则总接触些什么恐怕"我自己看不见了"、"寿终正寝"……的怀念走到尽头的话，小鬼实在不高兴听这类话。据小鬼的经验说起来，当我卅岁的哥哥死去的时候，凡在街中见了同等年龄的人们，我就咀〔诅〕咒他，为什么不死去，偏偏死了我的哥哥。及至将60岁的慈父见背的时候，我在街上更加添了胡子白须的人们只管在街头乞食活着，而我的阿父偏偏死去，又加增一部分的咀〔诅〕咒。此外，凡有死的与我有关的, 同时我就咀〔诅〕咒所有与我无关的活着的人。我因他们的死去, 深感出死了的寂寞, 一切的一切, 俱附〔付〕之无何有之乡。虽则在初师时凭一时的血气和一个同学呕〔怄〕气, 很傻的吞了些藤黄, 终于成笑话的被救。入女师大的第一年, 我也曾因得猩红热而九死回生。但这两次自身的教训, 和死的空虚, 驱策我一部分的哲学, 就是无论老幼, 几时都可以遇着可死的机会, 但是票子未来传到之时, 不管三七二十一, 我还是把我自身当作一件废物, 可以利用时尽管利用它一下子, 这何必计及看见看不见, 正寝非正寝呢? 如其计及之, 则治本之法, 我以为医学士的判断: 1. 戒多饮酒; 2. 请少吸烟。

……

小鬼许广平
五月廿七晚

（二十四）

广平兄:

……现在老实说一句罢, "世界岂真不过如此而已么? ……"这些话, 确是"为对小鬼而说的"。我所说的话, 常与所想的不同, 至于何以如此, 则我已在《呐喊》的序上说过: 不愿将自己的思想, 传染给别人。何以不愿, 则因为我的思想太黑暗, 而自己终不能确知是否正确之故。至于"还要反抗", 倒是真的, 但我知道这"所以反抗之故", 与小鬼截然不同。你的反抗, 是为希望光明到来罢? （我想, 一定是如此的。）但我的反抗, 却不过是偏与黑暗捣乱。大约我的意见, 小鬼很有几点不大了然, 这是年龄、经历、环境等或不同之故, 不足为奇。例如我是诅咒"人间苦"而不嫌恶"死"的, 因为"苦"可以设法减轻而"死"是必然的事, 虽曰"尽头", 也不足悲哀。而你却不高兴听这类话——但是, 为什么吞藤黄的? 这就比不做"痛哭流涕的文字"还"该打"! 又如来信说, "凡有死的同我有关的, 同时我就诅咒所有与我无关的。……"而我正相反, 同我有关的活着, 我就不放心, 死了, 我就安心, 这意思也在《过客》中说过: 都与小鬼的不同。其实, 我的意见原也不容易了然, 因为其中本有着许多矛盾, 教我自己说, 或者是"人道主义"与"个人的无治主义"的两种思想的消长起伏罢, 所以我忽而爱人, 忽而憎人; 做事的时候, 有时确为别人, 有时却为自己玩玩, 有时则竟因为希望将生命从速消磨, 所以故意拼命的做。此外或者还有什么道理, 自己也不甚了然。但我对人说话时, 却总拣择光明些的说出, 然而偶不留意, 就露出阎王并不反对, 而小鬼反不乐闻的话来。总而言之, 我为自己和为别人的设想, 是两样的。所以者何, 就因为我的思想太黑暗, 但是究竟是否真确, 不得而知, 所以只能在自身试验, 不能邀请别人。其实小鬼希望父兄长存，而自己会吞藤黄，也是如此。

鲁迅
五月三十日

（三十四）

鲁迅师：

接连得到两封东西，一封是"训词"，一封大概是回话罢，现在我也回复几句，免得专美。

老爷们想"自夸"酒量，岂知临阵败北，何北〔必〕再"逞能"呢!？这点酒量都失败，还说"喝酒我是不怕的"，羞不羞？我以为今后当摒诸酒门之外，因为无论如何辩护，那天总不能不说七八分的酒醉，其"不屈之精神"的表现，无非预留地步，免得又在小鬼前作第三……次之失败耳，哈哈。其谁欺，欺天乎。

俗语说得好，知己知彼，百战百胜，那天如非有人（非我）偷去半杯烧酒，诚恐玉山之颓可立见也。如更非早早告退，以便酣然高卧，诚恐呕吐狼藉，不堪闻矣——也许已经了罢——这种知己知彼的锦囊妙计，非勇者不能决然毅然行之，胆小如芝麻云乎哉，多见其不识时务也。邯郸之梦：这日"二时以后，……六杯，……五碗……四趟"。"我虽然并未目睹"，却"敢决其必无"。此项撒谎专家，而想为"万世师表"，我知到〔道〕文庙的一席地，将来必被人撵出来，即使有人叩头求乞，恐不能回至尊之意也。戒之慎之。

太师母而有"势力"，且有人居然受"欺侮"者，好在我已经拜喝〔谒〕过老人家，以后吾无忧矣，联合战线，同隶太师母旗帜下，怕不怕？

……

小鬼许广平
六月卅日

（三十七）

"愚兄"呀！我还没有将我的模范文教给你，你居然先已发明了么？你不能暂停"害群"的事业，自己做一点么？你竟如此偷懒么？你一定要我用"教鞭"么？？！！

鲁迅
七·一五

（三十八）

嫩棣棣：

……记得我在家读书时，先生用"鞭作教刑"的时候，我的一个哥哥就和先生相对的围住书桌子乱转。先生要伸长手将鞭打下来时，他就蹲下，终于挨不着打。如果嫩棣"犯上作乱"的用起"教鞭"，愚兄只得"师古"了。此告不怕！

愚兄泅

七月十五

我上次的"模范文"值得几多分？请即通知！（六十分以下要璧谢的）

（三十九）

"愚兄"：

你的"勃谿"程度高起来了，"教育之前途棘矣"了，总得惩罚一次才好。

第一章　"嫩棣棣"之特征。

1. 头发不会短至二寸以下，或梳得很光，或炮得蓬蓬松松。

2. 有雪花膏在于面上。

3. 穿莫名其妙之材料（只有她们和店铺和裁缝知道那些麻烦名目）之衣；或则有绣花衫一件藏在箱子里，但于端节偶一用之。

4. 嚷；哭……（未完）

……

第五章　"师古"无用。

我这回的"教鞭"，系特别定做，是一木棒，端有一绳，略仿马鞭格式，为专打"害群之马"之用。即使蹲在桌后，绳子也会弯过去，虽师法"哥哥"，亦属完全无效，岂不懿欤！

第六章　"模范文"之分数。

拟给九十分，其中给你五分：抄工三分，末尾的几句议论二分。其余的八十五分，都给罗素。

……

第九章　结论。

肃此布复顺颂

嚷祉。

第十章　署名。

鲁迅。

第十一章　时候。

中华民国十四年七月十六日下午七点二十五分八秒半。

（四十）

嫩棣棣：

　　……

　　"嫩弟弟之特征"：

　　A. 想做名流，或（初到女校做讲师）测验心理时，头发就故意长得蓬松长乱些。

　　B.（冬秋春）有红色绒袜子穿于足上。

　　C. 专做洋货的消耗品，如洋点心，洋烟，洋书……（未完）

　　或有蟒袍洋服多件在箱子里，但于端节……则绝不敢穿。

　　D. 总在小鬼前失败，失败则强词夺理以盖羞，"嚷，哭"其小者，而"穷凶极恶"则司空见惯之事。

　　E. 好食辣椒、点心、糖、烟、酒——程度不及格……

　　F. 一声声叫娘，娘，犹有童心。

　　G. 外凶恶而内仁厚的一个怒目金刚，慈悲大士。

　　……

小鬼许广平

七月十七

爱情谜语

一九二六年　厦门—广州

（四十四）

○my dear teacher：

　　○今日（九月一）午后往先施等，买黑皮鞋一双，只三元，又买信纸六大本，一元（与此纸同，但大多），另外又买些应用小物，不敢多买，因为我看见那天食炒虾仁旦〔蛋〕饭送酒，没有买菜，我不再如此省，我心难过，不愿多买。

　　○下午四时船经厦门云〔时〕，我注意看看，不过茫茫的水天一色，厦门在那〔哪〕里？！室迩人遐！！！……信也实在难写，这样说也不方便，那样说也不妥当。我佩服兰生，他有勇气直说。

　　○my dear teacher：现在三时船快到了，以后再谈吧。

your H.m.

六日下午三时

（四十五）

先生：

……看你在厦大，学生少，又属草创，事多而趣少，饮食起居又不便，如何是好，菜淡不能加咸么？胡椒多食也不是办法，买罐头帮助不好吗？火腿总有地方买，不能做来吃吗？勿省钱要紧。

广东水果现时有杨桃，甚可口，厦门可有吗？该果五瓣，横断如星☆形，色黄绿。昨晚——廿七——校长请吃饭，在大新公司，共有八九人，俱属同事，菜甚好，精致可口，可惜你没吃到……

your H.m. 九月廿八晚

（五十七）

广平兄：

……听讲的学生倒多起来了，大概有许多是别科的。女生共五人。我决定目不邪〔斜〕视，而且将来永远如此，直到离开厦门，和HM相见。东西不大乱吃，只吃了几回香蕉，自然比北京的好……

九月三十日之夜 迅

（六十三）

my dear teacher：

……这封信特别"孩子气"十足，幸而我收到。"邪〔斜〕视"有什么要紧，习惯倒不是"邪〔斜〕视"，我想，许是蓦不提防的一瞪吧！这样，欢迎那一瞪，赏识那一瞪的，必定也能瞪的人，如其有，又何妨？记得张竞生之流发过一套伟论，说是人都提高程度，对于一切，都鲜花美画一般，欣赏之，愿公显于众，自然私有之念消，可惜世人未能领略张辈思想，你何妨体念一下？

学生欢迎，自然增加你兴趣，处处培植些好的禾苗，以喂养大众，救济大众吧。这是精神上的愉快，不虚负此一行。在南人中插入一个北人的你，而他们不以南北歧视你，反而尊重你，这是多么令人"闻之喜而不寐的呢"。话虽如此，却不要因此拼命作〔做〕工，能自爱才能爱人。

愿你有"聊"！

your H.m. 十月十四晚

（六十五）

广平兄：

……邪〔斜〕视尚不敢，而况"瞪"乎？至于张先生的伟论，我也很佩服，我若作文，也许这样说的；但事实怕很难，我若有公之于众的东西，那是自己所不要的，否则不愿意。以己之心，度人之心，知道私有之念之消除，大约当在二十五（世）纪，所以决计从此不瞪了。

……楼下的后面有一片花圃，用有刺的铁丝拦着，我因为要看它有怎样的拦阻力，前几天跳了一回试试。跳出了，但那刺果然有效，刺了我两个小伤，一股上，一膝旁，不过并不深，至多不过一分。这是下午的事，晚上就全〔痊〕愈了，一点没有什么。恐怕这事将受训斥；然而这是因为知道没有危险，所以试试的。倘觉可虑，就很谨慎。这里颇多小蛇，常见打死着，腮部大抵不膨大，大概是没有什么毒的。但到天暗，我已不到草地上走，连晚上小解也不下楼去了，就用磁的唾壶装着，看没有人时，即从窗口泼下去。这虽然近于无赖，然而他们的设备如此不完全，我也只得如此。

我身体是好的，不吸（烟喝）酒，胃口亦佳，心绪比先前较安帖。

迅　十月二十八日

（七十六）

"林"兄：

……但我对于此后的方针，实在很有些徘徊不决，就是：做〔作〕文章呢，还是教书？因为这两件事，是势不两立的。作文要热情，教书要冷静。兼做两样时，倘不认真，便两面都油滑浅薄，倘都认真，则一时使热血沸腾，一时使心平气和，精神便不胜困惫，结果也还是两面不讨好。看外国，做教授的文学家，是从来很少有的。我自己想，我如写点东西，大概于中国怕不无小好处，不写也可惜；但如果使我研究一种关于中国文学的事，一定也可以说出别人没有见到的话来，所以放下也似乎可惜。但我想，或者还不如做些有益于目前的文章，至于研究，则于余暇时做，不过如应酬一多，可又不行了……

迅　十一月一日灯下

（八十二）

my dear teacher：

　　……广州天气甚佳，现时不过穿二单衣，秋高气爽，正是宜人，畏寒的穿夹衣早晚足够了。我虽然忙，但也有机会做锁〔琐〕事。日前织成一件毛绒衣，我自己用的，现在织开一件毛绒小半臂，是藏青色，但较漂亮的。因不易买到平时要的一式一样，以己之心度人，我看这颜色不坏，做好时打算寄去，现已做成大半了，不见得心细，手工佳，但也是一点意思。可以在稍暖时单穿它，或在绒衣上加穿亦可，取其不似棉的厚笨而适体耳。

　　傻子独立电灯下默着干吗？该打，不好好读书，做事！

　　　　　　　　　　　your H.m.　十一月十一晚十一时……

（八十五）

广平兄：

　　……我又有种感触，觉得现在的社会，可利用时则竭力利用，可打击时则竭力打击，只要于他有利。我在北京是这么忙，来客不绝，但倘一失脚，这些人便是投井下石的，反面〔而〕不识还是好人；为我悲哀的大约只有两个，我的母亲和一个朋友。所以我常迟疑于此后所走的路：（1）积几文钱，将来什么都不做，苦苦过活；（2）再不顾自己，为人们做一点事将来饿肚也不妨，也一任别人唾骂；（3）再做一点事（被利用当然有时仍不免），倘同人排斥我了，为生存起见，我便不问什么事都敢做，但不愿失了我的朋友。第三〔二〕条我已实行过两年多了，终于觉得太傻。前一条当托庇于资本家，须熬；末一条则颇险，也无把握（于生活），所以实在难于下一决心，我也就想写信和我的朋友商量，给我一条光。

　　昨天今天此地都下雨，天气稍凉。我仍然好的，也不怎么忙。

　　　　　　　　　　　　　　　　迅　十一月十五日灯下

（八十七）

my dear teacher：

　　……想到你，在厦更比我苦，然而你的受学生欢迎，也超出我万万倍之上，将来你即去而之他，而学生受过你的洗礼，不敢说一生，就是有一时期，如遇安之在京，你不也可以似在京时之好感相待吗？至于异日，唉！那你还是照我上面所说罢，不要认真，而且，你敢说天下间就没有一个人矢忠尽诚对你吗？有一个人，你就可以自慰了，你也可以由一个人而推及二三以至无穷了，那你何必天鹅绒呢，如果，连一个人也出乎意表之外……也许是真的吗？总之，现在还有一个人是在劝你，就请你容纳这点意思，你要做的事，不必有金钱才达目的的，措置得法，一边做事一边还可以设法筹款的。

你有闷气不妨向我发，但愿莫别〔憋〕闷在心里。

your H.m. 十一月十六晚十时半

（九十）

广平兄：

……你说我受学生的欢迎，足以自慰吗？我对于他们不大敢有希望，我觉得特出者很少，或者竟没有。但我做事是还要做的，希望是在未见面的人们，或者如你所说："不要认真"。所以我的态度其实毫不倒退，一面发牢骚，一面编好《华盖续编》，做完《旧事重提》，编好《争自由的波浪》（董秋芳译小说），《卷葹》，都寄出去了。至于有一个人，我自然足以自慰的，且因此增加我许多勇气，但我有时总还虑他为我而牺牲。并且也不能"推及一二以至无穷"，有这样多的么？我倒不要这样多，有一个就好了。

迅 十一月廿日

爱情谜语

（九十二）

my dear teacher：

你信末有三条路，叫我给"一条光"，我自己还是瞎马乱碰，何从有光……总之，第二是不问生活，专意戕害自身。不必说了，第一三俱想生活，但一是先谋后享，第三是一面谋，一面享，第一知其苦，第三知其险。我们是人，天没有叫我们专吃苦的权力，我们没有必受苦的义务，得一日尽人事求生活，即努力做去。我们是人，天没有硬派我们履险的权力，我们有坦途有正道为什么不走，我们何苦因了旧社会而为一人牺牲几个，或牵连至多数人。我们打破两面委曲忍苦的态度，如果对于那一个人的生活能维持，对于自己的生活比较站得稳不受别人借口攻击；对于另一方，新的局面，两方都不因此牵及生活，累及永久立足点，则等于面面都不因此难题而失了生活……

your H.m. 十一月廿二晚十一时半

（九十五）

广平兄：

我一生的失计，即在历来并不为自己生活打算，一切听人安排，因为那时豫

〔预〕计是生活不久的。后来豫〔预〕计并不确中，仍须生活下去，于是遂弊病百出，十分无聊。后来思想改变了，而仍是多所顾忌，这些顾忌，大部分自然是为生活，几分也为地位。所谓地位者，就是指我历来的一点小小工作而言，怕因我的行为的剧变而失去力量。但这些瞻前顾后，其实也是很可笑的，这样下去，更将不能动弹。第三法最为直截了当，其次如在北京所说则较为安全，但非经面谈，一时也决不下。总之我以前的办法，已是不妥，在厦大就行不通，所以我也决计不再敷衍了，第一步我一定于年底离开此地，就中大教授职。但我极希望那一个人也在同地，至少也可以时常谈谈，鼓励我再做有益于人的工作……

离开此地之后，我必须改变我的农奴生活；为社会方面，则我想除教书外，或者仍然继续作文艺运动，或更好的工作，待面谈后再定。我觉得现在HM比我有决断得多，我自到此地以后，仿佛全感空虚，不再有什么意见，而且时有莫名其妙的悲哀……

迅 十一月廿八日十二时

（一〇一）

广平兄：

……其实我这半年来并不发生什么"奇异感想"，不过"我不太将人当作牺牲么"这一种思想——这是我一向常常想到的思想——却还有时起来，一起来，便沉闷下去，就是所谓"静下去"，而间或形于词色。但也就悟出并不尽然，故往往立即恢复……实未曾有愿意害马"终生被播弄于其中而不自拔"之意，当初仅以为在社会上阅历几时，可以得较多之经验而已，并非我将永远静着，以至于冷眼旁观，将害马卖掉，而自以为在孤岛中度寂寞生活，咀嚼着寂寞，即足以自慰自赎也。

迅 十二月六日之夜

（一〇三）

my dear teacher：

现时我要下命令了，以后不准自己把信"半夜放在邮筒中"。因为瞎马会夜半临深池的，十分危险，叫人捏一把汗不好。而且"所外"的信今上午到，"所内"的信下午到，这正和你发信次序相同，不必以傻气的傻子，当"代办所里的伙计"为"呆气"的呆子，实在半斤八两，相等也……

英译阿Q不必寄，现时我不暇及不大会看，待真的阿Q到广州，再拿出书本，一边讲一边对照吧！那时却勿得规避，切切！

今晚大风，窗外呼呼声，空气骤冷。我是穿了夹裤、呢裙、毛绒背心、及绒衣，但没有蚊了。

your H.m.　十二月七晚九时

（一〇五）

my dear teacher：

你"一向常常想到的思想"，实在谬误，"将人当作牺牲"一话，万分不通。牺牲的解释，如吾人以牛羊作祭品，在牛羊本身并非愿意甘心的，所以不合，而"人"则不如此，天下断没有人而肯甘心被人宰割，其非宰割。换言之，这一方出之爱护，那一方出之自动愿意，则无牺牲可言……此三尺童子所知，而三尺多的小孩子反误解，当记打手心十下于日记本上。

your H.m.　十二月十二日午一时

一九二七年　厦门—广州

（一一九）

广平兄：

……我近来很沉静而大胆，颓唐的气息全没有了，大约得力于有一个人的训示。我想二十日以前，一定可以见面了。你的作工的地方，那是当不成问题，我想同在一校无妨，偏要同在一校，管他妈的。

今天照了一个照相，是在草木丛中，坐在一个洋灰的坟的祭桌上，像一个皇帝，不知照得好否，要后天才知道。

迅　一月二日下午

（一二一）

广平兄：

……我想助教是不难做的，并不必授功课，而给我做助教，尤其容易，我可以少摆教授架子。

学生至少有二十个被我带走。我确也不能不走了，否则害人不浅。因为我在这里，竟有从河南中州大学转学而来的，而学校是这样，我若再给他们做招牌，岂非害人，所以我一面又做了一则通信，登《语丝》，说明我已离厦。我不知何以忽然成为偶象〔像〕，这里的几个学生力劝我回骂长虹，说道，你不是你自己的了，许多青年等着听你的话。我为之吃惊，我成了他们的公物，那是不得了的，我不愿意。我想，不得已，再硬做"名人"若干时之后，还不如倒下去，舒服得多。

迅　一月五日午后

（一二三）

my dear teacher：

106期《〈坟〉的题记》，你执笔放肆起来了。在北京时，你断不肯写出"倒不尽是为了我的爱人，大大半乃是为了我的敌人"，这样的句子。有一次做文章，写了似乎是……的人，但终于改了才发卷。这次题记算是放肆了，然而有时也含蓄如"至于不远的踏成平地……"至于第108《写在"坟"后面》说的，"人生多辛苦，而人们有时却极容易得到安慰，又何必惜一点笔墨，给多尝些孤独的悲哀呢？"这就是你"给来者一些极微末的欢喜"吗？你之对于"来者"，是抱给与的普惠，而非独自求得的心情吗？这段末了太过凄楚了，你是在筑台从上面跌下来吗？那一定有人在上面推你，那是你的对头，愿你小心防制！那也是"枭蛇鬼怪"，但绝不是你的"朋友"，你口口声声唤它是朋友，它是明知要害你，然而是你的对头，没法舍弃这一个敌手。总之你这篇《坟》的后文，许多话是自己画供了，你是在一点一滴的透露春的消息于人间了。

your H.m.　一月七日下午六时

（一二四）

广平兄：

……我就爱枭蛇鬼怪，我要给他践踏我的特权。我对于名誉，地位，什么都不要，我只要枭蛇鬼怪够了。但现在之所以只透一点消息于人间者，（一）为己，是还念及生计问题；（二）为人，是可以暂以我为偶象〔像〕，而作改革运动。但要我兢兢业业，专为这两事牺牲，是不行了。我牺牲得够了，我从前的生活，都已牺牲，而受者还不够，必要我奉献全部的生命。我现在不肯了，我爱"对头"，我反抗他们。

这是你知道的，我这三四年来，怎样地为学生，为青年拚〔拼〕命，并无一点坏心思，只要可给与的便给与。然而男的呢，他们互相嫉妒，争起来了，一方面不满足，就想打杀我，给那〔哪〕方面也无所得。看见我有女生在坐，他们便造流言。这些流言，无论事之有无，他们是在所必造的，除非我和女人不见面。他们貌作新思想，其实都是暴君酷吏，侦探，小人。倘使顾忌他们，他们更要得步进步。我蔑视他们了。我有时自己惭愧，怕不配爱那一个人；但看看他们的言行思想，便觉得我也并不算坏人，我可以爱。

……但这些都由它去，我自走我的路。不过这回厦大风潮，我又成了中心，正如去年之女师大一样。许多学生，或则跟到广州，或往武昌，为他们计，是否还应该留几片铁甲在身上，再过一年半载，此刻却还未能决定。这只好于见到时商量。不过不必连助教都怕做，对语〔话〕都避忌，倘如此，那真成了流言的囚人了。

迅　一月十一日

【美国】斯蒂芬·金

施寄青 译

肖申克的救赎①

肖申克监狱新来了一个囚徒，名叫安迪，30岁，五短身材，白白净净，双手小巧，指甲永远剪得整整齐齐，"他的样子老让你觉得他似乎应该穿着西装、打着领带的"。安迪以前是一名银行家，入狱的罪名是枪杀了妻子和她的情夫。虽是一桩冤案，但谋杀犯没有未来，"他们饶你一命，却夺走你生命中所有重要的东西"。小说用老囚犯雷德的视角来讲述安迪的故事。雷德神通广大，能够从外面弄来囚犯需要的任何东西，安迪不久就向雷德购买了一把鹤嘴形的铁锤，如果用这种工具挖地道逃跑，大约要600年；还买了几张明星海报。安迪是雷德见过的自制力最强的人，他的冤狱生涯令人钦佩感慨：他顽强机智地抵抗了强暴犯"姊妹"们的性侵犯；他打理小小的监狱图书馆，十几年坚持每周写两封信给州议会要求拨款赞助，若干年后，肖申克监狱图书馆成为全国最佳监狱图书馆；他为狱卒理财、为狱官洗黑钱；当他得知真正的杀妻凶手的线索，狱官却谋害了证人。他雪冤的机会没有了。安迪变得冷酷，却依旧从容沉静，"自由的感觉仿佛一件隐形外衣披在安迪身上，他从不曾养成一种坐牢的心态，他的阳光从不呆滞，他总是抬头挺胸，脚步轻快，好像走在回家的路上一样"。岁月悠悠，27年之后的某一天，安迪越狱了……

本节讲述的是，安迪入狱不久打赢的第一个漂亮仗：赢得狱卒的尊重并为同伴赢得尊严之战。先用两枚琢磨得光滑漂亮的石英作铺垫，能够打造这样美丽东西的人，他的心没有被关在监狱。然后是安迪与最冷酷的狱卒哈力的心理对峙，充满了戏剧张力。哈力天降横财，却为纳税抱怨，安迪主动施以援手。无知的嚣张的狱卒如何相信一个囚犯？在劳动现场，囚犯的任何违规的举动都将受到严惩，而安迪还是冒险出头了。面对哈力的威胁恐吓，安迪在目光如冰、平静镇定的表情下面翻腾着多少波澜？然而一句句对话就像一场拔河，弱势的一方却一步步占了上风。最

① 选自《肖申克的救赎》，人民文学出版社，2006年版。本文节选了"囚犯的自由与尊严"的相关内容。

妙的是，安迪帮助哈力合理避税要求的报酬是，给我的"同事"们几罐啤酒。用"同事"称呼狱友，并且"合情合理"地解释："我认为当一个人在春光明媚的户外工作了一阵子时，如果有罐啤酒喝喝，他会觉得更像个人。"安迪凭着专业智慧和强大的人格，在肖申克监狱，为在场的狱友创造了自由的人的感觉。在这一刻，他们感觉自己不再是罪犯。

斯蒂芬·金（1947年生），美国恐怖小说大师。《肖申克的救赎》是他唯一一部非恐怖小说，书中人物强大的精神力量得到雅俗两界的一致赞赏。

现在我要告诉你1950年5月中发生的事，这件事结束了安迪和那些姊妹①之间持续3年的小冲突，而他也因为这次事件终于从洗衣房调到图书馆工作，他在图书馆一直待到今年初离开这个快乐小家庭为止。

你或许已经注意到，我告诉你的许多事情都是道听途说——某人看到某件事以后告诉我，而我再告诉你。在某些情况下，我已经把这些经过四五手传播后的故事简化了许多。不过在这里生活就是如此。这里的确有个秘密情报网，如果你要保持消息灵通，就得运用这个情报网。当然，你得懂得去芜存菁，知道怎么从一大堆谎言、谣传和子虚乌有的幻想中，挑出真正有用的消息。

还有，你也许会觉得我描述的是个传奇人物，而不是普通人，我不得不承认这多少是事实。对我们这些认识安迪多年的终身犯而言，安迪的确带着点传奇魔幻的色彩，如果你明白我的意思的话。监狱里流传的故事，包括他拒绝向博格斯屈服、不断抵抗其他姊妹，甚至弄到图书馆工作的过程，都带着传奇色彩。但是有一个很大的差别是，最后这件事是我亲眼目睹的，我敢以我妈妈的名字发誓，我说的话句句属实。杀人犯的誓言或许没有什么价值，但是请相信我：我绝不说谎。

当时我们已经建立起不错的交情，这家伙很有意思。我还忘了告诉你一件事，也许我应该提一下的。就在他挂上丽塔·海华丝的海报五周后，我早已忘记了这整件事，而忙着做其他生意。有一天厄尼从牢房的铁栅栏递给我一个白色小盒子。

"安迪给你的。"他低声说，两手依然不停地挥动扫把。

"多谢！"我说，偷偷递给他半包骆驼牌香烟。

当我打开盒子时，我在想里面会是什么怪东西？里面放了不少棉花，而下面是……

我看了很久，有几分钟，我甚至有点不敢去碰它们，实在是太美了。这里极端缺乏美好的东西，而真正令人遗憾的是，许多人甚至不怀念这些美丽的东西。

盒子里面是两块石英，两块都经过仔细琢磨，削成浮木的形状，石英中的硫

---

① 姊妹：肖申克监狱中的几名恶棍的绰号。

化铁发出闪闪金光。如果不是那么重的话，倒可以做成一对很不错的袖扣，这两块石英就有这么对称精致。

要琢磨这两块石头得花多少时间？可想而知，一定是在熄灯以后无数小时的苦工。首先得把石头削成想要的形状，然后才是用磨石布不断琢磨打光。看着它们，我内心升起一股暖意，这是任何人看到美丽东西之后都会涌现的感觉。这种美是花了时间和心血打造出来的，是人之所以异于禽兽的原因。我对他的毅力肃然起敬，但直到后来，我才真的了解他是多么坚持不懈。

1950年5月，上面决定要翻修监狱车牌工厂的屋顶。他们打算在天气还没有太热时做完，征求自愿去做这份工作的人，整个工程预计要做一个星期。有70多个人愿意去，因为可以借机到户外透透气，而且5月正是适合户外工作的宜人季节。上面以抽签方式选了9或10个人，其中两个正好是安迪和我。

接下来那个星期，每天早饭后，警卫两个在前，两个在后，押着我们浩浩荡荡穿过运动场，瞭望塔上所有的警卫都用望远镜远远监视着我们。

早晨行进的时候，我们之中有4个人负责拿梯子，把梯子架在平顶建筑物旁边，然后开始以人龙把一桶桶热腾腾的沥青传到屋顶上，只要泼一点那玩意儿在你身上，你就得一路狂跳着去医务室找医生。

有6个警卫监督我们，全是老经验的警卫。对他们而言，那个星期简直像度假一样，比起在洗衣房或打造车牌的工厂中汗如雨下，又或者是站着看管一群囚犯做工扫地，他们现在正在阳光下享受正常人的5月假期，坐在那儿，背靠着栏杆，大摆龙门阵。

他们甚至只需要用半只眼睛盯着我们就行了，因为南面墙上的警卫岗哨离我们很近，近到那些警卫甚至可以把口水吐到我们身上，如果他们要这么做的话。要是有哪个在屋顶上工作的囚犯敢轻举妄动，只消4秒钟，就会被点四五口径的机关枪扫成马蜂窝，所以那些警卫都很悠闲地坐在那里；如果还有几罐埋在碎冰里的啤酒可以喝，就简直是快活似神仙了。

其中有个警卫名叫拜伦·哈力，他在肖申克的时间比我还长，事实上，比此前两任典狱长加起来的任期还长。1950年的时候，典狱长是个叫乔治·邓纳海的北方佬，他拿了个狱政学的学位。就我所知，除了任命他的那些人之外，没有人喜欢他。我听说他只对三件事有兴趣：第一是收集统计资料来编他的书（这本书后来由一家叫"粉轻松"的小出版社出版，很可能是他自费出版的）；其次是关心每年9月哪个球队赢得监狱棒球联谊赛冠军；第三是推动缅因州通过死刑法。他在1953年被革职了，因为他在监狱的汽车修理厂中经营地下修车服务，并且和哈力以及史特马分红。哈力和史特马因为经验老到，知道如何不留把柄，但邓纳海便得走路。没有人因为邓纳海走路而感到难过，但也没有人真的高兴看见史特马坐上他的位子。史特马五短身材，一双冷冰冰的棕色眼睛，脸上永远带着一种痛苦的微笑，就好像他已经憋不住了、非上厕所不可却又拉不出来的表情。在史特马任期内，肖申克酷刑不断，虽然我没有确切的证据，不过我相信监狱东边的灌木林中，可能发生过五六次月夜中掩埋尸体的事情。邓纳海不是好人，但史特马更是个残忍冷血的卑鄙小人。

史特马和哈力是好朋友。邓纳海当典狱长的时候，不过是个装腔作势的傀儡，真正在管事的人是史特马和哈力。

哈力是个高个子，走起路来摇摇晃晃，有一头稀疏的红发。他很容易晒得红彤彤的，喜欢大呼小叫。如果你的动作配合不上他要求的速度，他会用棍子猛敲你。在我们修屋顶的第三天，他在和另一个名叫麦德·安惠的警卫聊天。

哈力听到了一个天大的好消息，所以正在那儿发牢骚。这是哈力的典型作风，他是个不知感恩的人，对任何人从来没有一句好话，认定全世界都跟他作对：这个世界骗走了他一生中的黄金岁月，而且会把他下半辈子也榨干。我见过一些几乎像圣人般品德高尚的狱卒，我知道他们为什么如此——他们明白自己的生活虽然贫困艰难，却仍然比州政府付钱请他们看守的这群囚犯好得多。这些狱卒能够把痛苦做个比较，其他人却不能，也不会这么做。

对哈力而言，没什么好比较的。他可以在5月温暖的阳光下悠闲地坐在那儿，慨叹自己的好运，而无视于不到十英尺外，一些人正在挥汗工作，一桶桶滚烫的沥青几乎要灼伤他们的双手。但是对于平日需要辛苦工作的人而言，这份工作已经等于在休息了。或许你还记得大家常问的那个"半杯水"老问题，你的答案正反映了你的人生观。像哈力这种人，他的答案绝对是：有一半是空的，装了水的玻璃杯永远有一半是空的。如果你给他一杯冰凉的苹果汁，他会想要一杯醋。如果你告诉他，他的老婆总是对他忠贞不贰，他会说，那是因为她像无盐媒母一样丑。

于是，他就坐在那儿和麦德聊天，声音大得我们所有人都听得到，宽大的前额已经开始晒得发红。他一只手扶在屋顶四周的矮栏杆上，另一只手按在点三八口径手枪的枪柄上。

我们都听到他的事了。事情是这样的，哈力的大哥在14年前到德州去，自此音讯全无，全家人都以为他已经死了，真是一大解脱。一星期前，有个律师从奥斯汀打长途电话来，他老兄4个月前去世了，留下了差不多100万美元的遗产，他是搞石油生意发的财。"真难以置信有些笨瓜有多走运。"这个该死没良心的家伙站在工厂屋顶上说。

不过，哈力并未成为百万富翁——如果真的成了百万富翁，即使是哈力这种人，可能都会感到很快乐，至少会快乐一阵子——他哥哥留给缅因州老家每个还活在世上的家人每人35000美元，真不赖，跟中了彩券一样。

　　但是在哈力眼中，装了水的玻璃杯永远有一半是空的。哈力整个早上都在跟麦德抱怨，该死的政府要抽走他大部分的意外之财，"留下来的钱只够买辆新车，"他悻悻然，"然后怎么样？买了车以后还要付该死的税、付修理费和保养费，该死的孩子们又闹着要你带他们出去兜风——"

　　"等到他们长大了，还会要求把车开出去，"麦德说，老麦德知道面包的哪一面涂了奶油，他没有说出我们每个人心底的话，"老小子，如果那笔钱真是这么烫手的话，我很愿意接下这烫手山芋，否则要朋友做什么呢？"

　　"对啦！他们会要求开车，要求学开车，天哪！"哈力说到这里有点不寒而栗，"然后到了年底会怎么样？如果你发现不小心把税算错了，还得自掏腰包来补税，甚至还要去借贷来缴税。然后他们还要稽查你的财务呢，稽查完他们铁定要收更多的税，永远都这样。谁有能耐跟山姆大叔对抗？他们伸手到你衬衫里捏着你的奶头，直到你发紫发黑为止，最后倒霉的还是自己，老天爷！"

　　他陷入了懊恼的沉默中，想着他继承这35000元，真是倒霉透了。安迪正在15英尺外用一根大刷子刷沥青，他把刷子顺手扔到桶里，走向麦德和哈力坐的地方。

　　我们都紧张起来，我看到有个叫杨勒的警卫准备掏出枪来。在瞭望塔上的一名警卫也用手戳戳同伴的手臂，两人一起转过身来。有一阵子，我还以为安迪会被射杀、狠狠打一顿或两者都发生。

　　他轻声问哈力："你信得过你太太吗？"

　　哈力只是瞪着他，开始涨红了脸，我知道要坏事了。三秒钟之内，他会抽出警棍来，朝着安迪的胃部要害打下去，胃后面正是太阳神经丛的所在，那儿有一大束神经，只要力道够大，就能送人上西天，但他们还是会打下去，万一没死，也足以让你麻痹很长一段时间，忘掉原本想做什么。

　　"小子，"哈力说，"我只给你一次机会去捡起刷子，然后从这屋顶滚下去。"

　　安迪只是看着他，非常冷静，目光如冰，恍若没有听到他的话似的。我真想上去告诉他识时务点，给他上一门速成课，告诉他，你绝不能让警卫知道你在偷听他们谈话，更不能插嘴，除非他们问你（即使他们问你，也只能有问必答，然后立刻闭嘴）。在这里，无论黑、白、红、黄哪色人种，在狱卒眼中都一样，他们全把你当黑鬼，如果你想在哈力和史特马这种人手下活命的话，你得习惯这种想法。当你坐牢的时候，你的命是属于国家的，如果你忘了这点，只有自己倒霉。我曾经看过瞎了眼的人，断了手指、脚趾的人，还有一个人命根子断了一小截，还暗自庆幸只受了这点伤。我想告诉安迪，已经太迟了。他可以回去捡起刷子，但是晚上还是会有个笨蛋在淋浴间等着他，准备打得他两腿痉挛，痛得在地上打滚。而你只要用一包香烟，就可以买通这样的笨蛋。最重要的是，我想告诉他，情况已经够糟了，不要把事情弄得比现在更糟。

但我什么也没做，只是若无其事地继续铺着沥青。我跟其他人一样，懂得如何明哲保身。我不得不如此。东西已经裂开来啦，而在肖申克，永远会有些像哈力这类人，极乐意把它打断。

安迪说："也许我说得不对，你信不信任她不重要，问题在于你是否认为她会在你背后动手脚。"

哈力站起来，麦德站起来，杨勒也站起来。哈力的脸涨得通红。"现在唯一的问题是，你到底还有几根骨头没断，你可以到医务室去好好数一数。来吧，麦德！我们把这家伙丢下去。"

杨勒拔出枪来。我们其他人都疯狂地埋头铺沥青。大太阳底下，他们就要这么干了，哈力和麦德准备一人一边把他丢下去。可怕的意外！编号八一四三三-SHNK的囚犯杜佛尼脚踩空了几步，整个人从梯子上滑了下去。太惨了。

他们两人合力抓住他，麦德在右，哈力在左，安迪没有抵抗，眼睛一直盯住哈力紫涨的脸孔。

"哈力先生，如果她完全在你的掌控之下，"他还是用一贯平静镇定的声音说，"那么没有什么理由你不能全数保有那笔钱。最后的比数是：拜伦·哈力先生35000千，山姆大叔零。"

麦德开始把他拉下去，哈力却只是站在那儿不动。有一阵子，安迪好像拔河比赛的那条绳子，在他们两人之间拉扯着。然后哈力说："麦德，停一会儿。你说什么？"

"如果你控制得了你老婆，就可以把钱交给她。"安迪说。

"你最好把话说清楚点，否则是自找苦吃。"

"税捐处准许每个人一生中可以馈赠配偶一次礼物，金额最高可达6万元。"安迪说。

哈力怔怔地望着安迪，好像被斧头砍了一下那样。"不会吧，免税？"他说。

"免税，"安迪说，"税捐处一分钱也动不了。"

"你怎么知道这件事？"

杨勒说："他以前在银行工作，我想他也许——"

"闭嘴，你这鳟鱼！"哈力说道，看也不看他，杨勒满脸通红，闭上嘴。有些警卫喊他鳟鱼，因为他嘴唇肥厚，眼睛凸出。哈力盯着安迪看，"你就是那个杀掉老婆的聪明银行家，我为何要相信像你这样的聪明银行家？你想要我跟你一样尝到铁窗滋味吗？你想害我，是不是？"

安迪静静地说："如果你因为逃税而坐牢，你会被关在联邦监狱中，而不是肖申克，不过你不会坐牢。馈赠礼物给配偶是完全合法的法律漏洞，我办过好几十件……不，是几百件这种案子，这条法令主要是为了让小生意人把事业传下去，是为一生中只发一次横财的人，也就是像你这样的人，而开的后门。"

"我认为你在撒谎。"哈力说，但他只是嘴硬，由他脸上的表情可以看出他其实相信安迪的话。哈力丑陋的长脸上开始浮现些微激动，显得十分古怪，在哈力脸上出现这样的表情尤其可憎。他之所以激动，是因为看到了希望。

"不，我没撒谎。当然你也不必相信我，你可以去请律师——"

"你他妈的龟儿子！"哈力吼道。

安迪耸耸肩，"那你可以去问税捐处，他们会免费告诉你同样的事情，事实上，你不需要我来解说，你可以亲自去调查。"

"你他妈的，老子用不着谋杀老婆的聪明银行家来教我黑熊在哪里拉大便。"

"你只需找个律师或银行家帮你办理馈赠手续，不过要花点手续费。"安迪说，"或是……如果你愿意的话，我很乐意免费帮你办，只要你给我的每一位同事送三罐啤酒——"

"同事？"麦德说，一边拍着膝盖，捧腹大笑。我真希望他在吗啡还未发明的世界里因为肠癌而上西天。"同事，太可笑了？同事？你还有什么——"

"闭上你的鸟嘴！"哈力吼道，麦德闭嘴。哈力看了安迪一眼，"你刚才说什么？"

"我说我只要求你给每位同事三罐啤酒，如果你也认为这样公平的话，"安迪说，"我认为当一个人在春光明媚的户外工作了一阵子时，如果有罐啤酒喝喝，他会觉得更像个人。这只是我个人的意见，我相信他们一定会感激你的。"

我曾经和当天也在现场的几个人谈过——包括马丁、圣皮耶和波恩谢——当时我们都看到同样的事情，有同样的感觉。突然之间，就变成安迪占上风了。哈力腰间插着枪，手上拿着警棍，后面站着老友史特马，还有整个监狱的管理当局在背后撑腰，但是突然之间，在亮丽的金色阳光下，这一切都不算什么。我感到心脏快跳出来了，自从1938年，囚车载着我和其他4个人穿过肖申克的大门，我走出囚车踏上运动场以来，还不曾有过这种感觉。

安迪以冷静自若的眼神看着哈力，这已不止是35000元的事情了，我们几个都同意这点。我后来不断在脑海中重播这段画面，我很清楚，这是一个人和另一个人的角力，而且安迪步步进逼、强力推进的方式，就好像两个人在比腕力的时候，强者硬把弱者的手腕压在桌上的情形。哈力大可以向麦德点点头，让他把安迪扔下去，事后仍旧采纳安迪的建议。

他没有理由不这么做，但他没有这么做。

"如果我愿意，我是可以给你们每个人几罐啤酒，"哈力说，"工作的时候喝点啤酒是很不错。"这个讨厌鬼甚至还摆出一副宽宏大量的样子。

"我先给你一个不让税捐处找麻烦的法子，"安迪说。他的眼睛眨也不眨看着哈力。"如果你很有把握的话，就把这笔钱馈赠给你太太。如果你认为老婆会在背后动手脚或吞掉你的钱，我们还可以再想其他——"

"她敢出卖我？"哈力粗着声音问道，"出卖我？厉害的银行家先生，除非我点头，她连个屁都不敢放一个。"

麦德和其他人没有一个敢笑。而安迪脸上始终没有露出任何笑意。

"我会帮你列出所有需要的表格，表格在邮局里都有卖，我会帮你填好，你只要在上面签字就行了。"

这点很重要，哈力的胸部起伏着，然后他看了我们一眼，吼道："该死！看什么？干你们的活儿去！"他面向安迪，"你过来，给我听好，如果你胆敢跟我耍什么花样，这礼拜还没过完，你会发现自己在淋浴间追着脑袋跑。"

"我懂。"安迪轻轻地说。

他当然懂，他懂得比我多，比其他任何人都多。

于是1950年，我们这一伙负责翻修屋顶的囚犯，在工作结束前一天的早上10点钟，排排坐在屋顶上喝着啤酒，啤酒是由肖申克监狱有史以来最严苛的狱卒所供应的。啤酒是温的，不过仍然是我这辈子喝过的滋味最棒的啤酒。我们坐在那儿喝啤酒，感觉阳光暖烘烘地洒在肩膀上，尽管哈力脸上带着半轻视、半打趣的神情，好像在看猩猩喝啤酒似的，却都不能破坏我们的兴致。我们喝了20分钟，这20分钟让我们感到自己又像个自由人，好像在自家屋顶上铺沥青、喝啤酒。

只有安迪没喝，我说过他平常是不喝酒的。他蹲坐在阴凉的地方，双手搁在膝盖间摇晃，微微笑着，看着我们。惊人的是，竟然有这么多人记得安迪这副样子；更惊人的是，竟然有那么多人说安迪对抗哈力的时候，他们也在现场铺屋顶。我认为当天去工作的囚犯只有9个人或10个人，但是到了1955年，工作人员的人数至少已暴增到两百人，也许还更多……如果你真的人家说什么都信的话。

总之，如果你要我说，我描述的到底是普通人还是在加油添醋地描绘一个仿佛沙砾中珍珠般的传奇人物，我想答案是介乎两者之间吧。反正我只知道安迪·杜佛尼不像我，也不像我入狱后见过的任何人。他把500美金塞在肛门里，偷偷夹带了进来，但似乎他同时也夹带了其他东西进来——或许是对自己的价值深信不疑，或坚信自己终会获得最后胜利……或只是一种自由的感觉，即使被关在这堵该死的灰墙之内，他仍然有一种发自内在的光芒。我知道，他只有一次失去了那样的光芒，而那也是这个故事的一部分。

直到1955年，丽塔·海华丝的海报都一直挂在安迪的囚房内，然后换成了玛丽莲·梦露在电影《七年之痒》中的剧照，她站在地铁通风口的铁格盖子上，暖风吹来，掀起她的裙子。玛丽莲·梦露一直霸占墙面到1960年，海报边都快烂了，才换上珍·曼斯菲。珍是大胸脯，但只挂了一年，便换上一个英国明星，名字好像叫海莎·科特，我也不确定。到了1966年，又换上拉蔻儿·薇芝的海报。最后挂在上面的是个漂亮的摇滚歌星，名叫琳达·朗斯黛。

我问过他那些海报对他有什么意义？他给了我奇怪和惊讶的一瞥，"怎么？它们对我的意义跟其他犯人一样呀！我想是代表自由吧。看着那些美丽的女人，你觉得好像几乎可以……不是真的可以，但几乎可以……穿过海报，和她们在一起。一种自由的感觉。这就是为什么我总是最喜欢拉蔻儿·薇芝那张，不仅仅是她，而是她站立的海滩，她好像是在墨西哥的海边。在那种安静的地方，一个人可以听到自己内心的思绪。你曾经对一张照片产生过那样的感觉吗？觉得你几乎可以一脚踩进去的感觉？"

我说我的确从来没有这样想过。

"也许有一天你会明白我的意思。"他说。没错，多年后我确实完完全全明白他的意思……当我想通时，我想到的第一件事就是诺曼登当时说的话，他说安迪的牢房总是冷冷的。

时间继续一天天过去——这是大自然最古老的手段，或许也是唯一的魔法，安迪变了，他变得更冷酷了，这是我唯一能想到的形容词。他继续掩护诺顿做脏事，也继续管理图书馆，所以从外表看来，一切如常。每年生日和年关岁暮时，他照样会喝上一杯，也继续把剩下的半瓶酒和我分享。我不时为他找来新的磨石布，1967年时，我替他弄来一把新锤子，19年前那把已经坏掉了。19年了！当你突然说出那几个字时，三个音节仿佛坟墓上响起的重重关门声。当年10元的锤子，到了1967年，已经是22元了。当我把锤子递给他时，他和我都不禁惨然一笑。

他继续打磨从运动场上找到的石头，但运动场变小了，因为其中一半的地在1962年铺上了柏油。不过，看来他还是找了不少石头来让自己忙着。每当他琢磨好一块石头后，他会把它放在朝东的窗台上，他告诉我，他喜欢看着从泥土中找到的一块块片岩、石英、花岗岩、云母等，在阳光下闪闪发光，安迪给这些石头起名叫"千年三明治"，因为岩层是经过几十年、几百年，甚至数千年才堆积而成的。

隔三差五，安迪会把石雕作品送人，好腾出地方来容纳新琢磨好的石头。他最常送我石头，包括那双袖扣一样的石头，我就有5个，其中有一块好像一个人在掷标枪的云母石，是很小心雕刻出来的。我到现在还保存着这些石头，不时拿出来把玩一番。每当我看见这些石头时，总会想到如果一个人懂得利用时间的话（即使每一次只有一点点时间），一点一滴累积起来，能做出多少事情。

所以，表面上一切如常。如果诺顿是存心击垮安迪的话，他必须穿透表面，才能看到个中的变化。但是我想在诺顿和安迪冲突之后的4年中，如果他能看得出安迪的改变，应该会感到很满意，因为安迪变化太大了。

他曾经说，安迪在运动场上散步时，就好像参加鸡尾酒会一样。我不会这么形容，但我知道他是什么意思。我以前也说过，自由的感觉仿佛一件隐形外衣披在安迪身上，他从来不曾培养起一种坐牢的心理状态，他的眼光从来不显呆滞，他也从未像其他犯人一样，在一日将尽时，垮着肩膀，拖着沉重的脚步，回到牢房去面对另一个无尽的夜。他总是抬头挺胸，脚步轻快，好像走在回家的路上一样，而家里有香喷喷的晚饭和好女人在等着他，而不是只有食之无味的蔬菜、马铃薯泥和一两块肥肉……以及墙上的拉蔻儿·薇芝的海报在等着他。

【法国】雨果

李丹 译

那人醒了①

　　冉阿让因为偷了一块面包而被监禁19年，不禁让人想起"窃勾者诛，窃国者侯"的中国古话。这天他刚一出狱，又偷了主教家的银器。其实善与恶，常常只在一念之间。19年苦难的牢狱生活都不能改变的冉阿让，却因为主教的一念仁慈而从此转向了善的道路。这位主教，他有"充满了希望和赤忱的容颜"，睡着的时候是那样安详自足，像一位赤子。他用以德报怨的宗教式的仁慈为冉阿让的世界赎罪，让他重新看见光明。

　　维克多·雨果（1802～1885），法国19世纪浪漫主义文学最杰出的作家。代表作有《悲惨世界》《巴黎圣母院》《笑面人》《九三年》等。《悲惨世界》是一部关于人间苦难的书，雨果用悲天悯人的情怀，对宽容、仁爱、同情等等人道主义精神做出了沉重痛切的呼唤。

天主堂的钟正敲着早晨两点，冉阿让醒了。

那张床太舒服，因此他醒了。他没有床睡，已经快19年了，他虽然没有脱衣，但那种感受太新奇，不能不影响他的睡眠。

他睡了4个多钟头，疲乏已经过去。他早已习惯不在休息上多花时间。

他张开眼睛，向他4周的黑暗望了一阵，随后又闭上眼，想再睡一会儿。

假使白天的感触太复杂，脑子里的事太多，我们就只能睡，而不能重新入睡，睡容易，再睡难。这正是冉阿让的情形。

他不能再睡，他便想。

他正陷入这种思想紊乱的时刻，在他的脑子里有一种看不见的、来来去去的东西。他的旧恨和新愁在他的心里翻来倒去，凌乱杂沓，漫无条理，既失去它们的形状，也无限扩大了它们的范围，随后又仿佛忽然消失在一股汹涌的浊流中。他想到许多事，但是其中有一件却反反复复一再出现，并且排除了其余的事。这一件，我们立即说出来，他注意了马格洛大娘先头放在桌上的那6副银器和那只大汤

---
① 选自《悲惨世界》，人民文学出版社，1958年版。

勺。

那6副银器使他烦燥。那些东西就在那里。只有几步路。刚才他经过隔壁那间屋子走到他房里来时，老大娘正把那些东西放在床头的小壁橱里。他特别注意了那壁橱。进餐室，朝右走。那些东西多重啊！并且是古银器，连那大勺至少可以卖两百法郎。是他在19年里所赚的一倍。的确，假使"官府"没有"偷盗"他，他也许还多赚几文。

他心里反反复复，踌躇不决，斗争了整整一个钟头。三点敲过了。他重新睁开眼睛，忽然坐了起来，伸手去摸他先头丢在壁厢角里的那只布袋，随后他垂下两腿，又把脚踏在地上，几乎不知道怎样会坐在床边的。

他那样坐着，发了一阵呆，房子里的人全睡着了，唯有他独自一人醒着，假使有人看见他那样呆坐在黑暗角落里，一定会吃一惊的。他忽然弯下腰去，脱下鞋子，轻轻放在床前的席子上，又恢复他那发呆的样子，待着不动。

在那种可怕的思考中，我们刚指出的那种念头不停地在他的脑海里翻搅着，进去又出来，出来又进去，使他感受到一种压力；同时他不知道为什么，会带着梦想中那种机械的顽固性，想到他从前在监狱里认识一个叫布莱卫的囚犯，那人的裤子只用一根棉织的背带吊住。那根背带的棋盘格花纹不停地在他脑子里显现出来。

他在那样的情形下呆着不动，并且也许会一直呆到天明，如果那只挂钟没有敲那一下——报一刻或报半点的一下。那一下仿佛是对他说："来吧！"

他站起来，又迟疑了一会，再侧耳细听，房子里一点声音也没有，于是他小步小步一直朝前走到隐约可辨的窗边。当时夜色并不很暗，风高月圆，白云掩映；云来月隐，云过月明，因此窗外时明时暗，室内也偶得微光。那种微光，足使室内的人行走，由于行云的作用，屋内也乍明乍暗，仿佛是人在地下室里，见风窗外面不时有人来往一样，因而室内黯淡的光也忽强忽弱。冉阿让走到窗边，把它仔细看了一遍，它没有铁闩，只有它的活销扣着，这原是那地方的习惯。窗外便是那园子。他把窗子打开，于是一股冷空气突然钻进房来，他又立刻把它关上。他仔仔细细把那园子瞧了一遍，应当说，研究了一遍。园的四周绕着一道白围墙，相当低，容易越过。在园的尽头，围墙外面，他看见成列的树梢，彼此距离相等，说明墙外便是一条林荫道，或是一条栽有树木的小路。

瞧了那一眼之后，他做了一个表示决心的动作，向壁厢走去，拿起他的布袋，打开，从里面搜出一件东西，放在床上，又把他的鞋子塞进袋里，扣好布袋，驮在肩上，戴上他的便帽，帽檐齐眉，又伸手去摸他的棍子，把它放在窗角上，回到床边，毅然决然拿起先头放在床上的那件东西。好像是根短铁钎，一端磨到和标枪一般尖。

　　在黑暗里我们不易辨出那铁钎是为了作什么用才磨成那个样子的，这也许是根撬棍，也许是把铁杵。

　　如果是在白天，我们便认得出来，那只是一根矿工用的蜡烛钎。当时，常常派犯人到土伦周围的那些高丘上去采取岩石，他们便时常持有矿工的器械。矿工的蜡烛钎是用粗铁条做的，下面一端尖，为了好插在岩石里。

　　他用右手握住那根烛钎，屏住呼吸，放轻脚步，走向隔壁那间屋子，我们知道，那是主教的卧房。走到门边，他看见门是掩着的，留着一条缝。主教并没有把它关上。

　　冉阿让张耳细听。绝没有一点声响。

　　他推门。

　　他用指尖推着，轻轻地、缓缓地，正像一只胆怯心细、想要进门的猫。

　　门被推以后，静悄悄地移动了几乎不能察觉的那么一点点，缝也稍微宽了一丝。

　　他等待了一会，再推，这次使力比较大。

　　门悄然逐渐开大了。现在那条缝已能容他身体过去。但是门旁有一张小桌子，那角度堵住了路，妨碍他通过门缝。

　　冉阿让知道那种困难。无论如何，他非得把门推得更开一些不可。

　　他打定主意，再推，比先头两次更使劲一些。这一次，却有个门臼，由于润滑油干了，在黑暗里突然发出一种嘶哑延续的声音。

　　冉阿让大吃一惊。在他耳里门臼的响声就和末日审判的号角那样洪亮骇人。

　　在开始行动的那一刹那间，由于幻想的扩大，他几乎认为那个门臼活起来了，并且具有一种非常的活力，就像一头狂叫的狗要向全家告警，要叫醒那些睡着的人。

　　他停下来，浑身哆嗦，不知所措，他原是踮着脚尖走路，现在连脚跟也落地了。他听见他的动脉在两边太阳穴里像两个铁锤那样敲打着，胸中出来的气也好像来自山洞的风声。他认为那个发怒的门臼所发出的那种震耳欲聋的声响，如果不是天崩地裂似的把全家惊醒，那是不可能的。他推的那扇门已有所警惕，并且已经叫喊；那个老人就要起来了，两个老姑娘也要大叫了，还有旁人都会前来搭救；不到一刻钟，满城都会骚乱，警察也会出动。他一下子认为自己完了。

　　他立在原处发慌，好像一尊石人，一动也不敢动。

　　几分钟过去了，门大大地开着，他冒险把那房间瞧了一遍。丝毫没有动静，他伸出耳朵听，整所房子里没有一点声音。

那个锈门臼的响声并不曾惊醒任何人。

这第一次的危险已经过了，但是他心里仍旧惊恐难受。不过他并不后退。即使是在他以为一切没有希望时，他也没有后退，他心里只想到要干就得赶快。他向前一步，便跨进了那房间，那房间是完全寂静的。这儿那儿，他看见一些模糊紊乱的形体，如果在白天便看得出来，那只是桌上一些零乱的纸张、展开的表册、圆凳上堆着的书本、一把堆着衣服的安乐椅、一把祈祷椅，可是在这时，这些东西却一齐变为黑黝黝的空穴和迷蒙难辨的地域。冉阿让仍朝前走，谨慎小心，唯恐撞了家具。

他听到主教熟睡在那房间的尽头，发出均匀安静的呼吸。

他忽然停下来。他已到了床边。他自己并没有料到会那样快就到了主教的床边。

上天有时会在适当时刻使万物的景象和人的行动发生巧妙的配合，从而产生出深刻的效果，仿佛有意要我们多多思考似的。大致在半个钟点以前，就已有一大片乌云遮着天空。正当冉阿让停在床前，那片乌云忽然散开了，好像是故意要那样做似的，一线月光也随即穿过长窗，正照在主教的那张苍老的脸上。主教正安安稳稳地睡着。他几乎是和衣睡在床上的，因为下阿尔卑斯一带的夜晚很冷，一件棕色的羊毛衫盖住他的胳膊，直到腕边。他的头仰在枕头上，那正是恣意休息的姿态，一只手垂在床外，指上戴着主教的指环，多少功德都是由这只手圆满了的。他的面容隐隐显出满足、乐观和安详的神情。那不仅仅是微笑，还几乎是容光的焕发。他额上反映出灵光，那是我们看不见的。心地正直的人在睡眠中也在景仰那神秘的天空。

来自天空的一线彩光正射在主教的身上。

同时他本身也是光明剔透的，因为那片天就在他的心里。

那片天就是他的信仰。

正当月光射来重叠（不妨这样说）在他心光上的时候，熟睡着的主教好像是包围在一圈灵光里。那种光却是柔和的，涵容在一种无可言喻的半明半暗的光里。天空的那片月光，地上的这种沉寂，这个了无声息的园子，这个静谧的人家，此时此刻，万籁俱寂，这一切，都使那慈祥老人酣畅的睡眠有着一种说不出的奇妙庄严的神态，并且还以一种端详肃静的圆光环绕着那些白发和那双合着的眼睛，那种充满了希望和赤忱的容颜，老人的面目和赤子的睡眠。

这个人不自觉的无比尊严几乎可以和神明媲美。冉阿让，他，却待在黑影里，手中拿着他的铁烛钎，立着不动，望着这位全身光亮的老人，有些胆寒。他从来没有见过那样的人。他那种待人的赤忱使他惊骇。一个心怀叵测、濒于犯罪的人在景仰一个睡乡中的圣人，精神领域中没有比这更宏伟的场面了。

他孤零零独自一人，却酣然睡在那样一个陌生人的旁边，他那种卓绝的心怀冉阿让多少也感觉到了，不过他不为所动。

谁也说不出他的心情，连他自己也说不出。如果我们真要领会，就必须设想一种极端强暴的力和一种极端温和的力的并立。即使是从他的面色上，我们肯定不能分辨出什么来。那只是一副凶顽而又惊骇的面孔。他望着，如是而已。但是他的心境是怎样的呢？那是无从揣测的，不过，他受到了感动，受到了困扰，那是很显明的。但是那种感动究竟属于什么性质的呢？

他的眼睛没有离开老人。从他的姿势和面容上显露出来的，仅仅是一种奇特的犹豫神情。我们可以说，他正面对着两种关口而踟蹰不前，一种是自绝的关口，一种是自救的关口。

他仿佛已准备要击碎那头颅或吻那只手。

过了一会，他缓缓地举起他的左手，直到额边，脱下他的小帽，随后他的手又同样缓缓地落下去。冉阿让重又堕入冥想中了，左手拿着小帽，右手拿着铁钎，头发乱竖在他那粗野的头上。

尽管他用怎样可怕的目光望着主教，但主教仍安然酣睡。

月光依稀照着壁炉上的那个耶稣受难像，他仿佛把两只手同时伸向他们两个人，为一个降福，为另一个赦宥。忽然，冉阿让拿起他的小帽，戴在头上，不望那主教，连忙沿着床边，向他从床头可以隐隐望见的那个壁橱走去。他想起那根铁烛钎，好像要撬锁似的，但是钥匙已在那上面，他打开橱，他最先见到的东西，便是那篮银器。他提着那篮银器，大踏步穿过那间屋子，也不管声响了，走到门边，进入祈祷室，推开窗子，拿起木棍，跨过窗台，把银器放进布袋，丢下篮子，穿过园子，老虎似的跳过墙头逃了。

次日破晓，下福汝主教在他的园中散步。马格洛大娘慌慌张张地向他跑来。

"我的主教，我的主教，"她喊着说，"大人可知道那只银器篮子在什么地方吗？"

"知道的。"主教说。

"耶稣上帝有灵！"她说。"我刚才还说它到什么地方去了呢。"主教刚在花坛脚下拾起了那篮子，把它交给马格洛大娘。

"篮子在这儿。"

"怎样？"她说。"里面一点东西也没有！那些银器呢？"

"呀，"主教回答说，"您原来是问银器吗？我不知道在什么地方。"

"大哉好上帝！给人偷去了！是昨天晚上那个人偷了的！"

一转瞬间，马格洛大娘已用急躁老太婆的全部敏捷劲儿跑进祈祷室，穿进壁厢，又回到主教那儿。

主教正弯下腰去，悼惜一株被那篮子压折的秋海棠，那是篮子从花坛落到地下把它压折的。主教听到马格洛大娘的叫声，又立起身。

"我的主教，那个人已经走了！银器也偷去了。"

她一面嚷，眼睛却落在园子的一角上，那儿还看得出越墙的痕迹。墙上的垛子也弄掉了一个。

"您瞧！他是从那儿逃走的。他跳进了车网巷！呀！可耻的东西！他偷了我们的银器！"

主教沉默了一会，随后他张开那双严肃的眼睛，柔声向马格洛大娘说：

"首先，那些银器难道真是我们的吗？"

马格洛大娘不敢说下去了。又是一阵沉寂。随后，主教继续说：

"马格洛大娘，我不用那些银器已经很久了，那是属于穷人的。那个人是什么人呢？当然是个穷人了。"

"耶稣，"马格洛大娘又说，"不是为了我，也不是为了姑娘，我们是没有关系的，但是我是为了我的主教着想。我的主教现在用什么东西盛饭菜呢？"

主教显出一副惊奇的神气瞧着她。

"呀！这话怎讲！我们不是有锡器吗？"

马格洛大娘耸了耸肩。

"锡器有一股臭气。"

"那么，铁器也可以。"

马格洛大娘做出一副怪样子：

"铁器有一股怪味。"

"那么，"主教说，"用木器就是了。"

过了一会，他坐在昨晚冉阿让坐过的那张桌子边用早餐。卞福汝主教一面吃，一面欢欢喜喜地叫他那哑口无言的妹子和叽里咕噜的马格洛大娘注意，他把一块面包浸在牛奶里，连木匙和木叉也都不用。

"真想不到！"马格洛大娘一面走来走去，一面自言自语，"招待这样一个人，并且让他睡在自己的旁边！幸而他只偷了一点东西！我的上帝！想想都使人寒毛直竖。"

正在兄妹俩要离开桌子时，有人敲门。

"请进。"主教说。

门开了，一群狠巴巴的陌生人出现在门边，三个人拉着另一个人的衣领，那三个人是警察，另一个就是冉阿让。

一个警察队长，仿佛是率领那群人的，起先立在门边。他进来，行了个军礼，向主教走去。

"我的主教……"他说。

冉阿让先头好像是垂头丧气的，听了这称呼，忽然抬起头来，露出大吃一惊的神气。

"我的主教，"他低声说，"那么，他不是本堂神甫了……"

"不准开口！"一个警察说，"这是主教先生。"

但是卞福汝主教尽他的高年所允许的速度迎上去。

"呀！您来了！"他望着冉阿让大声说，"我真高兴看见您。怎么！那一对烛台，我也送给您了，那和其余的东西一样，都是银的，您可以变卖两百法郎。您为什么没有把那对烛台和餐具一同带去呢？"

冉阿让睁圆了眼睛，瞧着那位年高可敬的主教。他的面色，绝没有一种人类文字可以表达得出来。

"我的主教，"警察队长说，"难道这人说的话是真的吗？我们碰到了他。他走路的样子好像是个想逃跑的人。我们就把他拦下来看看。他拿着这些银器……"

"他还向你们说过，"主教笑容可掬地岔着说，"这些银器是一个神甫老头儿给他的，他还在他家里宿了一夜。我知道这是怎么回事。你们又把他带回到此地。对吗？你们误会了。"

"既是这样，"队长说，"我们可以把他放走吗？"

"当然。"主教回答说。

警察释放了冉阿让，他向后退了几步。

"你们真让我走吗？"他说，仿佛是在梦中，字音也几乎没有吐清楚。

"是的，我们让你走，你耳朵聋了吗？"一个警察说。

"我的朋友，"主教又说，"您在走之前，不妨把您的那对烛台拿去。"

他走到壁炉边，拿了那两个银烛台，送给冉阿让。那两个妇人没有说一个字、做一个手势或露一点神气去阻挠主教，她们瞧着他行动。

冉阿让全身发抖。他机械地接了那两个烛台，不知道怎样才好。

"现在，"主教说，"您可以放心走了。呀！还有一件事，我的朋友，您再来时，不必走园里。您随时都可以由街上的那扇门进出。白天和夜里，它都只上一个活闩。"

他转过去朝着那些警察：

"先生们，你们可以回去了。"

那些警察走了。

这时冉阿让像是个要昏倒的人。

主教走到他身边，低声向他说：

"不要忘记，永远不要忘记您允诺过我，您用这些银子是为了成为一个诚实的人。"

冉阿让绝对回忆不起他曾允诺过什么话，他呆着不能开口。主教说那些话是一字一字叮嘱的，他又郑重地说："冉阿让，我的兄弟，您现在已不是恶一方面的人了，您是在善的一面了。我赎的是您的灵魂，我把它从黑暗的思想和自暴自弃的精神里救出来，交还给上帝。"

【奥地利】茨威格
樊修章 译

象棋的故事①

一个被纳粹关押的囚犯,不像通常那样受到肉体的折磨,而是被隔绝在"真空"似的密室里,"在时空之外"呆着,用绝对的空虚迫使囚者就范,或者,把囚犯逼疯。纳粹的刑罚有一种"科学式"的残酷:当一个人长时间被囚禁在完全封闭的空间里,处于远离任何时间、任何空间的绝对孤独的状态中,对心灵的逼迫远胜过对肉体的折磨,精神失去任何滋养,就会萎谢以致崩溃,失去与审问者对抗的意志。

一个偶然的机会,B博士偷窃到一本棋谱,在不懂下棋、没有棋子、没有对手的情况下,为了从慢性杀人的空虚中解脱出来,他就自己与自己对局,长时间的自我搏杀,造成人格分裂。一个人,一本棋谱,一间牢房,熔铸出一名象棋大师。一个人被逼入绝境时,爆发出来的生命力是惊人的,一种惊人的畸形。后来,他的棋艺已经足以同世界冠军较量,但是他已经不能下棋了。象棋,成为点燃他的恐惧和疯狂的媒介。法西斯是被打败了,可故事中的"象棋大师"已经被法西斯从精神上谋害了。这是象棋的故事,一种"游戏"的悖论的故事。

茨威格(1881～1942),奥地利作家,作品有《异端的权力》《人类的群星闪耀时》以及多卷本小说与传记。1942年,二战正酣的年头,逃难到巴西的茨威格割腕自杀,"绝命书"中说:"在我自己的语言所通行的世界对我说来业已沦亡和我精神上的故乡欧洲业已自我毁灭之后,我再也没有地方可以从头开始重建我的生活了。"作家茨威格,也是被法西斯从精神上谋害了。

一时间鸦雀无声。突然,我们听得见涛声了,听得见休息室收音机里传来的爵士乐声了,听得见甲板上的脚步声和穿过窗隙的轻轻细细的风声了。我们都屏息敛气。在一局已成劣势的残棋中,这陌生人竟然能牵着世界冠军的鼻子走,这太

---

① 选自《象棋的故事》,北京燕山出版社,2000年版。本文有删节。

突然了，这出人意料的事使我们简直目瞪口呆。麦克柯诺尔猛地往后一靠，憋住的气从嘴里呼出，快活地喊了声"啊呀"。我则在审视着岑托维奇。下最后那几步棋时，我感觉到他脸色在发白。不过他很会克制自己，保持着故作镇静的刚强样儿，一边慢慢地伸手扫开棋盘上的棋子，一边故意冷冷地问道：

"诸位还想下第三盘吗？"

他提出这个问题，完全是用职业性的、拉生意的口气。不过值得注意的是，他说这话时没看麦克柯诺尔，而是狠狠地抬起目光直视我们这位救星。下最后那几步棋，他一定认出了他真正的、实际上的对手，就像一匹马从更稳健的架势中认出一个更出色的新骑手一样。我们不由得跟随他的目光，着急地看着这位陌生人。然而，陌生人还没顾上考虑或是回答，虚荣心作怪的麦克柯诺尔就洋洋得意地冲他喊开了：

"不在话下！不过这一盘得你一个人跟他下！你一个人对付岑托维奇！"

然而，有点叫人想不到的是，怪头怪脑地还一直紧盯着空棋盘的这位陌生人，看到自己吸引住大家的目光，还有人这样得意地来搭话，惊愕得一机灵，神色大变了。

"说什么也不下，诸位，"他说话结结巴巴，显然是慌了，"这绝对不行……我根本不考虑……我都20年，不不，25年没挨近棋桌了……我这才想起来，我做得多不得体，不经允许就来参加你们的比赛……我太冒失，请诸位原谅……我一定不再打搅了。"我们还在惊诧不已时，他已经抽身走出了吸烟室。

"这简直不可能！"兴冲冲的麦克柯诺尔朝桌上一拳，闷声闷气地说，"这人会20年没下过棋，这绝对不可能！每步棋，每步着，他简直五六步之前就算出来了。这两下子，没人能轻易做到。这是绝对不可能做到的，是不是？"

麦克柯诺尔不自觉地向岑托维奇提出了末尾这个问题。可是，这位世界冠军照旧无动于衷地冷淡。

"这事我没法评论。反正，那位先生棋下得不大一样，还有点儿意思，所以我故意给他留个面子。"说着懒散地站起来，用职业性的口吻补充说：

"要是那位先生或是诸位明天还想下一盘，那么，三点钟以后我奉陪。"

没花多少时间，我就在甲板上找到了这一溜烟跑掉的人。他正在躺椅上读着什么。我走过去之前，乘机端详了他一番。他棱角分明的头倚在靠背上，带点疲乏的神情。那张脸还带点青春气息，两鬓却白得惹眼，脸上引人注目的苍白，再次使我看了惊讶不已。说不清是为什么，在我的印象中，这人一定是突然变老的。我还没到他跟前，他就客气地站起来通名报姓作自我介绍；那是奥地利名高望重的一个老家族的姓，我一听就感到亲切。我想起来，有个姓这个姓的人，曾经是舒伯特①的密友，还有一个出身这家族的人，是老皇帝②的侍医。当我向B博士转达，我们请求他去向岑托维奇应战时，他简直愣住了。原来他想都没想到，刚才那盘棋他光荣地顶住了一个世界冠军，甚至是眼下成绩斐然的世界冠军。我这个陈述，看来很微妙地对他产生了特殊的效用，因为他再三再四地从头追问，他的对手的确是公认的世界冠军这一点，我是不是有把握。我随即看出来，这一情况使我的任务好完成了。不过，考虑到他容易激动，所以，万一输了，物质上的风险要由麦克柯诺尔来承担这件事，我认为还是不告诉他好。迟疑再三，B博士最后才表示决意参加比赛，但又颇为郑重地要求再提醒一下其他诸位先生，对他的本事可不能存有奢望。

"因为，"他出神地笑了笑，补充说，"我真摸不准，是不是能够正确地按照种种规则来下棋。我说从上中学的时候起，也就是说20多年来，再没摸过棋子，这绝不是假装谦逊，请你相信我好了。就说在那个时候吧，我也绝不是什么才能出众的棋手。"

他这话是脱口而出的，对他的坦率之言我不该抱丝毫怀疑。可是，我又不得不说我感到惊异，怎么各个象棋大师下的每盘棋的布局，他都记得一清二楚。那么至少，他从理论上对象棋大有研究吧。B博士又做梦一般异样地笑了笑。

"大有研究——天晓得！也许可以说，我是大有研究吧。不过，那是在很不一般的情况下，简直是在独一无二的情况下进行的。这是一段相当复杂的经历，对我们这伟大动人的时代，这段经历也许能算个小小的补充吧。要是你肯花半个钟头的话……"

他向身旁的一把躺椅摆了摆手。我欣然接受了邀请。没有旁人在场。B博士摘下花镜放在一旁，开始说：

"你很亲切地说道，你是维也纳人，记得我们这个家族的姓氏。不过，我和父亲一起主持，后来我又独立主持的那个律师事务所。我想你是没有听说过的，因为我们不受理报纸上公开议论的案件，而且立下规章不应承新的当事人。实际上，我们本来就没有什么正经的律师业务，只不过是充当法律顾问，首先是管理大修道院的财产，因为我父亲原先是天主教政党的议员，和这些修道院熟。另外嘛——今天君主政体成了往事③了，也就不妨这么说说吧，我们还受托管理一些皇室成员的经费。我有个叔叔是皇帝的侍医，另一个是载屯施特屯修道院的院长，跟朝廷和教会的这种联系已经延续两代了，我们只消保持下去就行了。由于

肖申克的救赎

275

———

① 舒伯特（1797～1828）：奥地利作曲家。

② 这里应是指奥匈帝国皇帝弗·约瑟夫，他于1867至1916年在位。

③ 第一次世界大战中，1918年奥匈帝国投降，哈布斯堡王朝的末代皇帝查理退位。11月12日奥地利共和国成立。

相沿的信用，我们到手的这份差事，是私下干的，说得上是一声不响干的。要求根本不高，只要严守秘密、确保忠诚就行了。后来，希特勒在德国掌权了，开始霸占教会和修道院的财产。为了至少保住动产不被没收，跟国外进行的种种谈判和交涉，也都是我们过手的。关于教廷和皇室某些秘密的政治谈判，我们两人知道的，比后来张扬出来的还多。就因为我们事务所从来不挂牌照，不起眼，加以我们两人都谨慎，故作姿态地躲开帝党，所以省了许多找上门来的盘问，安全得很。事实上，在那些年里，奥地利官方从来没有料到，皇室的密使，总是在我们设在5楼这不显眼的事务所里收发绝密邮件。

"好长一段时间，盖世太保①眼明心细地盯住了我，后来事情彻底挑明了，希特勒进入维也纳的头一天②，也就是舒什尼格宣布辞职的那天晚上，我就被党卫队逮捕了。"

B博士顿了顿，点起一支雪茄。火光一闪时，我发现他的右嘴角神经质地抽搐了一下。这种现象原先我就注意到了，而且我还看出来，每隔几分钟就要重复一次。那只是迅疾地一动，轻得像掠过一丝影迹，然而，却使整个面部表情显得异样焦躁不安。

"你大概在想，我就要讲集中营了，就要讲所有忠于奥地利古国的那些人被送进集中营了，讲我在那里挨打挨骂，吃尽苦头了。这种情况我并没有碰上过。我是另一种情况。我没有被投进那些不幸的人们中去，没有跟着去受肉体和精神的折磨，让人尽情发泄长期郁积起来的怨恨；我被算在另外那些为数很少的人里面，这些人是纳粹分子一心想榨出金钱或重要情报的人。我这么个等闲之辈，本身当然引不起盖世太保的兴趣，可是，他们准是知道我们是替他们的死对头管理财产的亲信。他们一心想从我身上榨出用来收拾修道院的罪证材料，想证实修道院盗卖财产，还要搞到材料来收拾皇室，收拾所有在奥地利不怕牺牲拥护帝制的那些人。他们猜想——说真的，并不是瞎想——我们经手转移的那些基金，绝大部分还坚壁着，他们想夺却可望而不可即。因此，我被抓进去的头一天，他们就想用屡试不爽的方法来逼我的口供。我们这类囚犯，是可望榨出金钱和重要材料的，因此没有被送进集中营，而是享受着住旅馆的假优待：被送进盖世太保总部所在地的'大都会旅馆'，一人住一个单间。连我这么个名不出众的人，居然也受到了厚待。

"在旅馆里独住一间房，这话听起来人道得很，是吧？可是你信我的话，让我们这些'要犯'住在旅馆不冷不热的单间里，不把我们一二十人地塞进冰冷的工棚，这根本不是什么想对我们人道一些，不过是做得更刁钻罢了。因为想从我

---

① 希特勒"秘密国家警察"德文缩写的译音。

② 即后面医生说的"3月13日"。

们这儿逼取需要的'材料'，所以他们施加压力的方式也就更绝，不是粗野地殴打或是上刑，而是用隔离这种难于想到的刁钻办法。他们并没有对我们怎么样，只是把我们安置在空无所有的环境里；可谁也知道，世界上没有什么事物能像空虚那样逼压人的心灵。我们每个人都被隔绝在绝对的真空里——跟外界风丝不透的房间里。他们不是用对肉体的鞭打，而是用对心灵的逼迫来最终撬开我们的嘴。指定给我的那间房，乍看之下，没有丝毫不顺眼的地方。这儿有一扇门，一张床，一把沙发椅，一个洗脸盆，还有个安了栅栏的窗子。可是，门白天黑夜地关着，桌上不准有图书报刊和纸张铅笔，窗眼又死对着一垛隔火墙。我周围，甚至连我自己，都是由绝对的空虚构成的。他们拿走了我的一切：拿走表好让我不知道时间，拿走铅笔好让我写不成字，拿走小刀好让我无法切开动脉自杀；连抽口烟晕乎一下他们都不答应。除了不敢说话、不敢回答问题的看守，我从来见不到一张人脸，听不到一点人声，眼睛、耳朵和所有的器官，从早到晚、从黑到明都得不到一点营养滋补的东西；我待着，守着自己，守着自己的身体、四肢，守着桌子、窗子、床铺和洗脸盆这四五样哑巴物件，冷清得没法解救。我过的日子，就像钻在潜水球里的潜水员，沉没在默无声息的黑海洋里，而且明知回到水面上去的缆索已经断了，再也不会被拖出这无声的深渊了。无可为，无可听，无可看，包围我的，无时无处不是无物，不是这没有时间没有空间的空虚。我走过来走过去，思想也跟着走过来走过去，走过来走过去，循环往复。而且，思想虽然是没有实体的，也要有个支点，一失去支点就开始乱滚，一团糟地自己围着自己转；思想也忍受不了这种空虚。我等着发生点什么事，可是从早等到晚什么事也不发生。于是再等，再等，还是什么事也不发生。我等呀，等呀，等呀，我想呀，想呀，想呀，一直到头昏脑涨，还是什么事也不发生。孤独，孤独，永不变样的孤独。

"我离开时间之外，离开空间之外地生活着，这样过了14天。当时，就是打起仗来，我也不会知道。构成我的天地的，不过是桌椅门床洗脸盆，还有窗子和墙壁。我总是盯着同一垛墙上的同一条挂毯，看的时间长了，挂毯上锯齿形图案的每一条线，都像嵌进我大脑最深处的褶皱里了，像用刀雕下的一样。后来，审讯终于开始了。我被突然叫了出去，也不知道那是白天还是黑夜。我被叫了出去，走过几条走廊，也不知道是朝哪儿走；后来，又在一个地方等着，也不知道那是什么地方；突然之间，又站到了一张桌子跟前，桌子周围坐着几个穿军服的人。桌子放着一摞文件，是案卷，可是不知道里面都有些什么。完了就开始提问，问题有真的，有假的，有赤裸裸的，有玩花招的，有打马虎眼的，有引人上钩的，回答问题时，又有陌生的、愠怒的手指在翻动文件，也不知道都是些什么文件。还有陌生的、愠怒的手指在做记录，也不知道都记了些什么。然而，在这次审讯中，最叫我提心吊胆的，是我猜不出算不出，关于我们事务所的事情，盖世太保确实知道点什么，正想从我嘴里掏出来的又是些什么。我跟你说过，那些要被当作罪证的文件，在最后时刻，我通过女管家都送到我叔叔那儿去了，可是，他收到了还是没收到呢？那个办事员都告发了我们一些什么呢？他们截获的信件有多少呢？这段时间以来，在我们代管的那些德国修道院里，很可能已经从一个不善应对的神父那儿逼走的口供又有多少呢？他们左一个问题，右一个问题，我给某个修道院买过什么有价证券呀，跟哪些银行有过信件来往呀，是不是认识一位如此这般的先生呀，有没有收到过瑞士的来信呀①，以及什么稀奇古怪的地方的来信呀……因为我根本算计不出来，他们已经侦查到的有多少，这就使我的每个回答都有不堪设想的后果。如果供出了他们还不知道的什么事情，那我可能就会毫无必要地把别人推进火坑，如果这也否认那也否认呢，那又会自己害自己了。

　　"然而，最糟糕的还不是审讯，最糟糕的是审完了再回到空虚中去，回到桌子、床铺、挂毯、洗脸盆等东西依然照旧的老房子里去。因为只要独自一人，我就会变着法子去翻腾，刚才哪些话算是回答得最巧妙的，哪句话考虑不周，可能引起怀疑，下一次我一定说几句什么话，再把这个怀疑岔开。在初审法官前作的供词，一字一句，我都再考虑、思忖、琢磨，掂量一遍又一遍。我扼要地重复着他们所提出的问题和我所作的回答。我还曾试着去估摸，他们可能都记录了一些什么，可是也知道，这是根本不可能做到，不可能得知的。这种种思想，一旦在空荡荡的空间被搅动起来，就永不停止地在我脑子里滚动起来，一再从头来，一再花样翻新，甚至涌进睡梦中去。每次盖世太保审完之后，我自己的思潮又无情地用质询查对、胡搅蛮缠来折磨人，很可能折磨得更凶残呢。因为那些审问一个钟头也就结束了，而我的思潮，有了寂寞来火上加油，就没完没了。包围着我的，只有这些桌子、柜子、窗子，以及床铺挂毯。没有可消遣的，没有书，没有报，没有生人的脸，没有铅笔来记个什么，没一根火柴棒来捻着玩玩，什么也没有，什么也没有。我这才发现，这种单间囚禁法想得是如何地用心恶毒，又是如何地扼杀心灵。在集中营里，也许你得用小车去推石头，两手磨出血来，两脚在鞋里冻僵，二三十人挤一间，又冷又臭。可是，你看得见人脸，你可以盯着看一片田野呀，一辆架子车呀，一棵树，一颗星星和这样那样的东西呀，而在这儿呢，你周围总是老样子，老样子，叫人发怵的老样子。这里没一点什么能帮我甩脱这种思潮，这种胡思乱想，这种病态的内心独白。盖世太保打的就是这个主意：想叫我在这种心绪中憋呀，憋呀，直到憋得透不过气来，憋得走投无路，最后只好向他们吐露，向他们招供，把他们想要的都招出来，最后连材料和有关人一起供出来。慢慢地我感觉到，在这种空虚的狠劲逼压之下，我的神经开始松散了；意识到这种危险，我就抖擞起来，神经都绷得快要断裂，想发现或发明一个什么消遣的方法。为了不叫自

────────────

① 末代皇帝查理逃亡在瑞士。

己闲下来，我试着把以前背过的东西，什么民歌呀，儿歌呀，中学课本里的《荷马史诗》以及民法法典的条款呀，都一一想出来，念出来。后来，我又试着演算算术题。随便拿些数来加呀减的，可我这陷在空虚里的脑子，又什么也记不住。我没法集中心思去想个什么，总是想着想着，这种考虑就会一闪蹿出来：他们掌握了一些什么？昨天我都说了些什么？下次受审我该说什么好？

"我根本无可名状的处境延续了4个月。唉，4个月，这，写起来简单，就那么几笔！说，也简单，'4个月'，就几个音。花个一秒半秒的，嘴一张就有了：4个月！可是，在失去了时间和空间概念的情况下，时间到底有多长，谁也没法描述、测定或是举例说明。这包围着人的空虚，这总是原样的桌子、床铺、挂毯和洗脸盆，这总是原样的死寂，这总是原样的看守——把饭递进来连眼睛都不抬一下的看守，这总是在空虚中围着一个念头转的种种念头，这把人转得晕头转向的同样念头，这一切会怎样把一个人吞掉和毁掉，你没法向旁人说清楚。从一些细枝末节上，我担心地看出来，我的脑子正在变得颠三倒四。最初几次受审，我还神志清醒，说个什么事沉着有数：什么该说，什么不该说，交叉考虑问题也都行。现在呢，我充其量能结结巴巴说几个最简单的句子，因为我一边说，一边又恍恍惚惚地看着作记录的笔在纸上挪动，好像要撵上我自己的话似的。我觉得精力在衰退，觉得越来越近地面临着这样一个时刻：为了救出自己，我会把知道的一切都说出来，甚至还不止这样；为了摆脱空虚造成的窒息，我会把十几个人连同他们的隐秘一起出卖。有一天晚上，真是到这一步了。在那憋死人的一刻，正巧看守把饭送来了，他转身走时我突然叫了起来：'带我去受审！我都说！我都交代！文件在哪儿，钱在哪儿，我都说！我全都说出来，全说！'幸好看守没有听下去，说不定他也不想听吧。

"在这千钧一发的时刻，一件料想不到的事把我救了，至少救了我一段时间。那是7月末一个昏黑阴沉的下雨天。这个细节我记得一清二楚，因为我被带去受审走过一条过道时，雨正敲打着走廊里的窗玻璃。我得在审讯室的外屋等待，每次提审总是得等；叫等，这也是一种手段。半夜里一声喊叫，猛不防把你从囚室里提出来，你的神经一下绷紧起来，等你定下心来准备去对付的时候，他们却叫你在受审前等着，叫你等得越来越失去自制。等一个钟头，等两个钟头，等三个钟头，叫你等得身体疲乏，精神萎靡。这一天是7月27日，星期四，他们叫我等得特别长，在外屋站着——不用说是不许坐下的——我足足等了两个钟头，站得腰酸腿痛。这个日期我记得这么清楚，是有特殊原因的，因为在这外屋里，挂着一本日历。对印了字、写了字的东西有多眼馋，我都没法儿跟你说明白。墙上日历上的数字，我瞪着眼睛看了又看，好像要把它吸进脑子里去似的。看完又等，一边等一边又盯住门，看这门什么时候会打开。同时我琢磨着，这回这些酷吏可能问我些什么，尽管我明白，他们将要问我的，和我准备回答的会大不一样。不过，不管怎么说，这种站着等待的折磨，同时也是一种舒坦，一种快慰，因为这间屋子总算跟我住的那间不一样，比我住的那间大，多一个窗子，没有床，没有洗脸盆，窗台上也没有我看了千遍万遍的一道特殊的裂缝。门上漆的颜色不同，门口那把沙发椅也不同。门左边有个文件柜，还有个衣架，挂钩上挂着三四件淋湿的大衣，是那些折磨我的打手们穿的。我馋坏了的两眼，终于能看到点新鲜东西，看到点不同的东西了，我馋得连任何一个细部都不放过。我细看着那些大衣上的每一条褶缝，比如说吧，湿领子上缀着一滴水我都发现了。不怕你听了笑话，我莫名其妙地激动起来，等着看那一滴水是沿着褶缝滴落，还是更长久地留在上面。真的，我一连几分钟憋住气，死盯着那滴水看，仿佛那是我生死攸关的事。那滴水终于滴下来后，我又数大衣上的纽扣。一件是8颗，另一件也是8颗，第三件是10颗，数完之后，我又比较大衣的翻领。我馋坏了的两眼，带着我无可名状的贪婪，让所有这些不值一提而且无关紧要的小玩意儿触动着，逗引着，包围着。忽然，我的目光被定定地吸住了：我发现有件大衣的口袋被什么东西撑得鼓鼓的。我走近一看，看到这鼓起来的口袋呈长方形，我相信，里面是一本书！我的膝盖开始哆嗦了，是一本书呀！我没伸手碰过书都4个月了。一本书，你可以看到里面的字一个挨一个排成一行一行，一页一页，一篇一篇，你可以从中读到新颖别致、感到陌生的种种思想，这些思想你可以跟着跑，也可以往心里记，光是这么一想，就叫你陶然心醉，我的目光晕晕乎乎地盯住这被书撑得鼓起来的口袋，两眼发烧地盯住这不起眼的小地方，好像要把大衣都烧穿似的。终于，我无法克制自己的欲望，不由自主地往前蹭过去。一想到能伸手摸到书了，即便隔一层布也罢，我手上的神经一下子热到了指尖上。我越来越近地凑了过去。还好，看守没注意我这种很反常的行动，说不定他还认为，一个人挺直站了两个钟头，想往墙上靠一靠呢。终于，我站得跟大衣紧挨着了，又特意把手抄到背后，好不被人察觉就能摸到大衣了。终于我用手揾了揾口袋，揾着还塞窣作响，的确是个长方形的东西，的确是本书！的的确确是本书！我脑子里飞快地闪过一个念头：偷下这本书！如果侥幸到手，那我就可以把它藏在囚室里，然后读呀，读呀，读罢最后一遍再读一遍！这念头一起，就像烈性毒药发作了一样，我耳里嗡嗡作响，心怦怦直跳，两手冰冷不听使唤。不过，一阵心慌意乱之后，我轻巧、机智地贴近大衣，一边紧盯着看守，一边用抄在背后的手把口袋里的书一点一点往上顶。然后，又轻巧又细心地一掭，就这一下，这本不太厚的小书就到了我手里。到这时候，我才为自己的行事后怕起来，可是已经无可挽回了。那么往哪儿放呢？我把书从背后塞进裤头，掖在系腰带的地方，再一点一点推到腰侧。这样，走路的时候，我就可以像军人一样，用手贴着裤缝把书夹紧。这回，该先来试验试验了。我离开衣架，走一步，再走一步，再走一步。成了！只要我的手贴紧腰带,走路的时候要夹住书是没问题的。

"接着是审问。这次受审我比哪一次都紧张,因为回话的时候,我根本不是集中全副精力来想口供,而是要把书夹住,别让人看出来。还好,这一次没审多久就完了。我稳稳地夹着书回囚室去。闲话就少说了,不耽误你,光说在过道中间的时候吧,书从裤头上好不危险地滑了下去,我只好假装没命地咳嗽,顺势弯下腰,把书再稳稳地推回到腰带下面去。等到把书带回地狱的时候,那一瞬间哟,终于只剩我一个人了,现在我又不再是一个人了!

"你可能认为,我会立时抓起书,端详一番,就读起来。才不是呢!身边有了一本书,我要先尽情享受一番阅读前的欢快,做梦一样去猜想这偷来的是一本什么书,尽情享受一番这种引而不发的欢快,这种使大脑妙不可言地兴奋起来的欢快。这书该有许多许多的字,有许多许多薄薄的书页,这样我就可以多读一些时间。我还盼着,这要是激动人心的作品就好了,不是浅薄平淡的东西,而是值得阅读值得背诵的东西,如诗呀什么的,而且——我简直想入非非了——最好是歌德的,或是荷马的。可是想到后来,我再也无法克制自己的性急和好奇。我往床上一躺——这样,看守就是突然打开门,也抓不住我什么——这才哆哆嗦嗦把书从腰带底下拽出来。

"一眼扫去,我大失所望,甚至怒气冲冲了。我千难万险搞来的,而且是抱着灼望的这本书,不过是一本棋谱,一本150盘名家对局的汇编。要不是被关在屋里,我会一怒之下,把书从一扇开着的窗子里扔出去。我要这么一本闲扯淡的书干什么呢,又能干什么呢?我在上中学时,像大多数别的学生一样,有时闷得慌也下一两盘棋,可是这样谈理论的本本,我要了干什么?下棋嘛,没个对手,甚至没棋子、没棋盘,就下不成。我没好气地翻了一阵,想着也许能找出一点什么可读的东西,像是一篇前言呀,一篇凡例呀。可是什么也没找着,有的只是一盘盘名家对局的正方形附图,图下面还有我一时看不明白的符号a_2—$a_3$①,Sf_1—$g_3$②等等。这些东西,我看了就像求不出答案的代数式。慢慢地我才琢磨出来,原来字母a、b、c代表竖行,数字1至8代表横行,合起来就确定了各个棋子在每一步上的位置。于是,这些纯粹是图解棋局的附图,居然会说话了。我琢磨着,说不定在这囚室里能拼造出一个什么棋盘,这样一来,就可以试着一局一局来复盘了。像是天意的开导,我看出来,巧得很,床单的图案就是些不大规则的方格子。好好一折叠,床单上终于能凑出64个格子来了。于是我先把棋谱塞到裤子底下,只把第一页撕出来。完了,我用吃面包掉下的渣渣屑屑,捏成非常可笑、不成形状的棋子,王呀,后呀,等等,再用尘土把一半棋子染成灰色来区分黑白,就开始正式摆起来。忙了一

肖申克的救赎

281

---

① 意为a_2进a_3,即在同一行前进一格。

② 意为f_1位的马进g_3,即马跳到隔行前进两格。

阵之后，我终于能在方格床单上按棋谱标示的位置来复盘了。可是，用这种滑稽可笑的面包渣棋子试着来复一整盘棋，开头的时候根本没弄成。头几天，我总是搅得一塌糊涂，不得不五次、十次、二十次地再从头开始。不过，世界上有谁像我那样被空虚主宰着，有那么多既没用也用不上的时间，有那么多使不完的热心和耐性呢？6天以后，我就无懈可击地把一盘棋下完了；又过了8天，我根本用不着面包渣棋子了，我就能在床单上看出布局了；又过8天之后，我连方格床单也用不着了。原先棋谱里a_1、a_2、c_7、c_8那些抽象符号，自动在我脑子里转化成具体可感的布局了。这种转化是胜任愉快的：满盘的棋在我心里显现出来，只要一推算我就通盘看到某一步上的布子情况，这就像一个娴熟的音乐家，只要往总谱上看一眼，各种乐声和各种乐声的协奏，就都在他耳朵里响起来了。又过了两个星期以后，棋谱里的每一盘棋我能毫不费力地在心里复盘了，用行话说就叫'下盲棋'。到这时候我才承认了，这次大胆的偷窃，给我带来的好处真是无法估量，因为我忽然之间有事可做了，虽说这是没有意义、不起作用的事，随你怎么说吧，反正它破除了我四周的空虚。有了这150盘棋，我就有了个法宝，来抵住空间和时间把人憋死的单调。为了使这个新的职业对我具有不间断的吸引力，从这时起，我就严格支派每天的时间：上午下两盘，下午下两盘，晚上再一掠而过地复习一盘。我的日子，原先像肉冻一样不成形状地摊着，现在充实了。我忙乎着，并不感到疲倦，因为下象棋就有这么个绝妙的好处，把人的心力拴到一个宽窄有限的方格里，不管怎样紧张地动脑子，大脑也不会疲沓，而只会练得反应敏捷和精力充沛。原先我只是机械地重复名家的对局，慢慢地，一种艺术家的兴会在我心里豁亮起来。我学着去掌握攻守中的智取、强攻和种种精到之处，学会了算棋、互相呼应和突然出击等等技巧，而且不久，我就能丝毫不差地从各个象棋大师别具一格的棋路中分辨出他们的特点，就像读一个诗人的诗，只要读几行就能判断一样。于是，这件纯粹是为了消磨时间的事，变成了一种享受，阿廖辛、拉斯克、波哥留勃夫和塔尔塔柯威尔这些棋王，都像可亲的朋友一样来为我排解寂寞。这种无穷无尽的花样翻新，使这死气沉沉的囚室在任何时候都充满生气。正是这种严格的日课，使我的思维能力又变得惊人的准确了。我感到脑子清新，而且由于经常用脑，它砥砺得更为锋利。我考虑问题更清晰了，更专心致志了，这一点首先在受审时表现出来；下棋时如何对付伴攻和暗算，不知不觉就使我成熟起来了；从那以后，我受审再也没露过怯色，甚至感到，连盖世太保慢慢地都带着几分敬意来看我了。他们见其他人都垮了，也许会心里纳闷：我是从什么神秘的源泉中，汲取了这种抗拒到底的力量。

"棋谱里这150盘棋，我天天有系统地跟步子学着下，这段幸福时间，大概延续了两个半月到三个月的样子。后来，我没有想到又陷入绝境了，突然又感到空虚了。因为每盘棋下过二三十遍以后，就失去了新鲜感，原先那么使人激动、使人鼓舞的力量也就枯竭了。一盘棋一步挨一步我早背熟了，还一遍又一遍去重复，还有什么意思呢？刚一开局，这盘棋的运子进程就自动地交错在我心里了，不叫人惊奇，不叫人紧张，也没有疑难之处。为了使自己有事可做，有脑筋可动，为了使自己有所寄托，我真需要另一本棋谱，里面有不同的棋局。可是这根本不可能，要摆脱这非常恶劣的境况，出路只有一条：我必须抛开旧套，另创新局，我得想法子跟自己下，或者更确切地说，跟自己干。

"我不知道，这种自己跟自己玩的心理状态，你在多大程度上能琢磨得出来。下棋纯粹是一种思维游戏，不是碰巧的事，所以，想自己跟自己下棋在逻辑上是荒谬的，随便一想就足以指出这一点了。下棋之所以吸引人，是因为设谋用计是在两个不同的脑子里分别进行的。在这场钩心斗角中，黑方实不知道白方走一步棋的用意，总是千方百计去猜测，去干扰；反过来，白方也是尽力去超越对手，去招架黑方的隐秘用心。如果黑方和白方由一个人充当，情况就显得荒唐了，因为同是一个大脑，既应该知道某些事，同时又不该知道；为白方算棋的时候，要能按照命令完全忘掉一分钟前还是黑方的意图。交叉进行思维，是以意识完全分裂为前提的；使大脑的功能也像动力机械一样，想开就开，想关就关。想自己跟自己下棋，这是违背下棋常理的，就像一个人想跳过自己的影子一样。

"哦，我简单点儿说吧。这种荒唐罕见的事，我在灰心丧气中竟试了几个月。我没有选择余地，只有去干这种荒唐事，好使自己的神经不致完全错乱，或是智力全部衰竭。在这种可怕的处境下，为了不被四周令人毛骨悚然的空虚所窒息，我被迫把自己分解成黑方我和白方我。"

B博士在躺椅上仰倒，闭了一会儿眼睛，好像要把翻肠搅肚的回忆强压下去似的。他不由得右嘴角一掀，又异样地抽搐了一下。这才从躺椅上直了直身子说：

"喏，到这里，但愿一切都给你解释得相当清楚了，不过，可惜我没法肯定，后来的事情，我是不是也能同样清清楚楚地举例向你说明。因为这项新工作要求脑子绝对紧张起来，这就使它不可能同时又克制自己。我跟你提起过，依我看，想自己跟自己下棋，这根本就是胡来。不过，就算这是荒唐事吧，眼前有个实实在在的棋盘，总还是好办一点，因为有棋盘在，总还会显出一定的距离，在视觉上总还是不受对方干扰的。面前有实打实的棋盘，摆着实打实的棋子，想招数的时候你就可以撂下休息一会儿再想，你就可以一会儿坐在桌子的这一头，一会儿坐在桌子的那一头，一会儿站在黑方来观察形势，一会儿站在白方来观察形势。可是像我这样迫不得已，要把自己对自己的棋战，摆到想象的棋盘上去，这就使我不得不把64个格子上每一步的运子情况都清清楚楚地记在心里；再说，我不仅要记住某一步上的布子情况，还要算出双方随后会走的步子。要为黑方和白方，为每一方的我，预先想出四五步棋，下的功夫不是两倍三倍，而是六倍八倍十二倍——我知道这听起来是多么不合情理。抱歉得很，我没分寸地叫你来想这种疯疯癫癫的事。在幻想的无形的棋盘上下棋，我必须作为黑方棋手预先算出四五步棋，同时作为白方棋手也要预先算出四五步棋，而且在一定的程度上，要按双方的想法，预先组合出各种棋势。不过，在这种不可思议的实验中，最不堪设想的还不是这种自我分裂，而是在自己想出一些棋局来的时候，我脚底下失去了立足之地，一下栽进了虚无缥缈。光是照着名家对局来下，像我前几个星期那样练的，说到底，只不过是依样画葫芦的事，纯粹是重复现成的东西，做这种事并不比背诗记法律条文更费心思。这是一种有一定范围，有一定章法的活动，因而是上好的智力锻炼。上午学两盘，下午学两盘，这是规定的日课，这是我的一种正常的工作。做这种事我根本用不着动感情。再说，下棋的时候我要是走错了，或是不知道该怎么样往下走了，我还有棋谱作依据。正因为这样，这对于我松动了的神经来说，才是一种有益的、起镇静作用的活动，因为拿别人下过的棋来复盘，不会把我自己卷进去。黑方胜也好，白方胜也好，我都不在意。这是阿廖辛或是波哥留勃夫在争夺冠军，我自己，不过作为旁观者，作为行家，来对这些妙不可言的棋局受用一番罢了。可是，从我试着自己对自己下的时候起，我就不由自主地开始向自己挑战了。黑方我和白方我，这双方的我，不得不互相比赛了。双方都从自己的立场出发，都求必胜，都求必得。作为黑方我，急于想知道白方我将要走的每一步棋。双方我的任何一方，都为对方的错着而兴高采烈，同时也为自己的失算而自怨自艾。

　　"这一切都像是毫无意义的；事实上，这完全是人为的精神分裂，是一种会导致危险的兴奋状态的意识分裂，对于正常情况下的正常人来说，是不可想象的。可是你别忘了，我从整个正常生活中被强行揪了出来，成了囚犯，无辜地受到关押，几个月来被人刁钻古怪地用寂寞来虐待，是个满腔愤怒早就碰见什么都想发作的人。除了进行自己对自己这种毫无意义的比赛，我再没别的事可做了；我的愤怒，我的报复心，疯疯傻傻地一头扎进了这种游戏。我想证明某件事是对的，可是我能在心里去反驳的，却又不过是另一个我，这就使我在下棋的时候亢奋得简直要发狂。一开头，我还沉着有数地思考，下完一盘休息一下，再下另一盘，好放松下来，缓一缓。可是慢慢地，被激怒的神经就不容我再等了。白方我才走一步，黑方我就心急火燎地抢上来了；一盘才完，我又叫阵要下第二盘了，因为两方的我总有一方被打败，就要求扳回来。由于这种满足不了的穷开心，最后几个月我在囚室里自己对自己到底下了多少盘棋，是上千盘还是更多，就连个大概数我也说不清，这瘾头儿大得我自己也管不住；从早到晚，我想的尽是象、卒、车、王呀，a路、b路、c路呀，将死了呀，王车换位呀；这一切，把我整个生活，整个心神都推到画着方格的棋盘上去了。下棋的乐趣变成了下棋的豪兴，豪兴变成了煎迫感，变成了狂热，变成了肝火旺盛，不仅贯穿我醒着的时间，慢慢地还贯透到睡梦中去。我还能思考的事就是下棋，就是动子，就是对付险着。有时我醒过来额门上潮乎乎的，我断定，准是连睡觉也不自觉地在接着下棋；而且我要是梦见人了，那么这些人也只会是跟象呀、车呀什么的一样动弹，也只会用马行步往前往后地跳动。甚至被叫去受审时，我也没法再牢牢记住自己的身份。我有这种感觉，最后几次受审的时候，我准是有些前言不搭后语，因为有时候那些审问的人都听得面面相觑。说真的，他们问我、劝导我的时候，我带着不可救药的热望，只盼着再把我送回到囚室去，好让我把正在下的棋、下得乱糟糟的棋，再接着下下去，好让我重新下一盘，再下一盘，再下一盘。任何一点打搅都会把我搅乱，就连看守来打扫囚室的那一刻钟，给我送饭来的那一两分钟，也把我折腾得火辣辣地烦躁。有时候那一盆饭搁到晚上还没动，我下棋下得都忘了吃了。我肉体上唯一能感觉到的就是奇渴，这准是不住地下棋想步子弄得上火了。我三口两口就喝干了一瓶水，烦着看守再给添，可没过一会儿我又口干舌燥了。我从早到晚别的什么都不干，只是下棋，下到后来，我兴奋得连静坐一会儿都不行。考虑一盘棋的时候，我不停地走过来走过去，走过去走过来，越走越快，越走越快。这盘棋越是接近输赢，我越是暴躁。赢棋，取胜，自己打败自己，这种热望使我慢慢地动起肝火来了。我烦躁得直哆嗦，总是一方的我嫌另一方的我走棋太慢，一方的我催促另一方的我。要是一方的我嫌另一方的我还手还得不够快，那么—— 你也许会觉得好笑——我就会开始自己训自己，'快走！快走！'或者是'往下走呀！往下走呀！'如今我自然是心里豁亮了，当时我那种状况完全是精神过分紧张的病征；我无以名之，就称之为'棋瘾中毒'，用了医学上还没听说过的这么个词儿。终于，这种对象棋入迷上瘾的偏执狂，不仅袭击我的心灵，还开始袭击我的肉体了。我瘦了，睡觉不香，精神恍惚，每次醒过来都要特别花力气，才能撑开这重得像铅的眼皮。有时我感到那么虚弱，手抖得厉害，把水杯端到嘴边上都费劲。可是一开始下棋，我身上就来了一股蛮劲。我攥起拳头，冲过来撞过去。有时候我好像听见自己沙哑凶暴的声音，透过一层红雾在冲我自己喊着：'将！''将死了！'

肖申克的救赎

285

　　"在这种令人惊悸、难于描述的情况下怎样闯祸了，我自己也没法说清楚。我只记得，有一天早晨我醒过来，跟平常感受不一样：我躺着，绵软，舒适，身子好像松散了似的。几个月来我还没体会过的又浓又甜的倦意，偃卧在我眼皮上，温暖宜人地偃卧在上面，使我一开始下不了狠心睁开眼睛。我醒着还躺了几分钟，继续享受着这种沉重的朦胧状态，这种带有快意的感官。猛地，我感到好像后面有声音，有活人的声音在说话。你想不出我有多高兴，因为这一年来，别的话我没听到过，听到的只有审判席上那些严酷、尖利又恶毒的话。'你在做梦，'我对自己说，'你就做吧！可别睁开眼！让这个梦再延续下去。要是醒过来，你又会看到

这桌子，这椅子，这洗脸架，这图案永不变样的挂毯，这包围你的该死的囚室。你继续做梦吧，继续做梦吧！'

"可是，好奇心占了上风。我小心缓慢地睁开了眼睛。奇怪呀，我待在另一间房子里；这间房子比我的囚室大，也更宽绰。没安栅栏的窗子里，透进悠然自在的阳光；窗外看得见树，绿绿的，在风中摇曳，而不再是那堵僵死的隔火墙。四壁光光荡荡，白得耀眼，洁白的天花板高悬在头顶。我的确是躺在一张陌生新异的床上，这是真的，不是做梦，床后头还有人轻言细语呢。我准是惊奇得使劲动弹了，因为随即就听见床后有走近来的脚步声。一个女人轻手轻脚走了过来，是个白帽压发的女人，是个护士。我高兴得浑身颤抖：我都一年没见过女人了。我凝视着这俊俏迷人的少女，仰视的目光准是又野又亢奋，因为这走过来的少女竭力抚慰我说：'安静，哦，安静点儿！'我只顾谛听她说话的声音。这说话的，不是一个人吗？难道这世界上居然还有不来审问我，不来凌虐我的人吗？更何况，奇怪得不可思议的是，这还是女人柔细温和、近乎亲热的声音呢。我贪婪地凝视着她的嘴。在地狱里蹲了这一年，在我看来，一个人还会和和气气跟别人说话，都变得不可能了。她朝我微笑着——千真万确，她微笑着，竟还有人会和和气气微笑。她举起指头劝阻地往嘴唇上比画了一下，然后轻盈地走开了。可是，我没法听从她的禁令。这奇迹我还没看够呢。我硬挣着想从床上坐起来，为的是跟着看她，跟着看这和善的、像奇迹一样的人。可是，我想从床边上撑起来时，竟失败了。原来右手的地方，连指头手腕一起，我觉出来有什么异样的东西，有个又厚又大的白鼓包，显然我的手一股脑儿被包扎起来了。看着手上这又白又厚的稀罕东西，一开始我惊得摸不着头脑，后来才慢慢明白过来，我这是在哪儿，我想，说不定是出什么事了。我准是被打伤了，要不就是自己伤了自己的手。我这是在医院呢。

"中午来了个大夫，是位和蔼可亲、上了年纪的先生。他知道我们家这个姓，还敬重地提到我那个当侍医的叔叔，这使我立时就感觉出来，他提这些话是来和我套近乎。在随后的一段时间里，他向我提出各种各样的问题。有个问题使我特别惊奇，他问我是不是数学家或是化学家什么的。我说不是。

"'这就怪了，'他喃喃地说，'你发高烧的时候，老是c_3呀，c_4呀，喊那么些个怪词儿。我们都听了耳生。'

"我询问我是怎么了，他奇异地笑了笑。

"'没什么了不起的，神经受了强烈刺激。'他先留神地看了看四周，又轻轻地接着说，'说到头，受刺激是完全可以理解的。是在3月13以后，是吗？'

"我点了点头。

"'遇上这种搞法，受刺激不奇怪，'他喃喃地说，'你并不是第一个。不过，你别担心！'

"看到他悄声劝慰我的神态，还有他安抚我的目光，我懂得，在他这儿我是可靠地受到保护的。

"两天后，这好心的大夫把出事的情况很爽快地对我说了。原来，看守听见我在囚室里大喊大叫，起先以为我在跟闯进去的什么人吵架。可是，他在门口刚一露头，我就向他扑过去，冲着他狂呼乱叫，喊的好像是什么'你倒走一步哇，你这坏蛋，窝囊废！'我上去就想掐他的脖子。到后来，打得他不可开交，他只好大喊救命。看我这疯疯癫癫的样子，他们就拖我去找医生检查。在过道里，我猛一下甩开了他们，向窗口扑去，砸破了窗玻璃，也割破了手。——你看，这儿还有老深的一道伤痕呢。在医院度过的头几天，我一直处于大脑皮层过度兴奋的状态，不过到这时，大夫认为我的感觉中枢完全清醒了。'当然咯，'大夫又小声地接着说，'这事儿我还是不向上司报告的好，要不，他们又会把你弄回到那儿去。相信我好了，我会行方便的。'

"这助人为乐的医生向虐害我的人报告了什么，我无法知道。反正，他想达到释放我的目的，他是达到了。有可能是他指出我已经神经错乱，也有可能是在这期间，盖世太保已经不把我看在眼里了，因为那以后希特勒已经占领了波希米亚①，对他来说，奥地利的事就算了结了。这样，我只消签字保证14天之内离开祖国就行。这14天，有关的事情简直办了上千件：办军事机关证明，办警察局证明，交税，办护照，办签证，办健康状况证明，等等。在今天，这以后出生的人要出国旅行，免不了就要办这些事。这弄得我没时间来多想过去的事情了。看来，我们脑子里有种种神秘的调节力在起作用，要是遇上可能给心灵惹麻烦招危险的事，这种调节力就会自动来排除。因为我总是一想起坐牢的日子，脑子就有点昏昏然。直到好多个星期以后，应该说是上了这条船以后，我才又找到勇气来想所遭遇的事情。

"现在你会理解了，为什么我在你那些朋友面前举措那么失当。我是在溜达，偶然走过吸烟室，看见你的朋友们正围着棋桌，便不由自主地感到又惊又怕，脚底下像生了根一样。因为我完全忘记了，人们还能对着真正的棋盘，用真正的棋子来下棋，忘记了下棋是由两个人对坐着来下的。我真是花了好几分钟才回想起来，这些棋手们在那边玩的，和我在百无聊赖中几个月试着自己跟自己玩的，原来是同一种游戏。我在苦练中凑合着使用的那些暗记，只是这些骨质棋子的标记罢了。我惊奇的是，棋子在棋盘上移动，跟我在假想的棋盘上凭空想象的竟是一样。一个天文学家用种种异常复杂的方法，在纸上算出一颗新行星的轨道，后来果然在天上看到了这颗洁白明亮、实有其物的星星，大概也像我这样惊奇吧。我

---

　① 1939年3月14日，斯洛伐克的法西斯分子在希特勒指示下，成立斯洛伐克国，随后建立了"波希米亚和摩拉维亚保护国"，实际上把斯洛伐克变成希特勒德国的附属地区。

像被磁铁吸住了一样，紧盯着你们的棋盘，又看着我脑子里的那张图，把图上的马、车、王、后、卒什么的，都当成实实在在的棋子，用木头切削成的棋子；为了通观全局，我不得不把布子的情况，从用数字代替的抽象的棋盘上，搬回到这有棋子的实实在在的棋盘上来。慢慢地，好奇心攫住了我，使我来观看这两个棋手用实物进行的棋赛，于是出了那件煞风景的事，我完全忘了礼貌，竟来搅乱你们下棋。话又说回来，看了你朋友那步失着，我心上像挨了一针似的。我止住他，这完全是本能的行为，是一种情不自禁的行动，就像我们看见孩子弓腰挂到栏杆上，便不假思索地去抓住他一样。到后来我才醒悟过来，由于性急，我粗疏失礼，冒犯了诸位。"

……

【意大利】卡尔维诺

蔡国忠 吴正仪 译

一个分成两半的子爵①

在一次战争中，梅达尔多子爵被炸成两半，"他们"奇迹般地各自活了下来，但是分别拥有了他原来性格中对立的两面。一半绝对的善，一半绝对的恶。本文分别节选了善的一半、恶的一半，以及最后他们合为一体的三个段落。

人性广博，深不可测；人性又纷繁复杂，常常会混乱和迷失。这是卡尔维诺将之推到极致的一次探索。在子爵被分成两半之后，他们各自认为眼中的世界更加清晰：恶的一半说："美好、智慧，只存在于被破坏之后。"善的一半说："不仅我一个人是被撕裂和残缺不全的，大家都是。我现在理解世上每个人由于自我不完整而感到的痛苦。"事实上无论是极善还是极恶都无法脱离对方独立地存在，否则只能带来痛苦的经验。无论是个人还是社会，"极端的邪恶与道德都同样不近人情"。最终子爵的善与恶重新合为一体，成为这个世上众人的样子。既不纯粹的好也不彻底的坏，善恶俱备。这是一个现代寓言，以荒诞的想象体现人性丰富的本质。

卡尔维诺（1923~1985），当代意大利最有世界影响的作家。主要作品有《我们的祖先》三部曲、《宇宙谐趣》《看不见的城市》等。

恶的子爵

瘸子、独臂、瞎子、半边人都是胡格诺教徒们用来称呼我舅舅的外号。我从来没有听他们叫过他的真名。他们在这些对话里显示出对子爵十分熟悉，好像他是他们的老对头。他们挤眉弄眼、嘻嘻哈哈地交谈着，只要三言两语就互相明白意思："嘿，嘿，独臂……就是这样，半聋……"似乎他们对于梅达尔多的一切丧心病狂的举动都了如指掌，而且可以事先料想得到。

---

① 选自《卡尔维诺文集·我们的祖先》，译林出版社，2001年出版。本文是浓缩式节选本。

　　他们正谈得热闹，听见风雨声中有一只拳头在捶大门。"谁在这个时候敲门呢？"埃泽基耶莱说，"快，去给他开门。"

　　他们打开门，门槛上是独腿站立的子爵，他缩在那件正在往下滴水的黑斗篷里，带羽毛的帽子已被雨水浸透。

　　"我把马拴在你们的马厩里了，"他说道，"请你们也收留我。今夜对于出门在外的人来说，天气太恶劣了。"

　　大家看着埃泽基耶莱。我躲进桌子下面，不让舅舅发现我到他的冤家对头的家里串门来了。

　　"您坐到火边来吧，"埃泽基耶莱说，"客人在这个家里总是受到欢迎的。"

　　门槛边有一堆收橄榄时用来铺在树下的布单，梅达尔多就在那上面躺下并睡着了。

　　在黑暗中，胡格诺教徒们都聚集到埃泽基耶莱身边来。"父亲，这下子，瘸子在我们手心里了！"他们叽叽咕咕地说开了，"我们应当放他跑掉吗？我们应当让他再去伤害无辜的百姓吗？埃泽基耶莱，还没到这个没屁股的人偿还血债的时候吗？"

　　老人举起拳头敲击到天花板，"瘟神和灾星！"他声嘶力竭地喊道，如果一个人说话时使尽了全身的气力却几乎没有发出声来，人们也可以说他是在喊的话，此刻的埃泽基耶莱就是如此，"任何客人都不应当在我们家里受委屈。我要亲自站岗保护他的睡眠。"

　　他挎起猎枪站在躺着的子爵身边。梅达尔多的单眼睁开了。"您站在这里干什么，埃泽基耶莱先生？"

　　"我保护您睡觉，客人。很多人憎恨您。"

　　"我知道，"子爵说，"我不睡在城堡里，就是因为害怕仆人们趁我睡着了杀我。"

　　"梅达尔多先生，在我家里也许没有人爱您。但是今天夜里您会受到尊重。"

　　子爵沉默片刻，然后说道："埃泽基耶莱，我想皈依您的宗教。"

　　老人一言未发。

　　"我被不可信的人们包围着，"梅达尔多继续往下说，"我要把他们都遣散，把胡格诺教徒召进城堡。您，埃泽基耶莱先生，将是我的大臣。我将宣布泰拉尔巴为胡格诺教派的领地，开始同各天主教君主交战。您和您的家人来当头领。您同意吗，埃泽基耶莱？您能接纳我入教吗？"

　　老人挎枪挺胸站着岿然不动："关于我们的宗教我忘记得太多了，因此我怎敢劝化他人入教呢？我将守在我的土地上，凭我的良心生活。您在您的领地里坚持您的信仰吧。"

子爵单肘支撑着从地上坐起来："埃泽基耶莱，您可知道，我至今还没有考虑对出现在我的领地之内的异端进行裁判呢？我要是把你们的头颅送给我们的主教，就会立即得到教廷的恩宠。"

"我们的头还在脖子上长着哩，先生，"老人说道，"而且还有比脑袋更难从我们身上移动的东西！"

梅达尔多跳立起来并打开大门，"我不愿在敌人家里，宁肯睡在那棵栎树下面。"他冒雨蹒跚而去。

老人对大家说："孩子们，圣书上写着瘸子首先来拜访我们。现在他走了，来我们家的小路上空无一人了。孩子们，不要灰心，或许某一天会来一个更好的过客。"

所有留长胡子的胡格诺男教徒和披着头巾的女人都垂下了头。

"即使没有人来，"埃泽基耶莱的妻子补充说，"我们也永远留在自己的土地上。"

就在那时一道电光划破天空，雷声震动了屋顶上的瓦片和墙里的石头。托比亚惊呼："闪电落到栎树上了！现在烧起来了。"

他们提着灯笼跑出去，看到大树的半边从梢顶到根底都被烧得焦黑了，另外半边都完好无损。他们听见一匹马在雨中远去的蹄声，在一个闪电之下，看见裹着斗篷的骑士的细长身影。

"你救了我们，父亲，"胡格诺教徒们说道，"谢谢，埃泽基耶莱。"

东方天空泛白，已是拂晓时分。

埃萨乌把我叫到一旁："我说他们都是些蠢货。"他悄悄地对我说，"你看我在那时候干了什么。"他掏出一把亮晶晶的东西，"当他的马拴在马厩里时，我把马鞍上的金扣钩全都取下来了。我说他们是笨蛋，都没有想到。"

埃萨乌的这种做法我不喜欢，他家里的人的那些家规却令我敬畏，那么我宁愿自己一个人待着。我到海边去拾海贝和逮螃蟹。当我在一块礁石顶上起劲地掏洞里的一只小螃蟹时，看见我身下的平静的水面映出一把利剑，锋刃正对准我的头，我惊落海里。

"抓住这里。"我舅舅说道。原来是他从背后靠拢了我。他想叫我抓住他的剑，从剑刃那边抓。

"不，我自己来。"我回答道。我爬上一块大石头，它与那堆礁石隔着一臂宽的水面。

"你去捉螃蟹吗？"梅达尔多说，"我逮水螅。"他让我看他的猎获物。那是一些

肖申克的救赎

棕色和白色的又粗又肥的水螅。它们全被一劈为二，触角还在不停地蠕动。

"如果能够将一切东西都一劈为二的话，那么人人都可以摆脱他那愚蠢的完整概念的束缚了。我原来是完整的人。那时什么东西在我看来都是自然而混乱的，像空气一样简单。我以为什么都已看清，其实只看到皮毛而已。假如你将变成你自己的一半的话，孩子，我祝愿你如此，你便会了解用整个头脑的普通智力所不能了解的东西。你虽然失去了你自己和世界的一半，但是留下的这一半将是千倍的深刻和珍贵。你也将会愿意一切东西都如你所想象的那样变成半个，因为美好、智慧、正义只存在于被破坏之后。"

"哟，哟，"我说，"这儿螃蟹真多！"我假装只对找螃蟹这事情感兴趣，为的是远离舅舅的剑。我一直等到他带着那些水螅走远了才回到岸上。可是他的那些话老在我的耳边回响，搅得我心神不安。我找不到一个可以躲开他那疯狂地乱劈乱砍的避难处。不论我去找谁，特里劳尼，彼特洛基奥多，胡格诺教徒，还是麻风病人，我们大家统统都处于这个半边身子的人的威力之下，他是我们服侍的主人，我们无法从他手中逃脱。

善的子爵

下面便是帕梅拉那天晚上听到的梅达尔多的故事了。原来炮弹并没有把他的身体炸碎，而是劈成了两半：一半被军队的收容人员收走了，另一半被埋在基督教徒和土耳其人的尸体之下，没有被发现。深夜，有两个隐修的人路过战场，弄不清他们是信奉宗教还是行巫术的。就像有些人在战争期间那样，他们生活于两军阵地之间的荒野里，或者按照现在人们的说法，他们将基督教的三位一体和回教的真主一起拥抱在怀里。他们发现梅达尔多的半边躯体之后，怀着古怪的怜惜之心，把他带回他们的洞里，用他们储备的香脂和软膏治疗并救活了他。刚一恢复体力，伤员就辞别救命恩人，拄着拐杖蹒跚而行，成年累月地走过许多基督教国家，回到了他的城堡这里，沿途他的善行义举使人们钦佩不已。

善良的半身子爵向帕梅拉讲完自己的遭遇，又让牧羊女讲她的身世。帕梅拉讲那坏的梅达尔多如何迫害她，她又如何离家出逃到森林里。听着帕梅拉的叙说，善良的梅达尔多深深地被打动了。他既同情被迫害的贞洁的牧羊女，也同情伤心而得不到安慰的邪恶的梅达尔多，又同情帕梅拉可怜而孤独的父母。

"还有他们！"帕梅拉说，"我的父母是两个狠心的老人。您同情他们是不恰当的。"

"啊，帕梅拉，想想他们这时在那破旧的家里该是多么的伤心，没有人照顾他们，帮他们干田地里和牲口棚里的活。"

"牲口棚在他们头上塌下来才好哩!"帕梅拉说,"我开始看出您有点过分多情。您的另外半边,干了那么多的坏事,您不生他的气,反而对他也似乎很同情。"

"怎么不呢?我知道做一个半身人的滋味,我不能不同情他。"

"可是你们并不相同。您也有点疯癫,但是您是善良的。"

于是善良的梅达尔多说:"帕梅拉,这就是做半个人的好处:理解世界上每个人由于自我不完整而感到的痛苦,理解每一事物由于自身不完全而形成的缺陷。我过去是完整的,那时我还不明白这些道理,我走在遍地的痛苦和伤痕之中却视而不见,充耳不闻,一个完整的人不敢相信这样的事实。帕梅拉,不仅我一个人是被撕裂的和残缺不全的,你也是,大家都是。我现在怀有我从前完整时所不曾体验过的仁爱之心:对世界上的一切残缺不全和不足都抱以同情。帕梅拉,如果你同我在一起,你将会忍受众人的缺点,并且学会在疗救众人的伤病的同时医治自己。"

"这非常好,"帕梅拉说,"可是您的另外那一半使我陷入极度的苦恼之中,他爱上我,不知他会把我怎么样。"

我舅舅松开手,让斗篷垂落下去,因为暴风雨已经过去了。

"我也爱上了你,帕梅拉。"

帕梅拉跳到洞外:"太高兴了!天上出了彩虹,而我找到一个新的爱慕者。这人也是半边身子,但是心地善良。"

他们在还滴着雨水的树枝下面踏着泥泞的小路行走。子爵的半张嘴露出甜蜜的、不完整的微笑。

"那么,我们做什么呢?"帕梅拉说。

"我说上你父母那里去,他们太可怜了,帮他们干些活吧。"

"你乐意你去吧。"帕梅拉说。

"我是乐意去的,亲爱的。"子爵说。

"我留在这里。"帕梅拉说着,同她的鸭子和山羊一起停下再不往前走了。

"一起行善施惠是我们相爱的唯一方式。"

"可惜。我相信还有其他的方式。"

"再见,亲爱的。我将给你带些苹果馅饼来。"他拄着拐杖从小路上走远了。

"你对这件事情怎么看,小羊?你怎么看,鸭子?"帕梅拉问道,她孤零零地同两只家畜在一起,"所有这样的人都该摊到我头上吗?"

完整的子爵

决斗定于第二天清晨在修女草坪进行。彼特洛基奥多师傅发明了一种圆规腿,这腿的一头固定在半身人的腰带上,另一头着地。他们的腿可以直立屈伸并前后移动了。麻风病人伽拉特奥健康时是个绅士，所以由他当裁判。恶人的见证人是帕梅拉的父亲和警长；好人的见证人是两个胡格诺教徒。特里劳尼大夫负责医疗救护，带来一大捆绷带和一大瓶药膏，像是上战场抢救许多伤员一样。这对我倒是件好事情，因为我应当帮他搬运这些东西，就能观看那场决斗了。

黎明时的天空泛着青白色。两位细长的黑衣人持剑立正站好。那麻风病人吹响号角，这就是开始的信号。天空像一张绷紧的薄膜似的颤抖着，地洞里的老鼠将爪子抓进土里，喜鹊把头扎进翅膀下面，用嘴拔腋下的羽毛把自己弄疼，蚯蚓用嘴咬住自己的尾巴，毒蛇用牙咬自己的身体，马蜂往石头上撞断自己的蜂刺，所有的东西都在反对自己。井里的霜结成冰，地衣变成了石头，石头化作了地衣，干树叶变成泥土，橡胶树的胶汁变得又厚又硬，使所有的橡胶树统统死亡。人正在这样同自己厮打，两只手上都握着利剑。

彼特洛基奥多师傅又一次做成了绝妙的工具：两位剑客互相扑过去，有防守，有佯攻，木头脚在地上跳来跳去，圆规在草地上划着圆圈。但是他们互相没有碰着。每次利剑直刺，剑头似乎直插对方飘动的斗篷，大家都以为刺中了，实际上剑却从一无所有的那半边，也就是应该是出击者自己的那半边抽了回来。当然，倘若两位剑客是两个全身的人，就不知道已经受过多少次伤了。恶人怒不可遏地凶猛刺杀，却一直未能真正击中对手。好人的左手剑法很准，但也只是戳破了子爵的斗篷而已。

斗到某个时刻他们的剑柄相撞了，圆规的尖头像耙子一样插入地里。恶人猛地跳起，失去平衡，在地上滚动起来。他滚到好人的身边，成功地出手狠劈，虽然没有正中对方，但也差不多了：那一剑沿着好人躯体上的那条中分线削下去，离中分线太近了，一时让人分不清刺伤了没有。但是我们立即看到，那半边身体从脑袋到大腿根出血，染红了斗篷，我们无可怀疑了。好人衰弱至极，但他一边倒下，一边几乎是带着怜悯之心把剑朝离自己极近的对手从头部到臀部大幅度地挥了一下。恶人身上的旧伤痕向外涌出鲜血。他们各刺一剑，把全部血管再次切断，从两面再次打开从前将他们分开的伤口。现在他们仰面躺倒在地上，原本是一体的鲜血复归了，在草地上融合起来。

我被这惊人的场面吓呆了，没有想到特里劳尼大夫，当我记起来时，大夫正高兴地跳着那双蟋蟀般的腿，拍着巴掌喊道："有救了！有救了！让我来处理吧！"

半小时之后，我们用担架把一个整身的伤员抬回城堡。恶人和好人被用绷带紧紧地捆绑在一起了；大夫已将所有的内脏器官和血管接好，然后用一条一公里长的绷带把他们缠在一起，缠得那么紧绷绷的，不像是个伤员，倒像是一具木乃伊。

我舅舅在生死之间挣扎，昼夜被守护着。一天早上，奶妈赛巴斯蒂娅娜看着他那贯串着一条从额头到下巴以至脖子的红线的脸，说道："看，他动了。"

确实，肌肉的抽动正在我舅舅的脸上掠过。当大夫看到这跳动从一边脸颊移到另一边脸颊时，高兴得哭了起来。

最后梅达尔多闭上眼睛和嘴唇。起初他的表情是左右不一致的：一只眼睛怒目而视，一只眼睛哀伤忧郁；一边前额蹙着，一边开朗；半边嘴角微笑恬静，半边咬牙切齿。后来逐渐恢复到均衡对称。

特里劳尼大夫说："现在治好了。"

帕梅拉大声感叹："我终于有一个样样俱全的丈夫了。"

我舅舅梅达尔多就这样复归为一个完整的人，既不坏也不好，善与恶俱备，也就是从表面上看来他与被劈成两半之前并无区别。可是他如今有了两个重新合在一起的半身的各自经历，应当是变得更明智了。他过着幸福的生活，儿女满堂，治理公正。我们大家的生活也变好了。也许我们可望子爵重归完整之后，开辟一个奇迹般的幸福时代。但是很明显，仅仅一个完整的子爵不足以使全世界变得完整。

同时，彼特洛基奥多不再造绞架而造磨面机。特里劳尼不再收集磷火而治疗麻风病和丹毒。我却相反，置身于这种完整一致的热情之中，却越来越觉得少了点什么，为此而感到悲哀。有时一个人自认不完整，只是他还年轻。

我就要跨进青春的门槛了，却还躲在森林里的大树脚下，给自己编故事。一根松针我可以想象成一个骑士、一个贵妇人或者是一个小丑。我把它拿在眼前晃来晃去，心醉神迷地编出无穷无尽的故事。后来我为这些幻想感到羞臊，就起身从那里跑开。

特里劳尼大夫也要离开我的那一天到了。一个早上，一队飘扬着英国国旗的船只开进我们的海湾停泊下来。泰拉尔巴的全体居民都去海边观看船队，只有我一个人不知道此事而没去。船舷的栏杆边和桅杆上都挤满了海员，他们向大家展示菠萝和乌龟，打开写着拉丁文和英文格言的纸卷。后甲板上，在一群戴着三角帽和假发的军官之中，库克船长用望远镜往岸上看，他刚认出特里劳尼大夫，就下令用旗语发出信息："马上上船，大夫，我们要继续玩三七牌。"

大夫同全体泰拉尔巴的人告别，离开了我们。海员们唱起了颂歌《啊，澳大利亚！》，大夫斜拎着一瓶坎卡罗内酒登上船。接着船就起锚了。

我什么也没看见。我那时正躲在森林里给自己讲故事哩。我知道得太晚了，拔腿就朝海船跑去，嘴里大声呼唤："大夫！特里劳尼大夫！您带上我吧！您不能把我扔在这里啊，大夫！"

可是船队已经消失在海平线以下，我留在这里，留在我们这个充满责任和鬼火的世界上了。